Angelika Blume / Annette Bopp

Das erste Jahr

Für uns ist die Erstellung dieses Buches mit viel Freude, aber leider auch mit tiefer Trauer verknüpft. Heike Denneler, die Lektorin des Kösel-Verlags und für manche Autor(inn)en auch Freundin und Ratgeberin, durfte die Geburt ihres ersten Kindes, das kurz vor Erscheinen dieses Buches zur Welt gekommen wäre, nicht erleben. Sie starb, völlig unerwartet, im fünften Monat ihrer Schwangerschaft. Ihr und ihrem ungeborenen Kind wollen wir dieses Buch widmen.

Angelika Blume und Annette Bopp

Angelika Blume / Annette Bopp

Das erste Jahr

Das umfassende Handbuch
für die junge Familie

Kösel

ISBN 3-466-34296-1

Druck und Bindung: Kösel, Kempten.
Layout: Ilse Weidenbacher, München.
Redaktion: Verena Weigand, Ottobrunn.
Umschlag: Elisabeth Petersen, Glonn.
Umschlagfoto: Gertie Burbeck, Düsseldorf.

1 2 3 4 5 6 · 98 97 96 95 94 93

Inhaltsverzeichnis

Vorwort

Das erste Jahr im Leben eines Kindes hat für seine Entwicklung, seine Persönlichkeitsstruktur, sein seelisches und körperliches Gedeihen einen ganz besonderen Stellenwert. In diesen ersten zwölf Monaten werden die Weichen gestellt für so manche Charaktereigenschaft und Verhaltensweise. Es ist die Zeit, in der das Baby langsam beginnt, sich in der Wirklichkeit zurechtzufinden, seine Umwelt immer bewußter wahrzunehmen – seine Eltern, Geschwister, sein Bettchen, das Zimmer, die Wohnung, schließlich auch das Draußen – Gras, Sand, Steine, Wald, Wiese, Straße. Es entdeckt dabei seine Sinne und seinen Körper, seine Beweglichkeit und seine Eigenständigkeit.

Wie diese Entdeckungsreise verläuft, hängt maßgeblich davon ab, wie und ob die Eltern das Kind dabei beeinflussen und ob sie dem Kind die nötige Geduld entgegenbringen und Sicherheit vermitteln können. Wir wollen mit diesem Buch allen, die eng mit einem Baby zusammenleben, helfen, diese beiden wichtigen Eigenschaften in sich zu entfalten. Wir wollen Hinweise und Hilfestellung geben bei der Aufgabe, ein Kind ins Leben hinein zu begleiten. Wir wollen zu mehr Gelassenheit beitragen, zu mehr Ruhe im Umgang mit dem Kind.

Zu diesem Buch haben eine ganze Reihe von Autor(inn)en, Fachleuten und/oder Eltern ihre Erfahrungen und Kenntnisse beigesteuert. Jede(r) dieser Autor(inn)en gibt hier seine eigene Meinung wieder. Wir – die Herausgeberinnen – haben diese nicht beeinflußt, und nicht jeder Beitrag deckt sich bis ins Detail mit unseren Ansichten. Diese Meinungsvielfalt ist gewünscht und beabsichtigt. Auch Sie als Leser(innen) haben Ihre eigene Sicht der Dinge, und wir können und wollen Ihnen hier keine pauschalen Rezepte für den Umgang mit einem Kleinkind geben, sondern Denkanstöße und Vorschläge. Es ist an Ihnen, darüber nachzudenken, sie anzunehmen, zu verwerfen oder auf Ihre persönliche Art und Weise zu verändern.

Wir wollen Ihnen mit diesem Buch helfen, Ihren eigenen Weg im Umgang mit Ihrem Kind zu finden. Kein Ratgeber, kein Buch, weder Mutter noch Vater oder Freundin können Ihnen dies abnehmen. Es ist Ihr Kind – wenngleich es Ihnen nur anvertraut und nicht zu eigen ist –, es lebt mit und bei Ihnen und in Ihrer Umgebung. Ihre Intuition und Sicherheit im Umgang mit Ihrem Kind helfen ihm dabei, sich geborgen und wohl zu fühlen. Wir wünschen uns, daß dieses Buch dazu beiträgt, daß Sie diese Sicherheit entwickeln können, die nur für Sie persönlich und Ihr Kind die richtige ist.

Angelika Blume und Annette Bopp
Hamburg/Frankfurt, im August 1993

Veronika Windsor-Oettel / Annette Bopp

Das Einzigartige annehmen

Der Grundstein zur Familie wird bei der Geburt gelegt

Jede Geburt beginnt im Kopf. Sie wird erwartet, ersehnt oder befürchtet. Und wenn es dann soweit ist, verläuft vieles anders, als Bücher und Vorbereitungskurse es vermitteln. Jede Geburt ist anders, aber immer bedeutet sie für die Eltern den Auftakt zu einem anderen, grundlegend veränderten Leben. Das unbekannte Wesen aus dem Bauch wird plötzlich Realität. Ein Traumprodukt nimmt Gestalt an, ist nicht länger ein Phantasiegebilde, dem die Eltern Haarfarbe, Gestalt und Gesichtszüge andichten können. Es sieht meistens völlig anders aus, als sie es sich während der Schwangerschaft ausgemalt haben. Es ist nicht immer nur niedlich, sondern es schreit – oft aus unerklärlichen Gründen –, es verlangt Fürsorge, Essen, Zuwendung, Schlaf. Es drängt sich in alle Ritzen unseres Daseins und ist von nun an ständiger Begleiter, lebenslänglich. Die Eltern können die Verantwortung nicht an andere abgeben, was auch immer sie zukünftig tun.

Für das Kind, die frischgebackenen Eltern und ihr gegenseitiges Verhältnis sind die Umstände der Geburt enorm wichtig. Sie prägen die ersten direkten Begegnungen. Sie können sie erleichtern oder erschweren, sie können der Mutter helfen oder aber sehr viel unnötige Kraft kosten. Der Grundstein für die Familie wird während der Geburt gelegt. Negatives läßt sich zum Teil verarbeiten, aber die Erinnerung an dieses Ereignis prägt doch maßgeblich die Grundstimmung, in der die junge Familie zusammenwächst.

Die Geburt eines Kindes verändert das Selbstwertgefühl einer Frau nachhaltig. Sie kann sich hinterher schöner, klüger, reicher fühlen oder umgekehrt ärmer, weniger begehrenswert, unfähig. Welche Gefühle dominieren, bestimmt der Geburtsverlauf maßgeblich mit, ebenso die Reaktion der Umwelt, der Verwandten und Bekannten, der Freundinnen und Freunde. Nicht die Tatsache der Geburt selbst wirft Schwierigkeiten auf, sondern die Technisierung dieses für eine Frau so einschneidenden Ereignisses, ihre Fremdbestimmung im Kreißsaal.

Wir wünschen uns, daß dieser Text schwangeren Frauen hilft, sich noch besser auf dieses in ihrem Leben einmalige Ereignis einzustimmen, oder Frauen, die bereits geboren haben, dazu veranlaßt, sich noch einmal mit diesen Stunden auseinanderzusetzen und sie zu verarbeiten.

Die Angst vor der Geburt

Die Geburt eines Kindes verläuft bei jeder Frau anders und jede empfindet dabei auch anders. Die Vorstellungen, wie ihr Baby zur Welt kommen wird, beschäftigen die werdende Mutter vom ersten Moment der Erkenntnis »Ich bin schwanger« bis zur letzten Preßwehe. Bange Fragen wie »Wie wird es bei mir sein?«, »Werde ich sehr leiden?«, »Wird dem Baby dabei auch nichts zustoßen?« stellen sich immer wieder. Die Antworten kennt die Frau erst, wenn alles vorbei ist. Fast jede Schwangere hat Angst vor der Geburt, auch wenn sie es nicht zugibt. Selbst »erfahrene« Mütter sind bei jedem Kind aufs neue von dem Geburtserlebnis überrascht und überwältigt, denn jede Entbindung hat ihre ganz besonderen Eigenheiten.

Die Bedingungen der Geburt und ihr Verlauf beeinflussen das Verhältnis von Mutter und Vater zum Kind zumindest in den ersten Tagen ganz nachhaltig. Je harmonischer und menschlicher ein Paar die Geburt erlebt, desto mehr ist es fähig, das Neugeborene mit offenen Armen zu empfangen, auf es einzugehen, es anzunehmen. Eine Schwangere sollte deshalb viel Sorgfalt darauf verwenden, den Ort, wo sie mit ihrem Baby niederkommen will, und die Geburtshelfer – Ärzte und Hebammen – sehr gut auszuwählen.

Ist eine Geburt nicht etwas Alltägliches?

Eine Geburt, so denken viele Frauen vorher, eine Geburt ist doch etwas ganz Natürliches, Alltägliches. Jeder Mensch ist geboren worden, und jeden Augenblick bringt irgendwo eine Frau ein Kind zur Welt. So schlimm kann das ja wohl nicht sein. Aber wir wissen auch aus den Erzählungen von Freundinnen, Tanten oder Müttern, daß kaum ein Ereignis im Leben einer Frau so einschneidend und so einmalig ist wie die Geburt eines Kindes.

Für manche Frauen, die zum ersten Mal ein Kind bekommen, hat eine Geburt etwas Unheimliches, etwas, das sie mit keiner Erfahrung in Zusammenhang bringen können, und das sich mit Worten schwer beschreiben läßt.

Auf eine Geburt kann sich eine Frau nur beschränkt vorbereiten. Sie kann sich immer wieder schildern lassen, wie es sich anfühlt, Wehen zu haben, was alles passieren kann oder wie sich Ärzte und Hebammen verhalten – letztlich ist keine Entbindung mit der anderen vergleichbar. Und das macht die Geburtsvorbereitung so schwierig. Eine Frau kann noch so oft üben, zu hecheln oder eine Wehe zu veratmen, wenn es dann wirklich soweit ist, braucht sie vor allem eine einfühlsame, ruhige und erfahrene Hebamme, die sie durch die Geburt begleitet und führt.

Wie gut kann man sich auf die Geburt vorbereiten?

Viele Frauen überraschen die Gefühle und Schmerzen der Geburt trotz aller Atem- oder Gymnastikkurse mit voller Wucht.

»Es war tierisch, es hat mich regelrecht überrannt. Ich habe so richtig meine Grenzen gemerkt. Ich habe gedacht, ich bin so toll vorbereitet – war ich ja auch, war ich bestimmt –, und ich habe gejammert und geschrien.«

Manche Frauen leiden darunter, dem Geschehen passiv und hilflos ausgesetzt zu sein.

»Ich habe gleich gesagt: Ein zweites Kind – auf keinen Fall! Ich stand so unter Schock, dieses hilflose Nicht-Können hat mich fertiggemacht. Du hast bisher ja alles geschafft, aber diese Selbstsicherheit, die vergeht dir bei einer Geburt ganz schnell. Während der Wehen habe ich nur immer gedacht: Wie überlebst du das? Und das finde ich so frustrierend, daß man sich wie ein Tier quält.«

Unsicherheit durch falsche Informationen?

Obwohl Mütter jeden Alters schwangeren Frauen meist mit Begeisterung ihre Geburtserlebnisse schildern, verschweigen viele doch einiges, aus der Sorge heraus, der Schwangeren, die ja alles noch vor sich hat, Furcht einzuflößen. Gerade mangelhafte oder falsche Informationen können jedoch Angst und Unsicherheit heraufbeschwören und das Gefühl fördern, sich als Versagerin zu empfinden, wenn nicht alles genauso glatt und gut abläuft wie in den Erzählungen der anderen.
Eine Frau kann um so selbstsicherer eine Geburt erleben, je wahrheitsgetreuer und eindeutiger sie von anderen Müttern auf alle Gefühle, die dabei auf sie einstürmen können, vorbereitet worden ist. Hebammen sollten bei der Geburtsvorbereitung naturgetreu vorstöhnen und vormachen, wie es sich anfühlt, eine heftige Wehe

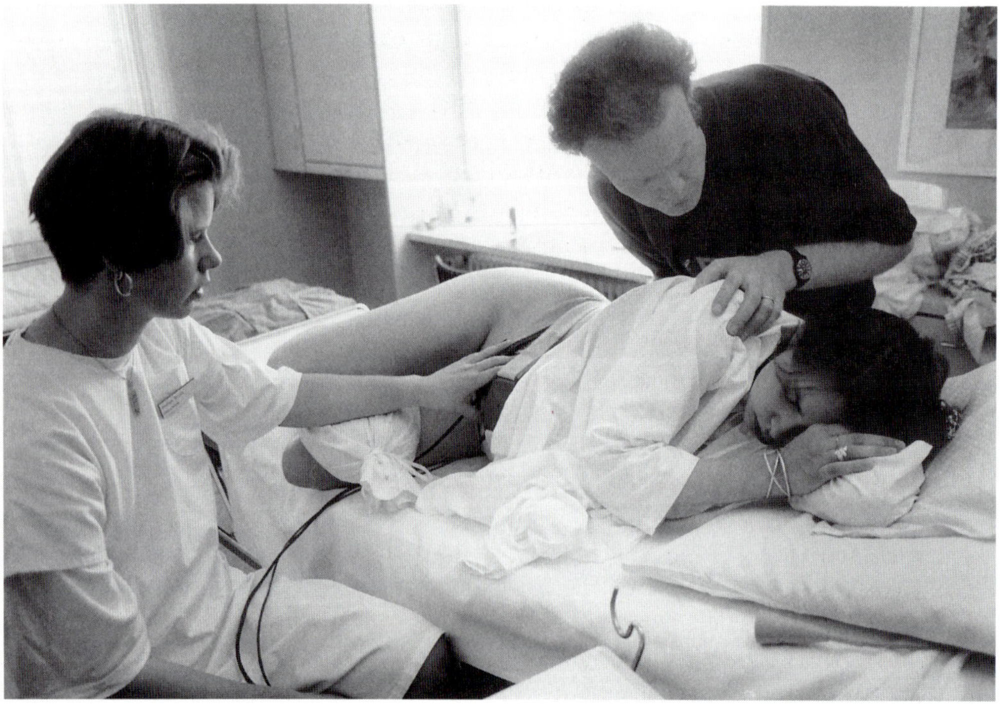

verarbeiten zu müssen. Sie sollten klarmachen, was es bedeutet, einen Dammschnitt zu bekommen, und welche Eingriffe sonst in unseren Kliniken heute (leider!) üblich sind.

Und trotzdem wird jede Hochschwangere, die in den letzten Wochen vor der Niederkunft auf dem Flur vor dem Kreißsaal darauf wartet, an den Wehenschreiber angeschlossen zu werden, ein banges Gefühl beschleichen, wenn sie andere Gebärende schreien und weinen hört. »Werde ich das auch tun?«, wird sie sich fragen. »Das klingt ja furchtbar…«

Ja, die meisten werden auch schreien und weinen und Verwünschungen ausstoßen und sich an ihrem Mann oder der Hebamme festkrallen oder sich benehmen, wie sie sich sonst kaum kennen. Eine Geburt ist nicht nur eine völlig neue Erfahrung für eine Frau, sondern auch körperliche Schwerstarbeit. Jeder Marathonläufer schwitzt, stöhnt und kämpft – und eine Frau soll ausgerechnet bei einer Geburt den Mund halten? Nein, die Gefühle müssen raus, die Frau soll und darf zeigen, daß es ihr weh tut, daß es jetzt – verdammt nochmal – genug ist, daß sie will, daß die Schmerzen einfach aufhören, daß ihr das Ganze zuviel ist, daß ihr alles egal ist, daß man sie endlich in Ruhe lassen soll. Je mehr sie solche Gefühle und Gedanken in sich hineinfrißt, desto mehr wird sie die Zähne zusammenbeißen, desto mehr wird sie sich innerlich verkrampfen und verspannen – und genau das wird ihr die Geburt noch schwerer machen.

Kann man sich auch auf Gefühle vorbereiten?

Eine gebärende Frau muß das Gefühl haben, sich so geben zu können, wie es für sie persönlich richtig ist. Je mehr sie weiß, daß sie ganz sie selbst sein darf, daß sie keinem Schema genügen muß oder keine Vorstellungen anderer erfüllen soll, desto leichter wird sie sich für das Baby öffnen können, körperlich und seelisch, desto leichter wird sie Schmerzen annehmen und verarbeiten können. Sie muß den Eindruck haben, daß Ärzt(inn)en und Hebammen sie verstehen und tragen. Sie muß sich fallenlassen können in ihre Gefühle und in den Schmerz – und die Geburtshelfer(innen) sollten sie dabei weich und behutsam auffangen.

Eine sanfte Geburt ist vor allem eine Geburt in sanfter Atmosphäre

Lieblingsnachthemd, Bad und Musik?

Keine Geburt ist sanft. Sanft kann jedoch die Atmosphäre sein, in der sie stattfindet. Eine Gebärende sollte ihr Kind nicht im Liegen zur Welt bringen müssen. Genausogut kann sie dabei stehen, hocken oder sitzen. Sie braucht dafür nicht unbedingt ein Klinikbett, sondern eine ganz normale, große Matratze, auf der auch der werdende Vater

Platz hat. Oder einen Gebärstuhl. Und nur im Notfall sind Arzt und Hebamme auf helles Licht für ihre geburtshilflichen Handgriffe angewiesen. Ansonsten genügt gedämpfte Beleuchtung. Eine Gebärende kann Musik hören und die Wehen durch ein Bad im warmen Wasser erleichtern. Sie kann nackt sein oder ihr Lieblingsnachthemd tragen. Sie kann essen und trinken, wenn sie Hunger oder Durst hat. Sie kann vertraute Menschen, Mann und Freundin bei sich haben.

Um diese äußeren Bedingungen von Geborgenheit, Sich-wohl-Fühlen und Entspannung bestimmen zu können, sollte der Geburtsort – und wenn es das eigene Schlafzimmer ist – sehr bewußt gewählt werden. Sanft kann auch der Empfang für das Baby sein. Es muß nicht in gleißendem Scheinwerferlicht geboren werden. Es muß nicht an den Beinen hochgehalten werden und einen Klaps bekommen, damit es seinen ersten Schrei tut. Es muß nicht gleich gebadet werden. Der erste Platz für das Neugeborene ist die Brust der Mutter. Wird es innerhalb der ersten Stunde nach der Geburt angelegt, gibt es später um so weniger Probleme mit dem Stillen. Mehr als alles andere braucht es unmittelbar nach der Geburt die Nähe, die Körperwärme der Mutter, ihre leise, liebkosende Stimme, ihre zärtlichen Hände, ihren Geruch. Das bedeutet »sanfte Geburt« für ein Baby.

Eine Hausgeburt schafft ganz von selbst solche Bedingungen. Aber die wenigsten Frauen trauen es sich zu, zu Hause zu entbinden. Und es gibt nicht mehr viele Ärzte und Hebammen, die Hausgeburten vornehmen.

Sanfte Geburt in der Klinik?

Allerdings wäre jedes normale Krankenhaus heutzutage ohne besondere Umstände und Kosten in der Lage, die Voraussetzungen für eine »sanfte Geburt« zu schaffen und damit die Sicherheit der Klinik mit den Vorzügen »heimeliger« Umgebung zu vereinen. Die Zustände an unseren Kliniken sind jedoch leider weit davon entfernt. »Gemütliche« Geburtszimmer haben die wenigsten, der traditionell weiß gekachelte Kreißsaal mit der Ausstrahlung eines Tiefkühlschrankes ist die Norm. Die Ehrfurcht vor dem neuen Leben, das da auf die Welt kommt, weicht zu oft gnadenloser Routine und den Interessen des Dienstplanes. Und immer noch werden Frauen dazu angehalten, sich nicht so anzustellen und sich zusammenzureißen, wenn sie vor Schmerzen jammern und schreien. Viel zu häufig greifen Gynäkologen aus Angst vor Kunstfehlerprozessen zum Skalpell für einen Kaiserschnitt.

Eine Geburt kann eine Enttäuschung sein, aber nie ein Versagen

Jede Festlegung – »die Geburt meines Kindes soll so oder so verlaufen« – kann dazu führen, daß die Geburt für alle unnötig kompliziert wird. Eine Frau, die rigoros alle Medikamente unter der Geburt ablehnt, wäre eventuell gut beraten, einen Wehen-Tropf legen zu lassen, um die stundenlange Quälerei abzukürzen. Oder eine Frau, die sich hartnäckig in die Idee verbissen hat, »ganz natürlich« zu gebären, verspannt sich vielleicht dabei so, daß die Geburt unnötig lange dauert. Es ist keine Schande, nach einem Schmerzmittel zu verlangen oder nach stundenlangen Wehen, wenn die Kräfte erschöpft sind, sich doch noch eine Spritze geben zu lassen.

Umgekehrt sollte eine Frau nicht aus lauter Angst vor den Wehen und dem Geburtsvorgang von vornherein darauf bestehen, eine Rückenmarksspritze zu bekommen oder womöglich alles per Kaiserschnitt zu »erledigen«, obwohl dazu medizinisch keinerlei Anlaß besteht.

Wie auch immer die Geburt verläuft – keine Frau sollte es als Versagen begreifen, wenn sie nicht den vorher ausgemalten Vorstellungen entspricht. Jede Frau, die ein Kind zur Welt bringt, leistet Ungeheuerliches, selbst wenn sie einen Kaiserschnitt braucht. Und jede Frau verdient für diese Leistung allen Respekt.

Die Geburt prägt auch den Vater und das Kind

Wie beeinflussen die Umstände bei der Geburt die Haltung des Vaters?

Der Geburtsverlauf beeinflußt auch das Verhältnis des Mannes zu seinem neugeborenen Kind und zur Familie. Er kann sich während der Geburt als völlig überflüssig oder als große Hilfe für seine Frau empfinden. Er kann die Geburt als das überwältigendste Erlebnis seines Daseins oder als beängstigend und abschreckend erleben. Sie kann ihn bis ins Innerste berühren oder völlig unbeteiligt lassen. Er kann sein Kind voller Freude willkommen heißen oder sich als lästiges Hindernis für Arzt und Hebamme in die Ecke gestellt fühlen.

Selbst wenn er sich äußerlich ungerührt zeigt, läßt eine Geburt keinen Mann kalt. Auch für ihn stellen die Bedingungen, unter denen sie stattfindet, die Weichen, ob er sein Kind warm und liebevoll empfangen und annehmen kann oder ob er sich damit eher schwertut.

Auch das Kind kann die Geburt als tief einprägendes Ereignis negativ erlebt haben, wenn es z.B. keinen natürlichen Rhythmus mit seiner

Mutter finden konnte oder durch eine unbequeme Lage, Medikamentengabe, Kopfschwartendiode oder Blutentnahme leiden mußte. Die Eltern können versuchen, dem Kind durch viel Zuwendung und Körperkontakt über diese Erfahrungen hinwegzuhelfen. Aber sie können es nur, wenn sie selbst mit der erlebten Situation zurechtkommen.

Eine Geburt braucht nicht nur Vor-, sondern auch Nachbereitung

Stellt sich die Liebe der Eltern zum Kind von selbst ein?

Mutter- und Vaterliebe werden nicht automatisch mit der letzten Preßwehe geboren. Sie zieht auch nicht beim Anblick des Kindes schlagartig in die Herzen der neuen Eltern ein. Sie muß wachsen, und oft dauert das seine Zeit.

Mit der Geburt eines Kindes werden eine Mutter, ein Vater, eine Familie – ein neues »Wir« geboren. Auch das geht – wie die physische Geburt – nicht ohne Schmerzen. Ein »Wir« braucht Raum, Zeit und Geduld, um sich zu entwickeln.

Jeder Mensch, nicht nur das neugeborene Kind, braucht Körperkontakt, möchte umsorgt und genährt werden, also auch die »neugebo-

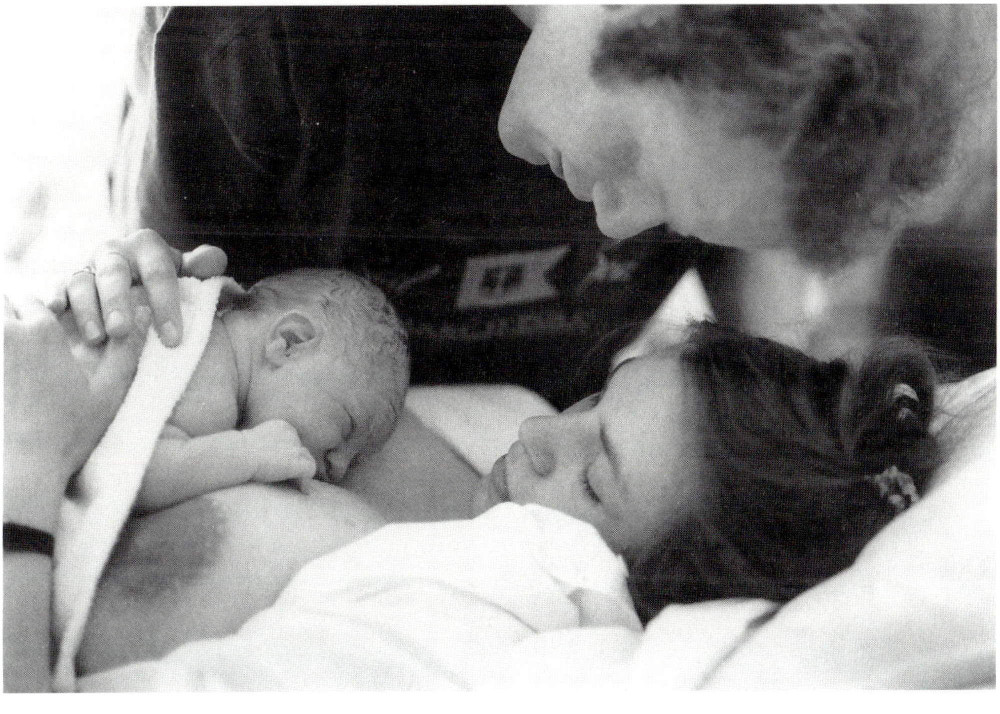

renen« Eltern. Dieses Bedürfnis ignoriert unsere Gesellschaft weitgehend. Früher gab es auf dem Land die Sitte, daß in den ersten Wochen nach der Geburt die Nachbarinnen eine Wöchnerin mit den besten Speisen bekochten und versorgten. In den Niederlanden gibt es noch heute Wochenbettpflegerinnen, die in den ersten acht Tagen den Frauen alle Arbeiten abnehmen. So können Mann und Frau langsam in die Rolle der Eltern hineinwachsen.

Bei uns hingegen wird erwartet, daß die Frau nach fünf Krankenhaustagen, in denen ihr häufig jede Initiative aus der Hand genommen wird, von einer Minute zur anderen zur perfekten Mutter wird, die lässig die gesamte Verantwortung für das Baby übernimmt. Das ist unzumutbar und unrealistisch und führt zu Frustration, Ärger, Unsicherheit und Resignation. Die Folgen tragen das Kind und der Partner.

Wer hilft der Wöchnerin zu Hause?

Es wäre gut, wenn eine Wöchnerin und ihr Mann etwa vier Wochen lang täglich eine Hilfe für Haushalt und Baby hätten, um sich in der neuen Situation zurechtzufinden. Auch wenn es nicht das erste Kind ist, das geboren wird. Ob Verwandte oder bezahlte Kräfte der jungen Familie beistehen, ist gleichgültig. Hauptsache, die Beteiligten sind bereit, den jungen Eltern alle alltäglichen Aufgaben abzunehmen, damit diese das Baby kennenlernen können und auch noch Zeit für vielleicht vorhandene Geschwisterkinder haben, um so ein neues »Wir« zu bilden. Und sie haben Zeit für sich selbst, um die eigenen Gefühle und Gedanken zu ordnen und das Erlebte zu verarbeiten.

»Meine nur sechsstündige Entbindung habe ich keineswegs als Trauma empfunden; im Gegenteil: Fast ohne Schmerzen (örtliche Betäubung durch PDA, Periduralanästhesie) konnte ich die Geburt als unbeschreiblich intensiv, aufregend und zugleich positiv erleben. Anschließend hatte ich ein außergewöhnlich stark ausgeprägtes Mitteilungsbedürfnis – aus dem Kreißsaal kommend setzte ich mich über das Gebot der Nachtruhe hinweg und tauschte stundenlang mit einer Wöchnerin Eindrücke und Empfindungen aus. Vor allem die erste Zeit befand ich mich in absoluter Hochstimmung – Julia war für mich das niedlichste, liebenswürdigste Geschöpf überhaupt. Da sich mein Mann Urlaub genommen hatte und ich die ersten vier Wochen nach dem Klinikaufenthalt im Kreis meiner Familie (Eltern und Schwester) verbrachte, konnte ich uneingeschränkt das tun, wozu ich Lust hatte: mich ausschließlich mit Julia und mir selbst beschäftigen.«

Vielen Eltern hilft in dieser Zeit der Kontakt zu anderen Müttern und Vätern in ähnlicher Lage. Geteilte Freude ist doppelte Freude, geteilte Sorgen sind halbe Sorgen. Über die Geburt, das Positive und Negative, müssen vor allem die Frauen immer wieder sprechen. Auch Wochen später gehen vielen noch Details der Entbindung durch den Kopf. Sie machen sich beispielsweise Vorwürfe (»Hätte ich doch nur ...«) oder glauben, sich zu wenig durchgesetzt zu haben. Gespräche, in denen diese Gedanken offen ausgesprochen und erörtert werden können, sind eine wesentliche Hilfe, das Erlebte zu verarbeiten. Kontakte können gesucht werden über die Geburtsvorbereitungsgruppe, über kirchliche Gemeinden, Kinder- oder Frauenärzte, Familienbildungszentren oder Mütterberatungsstellen.

Unterstützung durch Gespräche mit anderen Eltern?

Tips für einen guten Start

- Machen Sie sich und Ihrem Partner keine Vorwürfe wegen des Verhaltens während der Geburt! Kein Mensch verhält sich in Extremsituationen perfekt.
- Reden Sie so lange und so oft über das Erlebte, wie Sie es für nötig halten! Suchen Sie sich eventuell immer wieder neue Zuhörer/innen.
- Eine Familie besteht aus verschiedenen Individuen. Versuchen Sie, die unterschiedlichen Bedürfnisse zu entdecken und Möglichkeiten zu finden, sie zu befriedigen.
- Jedes Bedürfnis ist ernstzunehmen, und Lösungen sind auch außerhalb der Familie zu finden.
- Nehmen Sie sich Zeit für sich, Ihren Partner und das Kind. Schmusen, spielen, kitzeln, lachen, beobachten, staunen – das alles ist nie verschwendete Zeit.
- Versuchen Sie nicht, Superfrau, Supermutter, Supermann oder Supervater zu sein, sondern seien Sie offen, Hilfe zu suchen und anzunehmen. Es sollte Ihnen nie peinlich sein, jemanden um Rat zu fragen, weil das Kind schreit, weil es Ihnen auf die Nerven geht, weil Sie Angst vor der Verantwortung haben oder Ihnen sonst etwas auf der Seele liegt.
- Haben Sie Geduld! Mit sich, mit Ihrem Partner, mit Ihrem Kind. Auch Rom wurde nicht an einem Tag gebaut, steht aber immer noch.

- Versuchen Sie, Schwierigkeiten und Streitfragen möglichst schnell zu klären. Je mehr Personen zu einer Familie gehören, desto unentwirrbarer werden aufgestaute Probleme.
- Scheuen Sie sich nicht, Fachleute in Anspruch zu nehmen. Fragen Sie Hebammen, Ärzte, Familientherapeuten oder Psychologen um Rat. Dafür sind diese ausgebildet worden.
- Kapseln Sie sich nicht ab. Suchen Sie Menschen, die ähnliche Erfahrungen machen oder gemacht haben oder Ihre Vorstellungen teilen. Gemeinsam ist vieles leichter.

Es gibt keine Patentrezepte, wie Sie zu einer glücklichen Familie werden. Jedes Kind, jeder Mensch ist anders. Trotzdem können Tips und Erfahrungen – von Ihnen auf ihre Tauglichkeit für Ihre persönliche Situation hin geprüft und gegebenenfalls abgewandelt – hilfreich sein.

Kornelia Nacke

Die ersten Tage

Wochenbett zu Hause und in der Klinik

Die äußeren Bedingungen der Wochenbettzeit und -versorgung haben sich in den letzten 30 Jahren sehr verändert. Bis zu den sechziger Jahren wurden sehr viele Kinder zu Hause unter der Obhut einer niedergelassenen Hebamme geboren, die dann auch die Überwachung des Wochenbettverlaufs übernahm. Danach gingen immer mehr Frauen zur Geburt in ein Krankenhaus, inzwischen sind es ca. 98 bis 99 Prozent der Schwangeren. Die Krankenkassen nahmen Anfang 1960 einen Krankenhausaufenthalt für Geburt und Wochenbett in ihren Leistungskatalog auf. Seither arbeiten immer mehr Hebammen als angestellte Kreißsaalhebammen, und während des – damals noch zehntägigen – Aufenthalts nach der Geburt sorgen Krankenschwestern auf den Wöchnerinnenstationen und Kinderkrankenschwestern in den Neugeborenenzimmern für Mutter und Kind.

Zur Dämpfung der Kosten im Gesundheitswesen wurde 1982 unter anderem der Regelaufenthalt im Krankenhaus nach einer Geburt auf sechs Tage beschränkt (Art. 197 Reichsversicherungsordnung [RVO]). Aber nach Art. 195 ff. RVO blieb den Wöchnerinnen der Anspruch auf zehn Tage Hebammenhilfe nach der Geburt erhalten. Das bedeutet, auch nach sechs Tagen Krankenhausaufenthalt kann die Frau noch für mindestens vier Tage die Beratung und Versorgung durch eine Hebamme in Anspruch nehmen bzw. nach einer ambulanten Geburt für zehn Tage. Weiterhin sind auch nach Ablauf von zehn Tagen bis zu acht Besuche innerhalb von acht Wochen nach der Geburt möglich. Sollten im weiteren Verlauf Probleme auftreten, so kann die Hebamme auf ärztliche Anordnung hin auch noch später tätig werden.

1985 trat ein neues Gesetz in Kraft, das es Hebammen ermöglicht, angestellt in einem Krankenhaus oder freiberuflich zu arbeiten bzw. neben der Arbeit im Krankenhaus in der Vor- und Nachsorge tätig zu sein. Im geltenden Hebammengesetz von 1985 ist in § 4 Abs. 2 die »Überwachung des Wochenbettverlaufs als eine der Hebamme vorbehaltene Tätigkeit« aufgenommen worden.

Welche Aufgaben hat die Hebamme?

Immer mehr Hebammen wenden sich der Vor- und Nachsorge zu, wohl auch, weil bei ihnen der Wunsch wächst, umfassender tätig zu sein. Manche Hebammen schließen sich zu Praxisgemeinschaften zusammen und bieten außer Vor- und Nachsorge auch Kurse zur Geburtsvorbereitung an. Einige gehen zur Geburtsbegleitung ins Krankenhaus mit, andere betreuen auch Hausgeburten. Diese Entwicklungen sind regional unterschiedlich. Auch in den neuen Bundesländern haben sich inzwischen Hebammen in Landesverbänden zusammengeschlossen und setzen sich dafür ein, daß Hebammen freiberuflich in Vor- und Nachsorge tätig werden, so daß Frauen ihren Anspruch auf Hebammenhilfe realisieren können.

Die Betreuung durch die Hebamme in der Wochenbettzeit

Am Tag nach der Geburt, manchmal noch am gleichen Tag, beginnt die Hebamme mit der Nachsorge. Sie dokumentiert den Verlauf der Wochenbettzeit schriftlich. Ihre Aufgabe ist es, den Zustand von Mutter und Kind zu beobachten und zu überwachen.
Bei der Mutter sieht sie nach, ob sich die Gebärmutter normal zurückbildet und wie der Wochenfluß ist, mißt Blutdruck, Temperatur und Puls, untersucht gegebenenfalls die Dammnaht, erkundigt sich nach Stuhlgang und Urin. Sie fragt, wie Mutter und Kind mit dem Stillen zurechtkommen, und gibt Hilfestellung beim Anlegen. Sie schaut sich die Brust an und gibt Pflegetips. Sie erklärt eine leichte Massage, die einem Milchstau vorbeugen kann und gibt Anleitungen für die Wochenbettgymnastik. Anfangs schaut sie sich das Neugeborene täglich an. Dabei achtet sie darauf, daß der Nabel gut verheilt, daß das Baby Urin und Mekonium und später Stuhlgang läßt, die Haut rosig aussieht. Sie kontrolliert, ob eine Neugeborenengelbsucht auftritt, ob die Atmung gut ist und das Baby an der Brust trinkt. Sie wiegt das Kind und notiert sein Gewicht. Sie gibt Hilfestellung beim Baden des Kindes und für die Pflege. Sie achtet darauf, daß am fünften Tag der Test für die Früherkennung von Stoffwechselkrankheiten vorgenommen wird. Sie weist auf die zweite Vorsorgeuntersuchung des Babys beim Kinderarzt hin. Sie berät Mutter und Vater bei auftretenden Fragen. Sie erkennt krankhafte

Veränderungen bei Mutter und/oder Kind und leitet die nötigen Maßnahmen ein.

Daraus ergibt sich, daß die Tätigkeit einer Hebamme auch vorbeugenden Charakter hat und Probleme vermeiden hilft. Um so bedauerlicher ist es, daß dies in ihrer Honorierung keinen Niederschlag findet. In der Hebammen-Gebührenverordnung vom 6.7.1990 sind die Leistungen und Gebühren festgelegt, die von den gesetzlichen Krankenkassen erstattet werden. So kann eine Hebamme zum Beispiel für einen Hausbesuch nach der Geburt täglich einmal DM 37,— in Rechnung stellen. Das bedeutet einen Stundenlohn von brutto DM 26,60, wenn man davon ausgeht, daß sie durchschnittlich anderthalb Stunden dableibt.

Sollten besondere Erschwernisse einen weiteren Besuch nötig machen, so erhält sie dafür pauschal DM 12,—. Wie lange sich Hebammen finden, die trotz dieser schlechten finanziellen Bedingungen in der Nachsorge arbeiten, bleibt abzuwarten.

Wann sollte man sich für die Wochenbettpflege anmelden?

Ob und wie viele Frauen sich nach der Geburt um Hebammenhilfe bemühen, ist hauptsächlich von der Information über diese Möglichkeit abhängig. In Regionen, in denen über die Angebote der Hebammenhilfe in Vorsorge, Geburtsvorbereitung und Nachsorge in der Wochenbettzeit informiert wird – z.B. in Bremen und Hannover durch das Modell der Familienhebamme –, steigt die Nachfrage von Wöchnerinnen danach deutlich, sei es nach einer ambulanten Geburt oder einem Klinikaufenthalt. Da die wenigen niedergelassenen Hebammen oft wochenlang im voraus ausgebucht sind, ist es sinnvoll, sich schon in den letzten acht bis zwölf Schwangerschaftswochen bei einer Hebamme für die Wochenbettpflege anzumelden.

Heute steht eine Frau meist noch am Tag der Entbindung – natürlich zuerst nur in Begleitung einer anderen Person – für kurze Zeit auf. Sie wird je nach körperlicher Verfassung zunehmend aktiver und nimmt nach rund einer Woche wieder am Familienalltag teil. Jeder Wöchnerin sollte bewußt sein, daß sie sich noch für einen längeren Zeitraum schonen muß. Sicher reagiert jede auf ihre Art und Weise auf die Geburt, doch es ist tatsächlich ratsam, die ersten acht bis zwölf Wochen etwas ruhiger anzugehen.

In der Klinik bleiben oder schnell nach Hause?

Ob eine Wöchnerin gleich nach der Geburt nach Hause will, ist von einer Reihe von Umständen abhängig:

- Welche Vorstellungen und Wünsche haben Mann und Frau von Familie?
- Wie haben sich die werdenden Eltern auf die Geburt und die Zeit danach vorbereitet?
- Kennen sie andere Familien mit Neugeborenen, und können sie von deren Erfahrungen profitieren?
- Wie empfinden sie die Verantwortung für das Neugeborene?
- Ist es das erste Kind?
- Wie stark will und kann sich der Mann engagieren?
- Wo glaubt die Frau mehr Erholung und Ruhe finden zu können, in der Klinik oder zu Hause?
- Sind bereits Geschwisterkinder da und möchte die Frau sich von diesen Kindern einige Tage trennen oder so schnell wie möglich wieder bei ihnen sein?
- Gibt es Hebammen für die häusliche Nachsorge?
- Wie sind die Erfahrungen mit früheren Geburten und der Wochenbettzeit?
- Wie läßt sich der Haushalt organisieren?

Was spricht für einen längeren Aufenthalt in der Klinik?

So sind denn auch die Gründe, sich so oder so zu entscheiden, ganz von der persönlichen Situation geprägt. Frauen, die sich für einen Klinikaufenthalt entscheiden, führen oft an, daß sie

- froh sind, die Verantwortung für das Neugeborene erst langsam im Rahmen des Krankenhauses zu übernehmen;
- sich im Krankenhaus nach einer Geburt besser erholen können, weil sie noch nicht ständig für das Baby sorgen müssen;
- sich nicht um bereits vorhandene Kinder zu kümmern brauchen, sondern erst einmal nur Zeit für das Baby haben;
- Zweifel haben, ob sie zu Hause genug Unterstützung durch den Mann oder Verwandte und Bekannte bekämen;
- medizinisch optimal versorgt sind.

»Ich habe mich zu Hause besser erholt als im Krankenhaus. Mein Mann und eine Freundin haben sich um unsere ältere Tochter und den Haushalt gesorgt, ich mußte mich nur speziell um das Neugeborene kümmern. Bei meiner ersten Geburt, bei der ich das Wochenbett in der Klinik verbrachte, habe ich mich durch feste Mahlzeiten, Fiebermessen, Visite, Gymnastik usw. gestört gefühlt, so daß ich nicht schlafen konnte, wenn gleichzeitig das Baby schlief.«

Was spricht für das Wochenbett zu Hause?

Frauen, die sich für ein Wochenbett zu Hause entscheiden, führen an, daß sie

- sich nach der Geburt von Kind(ern) und Mann nicht trennen wollen;
- sich zu Hause besser erholen und pflegen lassen können und sich der Tagesablauf individueller gestalten läßt;
- nicht wollen, daß die Familie auseinandergerissen wird und ältere Kinder erst nach langem Warten mit ihrem neuen Geschwisterchen zusammensein können;
- dem Vater ermöglichen wollen, sein Baby von Anfang an besser kennenzulernen.

»Ich habe mich zu Hause wegen des ersten Kindes zwar nicht so gut erholt, ich hätte mir mehr Ruhe gewünscht, aber im Krankenhaus hätte ich sicher Sehnsucht auch gerade nach dem älteren Kind gehabt.«

Als deutlichen Vorteil erleben es viele Frauen, zu Hause von ein und derselben Hebamme während der gesamten Nachsorgezeit betreut zu werden. Dadurch können Fragen nach körperlichen Abläufen, Gedanken über die neue Situation als Wöchnerin und das Verhalten des Babys umfassend geklärt werden.

In der Klinik

Auf der Wochenstation werden Frau und Kind von Krankenschwestern und Kinderkrankenschwestern betreut. Der Arzt kommt zur Visite. Hebammen arbeiten meist nicht fest auf Wochenstationen mit bzw. sind nur für bestimmte Aufgaben kurz auf Station, beispielsweise, um bei den Frauen den Stand der Gebärmutter und den Wochenfluß zu kontrollieren.

Was bedeutet »Beleghebamme«?

Eine Ausnahme bilden die Kliniken, in denen Beleghebammen arbeiten. Dort kommt die Hebamme mit »ihrer Frau« zur Geburt ins Krankenhaus und besucht sie dort auch jeden Tag auf der Wochenstation. Bei Schichtdienst hingegen wechselt das Personal, so daß die Frau selten kontinuierlich eine Bezugsperson hat. Da kann es sich ergeben, daß sie auf manche Fragen widersprüchliche Auskünfte erhält oder nicht weiß, an wen sie sich wenden kann.

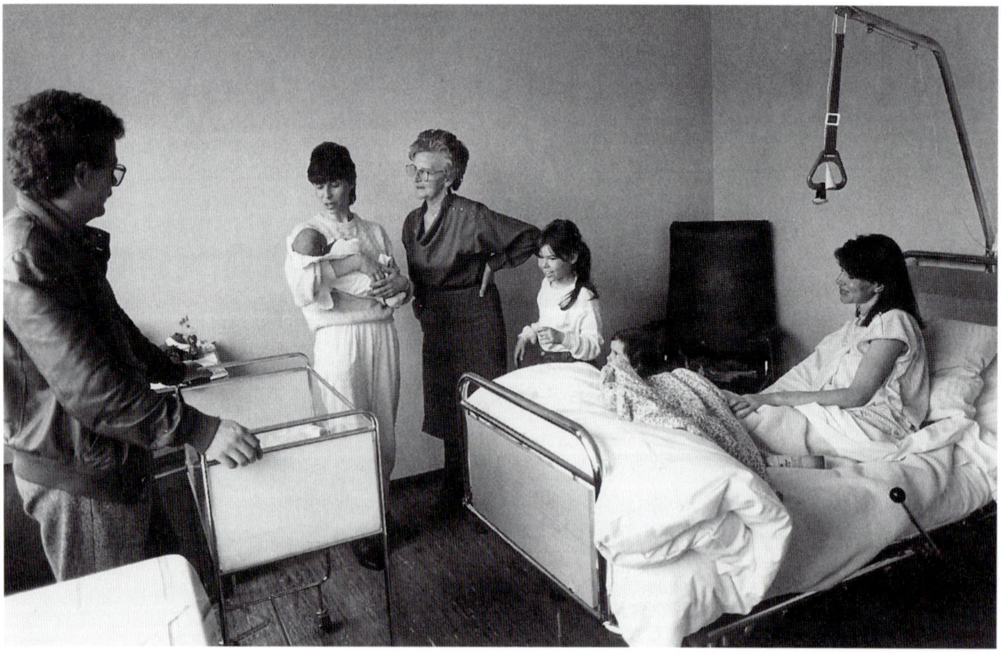

Anfangs wird der Mutter noch die Pflege des Kindes abgenommen. Wenn sie sich körperlich kräftiger fühlt, kann und sollte sie immer mehr für ihr Baby sorgen, dabei erhält sie Unterstützung und Hilfe durch die Schwestern.

»Nach der Entbindung bin ich noch insgesamt drei Tage in der Klinik geblieben, und habe zum einen den engen Kontakt – den intensiven Austausch mit den ›Mit-Wöchnerinnen‹ – genossen und zum anderen die Entlastung durch das Pflegepersonal, das sich als engagiert und kompetent erwiesen hat; ich hatte das sichere Gefühl, mir jederzeit Hilfe und Tips holen zu können und Julia guten Gewissens der Säuglingsschwester in die Hand drücken zu dürfen, wenn ich mich selbst erschöpft fühlte.«

In der Regel teilen sich mehrere Frauen miteinander ein Zimmer. Deshalb ist gegenseitige Rücksichtnahme erforderlich. Persönliche Wünsche und Vorstellungen müssen vielleicht manchmal zurückgestellt werden, denn wenn ein Baby gerade wach ist oder weint, möchte die andere Mutter mit ihrem Baby vielleicht gerade ruhen.

Wie sind die Besuchszeiten geregelt?

Der Mann kommt zu Besuch und erlebt Frau und Kind in einer ungewohnten Umgebung. Wieviel Gefühl mag er ihnen gegenüber da zeigen? Die Besuchszeiten sind in einigen Krankenhäusern sehr locker, meistens dürfen auch kleine Kinder kommen – das ist einerseits sehr schön, andererseits können dadurch Unruhe und Belastung für die Mütter und Babys entstehen.

Nicht jede Frau kann gelassen ihr Baby zum Stillen hochnehmen, wenn am Bett der Nachbarin für sie fremde Menschen sitzen. Oft kommt es dadurch zu anfänglichen Stillschwierigkeiten.

Manche Krankenhausleitungen haben daraus schon die Konsequenz gezogen, daß nur noch die Väter in das Zimmer zu Frau und Kind dürfen, andere Besucher dagegen in speziellen Nischen auf der Station empfangen werden.

Beim Neugeborenen sind alle Wahrnehmungssinne vorhanden. Es sieht, hört, schmeckt und fühlt. Besonders ausgeprägt ist sein Geruchssinn. Deshalb ist es für das Neugeborene gut, so viel wie möglich bei seiner Mutter zu sein. So kann es sich mit all seinen Sinnen auf seine erst einmal wichtigste Bezugsperson, die Mutter, richten. Es kann seine Fähigkeiten um so mehr dafür nutzen, je weniger Störung es von anderer Seite erfährt. Liegt es gemeinsam mit vielen anderen im Babyzimmer, ist häufig zu beobachten, daß eines anfängt zu weinen, andere dadurch unruhig macht, und zum Schluß weinen alle.

Bevor Mutter und Kind spätestens am sechsten Tag (Ausnahme: nach einem Kaiserschnitt) entlassen werden, ist für die Frau eine gynäkologische Abschlußuntersuchung vorgesehen. Da Rückbildungs- und Heilungsprozeß noch im Gang sind, empfinden viele die Untersuchung als unangenehm.

Zu Hause: Von der Zweisamkeit zum Leben mit Kind

Wenn sich Frauen oder Paare für ein Wochenbett zu Hause entscheiden, so ist dabei die Gewißheit, daß eine Hebamme über zehn Tage kontinuierlich zu Hausbesuchen kommt, ein wichtiger Rückhalt.

Wie lange ein Hausbesuch zu dauern hat, ist nicht vorgeschrieben. Jede Hebamme entscheidet das selbst. Die ersten Hausbesuche dauern meist ein bis zwei Stunden; wenn Mutter und Kind wohlauf sind, entsprechend kürzer. Bei diesen Besuchen entwickelt sich in der Regel ein besonderes Vertrauensverhältnis zwischen Eltern und Hebamme. Sie ist meist nicht bei der Geburt dabei gewesen. (Das ist nur möglich, falls sie als Beleghebamme in einer Klinik arbeitet, zur Geburtsbegleitung der Frau mitgeht oder bei einer Hausgeburt die Entbindung selbst leitet.)

Oft möchten die Eltern noch einmal über die Geburt sprechen. Das Erlebte klingt nach, es tauchen nachträglich Fragen auf; da ist die Hebamme eine wissende Zuhörerin und kann bei der Verarbeitung des Geschehenen helfen.

Wie soll der Tagesablauf in der ersten Zeit aussehen?

Der Tagesablauf zu Hause kann sich nach den Bedürfnissen von Mutter und Kind richten. Die Mahlzeiten können so gelegt werden, wie es den Bedürfnissen der Mutter entspricht. Die Ruhe- und Wachzeiten des Babys sind noch ganz unterschiedlich. Zu Hause kann die Mutter gemeinsam mit dem Kind ruhen, unabhängig von der Tageszeit. Das ist wichtig, denn die erste Zeit ist anstrengend, die Eigenheiten des Kindes kennenzulernen, seine Äußerungen zu verstehen dauert eine Weile und erfordert Kraft und Einfühlungsvermögen.

Ihre persönliche Pflege kann sich die Frau in der eigenen häuslichen Umgebung am besten einrichten. Im eigenen Badezimmer ist der Toilettengang bequem, die Frau kann sich individuell die notwendigen Utensilien herrichten. So kann sie sich beispielsweise nach dem Toilettengang abduschen und mit dem Fön trocknen. Dadurch wird die Heilung einer Dammnaht unterstützt. Sie teilt mit keiner anderen

Wöchnerin die Toilette, das ist auch aus hygienischer Sicht ein Vorteil.

Im Bett kann sie sich ungehemmt hinlegen und kleine Schürfwunden an der Scheide durch Auflegen von Salbenläppchen pflegen, ohne daß fremde Blicke stören. Ebenso kann sie nach dem Stillen die Brustwarzen an der Luft trocknen lassen.

Das Neugeborene hat neben der Mutter seinen Platz, möglichst so, daß sie es zu sich nehmen kann, ohne aufstehen zu müssen. Neugeborene machen ungewohnte Geräusche, sie ächzen, sie schmatzen, sie bewegen sich. Da ist es beruhigend, ganz schnell nachsehen zu können, wie es ihnen geht. Das Neugeborene spürt die Nähe vertrauter Menschen, es ist dabei und erlebt den Tagesablauf seiner Familie.

Wie reagieren Geschwister auf den Familienzuwachs?

Die Geschwister können jederzeit zum Baby kommen, nach ihm gucken, mit ihm reden, es berühren. Sie können aber auch ohne lange Trennung wieder zur Mutter. Sie können mit ihr kuscheln, reden, ihr etwas zeigen und spüren, daß sie trotz Baby für sie da ist. Je nachdem, wie alt die Kinder sind, haben sie die Schwangerschaft unterschiedlich bewußt wahrgenommen. Doch sie merken, daß das Neugeborene etwas Besonderes ist, es nimmt Zeit, Platz und Aufmerksamkeit der Eltern in Anspruch.

So wie sich die Eltern ans Neugeborene gewöhnen müssen, so geht es auch einem Geschwisterkind: Warum weint das Baby, warum hat es sich bewegt, warum grunzt es so? Wie trinkt das Baby bei der Mutter? Manche Kinder rücken ganz nah heran, sie wollen die Nähe der Mutter spüren, so wie das Baby auch.
Für den Vater ist es ein großer Unterschied, ob er nach gemeinsam erlebter Geburt allein das Krankenhaus verläßt oder ob er zusammen mit Frau und Baby nach Hause kommt und alle dort das neue Familienleben beginnen. Väter, die es so erlebt haben, berichten, daß sie glücklich darüber waren, nach den Stunden der Aufregung zu Hause miteinander zur Ruhe kommen zu können.
Die günstigste Situation ist sicher, wenn sich der Vater kurzfristig Urlaub nehmen, und losgelöst von der Arbeit diesen Anfang erleben kann.
Doch auch wenn ein Urlaub nicht möglich ist, ergeben sich zu Hause mehr Stunden des Zusammenseins als bei Besuchen im Krankenhaus. Der Vater lernt sein Baby ungestört kennen. Ebenso wie die Mutter erhält er von der Hebamme Unterstützung, erste praktische Anleitung, Rat und Hilfe. Er kann das Baby bei sich tragen, es beruhigen, für es da sein. Eine Hebamme beschreibt, welche Verantwortung nach ihrem Empfinden und ihren Beobachtungen in der Nachsorge auf den Mann zukommen:

»Der Vater kann das Baby wickeln, beim Anlegen helfen, seine Frau zur Toilette begleiten, für Mahlzeiten sorgen und sich um Geschwisterkinder kümmern. Man braucht ihm nicht zu sagen, wie wichtig er ist und wie sehr er gebraucht wird – er weiß es. Die Männer sind um den dritten Tag herum ausgelaugt und müde, aber auch sehr zufrieden und glücklich.«

Für den guten Ablauf der Wochenbettzeit ist es wichtig, den Haushalt schon vor der Geburt für diese Tage gut zu organisieren. Jedes Paar sollte offen und realistisch darüber sprechen.
Wo der Mann nichts übernehmen kann oder will und eine Haushaltshilfe nicht organisiert werden kann, sollte sich die Frau überlegen, ob eine Wochenbettzeit im Krankenhaus nicht sinnvoller ist. Wenn keine Verwandten oder Bekannten kommen können, ist es möglich, von einem der Freien Verbände eine Haushaltshilfe in Anspruch zu nehmen.

Organisation einer ambulanten Geburt

Bei einer beabsichtigten ambulanten Geburt sollten Sie folgendes bedenken:

- Die Frau sollte sich bereits geraume Zeit vor dem voraussichtlichen Geburtstermin eine Hebamme für die Nachsorge suchen und sich anmelden. Es ist günstig, wenn sich zukünftige Eltern und Hebamme in einem Beratungsgespräch bzw. bei Vorsorgeuntersuchungen, die die Hebamme durchführen kann, kennenlernen. Dabei können Fragen zum Verlauf der Schwangerschaft und die Zeit nach der Geburt besprochen werden.
  In diese Gespräche wird der Mann einbezogen, da er später eine wichtige Stütze für die Frau am Anfang der Wochenbettzeit sein wird.
- Sinnvoll ist die Teilnahme an einem Geburtsvorbereitungskurs. Dort werden auch die Veränderungen nach der Geburt angesprochen. Günstig ist es, wenn der Kurs bei der nachsorgenden Hebamme stattfinden kann.
- Das Paar sollte sich überlegen, welche Geburtsklinik es wählen will und dort die Absicht einer ambulanten Geburt besprechen.
- Falls die Eltern nach der Geburt Zweifel haben, ob Frau und Kind das Krankenhaus verlassen können, sollten sie ruhig für einen Tag dort bleiben oder, wenn sie es vorher so verabredet haben, die Nachsorgehebamme aus dem Krankenhaus heraus anrufen und sich mit ihr beraten (Telefonnummer mitnehmen).
- Bevor Frau und Kind zu Hause sind, muß die Hebamme informiert werden, damit der erste Besuch vereinbart werden kann.
- Eine Telefonliste mit wichtigen Telefonnummern sollte bereitliegen.
- Der Vater sollte an seiner Arbeitsstelle regeln, daß er sie rechtzeitig zur Geburt verlassen und anschließend Urlaub nehmen oder die Arbeitszeit reduzieren kann.
- Für den Haushalt können einige Einkäufe auf Vorrat erledigt werden. Es ist auch sinnvoll, die Mahlzeiten vorauszuplanen, um nicht nach der Geburt darüber nachdenken zu müssen.
- Getränke sind wichtig, z.B. Mineralwasser.
- Wenn Geschwisterkinder da sind, muß rechtzeitig vorher für die Zeitspanne der Geburt eine Betreuung organisiert werden.

- Im Zeitraum des Geburtstermins sollte eine Fahrmöglichkeit gesichert sein, ebenso ist zu bedenken, wie die Rückfahrt nach der Geburt geregelt wird. Vielleicht kann eine weitere Person dabei behilflich sein.
- In das Krankenhaus mitzunehmen sind für die Mutter: Mutterpaß, Personalausweis, Bademantel, Nachthemd oder T-Shirt, Söckchen, Hausschuhe, Slip, etwas Bequemes für die Rückfahrt.
  Für das Baby: Hemdchen, Jäckchen, Windeln, Söckchen, Moltontuch zum lockeren Einwickeln, damit sich das Baby noch so zusammenkuscheln kann, wie es im Mutterleib gelegen hat, Jacke, Mütze, Babytragetasche (evtl. Autosicherheitskörbchen), warme Zudecke.
- Wenn Mutter und Kind das Krankenhaus verlassen, erhält die Frau ihren Mutterpaß mit den Eintragungen zur Geburt und für das Baby das »Untersuchungsheft für Kinder«, in dem die U 1, die Neugeborenenuntersuchung, eingetragen ist.

Einige Hebammen bringen zum ersten Hausbesuch eine »Wochenbettpackung« mit oder beraten die Frau, was sie sich auf Rezept des Frauenarztes besorgen sollte. Dazu gehören zum Beispiel Pflegematerialien wie Johanniskrautöl, Nabelkompressen, Nabelpuder, Wundalkohol.
Für die Mutter sind nötig: Monatsbinden, einige alte Laken zusätzlich für das Bett, Still-BHs, Haarfön. Außerdem die Adresse einer Verleihstelle, über die bei Stillschwierigkeiten eine Milchpumpe zu erhalten ist (Apotheke). Für das Baby sind nötig: Windeln, Moltontücher, Jäckchen, Söckchen, Strickjacke, Mütze, Pflegemittel, Handtücher, eine Schüssel zum Baden des Babys (so kann es zu Anfang am Bett der Mutter gebadet werden), Teeflaschen und Sauger, ungesüßter Kindertee, falls das Baby außer Muttermilch etwas zum Trinken benötigt, Bett oder Körbchen mit entsprechendem Bettzeug. Ein Platz nahe bei der Mutter fördert das Geborgenheitsgefühl und erspart der Mutter Wege. Eine Babywaage können Sie in Apotheken leihen, meistens brauchen Sie sie aber nicht.
Nach der ambulanten Geburt müssen die Eltern sich für ihr Kind um die zweite Vorsorgeuntersuchung U 2 (zwischen dem dritten und zehnten Lebenstag) kümmern, das bedeutet, sie müssen mit dem Kinderarzt einen Termin in der Praxis bzw. einen Hausbesuch vereinbaren.

Wer zahlt was?

Die *gesetzlichen Krankenkassen* zahlen die Leistungen, die gemäß der RVO festgelegt oder in der Hebammenhilfe-Gebührenordnung enthalten sind. Dazu gehören:

1. *Leistungen der Hebamme*
Vorsorgeuntersuchung der Schwangeren und Geburtsvorbereitung. Hebammen, die umfassendere Kurse anbieten als in der Gebührenordnung vorgesehen, lassen sich zum Teil von den Frauen bzw. Paaren etwas zuzahlen. In den ersten zehn Tagen nach der Geburt werden zehn Besuche bezahlt, bei besonderen Erfordernissen auch ein weiterer Besuch am gleichen Tag. Nach Ablauf der zehn Tage sind bis zu acht weitere Besuche bis zur Dauer von acht Wochen nach der Geburt möglich, auf ärztliche Anordnung auch noch darüber hinaus.

2. Eine *»Wochenbettpackung« auf Rezept,* die verschiedene Pflegemittel und -materialien enthält bzw. vom Arzt verordnete Medikamente. Einige Hebammen stellen diese Packung individuell zusammen und rechnen sie direkt mit der Kasse ab.

3. Die entstehenden *Kosten bei der Geburt in der Klinik.*

4. Eine *Haushaltshilfe* erhalten Versicherte, denen die Weiterführung des Haushalts, z.B. infolge einer akuten Erkrankung oder einer Krankenhausbehandlung, nicht möglich ist. Grundvoraussetzung dafür ist, daß ein Kind unter zwölf Jahren im Haushalt lebt.
Es ist sinnvoll, daß sich werdende Eltern vor der Geburt bei ihrer Kasse nach den Leistungen erkundigen und, falls erforderlich, den notwendigen Antrag einreichen.

Für Verwandte und Verschwägerte bis zum zweiten Grad werden keine Kosten erstattet, es können jedoch Fahrtkosten und/oder Verdienstausfall vergütet werden, allerdings unter Berücksichtigung von Höchstgrenzen. Kein Leistungsanspruch besteht für den Fall, daß der Ehemann im Haus ist; er kann auch unbezahlten Urlaub nehmen und sich dafür den Haushaltshilfesatz von der Kasse vergüten lassen. Haushaltshilfen können Personen sein, die von den Wohlfahrtsverbänden gestellt werden, es kann aber ebenso eine Freundin oder ein Freund sein.

Die Leistungen der *privaten Krankenversicherungsträger* richten sich nach den jeweiligen allgemeinen Versicherungsbedingungen und dem Umfang der versicherten Leistung des Versicherungsnehmers. Die privaten Krankenversicherungen übernehmen in der Regel die Kosten für die Geburtshilfe, außerdem die Kosten der Hebamme für Vor- und Nachsorge und die notwendigen Verordnungen auf Rezept.

Ob Sie die ersten Tage des Wochenbetts in der Klinik oder zu Hause verbringen, ist in Ihr ganz persönliches Ermessen gestellt. Sie sollten sich so entscheiden, wie Sie es für sich am sinnvollsten finden.

Angelika Blume

Wie der Absturz in ein tiefes, schwarzes Loch

Depression nach der Geburt

Das Brautpaar tritt vors Kirchenportal. Beide lächeln strahlend, winken. Musik braust auf. Happy-End.

Nach und nach leeren sich die Stuhlreihen des Kinos. Wie es weitergehen könnte mit den beiden Hochzeitern, ob auf die schöne Trauung vielleicht eine häßliche Scheidung folgt, interessiert nach diesem Höhepunkt in Weiß niemanden mehr so richtig. Darüber nachzudenken, würde nur die Rührung und das Bedürfnis nach Harmonie stören. Schließlich hat man so sehr mit den beiden gelitten, bis sie sich endlich kriegten. Nun sollen sie auch gefälligst glücklich sein. Und wenn sie nicht gestorben sind...

Etwas ganz Ähnliches läuft ab, wenn ein Kind geboren wird. Monatelang leben alle Beteiligten – Eltern, Großeltern und andere Verwandte, Freunde, Kollegen – auf das freudige Ereignis zu, teilen große und kleine Sorgen, rufen an, geben Rat, hören zu und bangen schließlich mit, ob es auch gutgeht bei der Geburt. Endlich ist das Kind da. Aufatmen, Sekt, Blumen, Strampelhöschen, Glückwunschkarten: Auch hier ein Happy-End.

Und dann? Was folgt nach diesem Höhepunkt, nach dieser Nervenprobe? Ach, irgendwie wird es schon ganz prima gehen. Babys sind doch so süß. Hauptsache, Mutter und Kind sind wohlauf. Und weil sie nicht gestorben sind...

Die seelischen Reaktionen der Frau

Viel weiter wird kaum gedacht. Man geht zur eigenen, wichtigen Tagesordnung über. Sich vorzustellen, daß eine junge Mutter nicht pausenlos strahlt, sondern phasenweise deprimiert, enttäuscht, wütend oder einsam ist, weint oder gar ihr Kind ablehnt, widerspräche einem machtvollen Mythos vom Muttersein, der Frauen subtil unter Druck setzt, sie verdrängen und verschweigen läßt, was sie fühlen. Vor ihrer Umwelt, vor ihrem Partner und vor sich selbst. Die amerikanische Schriftstellerin Carol Dix hat darüber einmal geschrieben: »Emotional gestörte Mütter? Innerhalb unserer Denknormen ist die bloße Vorstellung ein Greuel. Mit der Mutterschaft verbinden sich in unserer Gesellschaft nur liebliche und positive Vorstellungen; eine Mutter gibt Sicherheit, sie hält unerschütterlich durch, wenn andere aufgeben... Mütter können gar nicht durch die Mutterschaft selbst depressiv werden, denken wir.«

Wie weit wir damit von der Wirklichkeit entfernt sind, zeigen ein paar Zahlen aus der – bezeichnenderweise noch immer spärlichen – Forschung zu diesem Thema:

Was sind »Heultage« und »Baby-Blues«?

Mindestens die Hälfte aller Wöchnerinnen durchleben in der ersten Zeit nach der Entbindung eine oft nur Stunden, seltener Tage dauernde depressive Verstimmung, eine Art emotionales Einknicken. Ihre Stimmung schwankt stark, sie sind sehr verletzlich, und schon eine negative Zeitungsmeldung läßt sie in Tränen schwimmen. Ärzte und Hebammen sprechen im Klinikjargon von den »Heultagen«. In der medizinischen Fachliteratur setzt sich, dem amerikanischen Sprachgebrauch folgend, der Begriff »Baby-Blues« durch.

Etwa zehn bis fünfzehn Prozent der Mütter leiden in den ersten sechs Monaten unter länger anhaltenden nachgeburtlichen Depressionen. Sie können über Wochen andauern und es den betroffenen Frauen manchmal fast unmöglich machen, mit sich, dem Baby, dem Partner und der neuen Situation zurechtzukommen. Sie fühlen sich leer, wie ausgepumpt, und oft fehlt ihnen sogar die Kraft, ihr Kind zu lieben.

Bei einer bis zwei unter tausend Müttern zeigen sich bereits in den ersten Tagen nach der Entbindung psychotische Erscheinungen, also nicht nachvollziehbare Wahnvorstellungen und/oder Halluzinationen, oft begleitet von dem zwanghaften Verlangen, sich selbst und dem Kind etwas anzutun.

Insgesamt ist für Frauen das Risiko, seelische Störungen zu bekommen, in den ersten drei Monaten nach einer Geburt etwa vier bis fünfmal so groß, wie zu jedem anderen Zeitpunkt ihres Lebens.

Die Theorie von der Hormonumstellung

Sind die Hormone an allem schuld?

Über die Ursachen für nachgeburtliche seelische Probleme sind im Laufe der letzten Jahrzehnte viele verschiedene Hypothesen aufgestellt worden. »Die weiblichen Hormone sind an allem schuld«, hieß bis vor kurzem eine der gängigsten Theorien. Der Hintergrund: Etwa zwei bis vier Tage nach der Geburt ändert sich der weibliche Hormonhaushalt gravierend. Die Anteile der Sexualhormone Östrogen und Progesteron sinken drastisch. Vorher enthielt das Blut besonders große Mengen dieser Hormone, die für die Erhaltung der Schwangerschaft wichtig sind. Allein das Hormon Östriol aus der Gruppe der Östrogene erhöht sich bis zur Geburt etwa um das Tausendfache. Ähnliches gilt für die Endorphine, körpereigene, morphiumähnliche Substanzen. Sie wirken beruhigend und schmerzdämpfend, mindern Angst und Wehenschmerz.

Nach der Geburt fallen die Blutspiegel dieser Stoffe jedoch schlagartig. Manche Forscher sehen darin so etwas wie einen natürlichen Entzug. Denn die Hauptsymptome des Baby-Blues (depressive Gefühle, Schlafstörungen und Reizbarkeit) gleichen denen, die auch bei einem Drogenentzug auftreten. So schlüssig diese Theorie ist, so leicht läßt sie sich erschüttern:

Alle Mütter machen diese hormonellen Umstellungen durch, aber nur einige bekommen Depressionen, und noch viel weniger werden psychotisch.

Bei manchen Frauen setzen die seelischen Probleme sofort nach der Entbindung oder aber erst viele Wochen später ein, also dann, wenn die großen Hormonschwankungen noch gar nicht begonnen haben oder bereits vorüber sind.

Auch Adoptivmütter und etwa 14 Prozent der Väter werden vorübergehend depressiv, wenn die Familie sich vergrößert.

Andere Belastungsfaktoren

Was passiert, wenn mehrere Probleme zusammenkommen?

Ausschließlich auf hormonelle Veränderungen sind die nachgeburtlichen seelischen Probleme also nicht zurückzuführen. Frauenärzte, Psychologen und Psychiater sprechen deshalb auch von einem »multifaktoriellen Geschehen«. Sie meinen damit, daß immer mehrere körperliche, seelische, familiäre und andere aus der Umwelt stammende Belastungsfaktoren zusammentreffen müssen, die sich für die jeweilige Frau zu einem Übermaß an Streß und nachfolgender Erschöpfung addieren. Erst wenn dieser Punkt erreicht ist, treten psychische Probleme auf.

»Wenn ich heute mit etwas Abstand darüber nachdenke, wie schlecht es mir nach der Geburt meiner Tochter ging, weiß ich genau: Ein Teil meiner Probleme hatte seinen Ursprung schon in der Zeit vor der Schwangerschaft. Ich war immer ganz zwiespältig, ob ich überhaupt ein Kind wollte. Mein Kopf sagte entschieden Nein – und mein Bauch sagte ebenso entschieden Ja. Trotz dieser inneren Widersprüche wurde ich schwanger, und die neun Monate waren für mich überraschenderweise eine sehr schöne, harmonische Zeit. Auch die Geburt ließ sich zuerst sehr gut an. Aber dann zog sich doch alles mächtig in die Länge. Und als ich dann schon zwei Stunden Preßwehen gehabt hatte, mußte eine Saugglockenentbindung gemacht werden. Das war furchtbar. Ein tiefer Bruch gegenüber der ruhigen Atmosphäre vorher, eine große eisige Kälte, die in mir wuchs.

Noch schlimmer als die Geburt war das Nähen hinterher. Ich bekam dabei zunächst keine Betäubung. Da habe ich vor Schmerz geschrien und getreten. Der Arzt hat zurückgebrüllt, ich solle mich zusammenreißen, und hat mir dann die Beine festbinden lassen. Nach alldem, was schon vorausgegangen war, habe ich das als reine Quälerei, wie eine schlimme Strafe empfunden. Diese Momente waren so schrecklich, daß sie später immer wieder kurz vor dem Einschlafen als alptraumartige Bilder in mir hochkamen.

Leider ist mir meine Tochter nach der Geburt nicht gleich nackt auf den Bauch gelegt worden, obwohl es ihr eigentlich gut ging. Ich denke heute, daß das ein großer Fehler war. Sicher hätte ich gleich ein ganz anderes Verhältnis zu ihr gekriegt und wäre auch etwas von mir selbst abgelenkt worden. Als sie mir dann später, schon angezogen, gebracht wurde, war da nur noch ein Gefühl großer Leere in mir.

Einige Tage später bekam ich schwere Depressionen. Das war wie ein Absturz in ein tiefes, schwarzes Loch, in dem ich fast verschwand. Ich war zwar momentweise stolz darauf, daß ich es ohne Kaiserschnitt geschafft hatte, andererseits fragte ich mich immer wieder, was die ganze Quälerei sollte. Der ablehnende Teil meiner Zwiespältigkeit dem Kind gegenüber kam nun wieder ganz stark hervor. Schon in der Klinik und auch später hatte ich regelrechte Anfälle von hilflosem Haß gegen meine Tochter, wenn sie zum Beispiel nicht aufhören wollte zu schreien. Und manchmal, wenn ich mit ihr spazierenging, dachte ich: ›Am besten läßt du sie einfach irgendwo stehen.‹ Ich hätte mich am liebsten weggestohlen. Diesen Wunsch habe ich manchmal noch heute. Natürlich liebe ich mein Kind und halte es kaum aus, längere Zeit von ihm getrennt zu sein. Aber trotzdem wird mir immer wieder – und mit großen Schuldgefühlen – klar, daß ich dieses Leben mit einem Kind eigentlich gar nicht gewollt habe. Ich glaube, ich wollte nur schwanger werden – aber nicht Mutter sein.«

Die hormonelle Umstellung nach der Geburt, die durch Streß erheblich gestört werden kann, spielt dabei sicher eine wichtige Rolle. Hormonschwankungen beeinflussen nun einmal die Gefühle positiv und negativ. Außerdem verändert sich unter Streß die empfindliche Balance der Botenstoffe im Gehirn (»Neurotransmitter«), die für eine reibungslose Verständigung der Hirnzellen untereinander notwendig und an unserer Stimmungslage maßgeblich beteiligt sind. Möglicherweise sind manche Frauen von Natur aus besonders anfällig für den Baby-Blues. Frauen, die unter prämenstruellen Beschwerden leiden, scheinen auch eher zu nachgeburtlichen seelischen Problemen zu neigen.

Beginnen die Probleme schon lange vor der Geburt?

Aber dies alles sind nur Teilaspekte in einem umfassenden Ineinandergreifen von verschiedensten Auslösern für seelische Störungen. Problemen im übrigen, die oft nicht erst nach der Geburt beginnen. So fand kürzlich die englische Psychiaterin Alison Kelly am Withington Hospital in Manchester heraus, daß viele Frauen bereits während der Schwangerschaft ernstzunehmende seelische Sorgen haben. Verwunderlich ist das eigentlich nicht. Schließlich sind nicht alle Babys Wunschkinder, und nicht alle Frauen fühlen sich der neuen Verantwortung gewachsen und freuen sich auf das Leben mit einem Säugling. Ebensowenig sind alle Männer bereit, Väter zu werden. Und wenige Familien haben ein so ausreichendes soziales und finanzielles Polster, daß sie ein (weiteres) Kind als Bereicherung ansehen können.

»Ich hatte mir die Geburt unserer Tochter so schön vorgestellt und mich auch gut darauf vorbereitet. Und dann wurde es der reine Horror. Drei Tage lang hatte ich starke Wehen. Dann schob man mich aus dem Kreißsaal auf den Flur, und irgendwie haben sie mich da vergessen. Jedenfalls mußte dann schließlich in aller Eile ein Notkaiserschnitt gemacht werden. Schlimmer als die Angst, die ich hatte, war das Gefühl, nichts mehr selbst entscheiden und auch nichts mehr für mein Kind tun zu können. Bis zu diesem Punkt hatte ich während der ganzen Schwangerschaft eine ganz unmittelbare, lebendige Beziehung zu meinem Kind gehabt. Aber dieses Gefühl versank in mir, wie in einem Nebel. Als ich nach dem Kaiserschnitt wieder aufwachte und man mir meine Tochter zeigte, dachte ich immer nur: ›Dieses Kind hat nichts, aber auch gar nichts mit mir zu tun. Es ist niedlich, aber es ist mir ebenso fremd, wie ich jetzt selbst fremd für mich bin.‹ Innerlich fühlte ich mich völlig aufgezehrt, unendlich erschöpft und so, als hätte ich mein ganzes Leben an mein Kind abgegeben.
Als dieses Gefühl der Erschöpfung in den nächsten Tagen nicht nachließ, habe ich die Ärzte immer wieder gefragt: ›Was ist mit mir los? Es kann doch nicht sein, daß ich so runter bin, daß ich keine Kraft mehr habe und kein Gefühl für dieses Kind.‹ Als Antwort hörte ich immer nur Beschwichtigungen. Mutterwerden sei nun mal nicht einfach.
Als ich nach drei Wochen aus der Klinik entlassen wurde, war dieses Gefühl, ganz aufgebraucht zu sein, immer noch da. Und auch diese merkwürdige Distanz zu meiner Tochter war geblieben. Ich war maßlos enttäuscht von mir und meiner Kraftlosigkeit. Gleichzeitig krochen in mir immer stärkere Angstvorstellungen hoch, ich könnte meiner Tochter aus Unvorsichtigkeit – aber auch aus Mutwillen – etwas antun. Diese Phantasien haben mich damals fast erdrückt. Trotzdem habe ich mit niemandem darüber gesprochen. Mein Erschrecken über all das, was da offenbar an Ungründlichem in mir schlummerte, war viel zu groß. Ich hatte Angst vor mir selbst, vor dem, wozu ich womöglich fähig war – und wußte doch, daß ich alle diese Phantasien nie in die Tat umsetzen würde. Aber wie soll man das einem anderen klarmachen?
Einige Monate später waren meine Ängste und Depressionen dann mit einem Schlag beseitigt. In der Mütterberatungsstelle erfuhr ich eher beiläufig und zufällig, daß ich bei der Geburt eine sehr seltene und lebensgefährliche Komplikation gehabt hatte. Meine Gebärmutter war unter den heftigen Wehen eingerissen. Deshalb also die Bluttransfusionen und die drei Wochen Klinikaufenthalt. Und deshalb auch diese völlige Erschöpfung. Ich hatte ja wirklich am Rande des Abgrundes gestanden und alle meine Lebenskraft gebraucht.

Hätte ich das alles eher gewußt, hätte ich mir bestimmt das Recht zugestanden, so erschöpft zu sein, so leer und so hilfsbedürftig. Und ich hätte bestimmt nicht so verzweifelt und so allein dagegen angekämpft.«

Ein anderer Auslöser für depressive Gefühle können auch die Erlebnisse im Kreißsaal bzw. die Art sein, wie eine Frau die Entbindung erlebt. Eine Geburt, die aus der Perspektive der Hebammen und Ärzte völlig normal und komplikationslos gelaufen ist, kann für die Mutter ein lange nachwirkendes traumatisches Erlebnis sein. Manche Frauen fühlen sich dem Geschehen hilflos ausgeliefert und verhalten sich deshalb eher passiv. Andere werden aggressiv gegen Partner und Klinikpersonal oder wehren sich gegen jede Hilfe. Die wenigsten Frauen kennen vorher solche Verhaltensweisen von sich, und auch die Geburtshelfer zeigen oft deutlich, daß sie sich Gebärende etwas pflegeleichter vorstellen. Im Nachhinein schämen sich die Frauen dafür, machen sich Vorwürfe und zweifeln an ihren natürlichsten Fähigkeiten. Auch der Wehenschmerz kann seelische Wunden hinterlassen. So hören Frauen, die ihren Schmerz laut stöhnend oder schreiend herauslassen, nicht selten barsche Zurechtweisungen vom Klinikpersonal: »Nun werden Sie mal nicht hysterisch«, oder: »So reißen Sie sich doch zusammen«. Frauen jedoch daran zu hindern, ihren Schmerz lauthals kundzutun, heißt, in ihnen etwas Elementares zu unterdrücken. Und es ist vielleicht deshalb kein Zufall, daß depressive Mütter sich selbst oft als »versteinert« oder »vereist« bezeichnen.

Geschlecht des Kindes – noch immer ein Grund für Depressionen?

Bei manchen Frauen ist das Geschlecht des Kindes der Auslöser für Depressionen. Eine Untersuchung am Gießener Zentrum für Kinderheilkunde zeigte, daß Mütter insbesondere dann mit nachgeburtlichen Depressionen zu kämpfen hatten, wenn sie ihr erstes Kind bekamen und wenn es ein Mädchen war. Ähnlich schlecht ging es Müttern von frühgeborenen Jungen. Mütter zu früh geborener Mädchen waren dagegen weniger depressiv. Beide Ergebnisse zeigen, wie wichtig es für viele Frauen trotz aller Emanzipation offenbar noch immer ist, daß ihr erstes Kind ein Sohn ist.

Der Mutter-Mythos

Einen unmittelbaren Zusammenhang zwischen dem Kind und dem mütterlichen Seelenschmerz hat außerdem die amerikanische Ärztin Carolyn Cutora von der University of Iowa herausgefunden. Sie richtete ihr Augenmerk auf Verhalten und Temperament der Kinder und kam zu dem Schluß, daß Mütter mit sehr schwierigen Sprößlingen eher zu Depressionen neigen als Frauen, deren Babys leicht zufriedenzustellen sind. Schreit ein Kind immer wieder stundenlang, ohne daß die Mutter es zu trösten und zu beruhigen vermag, zweifelt sie bald an sich selbst. Ihre Gefühle werden zwiespältig – bis hin zu dem Wut-Wunsch, das »Kind aus dem Fenster zu werfen«. Das ist zwar verständlich, aber die Folge sind nun einmal Schuldgefühle und die Angst, als Mutter zu versagen.

Eigentlich sollte man glauben, daß all dies schon ausreicht, junge Mütter zu deprimieren. Aber es kommt noch einiges mehr hinzu, das sie belasten kann. So sind die meisten Frauen nicht darauf vorbereitet, daß sie nach der Geburt möglicherweise eine Zeitlang mit einem unangenehmen, zumindest aber fremden Körpergefühl leben müssen: Der Bauch ist in den ersten Tagen noch seltsam weich und formlos – und überhaupt nicht flach! Die Dammnaht (immerhin werden weit mehr als die Hälfte aller Entbindenden geschnitten) tut weh und macht Sitzen oder Gehen beschwerlich. Und mit dem Milcheinschuß entwickelt sich oft auch noch der Busen für einige Tage zur schmerzenden Problemzone.

Gleichzeitig müssen Frauen, wenn es ihr erstes Kind ist, einen tiefgreifenden Wandel ihrer Identität verkraften und sich von ihrem alten, ungebundeneren Leben verabschieden. Das kann Mütter, auch wenn sie ihre Kinder noch so hinreißend finden, wehmütig stimmen oder sogar Angst und Panik auslösen. Denn spätestens jetzt wird ihnen bewußt, daß sie eine unwiderrufliche Entscheidung getroffen haben und daß es nun jemanden gibt, der für die nächsten Jahre unendlich abhängig von ihnen ist.

Stellt sich Mutterliebe automatisch ein?

Außerdem werden keineswegs alle Frauen sofort nach der Geburt von Mutterliebe überflutet. Zwar erwartet der Mutter-Mythos dieses starke Gefühl, und viele Frauen sind unglücklich, wenn es sich nicht wie auf Knopfdruck einstellt. Trotzdem ist es vollkommen normal und verständlich, wenn frischgebackene Mütter sich schwertun, ihr Baby aus tiefstem Herzen zu lieben.

Das Kind, das der Frau nach der Geburt auf den Bauch gelegt wird, ist schließlich ein fremdes menschliches Wesen, das sie mit all seinen Eigenheiten erst kennenlernen muß. Und: Nicht alle Babys sind

schön. Manche sehen anfangs noch ziemlich mitgenommen aus oder haben nach einer schweren Geburt eine große Beule am Hinterkopf. Wieder andere sind ungeliebten Verwandten wie aus dem Gesicht geschnitten. All das muß eine Frau erst einmal verarbeiten. Oft dauert es ein paar Tage, bis Frauen sich an ihr Kind gewöhnt haben und auch das Liebenswerte und Schöne an ihm entdecken.

Zurück in den Alltag

Auch der Aufenthalt auf der Wochenstation und die Atmosphäre, die dort herrscht, wirken sich darauf aus, wie eine Frau die Geburt verarbeiten und ihr Kind annehmen kann. Eine wegweisende und deshalb noch immer aktuelle Untersuchung, die schon vor Jahren in Berlin durchgeführt wurde, beweist diesen Zusammenhang: Ambulant entbundene Frauen wurden dabei mit Müttern verglichen, die sechs Tage in der Klinik blieben. Es zeigte sich, daß sich die Frauen in der Klinik seelisch stärker beeinträchtigt fühlten, als jene Mütter, die nach wenigen Stunden das Krankenhaus wieder verließen. Als psychisch belastend empfanden die in der Klinik gebliebenen Mütter unter anderem die oft nachlässige Betreuung und Schwierigkeiten mit dem Personal. Bedenkt man, wie schlecht die meisten Krankenhaus-Stationen personell besetzt sind, verwundert das nicht.

Aber der Pflegenotstand erklärt nicht alles. Eine tiefere Ursache für solche Probleme ist oft auch die anfängliche Unsicherheit der Mütter und die Reaktionen der Schwestern und Ärzte darauf. Manche Frau hat vor der Geburt noch nie ein Neugeborenes auf dem Arm gehalten – geschweige denn, es voll verantwortlich betreuen müssen. Sie braucht deshalb vor allem Menschen, die ihr Mut machen, sich die neue Rolle dennoch zuzutrauen und ganz intuitiv zu handeln. Was sie nicht braucht, sind Krankenschwestern, die sie bevormunden und sich aufführen, als seien sie die »besseren Mütter«. Unsicherheit und Unzulänglichkeit wachsen so bei den Frauen ins Uferlose, und es wächst auch die Angst vor dem Moment, wo sie mit dem Baby allein zu Hause sind. Daß bei vielen Frauen der Beginn der Depression mit dem Tag der Klinikentlassung zusammenfällt, ist deshalb sicher auch kein Zufall. Sie wurden entbunden, in den ersten Tagen entlastet, dann aber entlassen und schließlich alleingelassen. Aus dieser Passivität heraus sollen sie dann von einem Tag zum anderen zur perfekten, alles wissenden und alles könnenden Mutter werden. Daß einer Frau bis zum zehnten Tag nach der Geburt Hebammenhilfe auch zu Hause gesetzlich zusteht und der betreuende Gynäkologe Hebammenbesuche noch darüber hinaus verschreiben kann, wissen viele Mütter gar nicht. Weder ihr Arzt noch die Klinik klären sie darüber auf.

Auch noch Schwierigkeiten mit dem Partner?

Aber nicht nur das Baby kann zum Problem werden, wenn nach der Geburt der Alltag beginnen soll. Wieder zu Hause, müssen sich Frauen zudem oft mit großen und vielleicht so gar nicht erwarteten Konflikten in ihrer Partnerschaft auseinandersetzen. Gibt es auch noch damit Schwierigkeiten, sind die Belastungsgrenzen, hinter denen Erschöpfung und Depression warten, schneller erreicht, als wenn die Beziehung gut läuft. Dies ist in verschiedensten Studien immer wieder nachgewiesen worden.

Zu den zentralen Krisenpunkten in der Partnerschaft zählt die Sexualität. Viele Frauen haben noch lange nach der Entbindung kein Interesse daran. Eine der wenigen Studien zu diesem Thema hat die schwedische Gynäkologin Elsa-Lena Ryding vom Helsingborg-Hospital vorgelegt. Ihre Zahlen: 72 Prozent der von ihr untersuchten Frauen hatten bereits während der Schwangerschaft keine Lust mehr auf Sex. Bei 41 Prozent der Mütter war das Verlangen drei Monate nach der Geburt noch nicht zurückgekehrt. Nicht alle Männer reagieren darauf mit Verständnis. Aber auch manche Frauen können damit nicht gelassen umgehen und machen ihre Unlust sich selbst zum Vorwurf.

Wo gibt es Hilfe?

Obwohl alle diese Erkenntnisse vorliegen und zumindest die Experten erkannt haben müßten, daß nachgeburtliche Depressionen kein Einzelschicksal sind, finden betroffene Frauen nur wenig öffentliche und private Hilfe. Die meisten Frauen sind nach der Entlassung aus der Klinik mit ihren praktischen und seelischen Problemen ziemlich alleingelassen.

Eine wichtige Hilfe ist in dieser Situation der Kontakt zu anderen Eltern in vergleichbarer Situation. Oft entsteht er in Geburtsvorbereitungskursen. Dort bilden sich manchmal kleine Gruppen, die auch nach der Entbindung zusammenhalten. Mütter und Väter können sich darin gegenseitig die Sicherheit geben, daß ihre Anfangsschwierigkeiten zwar bedrückend, aber dennoch etwas ganz Alltägliches sind. Und insbesondere Frauen lernen hier auch, entlastende Abstriche an ihren oft viel zu hohen – und letztlich zu Erschöpfung und Depression führenden – Ansprüchen an sich selbst zu machen.

Ähnliche Hilfen und Unterstützung finden Frauen außerdem in Mütterzentren, Beratungsstellen und in Stillgruppen, die es inzwischen überall gibt.

Kann die Rückkehr in den Beruf ein Heilmittel sein?

Für manche Frauen ist es auch der richtige Weg, nach dem Mutterschutz oder Erziehungsurlaub wieder in den Beruf zurückzukehren. Nicht selten verschwinden die Depressionen bereits nach ein paar Arbeitstagen. Andere deprimiert wiederum schon der Gedanke, ihr Kind in eine Krippe oder zu einer Tagesmutter geben zu müssen. Berufstätigkeit kann zwar die Isolation der Mütter in der Kleinfamilie aufbrechen, aber sie ist kein Allheilmittel für jede Frau.

»In den Tagen nach meiner ersten Entbindung, als ich noch in der Klinik lag, ging es mir seelisch eigentlich ganz gut. Ich war einfach nur froh, die Geburt überstanden zu haben. Dieses Gefühl überlagerte alles. Schwierig wurde es erst, als ich wieder nach Hause kam. Wir waren kurz vor der Geburt umgezogen, und ich fühlte mich in der neuen Umgebung noch sehr fremd und verlassen.
Körperlich ging es mir auch noch nicht wieder so gut, denn ich hatte eine sehr lange und schwere Zangengeburt, und der Schnitt tat ganz schön weh. Mein Sohn war von der Geburt auch ziemlich mitgenommen und über Wochen total unruhig. Keine Nacht schlief er mehr als ein bis zwei Stunden am Stück. Für mich war in dieser Zeit an Schlaf kaum zu denken. Ich kämpfte damals immer gegen eine große Schwäche und das deprimierende Gefühl, der Situation völlig ausgeliefert zu sein. Anstatt mir das aber zuzugestehen, vielleicht auch einmal zu weinen und mich mit meinem Mann oder einer Freundin auszusprechen, schwieg ich und verkrampfte mich immer mehr. Es hat Monate gedauert, bis dieses Gefühl ungeheurer Anspannung sich langsam auflöste.
Besser ging es mir eigentlich erst, als ich wieder anfangen konnte zu arbeiten und nicht mehr so sehr den Eindruck hatte, in diesem Leben zwischen Kind und Küche eingesperrt zu sein und von meinem Sohn vollkommen aufgesogen zu werden.
Beim zweiten Kind lief dann alles anders. Ich hatte mich besser auf die Geburt vorbereitet und war durch den Kurs und das, was uns die Hebamme erzählte, richtig neugierig auf die Geburt. Sie wurde dann eine echte Überraschung. Denn unsere Tochter kam auf dem Weg in die Klinik im Auto zur Welt. Gottlob war die Hebamme, die uns zur Geburt ins Krankenhaus begleiten durfte, bei uns. Es mag vielleicht merkwürdig klingen, aber eine schönere und leichtere Geburt als diese, nachts in unserem Auto, hätte ich mir nicht vorstellen können.
Danach ging es mir so gut, daß wir gleich nach Hause fahren konnten. Das Wochenbett habe ich in meinem eigenen Schlafzimmer verbracht, und das war eine schöne Erfahrung. Die Hebamme, die ich ja schon aus der Vorbereitung und von der Geburt kannte, kam jeden Tag, und meine Schwiegermutter nahm mir den Haushalt und das ältere Kind ab. Ich hatte also wirklich Zeit, mich körperlich und seelisch zu erholen und auch mal für eine Stunde spazieren oder einkaufen zu gehen. Das war für mich schon die ganz große Freiheit. Als dann zwei Tage kamen, in denen ich oft das Bedürfnis hatte zu weinen, konnte ich diesen Gefühlsabschwung nach der hohen Aufmerksamkeit während der Geburt und der Euphorie danach gut kommen und auch wieder gehen lassen.«

Lassen sich die seelischen Probleme nicht durch das soziale Netzwerk und/oder berufliche Aktivität auffangen und lösen, kann professionelle Hilfe bei einem Psychotherapeuten oder einer Psychotherapeutin sinnvoll sein.

Frauen mit schwersten Depressionen oder Psychosen kann dagegen nicht ambulant geholfen werden. Sie sind in einer Klinik besser aufgehoben. Der Aufenthalt dauert oft nur ein paar Wochen. Bei den meisten Frauen treten ähnliche Erscheinungen später nicht wieder auf – vorausgesetzt, sie verzichten auf weitere Kinder.

Werden Frauen von Klischees über Mutterschaft unter Druck gesetzt?

Abgesehen von den individuellen Hilfen müßten aber auch im gesellschaftlichen Bewußtsein einige Klischees von Mutterschaft abgebaut werden, die Frauen unter Druck setzen, zum Schweigen bringen und Depressionen fördern. Dazu noch einmal Carol Dix: »Wenn wir fähig sind, offener zu sprechen, weniger mit Schuldgefühlen zu reagieren, Ambivalenz und negative Gefühle besser zu ertragen, werden wir vielleicht für unsere Töchter eine bessere Situation schaffen. Wir bemühen uns, offen über die Menstruation, die Sexualität, die sexuellen Bedürfnisse von Frauen zu sprechen; wir versuchen, liebevoll, menschlich und ehrlich über unsere eigenen Gefühle und die unserer Kinder zu reden. Vielleicht sollten wir uns darauf vorbereiten, mit unseren Töchtern und Söhnen auch über unsere Reaktionen auf die Mutterschaft zu sprechen – nicht, indem wir uns negativ äußern, sondern indem wir ehrlich sind.«

Praktische Hilfen

Ob sich die Spirale aus Isolation, Überforderung, Erschöpfung und Depression immer enger zieht oder ob Sie aus ihr ausbrechen können, hängt manchmal von Kleinigkeiten ab. Scheinbar banale Tricks können helfen, die ersten Monate mit dem Baby besser zu überstehen und problemloser in die neue Rolle und Verantwortung hineinzuwachsen. Dazu müssen Sie allerdings etwas tun, was viele Erwachsene auch außerhalb solcher ganz normalen Krisenzeiten kaum können, in Streßsituationen aber meist vollends vergessen: gut für sich zu sorgen und die eigenen Bedürfnisse ebenso zu respektieren wie die der anderen.

Hier ein paar Beispiele, was zu diesem liebevollen Umgang mit sich selbst gehören könnte:

- Um wenigstens der körperlichen Erschöpfung vorzubeugen so gut es geht, sollten junge Mütter sich ausreichend mit Vitaminen und Mineralstoffen versorgen.
- Nichts hilft besser gegen Streß und Anspannung, als sich berühren zu lassen. Ihr Partner kann Sie sanft massieren oder in den Schlaf streicheln.
- Gönnen Sie sich etwas Schönes, das nichts mit Mutterpflichten zu tun hat: ein neues Parfüm, eine hübsche Bluse, einen Friseurbesuch, eine Schallplatte, die Sie schon lange haben wollten.
- Verschaffen Sie sich Bewegung. Gehen Sie schwimmen, spazieren oder fahren Sie Fahrrad. Körperliche Aktivität hebt die Stimmung und hilft dem Körper, Streßhormone abzubauen.
- Überlegen Sie sich, wie Ihnen Freunde und Verwandte in einer Weise, die *Ihnen* angemessen ist, im Alltag Arbeit abnehmen können. Oft versiegen die Hilfsangebote, die kurz nach der Geburt noch spontan und freiwillig kommen, nämlich nur, weil die Hilfsbereiten zu oft gehört haben: »Ach laß nur, ich mach das schon.« Das gilt übrigens auch für Ehemänner und Lebensgefährten!
- Vertrauen Sie Ihr Baby einmal pro Woche einer anderen Person an, und gehen Sie mit Ihrem Partner ins Kino, zum Essen oder einfach nur ein Stündchen spazieren, damit Sie sich auch weiterhin als Paar und nicht nur als Elternpaar erleben.
- Nehmen Sie sich Zeit, um zu entspannen. Machen Sie eine Yogaübung, holen Sie sich ein schönes Vorstellungsbild (Blumenwiese, Meeresstrand...) für ein paar Momente vor Ihr inneres Auge, oder hören Sie einfach nur ein Viertelstündchen in eine Meditationskassette hinein. Das hilft ausgezeichnet, mit aufkommenden Angst- und Überforderungsgefühlen fertigzuwerden.

> Nutzen Sie den Selbsthilfegruppen-Effekt: Sprechen Sie mit anderen Eltern. Sie werden sehen: Niemand ist perfekt, und die Probleme anderer gleichen den eigenen verblüffend.

Anton Drähne

Gleiches mit Gleichem

Homöopathie bei Beschwerden im Wochenbett

Wie Sie sich im Wochenbett fühlen, ist wesentlich mit abhängig davon, wie die Geburt Ihres Kindes verlaufen ist. Haben Sie daran eine gute Erinnerung oder sind Sie enttäuscht? War alles viel schlimmer, als Sie es sich vorgestellt hatten? Oder konnten Sie sich voll und ganz auf Hebamme und Ärzte verlassen, fühlten sich geborgen und angenommen? Brauchten Sie schmerzlindernde Medikamente? Mußte das Kind mit Zange oder Saugglocke oder gar völlig unerwartet mit einem Kaiserschnitt geboren werden? Waren Sie allein oder konnte Ihr Partner oder Ihre beste Freundin Ihnen beistehen? All das prägt Ihre körperliche und seelische Verfassung im Wochenbett.

Ihr Kind ist einzigartig – seine Geburt war einzigartig

Ganz gleich, ob Sie positive oder negative Erfahrungen gemacht haben – nehmen Sie sie an. Sie gehören zu Ihrem Leben. Sehen Sie sich doch nur Ihr Kind an: Ist es nicht einzigartig? Ist es nicht unverwechselbar? Sie würden es unter Hunderten anderer Kinder sofort erkennen. Ebenso einzigartig war auch »Ihre« Geburt. Sie mag vielleicht schwierig und schmerzhaft gewesen sein, aber sie ist eine Erfahrung, die nur Sie gemacht haben und machen konnten. Keine Zeitschrift und kein Buch könnte diese Stunden so beschreiben, wie Sie sie erlebt haben. Und darin liegt auch der Sinn dieser Erfahrung. Je rascher Sie akzeptieren, daß diese individuelle Geburt nur Sie allein betrifft, desto rascher werden Sie auch mit all den Veränderungen, die Ihr Baby nun in Ihre Familie bringen wird, zurechtkommen. Selbst wenn Ihr Kind nicht gesund sein sollte, so werden Sie bei allem Schmerz um so leichter die Kraft finden, dieses Schicksal anzunehmen, sich damit auseinanderzusetzen und einen Weg zu suchen, um es zu bewältigen.

Ihr Leben ist einzigartig – Ihre Lebensäußerungen sind einzigartig

Ebenso einzigartig wie Ihr Kind und seine Geburt sind auch Sie selbst. Es gibt Sie nicht zweimal auf dieser Welt. Wir vergessen das zu oft. Schon allzulange haben wir Mechanismen entwickelt, um diesen Mangel an Selbstvertrauen zu überdecken oder zu verdrängen. Auch Ihr Körper reagiert sehr individuell. Wir können zwar beobachten, wie Menschen auf bestimmte Reize reagieren und dies auch bis zu einem gewissen Grad verallgemeinern. Betrachten wir den Menschen jedoch genauer, so sehen wir immer wieder, daß der einzelne ganz individuell auf Umweltreize und -anforderungen antwortet.

So ist es auch mit den Reaktionen des weiblichen Körpers im Wochenbett. Ärzte wissen zwar ziemlich präzise, wie sich die Geburtsorgane der Frau im Wochenbett zurückbilden. Dennoch reagiert jede Frau anders auf diese körperlichen Veränderungen. Und jede empfindet dabei anders.

Körperliche Beschwerden immer sofort behandeln?

Wir neigen heute dazu, körperliche Beschwerden sofort behandeln zu wollen. Wie auf Knopfdruck soll der Körper gefälligst wieder funktionieren. Alle Signale, daß mit ihm irgend etwas nicht stimmt, stören uns, halten uns von der Arbeit ab, passen nicht in unsere Pläne. Dabei sind fast alle Beschwerden – ob Fieber, Schmerzen oder anderes – eine gesunde Reaktion darauf, daß etwas in unserem Organismus aus dem Gleichgewicht geraten ist. Wenn Sie beispielsweise den ganzen Tag lang nur Süßigkeiten naschen, wird Ihnen Ihr Körper garantiert mit Verstopfung oder Durchfall die Quittung dafür geben. Mit Fieber heizt er dem Abwehrsystem ein, um Bakterien oder Viren zu bekämpfen. Kopfschmerzen signalisieren häufig: Gib mir Ruhe, ich brauche eine Verschnaufpause.

Solche körperlichen Signale sollten Sie beachten und nicht gleich Medikamente dagegen einnehmen, um diese Körperzeichen wieder auszuschalten. Während der Schwangerschaft waren Sie ja sicher sehr zurückhaltend mit Arzneimitteln. Und Sie konnten dabei vielleicht sogar selbst erleben, wie gut sich manche Erkältung ohne Tabletten nur mit Hausmitteln kurieren ließ.

Die Homöopathie – eine individuelleTherapie

Welche Grundannahmen stecken hinter dem Konzept der Homöopathie?

Da die meisten Frauen stillen, sollten starke Medikamente, die über die Muttermilch auch das Baby erreichen, für die Behandlung von Wochenbettbeschwerden nicht in Frage kommen. Sie greifen oft auch viel zu tief in den Organismus ein, der in dieser Zeit intensiv damit beschäftigt ist, sich von der Ausnahmesituation »Schwangerschaft und Geburt« wieder auf das normale Leben umzustellen. Gefragt sind deshalb Medikamente, die den Körper dabei unterstützen, von selbst wieder zum gewohnten Gleichgewicht zurückzufinden. Die Homöopathie verfügt über solche Medikamente, weil genau dieser Grundsatz ihre Basis bildet. Sie will die Beschwerden nicht einfach mit chemischen Mitteln beseitigen oder unterdrücken, sondern den Organismus dazu anregen, sich selbst wieder so ins Lot zu bringen, daß die Krankheitssymptome verschwinden.

Der Mensch besteht aus der wechselseitigen Einheit von Körper, Geist und Seele und ist dabei eingebunden in die Auseinandersetzungen mit der Umwelt. Unvorstellbar viele und vielfältige Regelkreise sind im Körper miteinander vernetzt und bilden ein harmonisches Ganzes. Befinden sich alle Systeme im Gleichgewicht, dann fühlen Sie sich wohl und eins mit Ihrer Umwelt. Werden einige durch innere oder äußere Einflüsse beeinträchtigt, wird sich Ihr Körper melden. Beispielsweise wenn Sie erschrecken.

Dann schüttet die Nebennierenrinde spezielle Hormone ins Blut aus, das Herz schlägt schneller, die Haut kühlt ab, die Haare stellen sich auf. Ähnliche Reaktionen kommen zustande, wenn Sie sich verletzen, sich stark unterkühlen, sich furchtbar aufregen, großen Kummer haben oder sehr starke Gefühle Ihr Innerstes aufwühlen – zum Beispiel bei und nach einer Geburt.

Welche »Sprache« spricht der Körper?

Bei jedem Menschen »spricht« der Körper eine andere Sprache. Zwar benutzt er immer die gleichen »Wörter« – Schmerzen, Bauchweh, Herzrasen –, aber die »Sätze« sind jedesmal verschieden aufgebaut. Kopfschmerzen im Wochenbett zum Beispiel äußern sich bei jeder Frau verschieden. Die eine beschreibt sie als klopfend, die andere als von innen oder von außen drückend, einseitig oder den ganzen Schädel erfassend, vom Hinterkopf bis zur Stirn ausstrahlend oder umgekehrt. Ebenso verschieden sind die Mittel und Wege, um die Kopfschmerzen zu bekämpfen. Den einen helfen Wärme und Ruhe, anderen ein Eisbeutel auf der Stirn oder abgedunkelte Fenster.
Das ist der Ansatzpunkt für die homöopathische Therapie. Es gibt dabei kein für alle Menschen gleichermaßen passendes Mittel. Die Grundsubstanzen werden für jeden einzelnen in unterschiedlicher Dosierung und in unterschiedlicher Konzentration eingesetzt, je nachdem, welche Signale der Körper gibt, je nachdem, wie die Regelkreise aus dem Gleichgewicht geraten sind.
Die Homöopathie setzt voraus, daß Sie verantwortlich mit sich und Ihrem Körper umgehen. Daß Sie auf ihn hören, seine Signale beachten und ergründen, was er Ihnen damit sagen will. Daß Sie nicht gleich alles mit starken Medikamenten behandeln wollen, sondern herauszufinden versuchen, worin Ihr eigener Beitrag bestehen könnte, den Organismus wieder ins Gleichgewicht zu bringen.

Wie Sie das für Sie passende homöopathische Heilmittel finden

Wichtig ist, daß Sie möglichst genau beschreiben können, wie sich Ihre Beschwerden äußern und wodurch sie zu beeinflussen sind. Wo und wann tut's weh? Was hat zu dem Schmerz geführt? Wie spüren Sie ihn? Bessert er sich durch Wärme, Kälte, Ruhe, Bewegung oder bestimmte Nahrungsmittel? So lauten ausschnittweise die Fragen eines homöopathischen Arztes.

Wie wirken homöopathische Mittel?

Eine der grundlegenden Hypothesen der Homöopathie ist die »Ähnlichkeitsregel«. Sie besagt, daß Gleiches mit Gleichem geheilt werden kann. Grob vereinfacht bedeutet das: Ein Mittel, das bei Gesunden genau die Symptome hervorruft, die bei Kranken bekämpft werden sollen, eignet sich zur Therapie dieser Beschwerden.
Es ist bislang noch nicht bekannt, wie und warum die homöopathischen Arzneimittel mit ihren extrem hohen Verdünnungen im Körper wirken. Eine der Hypothesen besagt, daß das homöopathische Mittel dem Körper einen energetischen Impuls gibt, der ihn dazu anregt,

die Selbstregulationskräfte wieder in Ordnung zu bringen, so daß die Regelkreise wieder im Gleichgewicht stehen. Die Wirkungen solcher Impulse sind spürbar, meßbar und wissenschaftlich schon oft bestätigt worden. Nur die Impulse als solche sind mit unseren derzeitigen Methoden nicht zu erfassen.

Das »normale« Wochenbett

Wie lange dauert das Wochenbett?

Für Mediziner beginnt das Wochenbett mit der Ablösung des Mutterkuchens aus der Gebärmutter. Es dauert so lange, bis sich alle schwangerschaftsbedingten Veränderungen im Körper zurückgebildet haben. Durchschnittlich sind dies vier bis sechs Wochen. Wunden – beispielsweise nach einem Dammschnitt – verheilen, der Wochenfluß versiegt, die Gebärmutter bildet sich auf natürliche Größe zurück.

Sie können es sich vorher vielleicht kaum vorstellen, aber es macht tatsächlich keine Schwierigkeiten, nach der Geburt aufzustehen und einige Schritte zu gehen. Wenn die Entbindung sehr lange gedauert

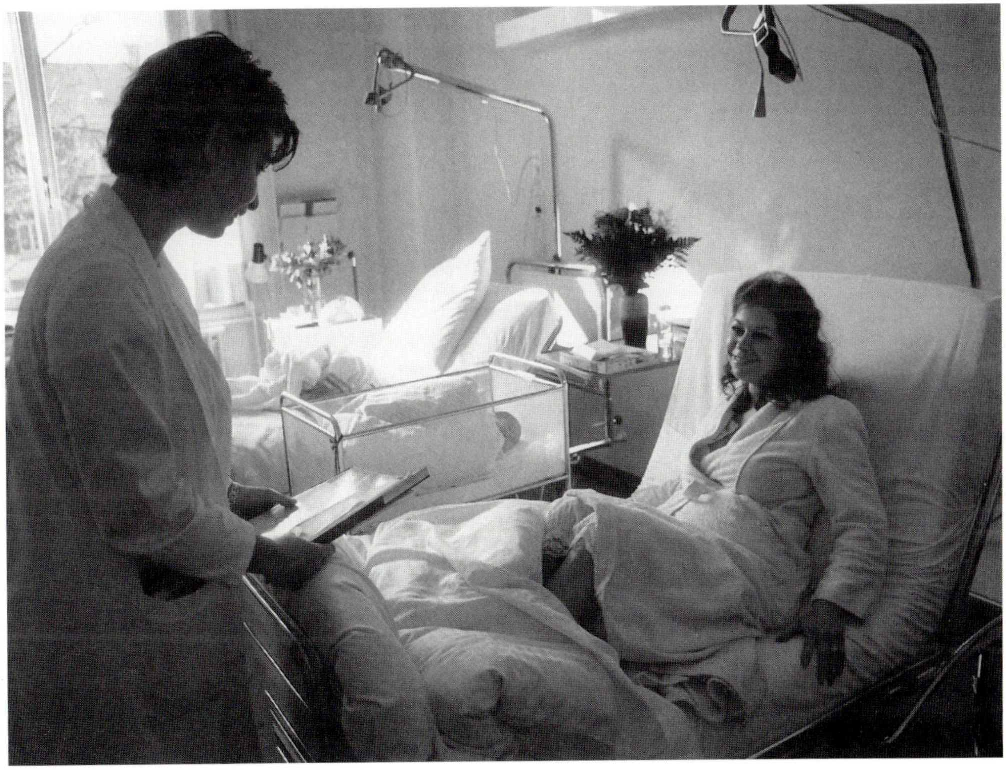

hat und Sie sich erschöpft fühlen, können Sie aber ruhig liegen und sich ausruhen. Je häufiger Sie jedoch aufstehen, desto schneller stabilisiert sich Ihr Kreislauf, desto besser beugen Sie Thrombosen vor.
Das Wechselspiel zwischen Mutter und Kind beschleunigt die körperlichen Rückbildungsvorgänge. Das Stillen beispielsweise regt die Gebärmutter an, sich zusammenzuziehen. Der Hormonhaushalt pendelt sich langsam wieder auf »normal« ein, die während der Schwangerschaft nötige Überproduktion mancher Hormone entfällt. Spätestens nach dem Abstillen beginnt bei jeder Frau wieder die Menstruation.
Für einen ungestörten Wochenbettverlauf sind Ruhe und genügend Zeit die wichtigsten Faktoren. Die Mütter müssen sich auf ihre neue Aufgabe geistig-seelisch ohne Hetze und Druck einstimmen können. Das ist schwerer, wenn bereits Geschwisterkinder da sind. Trotzdem kann man auch den Kleinen beibringen, sich ruhig dazuzusetzen, wenn die Mutter das Neugeborene stillt oder zuzusehen, wenn das Baby gewickelt wird – vielleicht machen sie das gleiche mit ihrem Püppchen. Schon dadurch kehrt Ruhe ein. Und auch Kleinkinder können lernen, daß die Mutter täglich eine Pause braucht. Die meisten werden noch einen Mittagsschlaf halten, so daß hier ein bißchen Zeit und Raum zum Atemschöpfen bleibt.

Rückbildungsvorgänge an der Gebärmutter

Die wichtigste körperliche Umstellung erfährt die Gebärmutter. Unmittelbar nach der Geburt wiegt sie ungefähr ein Kilo, nach vier bis sechs Wochen nur noch 70 bis 100 Gramm. Sie muß auf ihre alte Größe schrumpfen, nachdem sie sich während der Schwangerschaft um das 20-30fache (!) vergrößert hat.

Wie schnell geht eigentlich die Rückbildung der Gebärmutter?

Nach der Geburt reicht die Gebärmutter etwa bis in Höhe des Nabels. Mit jedem Tag wird sie etwa einen Fingerbreit kleiner. Das können Sie selbst tasten. Am fünften Tag nach der Geburt liegt ihr oberes Ende zwischen Nabel und Schambein. Zehn Tage nach der Geburt spüren Sie es nur noch knapp oberhalb des Schambeins.
Wenn die Hebamme nach einer ambulanten oder Hausgeburt täglich zu Ihnen kommt, kontrolliert sie, ob sich die Gebärmutter erwartungsgemäß verkleinert. Haben Sie im Krankenhaus entbunden, tut dies während Ihres stationären Aufenthaltes meist der Arzt. Wenn Sie bereits ein oder mehrere Kinder geboren haben, bildet sich die Gebärmutter oft langsamer zurück als im ersten Wochenbett. Arzt

und Hebamme können die Größe nur dann richtig einschätzen, wenn Sie eine leere Blase haben. Achten Sie selbst mit darauf, daß Sie auf die Toilette gehen, bevor Sie untersucht werden.
Wenn Sie mit einem Kaiserschnitt entbunden wurden, dauert es länger, bis die Gebärmutter wieder ihre alte Größe erreicht hat. Außerdem müssen die operationsbedingten Wunden verheilen. Insgesamt hat das jedoch keine negativen Auswirkungen auf die Rückbildungsvorgänge.

Nachwehen

Die Gebärmutter besteht zum größten Teil aus Muskulatur. Bereits in den letzten Monaten der Schwangerschaft hat sie sich immer wieder mal zusammengezogen, um für die Geburt zu »üben«. Um das Kind richtig zu lagern, hat sie es mit »Senkwehen« ins Becken geschoben und ist gleichzeitig etwas tiefergerutscht.

Was bewirken die Nachwehen für die Rückbildung?

Nach der Geburt zieht sie sich im Wochenbett nun noch weiter zusammen, um ihre alte Größe zu erreichen. Das spüren Sie in Form von Nachwehen. Vier bis fünf Stunden nach Ablösung der Plazenta wird die Gebärmutter hart. Das bleibt so für ungefähr fünf Tage. Durch diese kräftige Kontraktion ziehen sich auch die Blutgefäße an der Stelle zusammen, wo die Plazenta mit der Gebärmutter verwachsen war. Dort ist ja jetzt eine große Wunde, aus der ständig Blut sickern würde. Je stärker sich die Muskeln der Gebärmutter zusammenziehen, desto geringer ist der Blutverlust. Sie können das am Wochenfluß sehen, der anfangs noch kräftig rot ist, also relativ viel Blut enthält, und bereits nach einer Woche blasser wird, bräunlich, dann gelb und schließlich weiß. Gleichzeitig setzen einige Stunden nach der Geburt zusätzlich rhythmische Kontraktionen ein, die ebenfalls tagelang andauern können. Sie sollen dazu beitragen, überflüssiges Gewebe abzubauen und mit der Wundflüssigkeit aus der Gebärmutter hinauszubefördern.
Mütter, die zum ersten Mal entbinden, nehmen diese Nachwehen meist kaum wahr. Frauen mit mehreren Kindern spüren sie oft als ziehende Schmerzen, die vom Rücken ausgehen.
Mutter und Kind sind aktiv an diesen Vorgängen beteiligt. Ihr Kontakt miteinander fördert die Rückbildung. Einige Frauen berichten, daß bereits der Anblick des Kindes oder sein leises Weinen Kontraktionen auslöst. Bei anderen ist es das Stillen. Oder die körperliche Berührung, das Schmusen mit dem Baby.

Beschwerden im Wochenbett und ihre Therapie mit homöopathischen Mitteln

Falls bei dem jeweiligen Stichwort nichts anderes angegeben ist, gelten für alle Mittel folgende Einnahmeempfehlungen:

- Besorgen Sie sich die angeführten homöopathischen Mittel in der Potenz C 6 in Form von Kügelchen (Globuli), Tabletten oder Tropfen.
- Von den Kügelchen nehmen Sie jeweils fünf Stück dreimal am Tag, von den Tabletten jeweils eine dreimal täglich nach den Mahlzeiten.
- Falls Sie vom Apotheker Tropfen bekommen haben, nehmen Sie zwei bis drei Tropfen in einem Teelöffel Wasser. Den Inhalt der Flasche vorher fünf- bis zehnmal kräftig schütteln.

Wie schnell wirken homöopathische Mittel?

Bereits am selben Tag, spätestens einen Tag darauf, sollten Ihre Beschwerden deutlich zurückgegangen sein. Nehmen Sie das Mittel so lange, bis Sie sich wirklich besser fühlen. Passiert das nicht, haben Sie wahrscheinlich das falsche Mittel gewählt. Dann ist es besser, Sie fragen eine homöopathisch geschulte Hebamme oder einen homöopathisch geschulten Arzt.
Bitte beachten Sie, daß Sie keinen Kaffee oder schwarzen Tee trinken dürfen, wenn Sie homöopathische Mittel nehmen. Beide Getränke sind für stillende Mütter sowieso nicht empfehlenswert. Und verwenden Sie Zahnpasta mit wenig Pfefferminzgeschmack. Starke Aromen können die Wirkung der Homöopathika beeinträchtigen.

Heftige Nachwehen

Häufig lassen sich starke Nachwehen vermeiden, wenn schon während des Geburtsvorgangs mit homöopathischen Mitteln unterstützt wurde. Wenn die Nachwehen sehr ausgeprägt sind und schmerzen, richtet sich die Wahl der Mittel nach der Art der Beschwerden:

- Die Nachwehen kommen und gehen ganz plötzlich mit einer solchen Intensität, daß sie schier unerträglich sind. Keiner darf den Bauch anfassen, jede Berührung ist unangenehm. Umhergehen verstärkt die Nachwehen.
  Mittel: *Belladonna C 6.*

- Die Mutter erwähnt ihre Schmerzen nicht, obwohl sie sehr heftig sind, weil sie nicht untersucht werden will. Jede Berührung findet sie unangenehm. Sie fühlt sich wund, von der Gebärmutter über den gesamten Beckenbereich bis in den Bauch hinein.
  Mittel: *Arnica C 6.*
- Die Nachwehen strahlen in den Rücken aus und ziehen bis in die Oberschenkel. Die Schmerzen sind stechend und einschießend. Sie haben große Angst, daß diese Schmerzen nie wieder aufhören werden.
  Mittel: *Kalium carbonicum C 6.*
- Die Nachwehen strahlen in den Rücken aus, ziehen bis nach oben an den Schulterblättern entlang bis in den Brustwirbelbereich hinein. Sie fühlen sich schwach, völlig erschöpft und erschlagen.
  Mittel: *Gelsemium C 6.*

Bitte beachten!

Nehmen Sie die Mittel jeweils alle drei Stunden ein, und zwar so lange, bis die Beschwerden sich bessern. Ist das noch 24 Stunden nach der ersten Gabe nicht der Fall, haben Sie wahrscheinlich nicht die passenden Mittel gewählt. Jetzt müssen Sie Ihre homöopathisch erfahrene Hebamme oder Ihren Arzt um Rat fragen.

Wasser lassen

In den ersten Stunden und Tagen nach der Geburt müssen Sie sehr oft zur Toilette. Ihr Gewebe hat in den letzten Schwangerschaftswochen viel Wasser eingelagert, das jetzt rasch ausgeschwemmt wird. Je stärker Sie Ihren Kreislauf ankurbeln, indem Sie viel aufstehen und sich bewegen, desto schneller sind Sie das überflüssige Wasser wieder los.
Sollten Sie in den ersten zwölf Stunden nach der Geburt noch nicht Wasser gelassen haben, müssen Sie Ihre Hebamme oder den entbindenden Arzt informieren. Es kann sein, daß durch eine Verletzung im Scheidenbereich oder durch eine Schwellung an der Harnröhre Ihre Blase sich nicht selbständig entleeren kann. In diesen seltenen Fällen muß der Urin mit Hilfe eines Katheters abgelassen werden, damit sich Blase oder Nieren nicht entzünden.

Homöopathische Mittel regen die Blasentätigkeit an, wenn folgende Symptome vorliegen:

- Sie haben viel Durst und trinken auch sehr viel, aber trotzdem kommt kein Urin. Sie fühlen sich sehr unruhig. Das ängstigt Sie. Möglicherweise steckt die Angst auch noch in Ihnen, weil die Geburt schwierig und angstbesetzt war (Zangen- oder Saugglockengeburt).
  Mittel: *Aconitum C 6.*
- Sie frieren nach der Geburt. Sie haben viel Durst, wobei Sie in kleinen Schlucken trinken. Sie fühlen sich von der Geburt sehr geschwächt und spüren eine innere Unruhe, die Sie kaum ruhig liegen läßt.
  Mittel: *Arsenicum album C 6.*
- So schwach, wie Sie sich fühlen, scheint auch Ihre Harnblase zu sein. Sie hat kaum mehr die Kraft, sich zusammenzuziehen. Gelegentlich geht auch etwas Urin spontan ab, ohne daß Sie dies bemerken. Ihre Beine zittern – Sie können das kaum unterdrücken. Wenn Sie versuchen, Wasser zu lassen, geht das nur im Stehen und in sehr kleinen Mengen.
  Mittel: *Causticum C 6.*
- Unter der Geburt mußten Sie lange Zeit intensiv pressen. So lange und so stark, daß Sie das Gefühl haben, daß die Blase nun keine Kraft mehr hat, sich von selbst zu entleeren. Sie haben den Drang, Wasser zu lassen, können aber nicht. Nach der Geburt ist der Leib sehr aufgetrieben, als wären die Darmschlingen gebläht.
  Mittel: *Lycopodium C 6.*
- Die Wehen unter der Geburt waren auffallend schmerzarm. Sie haben auch sonst wenig Schmerzen. Nach der Geburt haben Sie das Gefühl, daß Ihr Bett zu heiß ist. Sie möchten nicht darauf oder darin liegen. Ihr Gesicht erscheint durch die Anstrengung aufgedunsen.
  Mittel: *Opium C 12.*

Bitte beachten!

Nehmen Sie diese Mittel jeweils alle 30 bis 60 Minuten, und zwar so lange, bis der erste Spontanurin kommt. Ist dies innerhalb von drei Stunden nach Beginn der Einnahme nicht der Fall, haben Sie wahrscheinlich nicht das richtige Mittel gewählt. Sie müssen dann Ihre Hebamme oder Ihren Arzt informieren.

Stuhlgang

Es kann bis zu drei Tage nach der Geburt dauern, bis Sie das erste Mal wieder Stuhlgang haben. Das ist normal. Durch die hormonelle Umstellung arbeitet der Darm ruhiger. Körperliche Bewegung bringt den Darm wieder in Schwung. Falls Sie nach drei Tagen immer noch keinen Stuhlgang hatten, kann die Hebamme Ihnen einen Einlauf mit warmem Wasser machen.
Homöopathische Mittel helfen bei folgenden Beschwerden:

- Selbst bei kleinsten Stuhlmengen, auch bei sehr weichem Stuhl, müssen Sie stark herauspressen. Sie fühlen sich wie ausgetrocknet, obwohl Sie viel trinken. Ihre Beine fühlen sich sehr schwach an.
  Mittel: *Alumina C 6.*
- Sie fühlen sich insgesamt nach der Geburt sehr erschöpft und geschwächt, Ihre Beine zittern. Wenn etwas Stuhlgang kommt, geht es am leichtesten im Stehen.
  Mittel: *Causticum C 6.*
- Sie haben das Gefühl, bei der Geburt nicht gut genug gewesen zu sein, versagt zu haben. Das macht Sie traurig. Außerdem fühlen Sie sich sehr schwach. Wenn Sie Stuhlgang haben, sind es kleine Klümpchen, wie Schafskot. Sie spüren im After einen Schmerz, als würde der Enddarm nach oben gezogen werden.
  Mittel: *Plumbum metallicum C 6.*
- Ihr Gesicht ist durch die Anstrengung bei der Geburt aufgedunsen. Sie hatten aber kaum Schmerzen. Beim Aufstehen haben Sie das Gefühl, als breche der Kreislauf zusammen, so schwach fühlen Sie sich.
  Mittel: *Opium C 12.*
- Schon seit langem haben Sie Leber- und Gallebeschwerden. Vielleicht haben Sie sogar schon mal eine Leberentzündung durchgemacht. Seit der Geburt können Sie kaum schlafen. Nach jeder Mahlzeit fühlen Sie sich geschwächt, auch müssen Sie häufig aufstoßen.
  Mittel: *Magnesium muristicum C 6.*

Bitte beachten!

Nehmen Sie diese Mittel jeweils alle drei Stunden so lange, bis Sie Stuhlgang haben. Manchmal ist das schon nach der ersten Einnahme der Fall. Hat sich der Darm 24 Stunden nach Einnahme des homöopathischen Mittels immer noch nicht entleert oder fühlen Sie sich nicht deutlich besser, haben Sie wahrscheinlich nicht das geeignete Mittel gewählt. Sie müssen dann Ihre Hebamme oder Ihren Arzt informieren.

Hämorrhoiden

Wenn Sie die Anlage dazu haben oder auch nach sehr starken und lang dauernden Preßwehen, können sich nach der Geburt schmerzhafte Hämorrhoiden bilden. Je rascher Sie wieder normalen Stuhlgang haben, desto schneller verschwinden auch die Hämorrhoiden.

Nehmen Sie zunächst also keine starken speziellen Salben dagegen. Oft lindern mildere Präparate, zum Beispiel Hamamelis-, Aesculus- oder Ratanhiasalbe die Schmerzen ebenso gut. Bevor Sie die Salbe auftragen, nehmen Sie zehn Minuten lang ein warmes Sitzbad mit Eichenrindenzusatz.

Sie können die Hämorrhoiden äußerlich auch mit Kochsalzlösung spülen. Dazu nehmen Sie eine halbe Tasse lauwarmes Wasser mit einem Eßlöffel Kochsalz und tränken darin ein Baumwolltüchlein (Taschentuch). Dieses legen Sie dann auf den After. Falls Sie einen Dammschnitt hatten, sollten Sie darauf achten, daß das Tüchlein nicht die Wunde berührt, weil das salzhaltige Wasser schmerzhaftes Brennen auslösen kann.

Sehr selten bildet sich innerhalb einer Hämorrhoide ein Blutgerinnsel und verursacht unerträgliche Schmerzen. Dann müssen Sie zum Arzt, am besten zu einem Chirurgen, der die Hämorrhoide aufschneidet und das Gerinnsel entfernt. Danach fühlen Sie sich schlagartig erleichtert und wohl (abgesehen von den leichten Wundschmerzen).

Homöopathische Mittel bessern folgende Beschwerden:

- Sie haben ein starkes, brennendes Gefühl im Enddarm, das häufig mit dumpfen Rückenschmerzen verbunden ist oder mit plötzlich einschießenden Schmerzen. Die Hämorrhoiden sind aufgetrieben und sehen aus wie Trauben.
  Mittel: *Aesculus C 6.*
- Sie haben seit der Geburt Durchfall. Sie verlieren auch hin und wieder unwillkürlich etwas Stuhl, ohne es zu bemerken. Die Hämorrhoiden gruppieren sich wie Weintrauben um den After.
  Mittel: *Aloe C 6.*
- Die Hämorrhoiden schmerzen wie Stiche oder Splitter. Häufig bluten sie auch. Kleine Hauteinrisse um den Darmausgang herum verursachen starke, stechende Schmerzen.
  Mittel: *Nitricum acidum C 6.*
- Seit der Geburt haben Sie starke Blähungen. Der Sekt oder Wein zum Feiern der Geburt ist Ihnen nicht gut bekommen. Irgendwie ist der Magen gereizt. Überhaupt fühlen Sie sich insgesamt leicht nervös. Sie können sich über Schwierigkeiten mit der Kinder-

schwester oder Hebamme oder anderen Menschen, die Sie versorgen, schnell und heftig ärgern. Kurze Nickerchen tagsüber tun Ihnen wohl.
Mittel: *Nux vomica C 6.*

- Schon während der Schwangerschaft hatten Sie Hämorrhoiden. Durch die Geburt sind diese aber viel schlimmer geworden. Die Hämorrhoiden schmerzen stechend und scharf. Die Beschwerden sind so stark, daß Sie schreien möchten. Beim Sitzen tun sie Ihnen nicht so weh.
  Mittel: *Kalium carbonicum C 6.*

Bitte beachten! Nehmen Sie diese Mittel jeweils alle sechs Stunden, so lange, bis eine Besserung eintritt. Das kann schon direkt nach der ersten Einnahme sein. Verschwinden die Beschwerden nach 24 Stunden noch nicht oder fühlen Sie sich dann immer noch nicht besser, haben Sie wahrscheinlich nicht das richtige Mittel gewählt. Informieren Sie Ihre Hebamme oder Ihren Arzt.

Krampfadern

Im Verlauf der Schwangerschaft bilden sich oft Krampfadern. Das liegt daran, daß in Ihrem Körper viel mehr Blut zirkuliert und außerdem an der hormonellen Umstellung des Organismus. Im Wochenbett verschwinden die meisten Krampfadern im Rahmen der übrigen Rückbildungsvorgänge wieder. Wenn dies nach zwei Monaten noch nicht der Fall ist, werden sich die verbliebenen Krampfadern nicht mehr verändern.
Bei starken und zahlreichen Krampfadern sollten Sie im Wochenbett die Beine wickeln oder Stützstrümpfe tragen. Gehen Sie viel spazieren oder in der Wohnung herum. Nehmen Sie keine heißen Bäder. Legen Sie die Beine hoch, so oft Sie können.
Eine frühzeitige Behandlung mit einem homöopathischen Einzelmittel verhindert meist eine ausgedehnte Venenentzündung.
Achtung! Sowie Sie Schmerzen in den Beinen haben, müssen Sie sofort Arzt oder Hebamme informieren. Es könnte sich dabei um eine beginnende Venenentzündung oder eine Thrombose (Blutgerinnsel in der Vene) handeln. Beides bedarf sofortiger ärztlicher Behandlung!

Homöopathische Mittel helfen bei folgenden Beschwerden:

- Die Venen sind sehr berührungsempfindlich. Jede Erschütterung verursacht Schmerzen, wie bei einer starken Prellung. Die Venen fühlen sich heiß an. Insgesamt fühlen Sie sich ziemlich zerschlagen.
  Mittel: *Arnica C 6.*
- Schon während der Schwangerschaft sind viele neue Krampfadern entstanden, manchmal sogar im Bereich der Scheide. Seit der Geburt haben Sie starke Blähungen. Sie wollen so viel wie möglich an die frische Luft. Die Krampfadern jucken, die Schmerzen sind schießend.
  Mittel: *Carbo vegetabilis C 6.*
- Sie fühlen sich heiß an, obwohl Sie kein Fieber haben. Seit der Geburt läuft ständig die Nase. Es war für Sie unangenehm, daß während der Geburt die Hebamme Ihnen ständig Anweisungen gab, denn sonst tun Sie das immer bei anderen.
  Mittel: *Fluoricum acidum C 6.*
- Die Venen sind sehr berührungsempfindlich. Der Schmerz ist wund und stechend. Besonders bei feuchtwarmem Wetter tun die Beine sehr weh.
  Mittel: *Hamamelis C 6.*
- Mit den Schmerzen in den Beinen können Sie sie kaum ruhig halten. Häufig fühlen Sie ein Zucken, wie bei einem beginnenden Wadenkrampf.
  Mittel: *Zincum metallicum C 6.*

Bitte beachten!

Nehmen Sie diese Mittel jeweils alle drei Stunden, bis eine Besserung eintritt. Das kann schon direkt nach der ersten Einnahme sein. Verschwinden die Beschwerden nach zwölf Stunden noch nicht oder fühlen Sie sich dann immer noch nicht besser, haben Sie wahrscheinlich nicht das richtige Mittel gewählt. Sie sollten dann mit Ihrem Arzt oder Ihrer Hebamme sprechen.

Schlafstörungen

In den ersten Nächten nach der Geburt werden Sie sich an den neuen Schlafrhythmus mit Ihrem Baby anpassen müssen. Nachts werden Sie ein- bis zweimal aufwachen, weil das Kind weint, es will frisch gewickelt und gestillt werden. Das geht am einfachsten, wenn das Kind möglichst nahe bei Ihnen ist, die Wiege direkt an Ihrem Bett steht oder das Kind mit in Ihrem Bett schläft. Beim ersten Kind fühlen sich die meisten Frauen trotz der nächtlichen Ruhestörungen tagsüber

ausgeruht und frisch. Wenn jedoch mehrere Kinder bei Tag Nerven und Kraft kosten und das Neugeborene dann auch noch nachts sein Recht fordert, fehlt es oft an der nötigen Ruhe. Aber auch schon Erstgebärende klagen hin und wieder über Schlafstörungen.
Homöopathische Mittel können bei folgenden Beschwerden helfen:

- Angst und Sorge um das Kind lassen Sie kaum schlafen. Meist nach Mitternacht, zwischen ein und zwei Uhr, werden Sie wach und sehen als erstes nach dem Kind. Sie möchten ständig von der Hebamme hören, daß Ihrem Baby wirklich nichts fehlt. Sie spüren ständig eine tiefe Sorge um Ihr Kind.
  Mittel: *Arsenicum album C 30.*
- Sie können kaum mehr eine Nacht vernünftig schlafen, weil Ihr Kind Sie so häufig weckt. Sie versuchen, nachts intensiv auf Geräusche des Babys zu achten und sind sehr besorgt um sein Wohl. Sie fühlen sich schwach und schwindelig.
  Mittel: *Cocculus C 30.*
- Sie hatten sich »Ihre« Geburt ganz anders vorgestellt. Der Gedanke daran schnürt Ihnen fast die Kehle ab. Sie können sich noch gar nicht beruhigen, daß alles ganz anders kam als Sie dachten (das gilt auch oft für einen Kaiserschnitt, eine schwere Zangen- oder Saugglockengeburt). Vielleicht kamen Sie auch einfach nicht mit der Atmosphäre bei der Geburt zurecht. Sie empfinden dies als großen Kummer und können deshalb schlecht schlafen.
  Mittel: *Ignatia C 30.*
- Sie liegen im Krankenhaus oder zu Hause an einer sehr lauten Verkehrsstraße. Der Lärm läßt Sie nicht schlafen. Das macht Sie reizbar und ärgerlich. Sie leiden auch an Verdauungsproblemen.
  Mittel: *Nux vomica C 30.*
- Schon vor der Geburt, aber besonders jetzt werden Sie mit Ratschlägen und Meinungen überhäuft. Sie wissen gar nicht mehr, wo Ihnen der Kopf steht. Irgendwie möchten Sie es allen recht machen, aber das geht auch nicht. All diese Informationen machen Ihnen im Grunde angst, so daß Sie schlecht schlafen können. Nach der Geburt haben Sie noch mehr Durst als in der Schwangerschaft.
  Mittel: *Phosphor C 30.*

Bitte beachten!

Das jeweilige Mittel nur ein einziges Mal nehmen. Wenn Sie ein bis zwei Tage später immer noch nicht besser schlafen können oder sich besser fühlen, haben Sie wahrscheinlich nicht das passende Mittel gewählt. Sie sollten nun mit Ihrer Hebamme oder Ihrem Arzt sprechen.

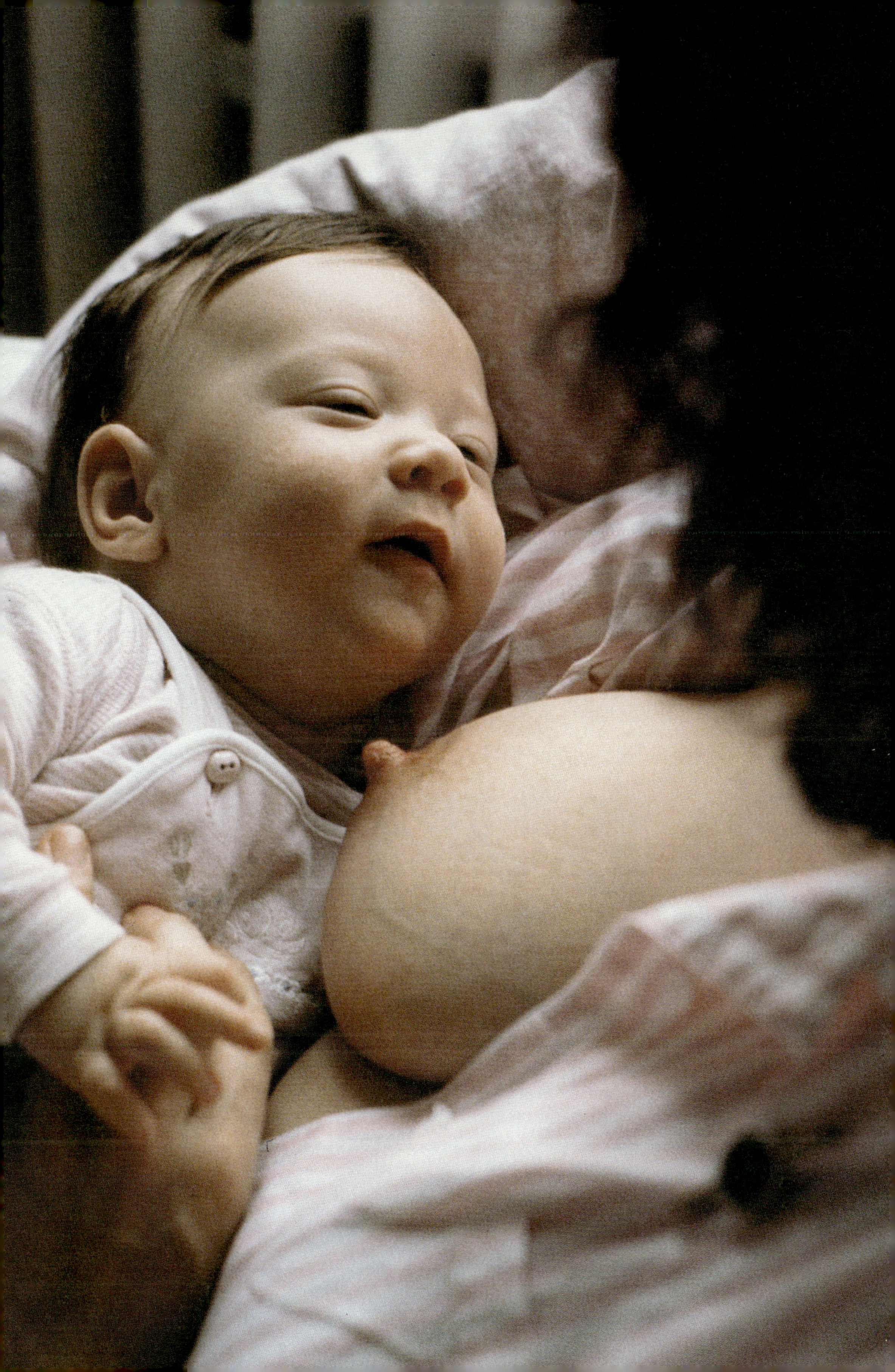

Wundheilungsvorgänge

An der Stelle, an der sich die Plazenta von der Gebärmutter gelöst hat, bleibt zunächst eine etwa handtellergroße Wundfläche. Das daraus abgesonderte Gewebewasser und das Blut bilden den Wochenfluß. Er ist anfangs frisch blutig-rot und wechselt dann die Farbe über braun und gelb nach glasig-weiß. Je nachdem, wie rasch sich die Wunde schließt, dauert es vier bis sechs Wochen, bis der Wochenfluß versiegt.

Bleibt der Wochenfluß auch noch zwei Wochen nach der Geburt kräftig blutig-rot, liegt der Verdacht nahe, daß Reste der Plazenta oder der Eihäute in der Gebärmutter geblieben sind. Sie müssen so schnell wie möglich vom Arzt entfernt werden.

Bei der Geburt entstehen leicht kleine Risse im Gewebe am Muttermund, in der Scheide und am Damm. Das sind zwar kleine Verletzungen, aber die meisten Frauen spüren sie recht schmerzhaft, viele fühlen sich tagelang wund, können kaum gehen oder nur schräg sitzen, indem sie das Gewicht auf eine Gesäßhälfte verlagern. Um solchen Verletzungen vorzubeugen, sollten Sie während der Geburt noch vor dem Durchtritt des Köpfchens ein einziges Mal fünf Kügelchen *Arnica C 200* auf der Zunge zergehen lassen.

Bei kleinen Schürfwunden und Rissen helfen *Arnica C 6* oder *Calendula-Salbe.*

Ist der Wochenfluß infektiös?

Viele Krankenschwestern und Hebammen ermahnen Wöchnerinnen, ihr Kind ja nicht mit dem Wochenfluß in Berührung kommen zu lassen und hindern sie deshalb auch daran, es immer dicht bei sich zu haben, zum Beispiel es mit ins Bett zu nehmen. Wehren Sie sich dagegen, auch wenn Sie es sich dann unter Umständen mit dem Pflegepersonal verderben! Halten Sie notfalls Rücksprache mit den Ärzten.

Der Wochenfluß selbst ist weder giftig noch infektiös. In der Gebärmutter sind während der Wundheilung keine Bakterien vorhanden. Der Wochenfluß bildet allerdings in der Scheide einen wunderbaren Nährboden für Bakterien. Darum enthält der Wochenfluß – wenn er aus der Scheide läuft – häufig eine recht hohe Zahl von Bakterien. Sie sind jedoch fast immer harmlos. Sie sollten trotzdem darauf achten, daß Sie sich immer die Hände waschen, wenn Sie die Vorlage wechseln oder auf der Toilette waren.

Dammriß und Dammschnitt

Um einem Dammriß vorzubeugen, können Sie den Dammbereich etwa vier bis fünf Wochen vor dem errechneten Geburtstermin täglich mit einer *Calendula*-Packung auf die bevorstehende Dehnung »vorbereiten«. Nehmen Sie ein feuchtes, warmes, dünnes Handtuch, träufeln Sie zwei Eßlöffel *Calendula*-Urtinktur (ohne Alkohol) darauf und legen Sie es auf den Dammbereich. Um die Wirkung zu verstärken, können Sie noch ein Wärmekissen darüberlegen.
Außerdem sollten Sie den Damm während der letzten drei Monate der Schwangerschaft täglich massieren. Nehmen Sie dafür einfaches Mandelöl und reiben Sie den Damm zwischen Daumen und Zeige- oder Mittelfinger. Dehnen Sie ihn dabei etwas nach vorne und hinten, nach rechts und links.
Wenn Sie einen Dammschnitt brauchten oder der Damm gerissen ist, sollten Sie den Wundbereich immer möglichst trocken halten, dann heilt er rascher. Tupfen Sie nach der Toilette den Scheiden- und Dammbereich mit weichem Papier ab und spülen Sie ihn mit lauwarmem Wasser (ein Bidet ist in dieser Zeit eine Wohltat). Anschließend können Sie sich mit einem Fön trockenfönen. Stellen Sie den Fön dabei aber nicht zu heiß ein.
Homöopathische Mittel lindern folgende Beschwerden:

- Der Bereich des Dammschnitts ist hell gerötet und stark geschwollen. Beim Sitzen haben Sie stechende Schmerzen. Sie haben wenig Durst, was bei Wöchnerinnen sehr selten ist.
  Mittel: *Apis C 6.*
- Rötung und Schwellung sind nicht sehr ausgeprägt, aber Sie fühlen einen sehr starken Wundschmerz. Sie sind gegen Zugluft und Kälte sehr empfindlich.
  Mittel: *Calendula C 6.*
- Die Beschwerden haben sich langsam entwickelt, aber dann hat sich innerhalb weniger Tage eine schmerzhafte, harte Verdickung gebildet. Die Lymphknoten in den Leisten sind geschwollen. Sie fühlen sich leicht schwindelig, oft sogar schon beim Umdrehen im Bett.
  Mittel: *Conium C 6.*
- Sie haben stechende Schmerzen im Dammbereich. Warme Sitzbäder finden Sie sehr angenehm. Allgemein tut Ihnen Wärme gut. Obgleich Sie sich warm fühlen, sind Hände und Beine kalt. Trotz der Beschwerden klagen Sie selten darüber.
  Mittel: *Silicea C 6.*

Bitte beachten! Nehmen Sie das jeweilige Mittel dreimal am Tag. Haben sich nach zwei Tagen die Beschwerden nicht wesentlich gebessert, haben Sie wahrscheinlich nicht das richtige Mittel gewählt. Informieren Sie Ihre Hebamme oder Ihren Arzt.

Kaiserschnitt

Der Bauchschnitt nach einem Kaiserschnitt heilt meistens innerhalb von zwei bis drei Wochen vollständig zu.
Homöopathische Mittel helfen bei folgenden Beschwerden:

- Die Operationswunde schmerzt sehr stark, besonders dann, wenn in den Tagen nach der Operation ein Blasendauerkatheter gelegt wurde.
  Mittel: *Staphysagria C 6.*
- Sie haben ein wundes Gefühl im Beckenbereich und können kaum gehen. Arzt und Pflegepersonal empfehlen Ihnen kalte Umschläge, Sie empfinden diese jedoch als äußerst unangenehm. Wärme tut Ihnen gut.
  Mittel: *Bellis perennis C 6.*

Bitte beachten! Nehmen Sie das jeweilige Mittel alle drei Stunden ein, bis eine Besserung eintritt. Ist dies nach 24 Stunden noch nicht der Fall, haben Sie wahrscheinlich das falsche Mittel gewählt. Informieren Sie Ihre Hebamme oder Ihren Arzt.

Fieber

Der häufigste Grund für Fieber im Wochenbett sind Entzündungen von Harnblase, Nieren, Gebärmutter, Brust oder Venen. Wenn Sie merken, daß Sie Fieber haben, müssen Sie möglichst umgehend Ihren Arzt oder Ihre Hebamme informieren, damit Sie eine Entzündung nicht etwa verschleppen. Nehmen Sie keinesfalls Hausmittel oder homöopathische Arzneien auf Verdacht!

Wochenflußstau

Der Wochenfluß kann aufgrund äußerer Reize oder seelischer Ursachen stark zurückgehen. Warnzeichen sind außerdem ein plötzlich versiegender oder spärlich tröpfelnder Wochenfluß zu Beginn des

Wochenbetts oder unangenehm riechender Wochenfluß. Kopfschmerzen können auftreten. Damit keine Entzündung der Gebärmutterschleimhaut eintritt, muß rasch geholfen werden.

Homöopathische Mittel helfen bei folgenden Beschwerden:

- Ganz plötzlich bleibt der Wochenfluß aus. Sie sind darüber sehr erschrocken. Häufig schockiert Sie auch gleichzeitig noch etwas anderes, zum Beispiel, daß Ihr Kind eine Neugeborenengelbsucht hat (was aber überhaupt nicht schlimm sein muß) oder eine private, beunruhigende Nachricht. Das Fieber steigt sehr schnell, Sie haben großen Durst.
  Mittel: *Aconitum C 6.*
- Der Wochenfluß ist fast völlig versiegt. Sie fühlen sich sehr traurig und könnten wegen Nichtigkeiten ständig weinen. Sie möchten, daß dauernd jemand bei Ihnen ist. Sie haben kaum noch Durst. Das Fieber steigt und fällt.
  Mittel: *Pulsatilla C 6.*
- Der Wochenfluß tröpfelt nur noch spärlich und riecht unangenehm. Gelegentlich löst er einen intensiven Juckreiz aus. Beim Gehen fühlen Sie sich sehr schwach. Sie haben das Gefühl, als hätten Sie in den Oberschenkeln überhaupt keine Kraft mehr. Das Fieber steigt langsam.
  Mittel: *Kreosotum C 6.*
- Sie haben Gliederschmerzen und starken Durst. Sie möchten sich kaum bewegen, weil Sie sich danach immer schlechter fühlen. Sie haben drückende Kopfschmerzen. Der Wochenfluß hat fast aufgehört.
  Mittel: *Bryonia C 6.*
- Je spärlicher der Wochenfluß wird, desto stärker werden die Schmerzen im Unterleib. Sie können auf dem Leib keinerlei Druck ertragen. Selbst das Nachthemd ist Ihnen oft zuviel. Morgens fühlen Sie sich nicht etwa erholt, sondern meist schlechter als am Vorabend.
  Mittel: *Lachesis C 6.*
- Sie haben Gliederschmerzen und frösteln leicht. Bei hohem Fieber ist der Puls erstaunlich langsam. Oder umgekehrt ist der Puls bei leichtem Fieber sehr schnell.
  Mittel: *Pyrogenium C 6.*

Bitte beachten!

Nehmen Sie das jeweilige Mittel stündlich. Haben sich die Beschwerden nach sechs bis acht Stunden noch nicht gebessert, so haben Sie wahrscheinlich nicht das richtige Mittel gewählt. Informieren Sie Ihre Hebamme oder Ihren Arzt.

Milchstau

Manche Frauen haben am zweiten oder dritten Tag nach dem Milcheinschuß etwas erhöhte Temperatur. Das kommt durch einen Dehnungsreiz in den Milchgängen und ist unbedenklich. Häufig entsteht an einer Brustseite eine druckschmerzhafte Rötung. Das Gewebe fühlt sich knotig an. Ursache dafür ist meist ein ungünstiges Anlegen des Kindes, eine zu lange Stillpause oder ein verstopfter Milchgang.
Stillen Sie trotzdem grundsätzlich weiter! Streichen Sie danach den Bereich der Rötung bis zur Brustwarze hin gut aus, damit die noch verbliebene Milch gut abfließen kann. Legen Sie ein feuchtwarmes Taschentuch auf die Brust, duschen Sie warm oder machen Sie einen Quarkumschlag. Dann wird das Gewebe rasch abschwellen.

Homöopathische Mittel helfen bei folgenden Symptomen:

- Die Milch staut sich, die Brust ist stellenweise gerötet und verhärtet. Bei jeder Berührung schießt der Schmerz durch die ganze Brust. Die Brust fühlt sich außerordentlich schwer an.
  Mittel: *Phytolacca C 12.*
- Sie können den Druck des Büstenhalters kaum ertragen. Die gerötete Stelle an der Brust ist sehr berührungsempfindlich. Der Bereich fühlt sich verhärtet an. Häufig ist nur die rechte Brust betroffen. Die Schmerzen sind stichartig. Sie haben Kreislaufprobleme, selbst das Umdrehen im Bett bereitet Schwindelgefühle.
  Mittel: *Conium C 6.*
- Sie spüren, daß sich die Milch staut. Aber gleichzeitig ärgern Sie sich über die Kinderschwester, die sich Ihrer Meinung nach viel zu wenig um Sie kümmert. Sie könnten platzen vor Wut. Das schlägt auf Ihren Magen. Sie spüren dort den bekannten Druck, wenn Sie sich ärgern.
  Mittel: *Nux vomica C 6.*

Nehmen Sie das jeweilige Mittel alle ein bis zwei Stunden. Haben sich die Beschwerden nach zwölf Stunden noch nicht gebessert, so haben Sie wahrscheinlich nicht das richtige Mittel gewählt. Informieren Sie Ihre Hebamme oder Ihren Arzt.

Bitte beachten!

Brustentzündung (Mastitis)

Typische Anzeichen für eine Brustentzündung sind: Rötung, Schwellung, Schmerz, Zerschlagenheit ähnlich wie bei Grippe, Fieber. Jede Mastitis muß rasch behandelt werden. Informieren Sie sofort Ihre Hebamme oder Ihren Arzt, wenn Sie bei sich Anzeichen für eine Brustentzündung spüren.
Homöopathische Mittel helfen bei der Behandlung oft sehr rasch, so daß Sie keine Antibiotika brauchen, vor allem bei folgenden Beschwerden:

- Die Brust ist rot und zeigt rote Streifen, die von der Brustwarze ausstrahlen. Sie haben meist hohes Fieber, das rasch gestiegen ist. Die Brust ist sehr hart. Durch das hohe Fieber haben Sie einen roten Kopf, aber kalte Füße.
  Mittel: *Belladonna C 6.*
- Sie haben Gliederschmerzen und fühlen sich sehr zerschlagen. Häufig sind Sie auch gleichzeitig erkältet. Wenn Ihr Kind an der entzündeten Brust trinkt, tut das unerträglich weh, die Schmerzen schießen durch den ganzen Körper.
  Mittel: *Phytolacca C 6.*
- Die betroffene Brust ist sehr hart und schwer. Schon die geringste Bewegung verschlimmert die Schmerzen. Schon wenn Sie tief Atem holen, tut die Brust weh. Bewegung und Erschütterungen sind unerträglich. Die Schmerzen sind scharf und stechend. Sie wollen möglichst viel allein sein, jeder Besucher ist Ihnen zuviel. Sie wollen nicht getröstet werden und fühlen sich insgesamt leicht reizbar. Haut und Schleimhäute sind sehr trocken.
  Mittel: *Bryonia C 6.*

Ein Abszeß hat sich gebildet

- Die Brust ist extrem kälteempfindlich. Schon das Abdecken der Brust zur Untersuchung ist äußerst unangenehm, ebenso jede Berührung. Das einzige, was gut tut, ist Wärme. Ein feucht-warmes Tuch auf der Brust ist eine Wohltat.
  Mittel: *Hepar sulfur C 6.*
- Sie haben Hohlwarzen und hatten deshalb anfangs erhebliche Schwierigkeiten mit dem Stillen, so daß sich die Brust entzündet hat. Sie haben den Eindruck, daß die Entzündung bald in einen Abszeß übergeht. Oder der Eiter sucht sich bereits einen Weg über einen Fistelgang.
  Mittel: *Silicea C 6.*
- Die Brust ist geschwollen, es besteht bereits ein Abszeß, aber die Brust ist nicht heiß, und Sie haben auch kein Fieber. Eigentümlicherweise sind die Schmerzen nachts häufiger. Beim Stillen zittern Sie am ganzen Körper, ohne daß Sie frieren. Sie haben möglicherweise einen sehr starken Speichelfluß und einen eigentümlichen, metallischen Geschmack im Mund.
  Mittel: *Mercurius solubiles C 6.*

Bitte beachten!

Nehmen Sie das jeweilige Mittel alle ein bis zwei Stunden. Haben sich die Beschwerden nach acht bis zehn Stunden noch nicht gebessert, so haben Sie wahrscheinlich nicht das richtige Mittel gewählt. Informieren Sie Ihre Hebamme oder Ihren Arzt.

Rissige Brustwarzen

Betupfen Sie die wunden Brustwarzen mit *Calendula-Tinktur.* Streichen Sie etwas Milch aus und lassen Sie diese auf der Brustwarze trocknen. Oder betupfen Sie die Warze mit 1%iger *Salbei-Tinktur.*

Homöopathische Mittel helfen bei folgenden Beschwerden:

- Die Brustwarzen sind eingerissen, die Brust juckt innerlich. Am liebsten würden Sie an der Brustwarze kratzen, aber dann wird der Juckreiz nur noch schlimmer. Beim Treppensteigen spüren Sie die Brust eigenartigerweise ganz besonders. Der Warzenhof erscheint rot und trocken.
  Mittel: *Castor equi C 6.*

- Die Brustwarzen sind eingerissen. Es haben sich darauf kleine Bläschen gebildet, aus denen honigähnliche Flüssigkeit austritt. Um den Warzenhof hat sich ein Ekzem gebildet. Falls es nicht Ihr erstes Kind ist, hatten Sie auch bei früheren Stillzeiten ähnliche Probleme.
  Mittel: *Graphites C 6.*

Nehmen Sie das jeweilige Mittel alle drei Stunden am Tage. Haben sich die Beschwerden nach 24 Stunden noch nicht gebessert, so haben Sie wahrscheinlich nicht das richtige Mittel gewählt. Informieren Sie Ihre Hebamme oder Ihren Arzt.

Bitte beachten!

Wochenbett-Depression

Nicht selten treten ab dem zweiten oder dritten Tag nach der Geburt Phasen von großer Traurigkeit oder Niedergeschlagenheit auf. Am liebsten würden Sie die ganze Zeit heulen. Darum sprechen auch viele von den »Heultagen«.

Homöopathische Mittel helfen bei folgenden Beschwerden:

- Ein Gefühl tiefer Verlassenheit umgibt Sie. Sie können nicht aufhören, darüber zu weinen. Sie fühlen sich sehr verletzt und wollen auf keinen Fall alleine sein. Wenn Sie weinen, kümmern sich viele Menschen um Sie. In rascher Folge fühlen Sie sich hintereinander verletzt, aufgewühlt und traurig. Sie haben das Gefühl, daß sich Ihr Partner zu wenig um Sie und das Kind kümmert.
  Mittel: *Pulsatilla C 30.*
- Irgendein Gefühl der Gleichgültigkeit Ihrem Partner und auch Ihrem Kind gegenüber hat sich in Ihnen breitgemacht. Sie weinen und wissen gar nicht warum. Sie haben das Gefühl, daß Ihnen nicht geholfen werden kann. Durch die Geburt, so finden Sie, haben Sie Bereiche eigener Freiheit verloren. Der Ton in der Unterhaltung mit Ihrem Partner wird zunehmend schärfer und direkter.
  Mittel: *Sepia C 30.*
- Sie haben das Gefühl, daß das Leben so keinen Sinn mehr hat. Wie eine schwarze Wolke hängt die Zukunft über Ihnen. Um diesen Schmerz nicht so stark zu fühlen, unternehmen Sie sehr viel mit dem Kind und sind sehr aktiv. Da Sie sehr viel von sich

fordern, denken Sie stets auch, daß Sie die Geburt hätten besser meistern müssen. Der Kummer darüber ist groß. Sie möchten nie wieder schwanger sein. Sie würden gerne beten oder tun es häufig.
Mittel: *Aurum metallicum C 30.*

- Alles ist schwer für Sie. Sie können nicht aufhören, darüber zu reden, daß Sie alles nicht schaffen. Sie haben das Gefühl, versagt zu haben. Sie haben Angst davor, die Verantwortung für Ihr Kind zu übernehmen. Auch darüber müssen Sie ständig reden. Je stärker die Niedergeschlagenheit, desto geringer der Wochenfluß.
  Mittel: *Cimicifuga racemosa C 30.*

Bitte beachten!

Nehmen Sie das jeweilige Mittel nur ein einziges Mal. Haben sich die Beschwerden zwei bis drei Tage danach noch nicht gebessert, so haben Sie wahrscheinlich nicht das richtige Mittel gewählt. Informieren Sie Ihre Hebamme oder Ihren Arzt.

Hermann Bullinger

Der Mann fürs Besondere?

Gefühle des Vaters in der neuen Rolle

Die Vorstellungen über Vaterschaft haben sich in den vergangenen Jahrzehnten grundlegend gewandelt. Schwangerschaft und Geburt sind heute nicht mehr allein Frauensache, sondern eine gemeinsame Erfahrung von Mann und Frau. Der Umgang mit dem Neugeborenen ist nicht mehr nur der Mutter vorbehalten, auch Männern wird es durchaus zugetraut, ein Baby zu wiegen, zu wickeln, zu baden oder zu füttern. Heute darf und soll der Vater seinem Kind vom Tag der Geburt an nahe sein. Daß er sich zärtlich und liebevoll »seinem« Baby zuwendet, gilt nicht mehr als unmännlich. Im Gegenteil: Er ist dann ein besonders guter und engagierter Vater.
Im folgenden soll es darum gehen, welche Auswirkungen all diese Veränderungen auf die Väter haben und welche neuen Fragen sich ihnen stellen. Wie bewältigen sie den Übergang zur Elternschaft, welche Unterstützung wünschen sie sich dabei?

Feierabendvater oder Alltagsvater

Welche Erfahrungen ein Vater im Umgang mit seinem Kind macht, hängt nicht unwesentlich davon ab, wie er seine Vaterrolle konkret gestaltet. Ein Mann, der ein Neugeborenes regelmäßig versorgt und betreut, erlebt seine Vaterschaft anders als einer, der sich lediglich hin und wieder abends dem von der Mutter frisch gebadeten und fertig gewindelten Baby zuwendet. Je mehr Alltagszeit ein Vater mit seinem Kind verbringt, desto intensiver und bestimmender ist das Erlebnis des Vaterseins. Er fühlt sich sicherer im Umgang mit seinem Kind, das Baby fühlt sich gut bei ihm aufgehoben und zeigt ihm das auch. Wenn der Vater vom Tag der Geburt an nicht in erster Linie der »Mann fürs Besondere«, sondern ein verläßlicher, zugewandter und sich kümmernder Elternteil im Alltag ist, wird er neben der Mutter zum gleichwertigen Beziehungspartner des Kindes.

Bis dahin sind aber für Väter oft viele innere und äußere Hürden zu überwinden. Dies fängt gleich nach der Geburt an. Die meisten Väter fühlen sich unsicher und überfordert. Der Umgang mit Säuglingen gehört schließlich nicht zum üblichen männlichen Rollenrepertoire. Obwohl sich Väter heute im Rahmen der Geburtsvorbereitung auch mit der Säuglingspflege vertraut machen können, fehlt ihnen anfangs oft das Zutrauen in die eigenen Fähigkeiten. Zudem sehen sie sich selbst insgeheim eher als Handlanger der Mutter und erwarten stillschweigend, daß diese das Zepter in die Hand nimmt und den Alltag organisiert.

Was kann der Vater überhaupt tun?

Viele Väter wissen auch nicht, was sie überhaupt tun sollen, außer das Geld für den Familienunterhalt zu verdienen. Es mangelt noch an neuen Leitbildern, an denen sie sich orientieren können. Aktive Vaterschaft wird von der Gesellschaft weder unterstützt noch wertgeschätzt und schon gar nicht gefordert. Im Beruf wird von einem Vater erwartet, daß er jederzeit und genauso uneingeschränkt verfügbar ist wie vor der Geburt seines Kindes. Chefs und Kollegen reagieren auf einen aktiven Vater häufig verständnislos, mißbilligend und herablassend. Sowie ein Mann nicht mehr ausschließlich die Interessen seiner Firma im Kopf hat, kann er seine Karriere in den Wind schreiben. Sein berufliches Fortkommen stagniert.

Hinderlich für ein erweitertes häusliches Engagement des Mannes ist auch das herrschende Mutterbild, das geprägt ist von einer populärwissenschaftlichen Version der Psychoanalyse der sechziger und siebziger Jahre. Demnach ist die Mutter in den ersten Lebensjahren des Kindes die Hauptbezugsperson. Die gelungene Mutter-Kind-Beziehung legt die entscheidende Grundlage für die positive Entwicklung des Kindes. Der Vater wird in der frühen Phase als unbedeutend eingestuft, ihm kommt lediglich eine Statistenrolle als Unterstützer der Mutter zu. Da die mütterliche Fürsorge allein über Wohl und Wehe des Kindes entscheidet, wird der Vater gänzlich aus der Verantwortung entlassen.

Obwohl die neuere psychologische Forschung diese Ideologie längst korrigiert hat, spukt sie nach wie vor in den Köpfen von Müttern und Vätern herum. Wir wissen heute, daß die tätige, sorgende Anwesenheit des Vaters für die Entwicklung des Kindes vom ersten Tag an wichtig ist. Kinder können sowohl zum Vater als auch zur Mutter ähnlich intensive Bindungen entwickeln. Väter und Mütter eignen sich gleichermaßen für die Pflege eines Neugeborenen. Je mehr ein Vater sich dabei engagiert, desto weniger ist das Kind von der Mutter abhängig. Mit dem anwesenden und sorgenden Vater gewinnt das Kind eine zweite Hauptbezugsperson. In unserer Gesellschaft, die durch ein Zuviel an Mutterrepräsentanz bei gleichzeitigem Vatermangel gekennzeichnet ist, hat dies ein besonderes Gewicht.

Wer ist die Hauptperson im Leben des Kindes?

Wenn das alte Mutterbild noch unhinterfragt in den Köpfen der modernen Frauen herumschwirrt, können sich daraus, wenn sie Mütter werden, widersprüchliche Verhaltensweisen ergeben. Die Mutter möchte dann zwar den Vater mitbeteiligen und beanspruchen, gleichzeitig darf er aber nicht in Frage stellen, daß sie die Hauptperson im Leben des Kindes ist und die unumstrittene Kompetenz im Umgang mit dem Kind besitzt. Dies kann sich so auswirken, daß sie zwar die Mitarbeit des Vaters einfordert, ihn gleichzeitig aber ständig kontrolliert und bevormundet und ihm nicht zutraut, ein Kind, wie es sich gehört, versorgen zu können. Manche Mütter unterliegen regelrecht dem Zwang, sich selbst beweisen zu müssen, daß sie für das Kind unentbehrlich sind und niemand außer ihnen das Kind verläßlich betreuen kann.

Es ist klar, daß solche widersprüchlichen Verhaltensweisen und die darin angelegte Rivalität zwischen Vater und Mutter zusätzliche Stolpersteine für den Vater darstellen, der auf der Suche nach seiner Rolle ist und oft ohnehin Schwierigkeiten hat, mit einem Baby souverän umzugehen.

Gerade die erste Zeit nach der Geburt entscheidet aber im allgemeinen darüber, wie sich die Beziehung des Vaters zum Kind im ersten Jahr (und dann meist auch später) gestalten wird. Wenn der Vater nicht die Anfangshürden überwindet, sind die Weichen für das Vater-Kind-Verhältnis und die Arbeitsaufteilung zwischen Mann und Frau häufig ein für allemal gestellt. Nicht wenige Väter geben dann im Kinderzimmer nur noch Gastspiele und delegieren die Hauptverantwortung für das Kind bereitwillig an ihre Frauen.

Der Vater und das Stillen

Wann fühlen sich Väter ausgeschlossen?

Wenn die Mutter das Kind stillt, kann die Beziehung zwischen beiden so eng und symbiotisch werden, daß der Vater sich ausgeschlossen fühlen muß. Dann ist die Mutter unumstritten die Hauptperson im Leben des Kindes. Nur sie kann in bestimmten Situationen das Kind beruhigen. Es schreit ja nicht nur, wenn es Hunger hat, sondern auch, wenn es die körperliche Nähe und Geborgenheit will, die das Saugen an der Brust bedeutet. Für die Mutter ermöglicht das Stillen eine enge und intensive Beziehung zum Kind. Der Vater meint dann oft, den Ansprüchen des Kindes nicht genügen zu können. Er weiß nicht, ob er für das Kind überhaupt wichtig ist.

»Solange unser Baby voll gestillt wird, kann ich nur sehr eingeschränkt etwas mit ihm allein unternehmen. Wir sind immer abhängig von der Mutter, weil das Baby alle paar Stunden an die Brust muß. Mich stört das enorm. Wenn ich mit meiner Tochter alleine spazierengehen will, habe ich das Gefühl, ich bin an einer langen Leine angebunden, die mich zwingt, nach spätestens anderthalb Stunden wieder nach Hause zurückzukehren.«

Vielen Vätern gelingt es erst nach dem Abstillen, eine wirklich eigenständige Beziehung zu ihrem Kind aufzubauen. Es ist eine schmerzliche Erfahrung, wenn ein Vater sich redlich, aber vergeblich bemüht, das schreiende Baby zu beruhigen und dann erlebt, wie das Kind an der Brust der Mutter sofort zur Ruhe kommt. Für nicht wenige ist diese Erfahrung, wenn sie sie öfter machen müssen, so frustrierend, daß sie gar nicht mehr versuchen, ihr schreiendes Kind zu trösten, sondern es gleich der Mutter in den Arm drücken. Nicht selten zieht sich der Vater dann stillschweigend immer mehr zurück

und überläßt das Kind der Mutter. Mit der Folge, daß das Kind immer häufiger die Fürsorge der Mutter bevorzugt, weil ihm der Vater fremd wird.

Deshalb ist es so wichtig, daß der Vater sich viel mit dem Kind beschäftigt und dafür alle Möglichkeiten nutzt, die der Babyalltag bietet. Er kann das Kind wickeln und baden, mit ihm schmusen und spazierengehen oder es einfach beobachten, ihm nahe sein, ohne selbst aktiv etwas zu tun. Er könnte auch einen Kurs für Babymassage besuchen oder an einer Vater-Kind-Gruppe teilnehmen, die einige Familienbildungsstätten anbieten.

Kann man von Anfang an den Vater mit dem Kind allein lassen?

Aber auch die Mutter kann die Beziehung zwischen Vater und Kind fördern. Hin und wieder kann sie ihre Milch ruhig abpumpen und sich einen freien Abend gönnen. Ein Vater, der so lange völlig allein für das Kind verantwortlich ist, ihm das Fläschchen gibt, es in den Schlaf schaukelt, es trägt und leise mit ihm spricht, erlebt sich selbst ganz neu. Dies freilich setzt voraus, daß die Mutter ihr Kind abgeben kann und nicht auf der Exklusivität ihrer Beziehung zum Kind beharrt. Das wiederum fällt vielen Frauen schwer.

Für den Vater hat das Stillen also zwei Seiten: Einerseits weiß er, daß es das Beste für das Kind ist und möchte es deshalb auch unterstützen. Andererseits neidet er der Mutter ihren intensiven Kontakt mit dem Baby. Viele Männer sind insgeheim eifersüchtig auf das Kind. Nicht selten fühlen sie sich durch den Winzling aus ihrer Position als Liebhaber verdrängt. Die meisten gestehen sich solche Gefühle jedoch nicht ein und schieben sie rasch beiseite. Manche Männer machen ihrer Frau regelrechte Eifersuchtsszenen. Weil sie sich aber nicht zu ihren wirklichen Gefühlen bekennen können, sich ihres Neids noch nicht einmal bewußt sind, und ihre Frau auf die Gefühlsausbrüche auch noch verständnislos oder ablehnend reagiert, fangen sie an, an allem Möglichen herumzunörgeln oder sich in die Arbeit zurückzuziehen.

Es wäre besser, wenn der Mann sich solche Gefühle offen eingestehen könnte und sich der Ursachen bewußt wäre. Er hat keinen Grund, sich dessen zu schämen. Solche Empfindungen sind legitim. Fast jeder Vater kennt sie. Manchen Männern helfen Gesprächsgruppen mit anderen Betroffenen, eine Möglichkeit, die es leider noch zu selten gibt.

Einem aktiven Vater fällt die intensive Beziehung zum Neugeborenen nicht in den Schoß. Im Gegensatz zur Mutter, die ihre Rolle über das Stillen leichter finden und sich ihrer Bedeutung sicherer sein kann, muß der Vater viele bewußte Schritte unternehmen, um seine spezielle Rolle im Leben des Kindes ausfindig zu machen.

Die Krise in der Paarbeziehung nach der Geburt

In den ersten Wochen nach der Geburt empfinden die meisten Väter ein überwältigendes Glücksgefühl, das dann aber oft zunehmend und schleichend von einem diffusen Unbehagen verdrängt wird.

> »Eigentlich müßte es mir gut gehen. Aber trotzdem ist die Stimmung zwischen meiner Frau und mir oft angespannt, und ich habe das Gefühl, es liegt etwas in der Luft, was ich aber nicht genau beschreiben kann. Immer öfter geraten wir uns wegen Kleinigkeiten in die Haare.«

Die gemeinsam und ungestört verbrachte Zeit schrumpft nach der Geburt auf ein Minimum oder sogar ganz auf Null zusammen. Der Mann hat oft das Gefühl, zu kurz zu kommen. In seinen Augen kümmert sich die Frau fast nur noch um das Kind. Wenn der Mann arbeiten geht und die Frau zu Hause das Kind versorgt, leben beide in unterschiedlichen Welten. Dem Mann fehlt dann die Erfahrung meist völlig, was es für die Frau bedeutet, den ganzen Tag mit einem Neugeborenen oder einem kleinen Kind zu verbringen. Dies um so mehr, wenn noch Geschwisterkinder ihr Recht fordern. Er wird kaum verstehen, wie anstrengend und kräftezehrend der Alltag mit einem Säugling sein kann. Er wird vielleicht sogar insgeheim denken, daß seine Frau ungeschickt ist, sich die Zeit falsch einteilt und sich überhaupt ziemlich anstellt.

Wird das Engagement des Vaters nicht gewürdigt?

Aus der unterschiedlichen Situation von Mann und Frau ergeben sich auch unterschiedliche Bedürfnisse. Während der Mann abends seine Ruhe haben und ausspannen möchte, erwartet die Frau, daß er sie entlastet, ihr im Haushalt hilft und sich mit ums Kind kümmert. Außerdem will sie ihm, da sie tagsüber viel mit dem Kind alleine war, alles, was sie mit dem Baby erlebt hat, haarklein erzählen. Er hingegen findet das eher lästig und ermüdend. Beide haben das Gefühl, daß sie aneinander vorbei leben und daß der andere sie nicht versteht. Der Mann findet seine Frau oft unzufrieden und launisch. Ständig setzt sie ihn unter Druck, nichts kann er ihr recht machen, und nie rechnet sie ihm an, daß er sich auch gewaltig anstrengt. Gerade wenn der Mann sich bemüht, sein Leben umzustellen und im Beruf Abstriche zugunsten seines häuslichen Engagements zu machen, trifft es ihn, wenn seine Frau dies überhaupt nicht anerkennt.

Sexualität gleich Null

Das Gefühl der Entfremdung verstärkt sich noch, wenn die Frau nach der Geburt monatelang keine Lust auf Sex mit ihrem Mann verspürt, was bei der Mehrzahl der Frauen der Fall ist. Wenn das Paar längere Zeit nicht miteinander schläft und auch sonst kaum Zärtlichkeiten austauscht, wird die Situation zwischen beiden immer verkrampfter. Der Mann hat dann mitunter auch keine Lust mehr aufs Schmusen, weil er fürchtet, daß seine Frau ihn ja doch wieder zurückweist.

Dauert dieser Zustand an, fühlt er sich von seiner Frau als Mann abgelehnt und auf die Vaterrolle reduziert. Das kann ihn in seinem Selbstwertgefühl tief treffen und verunsichern. Da die Frau meist nicht sagen kann, warum sie keine Lust hat und sie selbst auch nicht weiß, wie die Situation verändert werden kann, fühlt sich der Mann mit seinem Problem alleingelassen. Häufig spricht er nicht offen aus, was er empfindet, sondern flüchtet sich in Vorwürfe und Nörgeleien.

Wie geht der Mann mit Gefühlen um?

Die Situation wird immer verfahrener. Einige typische männliche Verhaltensweisen verschärfen dabei noch den Konflikt. Männer neigen dazu, sich auf sich selbst zurückzuziehen, wenn es ihnen schlecht geht. Statt ihre Gefühle offen auszusprechen, was sie einfach nicht gewöhnt sind, versuchen sie, alles mit sich selbst abzumachen und glauben, die Dinge damit wieder ins Lot bringen zu können. Eine weitere Technik männlicher Lebens- und Gefühlsbewältigung besteht darin, sich Arbeit aufzuhalsen. Indem der Mann sich immer mehr in seinen Job stürzt, seine Hobbys pflegt oder sich nach öffentlichen Ämtern drängt, versucht er, sich psychisch zu stabilisieren. Mit dem Preis, daß er zu Hause kaum mehr verfügbar ist und die Frau immer noch weniger oder gar keine Unterstützung mehr von ihm erfährt. Im Extremfall konzentriert der Mann seine ganze Energie auf den Beruf oder andere »männliche« Aktivitäten und zieht sich aus der Beziehung zu seiner Partnerin innerlich ganz zurück.

Wenn Partnerschaft sich auf Elternschaft beschränkt

Dies ist im übrigen gar kein seltenes »Beziehungsarrangement« nach der Geburt des ersten Kindes. Meist folgt dann bald das zweite Kind, und beide Partner merken manchmal erst Jahre später, daß sie stillschweigend nebeneinanderher leben. Die Frau geht in den Kindern auf, die damit zu Ersatzpartnern werden, der Mann stürzt sich mit aller Kraft in seinen Beruf. Das Paar selbst hat gar kein Eigenleben mehr, sondern funktionalisiert sich gegenseitig zur Kinderaufzucht. Mit dramatischen Folgen, wenn die Kinder als Bezugspunkt wegfallen, weil sie das Nest verlassen.

Wann kommt es zur Krise?

Oft schaukelt sich der Konflikt auch langsam hoch und erreicht seinen Höhepunkt, wenn das Kind etwa ein Jahr alt ist. Hin und wieder wird daraus sogar eine Dauerkrise, wobei die Liebe allmählich stirbt und der Weg zueinander durch Vorwürfe, Groll oder gar Haß versperrt ist.

Da der Mann häufig dazu tendiert, die Ursachen der Probleme allein im Verhalten der Frau zu sehen, glaubt er, an seinem eigenen Verhalten nichts verändern zu müssen. Um den Konflikt beizulegen,

müssen jedoch beide Partner ihren Anteil an der Misere akzeptieren. Beide tragen immer je zur Hälfte zur Situation bei.

Das Paar sollte aber nicht nur individuelle Ursachenforschung betreiben. Die Krise ist kein persönliches Versagen, sondern betrifft alle Paare, die ein Kind bekommen haben, in mehr oder weniger ausgeprägter Form. Jedes Paar muß nach der Geburt eines Kindes sein Leben völlig neu organisieren. Alles, was bisher selbstverständlich war, muß neu ausgehandelt werden. Die Veränderungen sind einschneidend und umfassend. Wie sollte dies alles sozusagen von selbst und ohne Konflikte und krisenhafte Zuspitzungen vonstatten gehen?

Wie kann die Krise bewältigt werden?

Deshalb sollte die Krise als schwierige und unvermeidliche Durchgangsphase beim Elternwerden begriffen werden. Eine wichtige Eigenschaft ist dabei die Geduld. Keiner von beiden sollte in der akuten Phase überstürzt an Trennung denken. Erfahrungsgemäß wachsen mit dem Alter des Kindes auch die Möglichkeiten zur Bewältigung der Krise. Die Konflikte verlieren oft schon deshalb an Schärfe, weil das Paar wieder mehr Zeit miteinander verbringen kann. Mann und Frau kommen sich wieder näher und können erneut die alte Verbundenheit erkennen. Beide können mit Stolz und Erleichterung konstatieren, daß sie eine schwierige Phase gemeinsam durchgestanden haben und gehen so gestärkt aus dieser Zeit hervor.

Männer sollten die Gestaltung der Paarbeziehung nicht in erster Linie der Frau überlassen, wie es traditionellerweise üblich ist. Sie sollten vielmehr selbst initiativ werden. Es fällt ihnen in Krisensituationen zwar besonders schwer, Hilfe in Anspruch zu nehmen. Trotzdem bedeutet es keine Schwäche und ist es nicht unmännlich, wenn ein Mann erkennt – und sich dies auch eingesteht –, daß er alleine nicht mehr weiter weiß. Wenn ein Paar sich immer mehr entfremdet, ist es ein Zeichen von Verantwortungsgefühl und Stärke, wenn der Mann den Anstoß für eine Paarberatung oder -therapie gibt und versucht, die Beziehungsprobleme mit seiner Partnerin zu klären.

Hilfen für Väter

Heute werden an Väter ganz andere Anforderungen und Erwartungen gestellt als noch vor 40 Jahren. Die heutige Kleinfamilie lebt isolierter als damals. Die Großeltern wohnen oft nicht in der Nähe und kommen deshalb als Babysitter und Haushaltshilfen nur selten in Betracht. Die Mütter stellen heute ihre eigenen Interessen und Bedürfnisse nicht mehr zugunsten eines Kindes und der Familie zurück, sondern beanspruchen Zeit und Raum für die eigene Selbstverwirklichung. Immer mehr Frauen wollen nach der ersten intensiven Phase mit dem Säugling möglichst bald wieder in irgendeiner Form berufstätig sein. All das führt dazu, daß die Väter wesentlich stärker als früher bei der Kinderbetreuung und Hausarbeit gefordert werden.

Die Väter von heute haben aber auch größere Erwartungen an sich selbst. Sie wollen eine intensive Beziehung zu ihren Kindern herstellen und nicht wie ihr eigener Vater abseits stehen.

Was ist eigentlich »geteilte Elternschaft«?

Diesen veränderten Bedingungen wird am ehesten das Modell der geteilten Elternschaft gerecht, bei dem Mann und Frau sich Kinderarbeit und Berufstätigkeit teilen. Der Mann reduziert seine Berufstätigkeit auf die Hälfte und übernimmt zugleich die Hälfte der anfallenden Haus- und Kinderarbeit. Er ermöglicht damit seiner Partnerin, nach der Geburt weiter im Beruf zu bleiben.

Diejenigen Paare, die dieses Modell nicht praktizieren können oder wollen, sollten trotzdem – soweit es geht – die traditionelle Arbeitsteilung aufzuheben versuchen. Heute ist ein Vater nicht mehr durch seine bloße Existenz im Leben des Kindes wichtig, sondern auch und vor allem über die Intensität seiner Beziehung zum Kind. Diese beruht weniger darauf, daß der Vater hin und wieder für besondere Überraschungen und Abwechslung sorgt, sondern daß er ein verläßlicher, verfügbarer und emotional präsenter Beziehungspartner im Alltag ist. Und dies möglichst vom Tag der Geburt an.

Anregungen für den Vater

- Väter sollten sich darüber klar werden, wo sie in bezug auf Beruf und Kind Prioritäten setzen wollen. Tendenziell sollte der kindliche Alltag ungefähr gleich wichtig sein wie der Beruf. Väter dürfen nicht nur nett und unverbindlich sein und für sich die Rosinen des Elterndaseins reservieren. Nach dem Motto: Umgang mit Kindern? Ja – aber nur, solange es Spaß macht!

- Weil unser Berufsleben im Prinzip darauf beruht, daß der Arbeitnehmer unbegrenzt verfügbar ist, müssen die Väter ihr Bedürfnis nach mehr Zeit für ihr(e) Kind(er) an ihrer Arbeitsstelle offensiv anmelden. Bei Tarifverhandlungen müßte berücksichtigt werden, daß Eltern von Säuglingen und Kleinkindern ein Recht auf Arbeitszeitverkürzung haben. Es muß endlich laut und unüberhörbar darüber nachgedacht werden, daß die damit verbundenen Lohneinbußen vom Staat ausgeglichen werden.

PARKED

Wenn Väter solche Forderungen stellen, wird ihnen – da wir nun einmal in einer Männergesellschaft leben – ganz anderes Gewicht und Gehör zuteil, als wenn diese Forderungen immer nur von Frauen erhoben werden.

- Väter, die voll berufstätig sein wollen oder müssen und deshalb relativ wenig Zeit für ihr Kind haben, können in ihrer Freizeit an Vater-Kind-Gruppen teilnehmen. Immer häufiger bieten Familienbildungsstätten und andere Träger überdies eigene Veranstaltungen für Väter mit Kindern an. Der Mann unternimmt dabei alleine etwas mit seinem Sprößling, so daß beide miteinander vertrauter werden. Insbesondere, wenn sich solche Angebote auf ein Wochenende oder gar eine ganze Woche (dafür kann man sich auch mal Urlaub nehmen) erstrecken, können Väter den Alltag mit ihren Kindern erleben. Und sie können – ungestört von Frauen – über ihre speziellen Probleme als Väter miteinander ins Gespräch kommen.

- Daneben ist Vätern die Teilnahme an Vätergesprächsgruppen sehr zu empfehlen. Diese kann man auch selbst initiieren, indem man eine Annonce aufgibt oder sich an Einrichtungen wie Familienbildungsstätten, die Volkshochschule, Pro Familia-Beratungsstellen u.ä. wendet. Gerade diejenigen Männer, die ihr Vatersein bewußt gestalten, brauchen das Gespräch und den Rückhalt von anderen Vätern.

- Leider haben viele Männer immer noch Hemmungen, in eine reine Männergruppe zu gehen. Meine Erfahrung ist aber die, daß – ist die Hemmschwelle erst einmal überwunden – das Gespräch unter Männern ihnen sehr viel bringt und daß sie dies nach einiger Zeit gar nicht mehr missen wollen.

> Es ist an der Zeit, daß Männer erkennen, daß Vaterschaft nicht etwas ist, was sich naturwüchsig und quasi von selbst entwickelt. Die Väter von heute gestalten die Elternschaft bewußt mit und übernehmen die Hälfte der Verantwortung. Der Ernährervater ist passé – es lebe der neue, aktive Vater!

Hannah Lothrop

Ein gegenseitiges Geben und Nehmen

Das Stillen

Stillen ist das Natürlichste der Welt. Es hilft einem neugeborenen Baby, sich nach und nach an unsere Welt zu gewöhnen, und es hilft der Mutter, sich von dem Baby, das neun Monate lang in ihr gewachsen ist, nach und nach zu lösen.

Nach vielen Jahren der Verunsicherung durch die Erfindung der adaptierten Babynahrung und die massiven Werbekampagnen der Nahrungsmittelindustrie dafür, hat sich jetzt die Überzeugung durchgesetzt, daß das Stillen und die Muttermilch für Mutter und Kind gleichermaßen eminent wichtig sind. Die neuesten Forschungsergebnisse bestätigen dies immer mehr. Trotz ständiger Weiterentwicklungen der adaptierten Säuglingsmilch gelingt es nicht, ein der Muttermilch gleichwertiges Nährmittel herzustellen, und es ist nicht abzusehen, welche Langzeitauswirkungen fehlende und überdosierte Substanzen in den künstlichen Milchpräparaten haben.

Wovor schützt die Muttermilch?

Die Natur hat es so eingerichtet, daß die Milch der Mutter sich optimal den Bedürfnissen ihres Kindes – seinem Nährstoffbedarf, seinem Stoffwechsel, seiner Reife und seiner Abwehrlage – zum jeweiligen Zeitpunkt seiner Entwicklung anpaßt. Die Muttermilch schützt das Baby vor *Infektionen*, während es sein Abwehrsystem im Laufe des ersten Lebensjahres aufbaut. Babys, die mindestens drei Monate voll oder teilweise gestillt werden, erkranken bedeutend seltener an *Magen-Darm-Leiden*, als solche, die kürzere Zeit oder gar nicht gestillt werden. Muttermilch immunisiert das Baby gegen Krankheiten, die die Mutter gerade durchlebt oder bereits hinter sich hat. Außerdem schützt Muttermilch vor *Allergien*. Günstig ist, wenn das Baby als erstes das wertvolle Kolostrum, die Vormilch, erhält. Es »versiegelt« die Schleimhaut des Magen-Darm-Traktes und schützt damit vor dem Eindringen artfremder Eiweißstoffe. (Bei Allergieanfälligkeit im Familienkreis sollte *selbst eine einzige Flasche* künstlicher Nahrung während des ersten Lebenshalbjahres vermieden werden!)

Das Stillen hat noch viele weitere Vorteile:

- Gestillte Kinder neigen im späteren Leben *weniger zu Fettsucht*, erstens durch die Muttermilch selbst, und zweitens, weil sie nur so viel und so oft trinken, wie sie hungrig sind und nicht zu Mahlzeiten gezwungen werden können.
- Ihre *Gaumen-, Gebiß- und Gesichtslinienentwicklung* ist besser, weil sie sich beim Saugen an der Brust enorm anstrengen müssen.
- Stillen beugt *Karies* vor.
- Seit kurzem diskutieren Mediziner auch die Beobachtung, daß gestillte Kinder seltener *zuckerkrank* werden als Flaschen- Babys.
- Der *»plötzliche Kindstod«*, dessen Ursache immer noch ungeklärt ist, tritt bei voll gestillten Kindern selten auf.

»Ich empfand eine große Einheit zwischen mir und meinem Kind, besonders als es schon etwas älter war, mich beim Stillen groß und ernst ansah und mich dabei streichelte. Es war ein gegenseitiges Geben und Nehmen.«

Beim Stillen besteht ein *inniger Hautkontakt* mit der Mutter, der die Atmung der Babys stimuliert, eine ausgeglichene Muskelspannung herbeiführt, die Widerstandskraft gegenüber Krankheiten erhöht und Stoffwechsel und Wachstum des Babys fördert.
Die körperliche Nähe und der intime Kontakt beim Stillen helfen Mutter und Kind, zueinander zu finden. *Dies begünstigt auch die seelische Entwicklung des Babys*. Die beim Stillen beteiligten Hormone Prolaktin und Oxytozin beeinflussen Stimmung, Gefühle und Körperzustand der Mutter und erleichtern ihr die Bindung an ihr Kind.

»Durch das Stillen ist zwischen mir und meinem Kind eine sehr intensive Liebesbeziehung entstanden.«

Stillen – eine erotische Erfahrung?

Stillen ist zweifellos auch eine *erotische Erfahrung*, und die gegenseitige Hingabe dabei ist von der Natur erwünscht. Für Kinder ist dies sicherlich eine *Grundlage für gesunde spätere Liebesbeziehungen* und die Hingabe an das Leben überhaupt.

Für die Mutter gibt es auch gesundheitliche Vorteile: Stillen verringert die *Gefahr von Nachblutungen* im Wochenbett, beschleunigt die Rückbildungsvorgänge, da das auch beim Stillen ausgeschüttete wehenfördernde Hormon Oxytozin die Gebärmutter schneller schrumpfen läßt. Und: Frauen, die oft und lange gestillt haben, sind *weniger gefährdet, später einmal Brustkrebs zu bekommen.*

Wann eine Mutter nicht stillen sollte

Stillen soll eine Mutter nicht wenn sie Medikamente einnehmen muß, die für Babys schädlich sind, oder wenn sie eine offene Tuberkulose, Hepatitis B, AIDS oder andere schwere Krankheiten hat, die sie so sehr schwächen, daß sie mit ihrem Kind nicht umgehen kann.

Von seiten des Kindes können Kiefer-, Lippen-, Gaumenspalten oder andere Mißbildungen echte Stillhindernisse sein. Sehr kleine Frühgeborene sind meistens noch zu schwach zum Saugen. Manchmal können auch emotionale Schwierigkeiten das Stillen behindern. Viele Probleme lassen sich mit Hilfe Außenstehender lösen. Doch in manchen Situationen kann es sinnvoller sein, nicht zu stillen oder mit dem Stillen aufzuhören, anstatt sich und damit vielleicht auch das Kind hoffnungslos zu überfordern. Die Qualität der Beziehung zwischen Mutter und Kind ist letztendlich das Wesentliche.

»Ich hätte so gern gestillt, aber…«

Keine Frau muß stillen. Wir sollten nicht krampfhaft diesen Anspruch an uns stellen, aus Angst, sonst nicht die ideale Mutter zu sein. Zwang bedeutet Krampf und Anspannung in der Beziehung zum Kind, und das belastet das Stillen sehr. Kinder haben äußerst feine Antennen für das, was in ihrer Mutter vorgeht, sie spüren ihren Widerwillen und reagieren entsprechend mit Unlust, manchmal sogar mit Streik. Vielleicht haben Sie sich trotz zwiespältiger Gefühle entschlossen, es mit dem Stillen zu versuchen. Dann tauchen Schwierigkeiten und innere Widerstände auf.

Es mögen technische Schwierigkeiten auftreten. Es mögen auch primär emotionale Probleme sein, aus denen dann technische Probleme werden. Meist kommt beides zusammen. Sie können versuchen, die Schwierigkeiten zu überwinden. Aber erkennen Sie auch Ihre Grenzen, Ihre Schwächen, Ihre Wirklichkeit, und verlangen Sie nicht etwas von sich, was Sie – und auch das Kind – hoffnungslos überfordert.

Wichtiger als die Frage, ob Sie stillen, ist die Qualität Ihrer Beziehung zu Ihrem Kind und seiner Beziehung zu Ihnen. Wenn es Ihnen nicht gelingt, das Problem zu lösen, und wenn die äußeren oder inneren Umstände zu schwierig sind, mag es besser sein, das Kind liebevoll mit der Flasche zu füttern und somit Ruhe und inneren Frieden zu erlangen, als halbherzig oder gequält die Brust zu geben.

> »Seitdem ich nicht mehr stille, kann ich zum ersten Mal eine wirklich angstfreie, liebevolle Beziehung zu meinem Kind aufnehmen.«

Treffen Sie eine klare und bewußte Entscheidung. Und versuchen Sie, sich von zu hohen Ansprüchen und Schuldgefühlen frei zu machen.

Fragen

- Ist es die Nähe, die Sinnlichkeit, der intime Kontakt mit dem Baby beim Stillen, der Sie verwirrt und Sie in Konflikte stürzt, weil Sie sich nicht trauen, dies einfach zu genießen?
- Fühlen Sie sich hin- und hergerissen zwischen Ihrem Kind und Ihrem Partner, dessen Eifersucht ganz offensichtlich ist?

- Fällt es Ihnen schwer, sich dem Baby hinzugeben – zur Nahrung, zum Trost? Fürchten Sie, das Baby könnte Ihnen dabei etwas wegnehmen, Sie aussaugen?
- Tut Ihnen die Brust so weh, daß das Stillen zum Kampf wird und daß es Ihre Beziehung zum Kind zu sehr und zu lange belastet?
- Ist Ihr Kind durch Flaschenfütterung so trinkfaul an der Brust geworden, daß es all Ihre Bemühungen, es zu stillen, zornig abwehrt und Ihr Selbstvertrauen dadurch gefährlich ins Schwanken kommt?

Was geht beim Stillen im Körper vor?

Warum können manche Frauen nicht stillen?

Jede Frau hat bei der Geburt ihres Kindes Milch in den Brüsten. Jede Frau – mit wenigen Ausnahmen – könnte also eigentlich stillen. Daß so viele stillwillige Frauen in der Vergangenheit scheiterten, hatte nichts mit mangelnder Stillfähigkeit und weiblicher Degeneration zu tun, wie es so oft hieß, sondern mit mangelndem Selbstvertrauen und mit Fehlern, die aus dem Unwissen über die Stillvorgänge heraus und durch mangelnde Beratung begangen worden sind. Umgekehrt kann Wissen helfen, Vertrauen und Zuversicht zu schaffen.

Körperliche Vorgänge

Hormonelle Veränderungen im Körper lassen als eines der ersten Anzeichen der Schwangerschaft den Warzenhof dunkler und geschmeidiger und die Brustwarzen größer und verlängerungsfähiger werden, damit das Baby später daraus saugen kann, ohne die Brust zu verletzen. Sie lassen auch allmählich das für das Stillen erforderliche Milchdrüsengewebe heranreifen. Nehmen wir ein Bild zur Hilfe: Wir können uns dieses Gewebe vorstellen wie einen Busch mit 15 bis 20 Ästen, die dicht nebeneinander aus dem Boden (Brustwarze) kommen und von da sternförmig auseinanderwachsen. Wo anfangs in der Pubertät nur kleine Triebe sprossen, beginnt in der Schwangerschaft ein reges Wachstum: Äste (Milchgänge) und Zweige (Lappen) schlagen aus, gespickt mit auf Stielen (Läppchen) angebrachten Früchten (Alveolen = Milchbläschen). Das Drüsengewebe verdrängt und ersetzt teilweise das Fettgewebe. In der zweiten Schwangerschaftshälfte bewirkt das Milchbildungshormon Prolaktin, daß in den

Alveolen Milch gebildet wird. Aber erst mit dem Ausstoßen der Plazenta bei der Geburt verändern sich die Hormone derart, daß die Milch frei fließen kann.

Die Milchbildung

Das Drüsengewebe der Mutter ist also bestens auf das Stillen vorbereitet. Jetzt hängt es ganz von der Zusammenarbeit zwischen Mutter und Kind ab, ob eine erfolgreiche Stillbeziehung entsteht. Wenn das Baby an der Brust saugt, werden die Nervenenden in Brustwarze und Warzenhof gereizt und schicken eine Botschaft an das Gehirn, Prolaktin zu bilden. Dieses regt die Milchbläschen zur Milchsekretion an. Zuerst trinkt das Baby die Milch, die zwischen den Mahlzeiten aus den Alveolen durch die Läppchen und Lappen in die Milchgänge gelaufen ist. Diese erweitern sich am unteren Ende unterhalb des Warzenhofes und sammeln die Milch in Vorratsreservoirs, den »Milchseen«. Mit der Zeit werden diese 15 bis 20 Reservoirs immer dehnbarer und können somit mehr Milch fassen.

Wieviel Milch trinkt das Baby pro Mahlzeit?

Das Saugen des Babys bestimmt, wieviel Milch gebildet wird. Je häufiger das Baby trinkt, desto mehr Milch produziert die Brust. So pendeln sich allmählich Angebot und Nachfrage ein. Das Saugen steigert die Milchmengen von ein paar Gramm am ersten Tag bis zu einem Liter und mehr nach einigen Monaten. Da der Prolaktinspiegel nicht zu jeder Tageszeit gleich ist (frühmorgens ist er am höchsten), variieren auch die Milchmengen ganz erheblich. Ganz geleert wird die Brust gewöhnlich nicht. Normalerweise trinkt das Baby etwa 80 Prozent der vorhandenen Milch. Die restlichen 20 Prozent sind ein Vorrat für »Durststrecken«. *Mit etwa einer, sechs und nochmals mit zwölf Wochen haben Kinder oft Wachstumsschübe:* Dann leeren sie die Brust komplett – ein Signal an den Körper, die übliche Menge plus weiterer 20 Prozent als Reserve zu produzieren. Durch Prolaktinstimulation während des Saugens wird schon im Laufe jedes Stillens im Körper neue Milch nachgebildet, die bei Bedarf innerhalb der nächsten Stunde abgerufen werden kann.

Der Milchflußreflex

Es ist nicht nur wichtig, wieviel Milch der Körper bildet, sondern daß er diese auch hergibt. Beim Stillen trinkt das Kind zuerst die Milch, die sich seit der letzten Mahlzeit in den Milchgängen und Vorratsreservoirs der Brust gesammelt hat. Das ist sozusagen die durststillende Vorspeise: Diese Milch ist recht wässrig und fettarm. Während das Baby saugt, wird das Hormon Oxytozin freigesetzt und triggert den Milchflußreflex: Die Alveolen, die mit frischer, fetthaltiger Milch gefüllt sind, ziehen sich zusammen und geben ihre Milch her. Sie wird durch die Milchgänge in die »Milchseen« gepreßt und ist dort für das trinkende Kind erreichbar.

Diese »Hintermilch« ist die Hauptmahlzeit des Kindes. Sie enthält wesentlich mehr Fett und ein Vielfaches an Kalorien im Vergleich zur »Vordermilch«. Erst jetzt kann sich das Baby satt trinken. Wenn das Baby danach noch an der zweiten Brust angelegt wird, haben sich dort durch den Milchflußreflex, der immer an beiden Brüsten gleichzeitig wirkt, Vorder- und Hintermilch schon gemischt, und es erhält hier mit Leichtigkeit seinen Nachtisch. Der Milchflußreflex ist also nötig, damit das Kind Milch erhält (ohne diesen Reflex ist die Hintermilch nicht erreichbar) und dadurch die nötigen Kalorien bekommt. Deshalb ist es so wichtig, daß Kinder lange genug an der Brust trinken dürfen! Die härteste Arbeit für das Kind ist das Ansaugen, bis der Milchflußreflex in Gang kommt. Dann kann es mit relativ geringem Kraftaufwand eine hochwertige Mahlzeit vertilgen.

Wie spürt man den Milchflußreflex?

Der Milchflußreflex macht sich durch ein Prickeln in der Brust bemerkbar oder ein Wärmegefühl, das den ganzen Körper durchströmt. Stillprobleme entstehen häufig durch einen nicht funktionierenden Milchflußreflex, der sehr leicht störbar ist. Unsicherheit, Aufregung, Angst, Scham, mangelndes Selbstvertrauen und dergleichen hemmen nämlich die Oxytozinfreisetzung und bewirken, daß das Baby die vorhandene Milch nicht bekommt. Auch kann dadurch ein Teufelskreis in Gang gesetzt werden: mangelnder Reflex – Milchstau – wunde Brustwarzen – Brustentzündung (Abhilfe siehe Seite 114 f.).

Das erste Anlegen

Der beste Zeitpunkt für den Beginn der Stillbeziehung ist die erste Stunde nach der Geburt. Wenn das Kind seine Angst überwunden hat, die bei uns Menschen jeden Neuanfang begleiten, beginnt es, sich zu entspannen und wohl zu fühlen. Es fängt bald mit dem Mund an zu suchen, zu lutschen und zu schmatzen – irgend etwas gehört doch in diesen Mund hinein… – Kinder scheinen erst mit der Welt versöhnt, wenn sie sicher wissen, daß es die Brust gibt. Für eine Mutter ist das Stillen kurz nach der Geburt ein Erfolgserlebnis und kann ihr Selbstbewußtsein und Vertrauen in ihre Stillfähigkeit bringen, das ihr bei späteren Schwierigkeiten hilft, nicht aufzugeben.

Beim Baby ist der Saugreflex 20 bis 30 Minuten nach der Geburt am stärksten. Danach wird er langsam wieder schwächer und nimmt dann erst nach zwei bis drei Tagen wieder an Intensität zu. Wenn man den günstigen Zeitpunkt verpaßt und das Baby dann in seiner »trinkfaulen« Phase erstmals anlegt, kann dies die Mutter demoralisieren und verunsichern. Dem Baby muß dann das Saugen oft richtiggehend beigebracht werden. Manchmal ist es aber beim besten Willen nicht möglich, sofort anzulegen, z.B. nach einer sehr schweren Geburt. Dann brauchen beide erst einmal eine Pause, um sich von allem zu erholen. Um die Stillbeziehung in Gang zu bringen, ist dann vielleicht etwas mehr Geduld erforderlich.

Der Milcheinschuß

Spürt man den Milcheinschuß?

Der Milcheinschuß verläuft bei den Frauen sehr unterschiedlich. Manche merken gar nichts davon, andere haben das Gefühl zu platzen. Viele Frauen, die von Geburt des Babys an nach Bedarf stillen, nehmen oft den Zeitpunkt des Milcheinschusses gar nicht richtig wahr – er geht ganz allmählich vor sich. Wo nach Plan, womöglich noch mit längerer Nachtpause, gestillt wird oder wo das Baby vielleicht lange an einem Stück schläft, kann das Einschießen der Milch jedoch äußerst unangenehm und schmerzhaft werden (Abhilfe siehe Seite 114 f.).

»Richtig problematisch wurde es am dritten Tag, als die Milch endlich einschoß. Die kam, und wie! Mein Busen war hart wie ein gut aufgepumpter Volleyball! Als ich mich hilfesuchend an eine Säuglingsschwester wandte, drückte sie mir eine elektrische Pumpe in die Hand. Da ich vorher schon einiges über das Stillen gehört hatte (scheinbar mehr als sie), wies ich die Pumpe dankend ab und ging frustriert erst mal unter die Dusche. Oh, welche Wohltat! Die Milch begann zu spritzen, und die Spannung ließ nach. So verbrachte ich die nächsten 36 Stunden stillend, duschend und Milch abstreichend.«

Wichtig ist es, sich daran zu erinnern, daß dieser schmerzhafte Zustand innerhalb von 24 bis 48 Stunden vorübergeht, sobald die Milch fließt. Wenn die Brust dann wieder weich wird, ist das *kein* Zeichen, daß nicht genug Milch da ist, sondern daß sich die Milchproduktion reguliert hat.

Wann anlegen?

Viele Probleme lassen sich verhindern, wenn Babys nach Bedarf angelegt werden. Der Magen eines gestillten Kindes leert sich schneller als der eines Flaschenkindes. Gestillte Kinder werden in der Anfangszeit etwa alle zwei bis drei Stunden hungrig, und das rund um die Uhr. Das hat seinen Sinn: *Häufiges Stillen erhöht die Milchproduktion!* Je mehr Milch da ist, desto länger werden dann die Pausen. Auch für die Brustwarzen ist es schonender, wenn Neugeborene häufiger und dafür kürzer trinken. Ein Neugeborenes ist direkt nach einer natürlichen Geburt hellwach und sehr aktiv. Danach fällt es meistens in einen tiefen, langen Schlaf, so daß sein Nahrungsbedarf am ersten Tag nicht allzu groß ist. Das Kolostrum, die Vormilch der ersten 30 bis 40 Stunden nach der Geburt, ist hochkonzentriert und äußerst nährstoffreich. Auch das hat seinen Sinn: Dadurch werden nur kleine Mengen benötigt (30 ml im Durchschnitt pro Tag sind normal und ausreichend!), so daß die noch unreifen Nieren nicht durch eine große Flüssigkeitsmenge unnötig belastet werden. Babys, die früh und oft nach Bedarf gestillt werden, verlieren nicht am Anfang die sonst üblichen 10 Prozent ihres Geburtsgewichts. Wichtig ist auch, daß so gestillte Babys häufig den menschlichen Kontakt bekommen, den sie – auch wenn sie nicht hungrig sind – so nötig für ihr Gedeihen brauchen.

»Es war ganz leicht, Fabian gleich anzulegen, sobald er aufgewacht war. Manchmal nuckelte er nur ein bißchen, dann trank er wieder ganz gierig. Wir lebten ganz im Einklang miteinander.«

Wie findet das Baby seinen Rhythmus?

Jedes Baby ist anders und will von Anfang an in seinem Temperament und seiner Einzigartigkeit respektiert werden. Manche Kinder trinken zaghaft, andere saugen ganz fest. Manche dehnen ihre Mahlzeit über eine ganze Stunde aus und legen öfter mal eine Pause ein. Andere schlucken ihre Milch so hastig, daß sie hinterher einen Teil wieder ausspucken. Idealerweise sollte ein Kind beginnen, aufhören, unterbrechen und verlängern können, wann es will, und in seinem eigenen Tempo trinken. Allmählich wird sich sein ureigener Rhythmus herausbilden. Sie sollten versuchen, diesen zu erlauschen, zu respektieren und zu unterstützen. Diese Haltung bildet eine gute Grundlage für gegenseitiges Verständnis, Respekt und Toleranz.

Wie anlegen?

Richtiges Anlegen ist von großer Bedeutung. Wunde Brustwarzen, ein nicht funktionierender Milchflußreflex und »Blähungen« können von falschem Anlegen herrühren! Ob beim Stillen im Sitzen oder Liegen – wichtig ist, daß es die Mutter bequem hat und daß sie den Arm, in dem sie das Kind hält, abstützen und somit ganz entspannen kann. Die Vorderseite des Babys – Kopf, Körper, Beine – müssen ganz der Mutter zugewandt sein. Der Kopf liegt in ihrer Armbeuge, die Hand derselben Seite umfaßt Po oder Oberschenkel des Babys. Das Baby findet so leicht die Warze, unterstützt von der anderen Hand, die die Brust anhebt – die Finger unten, der Daumen oben. Wenn Sie die Unterlippe des Babys sanft mit der Brustwarze kitzeln und es dann seinen Mund weit öffnet, können Sie es an sich heranziehen. So gelangt die Brustwarze in die Mitte des Mundes, das Baby kann den Warzenhof miterfassen, seine Nasenspitze berührt die Brust. Indem Sie es am Po an sich heranziehen, liegt es so, daß es seitlich durch die Nase Luft bekommt. Um es von der Brust abzunehmen, können Sie das Saug-Vakuum durchbrechen, indem Sie Ihren kleinen Finger zwischen Brust und Mundwinkel schieben.

Wenn die Milch erst einmal gut fließt, kann eine Brust pro Mahlzeit ausreichen. Durch beidseitiges Anlegen können Sie die Milchmenge steigern. Das Kind darf die eine Brust leertrinken, bevor Sie es nach einer Pause für Aufstoßen oder Windelnwechseln an die andere anlegen.

Das Aufstoßen

Gemütliche »Trödler« brauchen oft gar nicht aufzustoßen, gierige »Vielfraße« um so mehr. Zum Aufstoßen nehmen Sie das Baby hoch an die Schulter und klopfen ihm sanft auf den Rücken. Oder Sie legen es quer über die Knie und massieren mit kreisenden Bewegungen seinen Rücken. Da schnell trinkende Babys zum Spucken neigen, ist es bei ihnen gut, während des Stillens öfters einmal eine Pause zu machen. Pumpen Sie die Milch nach den Mahlzeiten nicht ab, weil dies das empfindliche Gleichgewicht von Angebot und Nachfrage durcheinanderbringt. Abpumpen ist nur notwendig, wenn Mutter und Kind einmal voneinander getrennt sein müssen. Auch Zufüttern mit der Flasche stört die Balance und verwirrt außerdem noch den Saugreflex des Kindes. Die Milchmenge kann jederzeit durch vermehrtes Anlegen erhöht werden, besonders auch während der bereits erwähnten Wachstumsschübe.

Das Baby wird älter

Während der ersten Wochen liegt ein Baby ständig an der Brust einer oft sehr erschöpften Mutter und scheint nur Nahrung und Liebe in sich aufzusaugen. Danach beginnt es, mehr und mehr Interesse an seiner Umwelt und den Menschen in seiner Umgebung zu zeigen. Für die Mutter kommt jetzt die »Belohnung«: das Kind lächelt sie an, kleine Händchen patschen beim Stillen sanft auf ihre Brust. Sie gibt nicht nur, sondern bekommt viel von ihrem Kind zurück, sofern sie offen ist, seine Liebkosungen aufzunehmen und zu genießen: Hier ein zärtliches Streicheln, da ein kleines Fingerchen in ihrem Mund, damit sie nicht leer ausgeht, dort ein begeisterter Freudenjuchzer beim Anblick der Brust. Es ist ein Vergnügen zu sehen, wie das Kind mit jeder Faser seines Körpers beim Saugen ist und wie sich Zehen und Füße und Hände im Rhythmus des Saugens bewegen. Vielleicht können wir dieses »Ganz in einer Sache aufgehen« durch unser Zusammenleben mit dem Kind wieder neu entdecken.

Ab wann kürzere Stillzeiten?

Da das Baby jetzt immer erfahrener im Trinken wird, werden die Stillzeiten kürzer. Es möchte schnell fertig werden, weil es nun Interessanteres gibt. Manchmal geht es nicht schnell genug, und seine Neugier wird so groß, daß es, wenn es hinter sich ein Geräusch hört, schauen muß, was da geschieht. Dabei vergißt es, die Brustwarze loszulassen, und manche Frau hat sich schon gewundert, wie dehnbar diese ist – Autsch!

Die Pausen zwischen den Stillzeiten werden länger und erlauben Ihnen, sich wieder anderen Dingen zuzuwenden. Kleine Frustrationen können dem Kind jetzt zugemutet werden. Die nächtlichen Schlafzeiten verlängern sich, und das Baby schläft zum ersten Mal durch. Damit können Sie auch leichter in Ihren Alltagsrhythmus zurückfinden.

»Um sechs Uhr morgens wachte ich auf, schaute erstaunt und erschrocken auf die Uhr, bemerkte, daß das Bettuch naß war von der ausgelaufenen Milch. Mein Kind – ob es wohl in Ordnung ist? Mein Herz schlug bis zum Hals. Vorsichtig schlich ich mich an sein Bett. Gott sei Dank – es atmete! Es hatte einfach durchgeschlafen.«

Die Nächte mit einem Säugling

»Als mein Mann kürzlich längere Zeit verreist war, wurde mir zum ersten Mal die Situation eines kleinen Kindes in der Nacht bewußt. Ich war so daran gewöhnt gewesen, mich über Jahre hinweg jede Nacht beim Schlafen eng an ihn zu kuscheln, daß ich es als ganz selbstverständlich hinnahm. Wenn mir als erwachsener Frau körperliche Nähe so gut tut – wie erst einem kleinen Baby, das in einem warmen, engen Raum geborgen war, bis es zur Welt kam? Wie einsam muß es sich in seinem Bettchen fühlen, in dem es nicht einmal rund herum Grenzen spürt!«

Nächtliches Stillen – gemütlich oder störend?

Fast alle Babys wachen in der Anfangszeit nachts auf, meist sogar mehrmals. Manchen Frauen macht das nichts aus. Im Gegenteil – sie genießen die Intimität und das Ungestörtsein beim nächtlichen Stillen besonders. Sie setzen sich bequem kuschelig eingewickelt in einen Schaukelstuhl und halten stille Zwiesprache mit ihrem Kind, während es friedlich vor sich hin nuckelt. Dann legen sie es (wenn es keine empfindliche Haut hat), ohne es zu wickeln, wieder in sein Bettchen zurück.

Andere Frauen bringt es an den Rand der Erschöpfung, wenn sie nachts mehrmals aufstehen müssen, um ihr Kind zu stillen. Das Kind zu sich ins Bett zu holen, kann die ganze Familie wieder ins Lot bringen:

»Total erschöpft, ratlos und hilflos rief ich bei einer Stillgruppen-Leiterin an. Ich hielt es nicht mehr aus, viermal in der Nacht aufzustehen, um Annika zu stillen, und war nahe daran, sie auf Flaschennahrung umzustellen, damit mein Mann und ich uns in der nächtlichen Betreuung abwechseln konnten. Ob ich schon einmal daran gedacht hätte, mein Kind einfach zu mir ins Bett zu nehmen? Gedacht hatte ich wohl daran, aber die Idee weit von mir abgerückt, weil ich immer wieder Warnungen gehört hatte, man würde das Kind erdrücken und ähnliches.

Noch am selben Tag zog Annika mitsamt Wiege um, vom Kinderzimmer neben mein Bett. Zum Einschlafen legte ich sie in ihre Wiege, und wenn sie aufwachte, holte ich sie zu mir ins Bett, legte sie an meine Brust und schlief kurz darauf meistens wieder ein. Wenn ich später wach wurde, hob ich sie wieder in ihre Wiege, manchmal blieb sie aber auch bis zum Morgen bei mir liegen.

Binnen kurzer Zeit wurden die Pausen von einer Fütterung zur nächsten länger, nicht zuletzt, weil Annika sich nicht mehr so allein fühlte. Ich wurde ausgeglichener, ausgeruhter, meine Nervosität ließ nach, die Milch lief freier – und ich konnte mein Kind, gegen das ich vorher regelrechte Aggressionen entwickelt hatte, endlich richtig genießen.«

Natürlich muß auch der Mann damit einverstanden sein, daß das Ehebett sich in ein Familienbett verwandelt.

»Als unsere Zwillinge zur Welt kamen, mußten sie einige Wochen im Brutkasten verbringen. Zuhause weinten sie zuerst sehr viel, und ich rotierte. Da hatte mein Mann die Idee, unser Bett zu vergrößern. Er baute einen Rahmen, in dem drei Matratzen Platz hatten. So konnten beide Kinder ganz in unserer Nähe sein und bekamen den Hautkontakt, den sie an ihrem Lebensanfang vermißt hatten. Wir bekamen mehr Schlaf und konnten unsere Kinder genießen.«

Was tun, wenn der Partner sich durch nächtliches Stillen gestört fühlt?

Wenn ein Mann durch das nächtliche Stillen wirklich zu sehr in seinem Schlaf gestört wird, gibt es noch die Möglichkeit, das Kind in ein anderes, großes Bett zu legen und dann nachts zum Stillen auszuwandern. So kann die Mutter während des Stillens einschlafen und später, wenn sie aufwacht, wieder in ihr Bett gehen. Diese Lösung empfiehlt sich auch bei Kindern, die sofort wieder unruhig werden, wenn sie nach dem Stillen in ihr Bettchen gelegt werden. Manche Kinder schlafen tiefer, ruhiger und länger, wenn sie direkt auf einem waschbaren Schaffell schlafen. Dieses ureigene »Bett« des Kindes kann man überall hin mitnehmen.

Manchmal kann es passieren, daß für ein älteres Baby häufiges nächtliches Aufwachen zu einer Gewohnheit geworden ist, die es selbst unzufrieden macht und die Mutter an den Rand der Erschöpfung treibt. Zwar kann das Kind noch keine Worte verstehen, doch irgendwie begreift ein etwas älteres Kind es schon, wenn man ihm mit Klarheit und Festigkeit sagt: »Du, ich brauch jetzt auch mal meinen Schlaf. Ich bin bei Dir, schlaf jetzt wieder«, und das, bevor man Aggressionen bekommt. Vielleicht wird es erst einmal weiter weinen, aber wenn es Ihre starke Nähe unerschütterlich spürt, wenn es spürt, daß Sie sich trotzdem nicht zurückziehen, wird es sich bald

beruhigen. Es ist auch hilfreich, wenn der Vater, der keinen Busen hat, aus dem man trinken kann, sich in der Nacht eine Zeitlang um das Kind kümmert, damit sich seine nächtlichen Schlaf- bzw. Aufwachmuster ändern können.
Wenn das Baby auf einmal wieder viel häufiger nach der Brust verlangt, einige Tage häufigen Stillens seinen Heißhunger nicht befriedigen kann und auch Krankheit oder Zahnen nicht der Grund für sein Weinen sind, dann ist wahrscheinlich der Zeitpunkt gekommen, daß es mehr braucht als nur Muttermilch. Das kann bei manchen früher, bei anderen später der Fall sein.

Der Übergang zu fester Nahrung

Im Normalfall enthält Muttermilch alles, was ein Baby für einen guten Teil des ersten Lebensjahres braucht. Babys geben uns deutlich zu verstehen, wann der Zeitpunkt gekommen ist, daß sie mehr brauchen. Manche Babys wollen schon mit fünf Monaten »richtig« essen, andere sind vielleicht erst mit sieben oder acht Monaten so weit. Gewöhnlich beginnt das Interesse an fester Nahrung mit dem Durchbruch des ersten Zahnes.
Wenn Sie glauben, daß das Baby mehr will als Muttermilch, können Sie ihm zunächst ein Löffelchen zerdrücktes Obst anbieten, vielleicht Banane, und dann seine Reaktionen beobachten. Wenn es keinen Widerwillen zeigt und Sie den Eindruck haben, daß es ihm schmeckt, können Sie weiter probieren (siehe Seite 281 ff.).
Zum ersten Füttern sollten Sie eine ruhige Zeit im Tagesablauf wählen, wenn das Baby ausgeschlafen ist. Am besten sitzt es auf dem Schoß im Arm, ein wenig zurückgelehnt, und Sie lassen ein Löffelchen voll zerdrückten Essens, eventuell gemischt mit Wasser oder Muttermilch, leicht in seinen Mund fallen. Wenn etwas zurückkommt, schieben Sie es einfach wieder hinein. Beginnen Sie mit kleinen Mengen – teelöffelweise. Achten Sie dabei auf den Rhythmus des Babys, drängen Sie ihm nichts auf. Es kann aber mehr haben, wenn es mehr will. Am Anfang sind Mutter oder Vater und Baby noch ungeschickt, aber das wird sich bald geben. Wenn das Baby sich energisch weigert, sollten Sie keinen Kampf daraus machen, sondern es nach ein oder zwei Wochen wieder versuchen.

Wie kann man Allergien vorbeugen?

In einer Zeit, in der Allergien immer häufiger und früher auftreten, ist es ratsam, mit kleinen Mengen einer einzigen Speise zu beginnen, und diese drei Tage lang zu füttern. Wenn das Baby darauf allergische Reaktionen, z.B. Magen-Darm-Störungen, Hautausschläge oder

Wundsein, zeigt, können Sie diese Nahrung vorerst vom Speiseplan streichen und es damit wieder versuchen, wenn es über ein Jahr alt ist. Wenn es sie gut verträgt, können Sie es mit einer weiteren Speise versuchen – und so weiter, bis das Kind nach einigen Monaten die gleichen Speisen essen kann wie wir auch. Wo anfänglich Kleinstmengen an fester Kost eine Stillmahlzeit *ergänzen*, wird diese allmählich durch eine Vollkostmahlzeit *ersetzt*, dann eine weitere, bis das Kind am Tisch der Familie mitißt. Stillen dient zunehmend weniger der Sättigung des Magens als eher dem Stillen des Bedürfnisses nach Nähe und Körperkontakt.

Das Kleinkind an der Brust

In dem Maße, in dem das älter werdende Kind feste Nahrung zu sich nimmt, fließt die Milch spärlicher. Der Milchflußreflex ist nicht mehr so leicht auszulösen, und es bedarf einer ziemlichen Kraftanstrengung von seiten des Kindes, die Milch zum Fließen zu bringen. Aus einer Tasse zu trinken, geht schneller und müheloser, und viele Babys verlieren gegen Ende des ersten Lebensjahres ihr Interesse an der Brust zugunsten des Trinkens aus der Tasse. Andere Kinder beginnen zu diesem Zeitpunkt erst, die Brust zu entdecken und ihre kuschelige Nähe und Wärme zu schätzen.

Jedes Kind hat sein eigenes Entwicklungsmuster: Es gibt ab und zu Kinder, die mit sieben Monaten den ersten Schritt machen, während einige erst mit eineinhalb Jahren laufen. Manche haben mit vier Monaten ihren ersten Zahn, während andere nach einem Jahr immer noch darauf warten. Genauso ist es mit dem Stillen: Einige Kinder geben mit neun Monaten die Brust auf, während andere viel länger brauchen, um ihr Saugbedürfnis zu befriedigen.

Hunger und Durst zu stillen, ist bei einem einjährigen Kind ein untergeordnetes Bedürfnis. Ein Kleinkind sucht die Brust, wenn es Angst hat, wenn es sich weh getan hat, wenn es von vielen neuen Eindrücken so aufgedreht ist, daß es nicht zur Ruhe kommen kann, wenn es sich übernommen hat und Rückversicherung braucht, daß die Mutter noch da ist, wenn es krank ist, wenn es Zuwendung braucht.

Ideal wäre es, die individuelle Entwicklung des Kindes zu respektieren und nichts zu erzwingen. Wenn wir ihm die Möglichkeit geben, sich in seinem Tempo zu entwickeln und seinen Wunsch nach Liebe und Nähe erfüllen, wird es dadurch nicht abhängig, wie manche fürchten, sondern es kann sich zu einem gesunden, selbständigen und

aufgeschlossenen Menschen entwickeln. *Ein Bedürfnis, das gestillt wird, verschwindet von selbst, wenn die Zeit dazu reif ist.*
Ein einjähriges oder älteres Kind ist schon eine kleine Persönlichkeit und läßt uns in sehr bestimmten Tönen wissen, was es will. Es beginnt, seinen Wunsch nach Milch zu verbalisieren. Wenn wir unser Kind im Arm halten und es trinken will, windet es sich so lange, bis es auf Brusthöhe ist und zerrt an unseren Kleidern. Wenn wir ausgezogen sind, stürzt es sich auf die Brust. Während es auf der einen Seite trinkt, hält es die andere Brust in seinen Händen, als ob es Angst hätte, sie könnte ihm abhanden kommen. Vor dem Trinken betastet es beide Seiten, um zu sehen, wo mehr Milch ist, und wenn es eine Seite leer getrunken hat, wirft es sich entschieden auf die andere Seite. Allmählich lernt es zu warten, wenn wir sagen: »Nein, jetzt geht es nicht – später.«
Die offensichtliche Lust und Sinnlichkeit, mit der das Kind jetzt trinkt, kann bei unserer Umgebung verschiedenste Reaktionen auslösen. Obwohl die durchschnittliche Stilldauer weltweit über zwei Jahre beträgt, ist in unserer Kultur der Anblick eines Kleinkindes an der Brust vielen Leuten ungewohnt oder leider sogar peinlich.

Probleme beim Stillen

Wenn Sie die natürlichen Vorgänge im Körper und die dem Stillen zugrundeliegende Gesetzmäßigkeit respektieren und andere Sie in dieser Haltung unterstützen, dann können Sie wahrscheinlich die Stillzeit ungetrübt genießen. Manchmal aber können Situationen eintreten, die Sie so hilflos machen, daß Sie aufgeben möchten. Resignieren Sie nicht! Die meisten Probleme sind vorübergehend und können behoben werden, wenn Sie nur wissen, wie. Dieser Abschnitt soll Ihnen einige Tips für die am häufigsten auftretenden Probleme vermitteln.

»Mein Kind wurde mir am zweiten Tag zum ersten Mal angelegt, zehn Minuten auf der linken Seite, dann fünf Stunden später zehn Minuten auf der rechten. Fünfmal am Tag wurden die Kinder gebracht, vorher und nachher gewogen, und wenn wir Mütter nicht ausreichend produziert hatten (was fast immer der Fall war, da die Tabellen unrealistisch und nicht dem schwankenden Nahrungsbedarf Neugeborener angepaßt sind), wurde nachgefüttert.

Allmählich wurde Torsten sehr trinkfaul an der Brust. Zu Hause fütterte ich darum auch immer nach. Nach vier Wochen war eines Morgens meine linke Brust gerötet. Der Arzt ordnete an, nicht zu stillen, die Milch abzupumpen und die Brust zu kühlen. Drei Tage später tat auch die andere Brust weh. Ich bekam eine Abstillspritze, und dann noch eine, weil meine Brust immer noch voll war.«

Was bewirken Stillgruppen?

Umfassende Hilfestellungen zu allen möglichen Mutter und Kind betreffenden Stillproblemen sowie viele andere wissenswerte Informationen gibt *Das Stillbuch*. Hilfe können Sie auch von einer Stillgruppe bekommen, wo Sie sich telefonisch von der Leiterin Rat und Unterstützung holen oder bei den Gruppentreffen durch Beobachtung und Erfahrungsaustausch von stillerfahrenen Müttern lernen können. Stillgruppen sind so ein wenig Ersatz für die fast ausgestorbene Großfamilie. Kein Wunder, daß der Besuch solcher Treffen, auch schon in Vorbereitung auf Stillen und Elternsein während der Schwangerschaft, mehr und mehr zur Selbstverständlichkeit wird.

Zuwenig Milch

»Ich bin ganz verzweifelt, mein Kind weint nach jeder Mahlzeit. Wie weiß ich denn, ob es satt wird?«

Wenn das Kind stetig zunimmt, gesund aussieht und einige Male am Tag nasse Windeln hat, dann ist das ein sicheres Zeichen, daß sein Weinen andere Gründe als Hunger hat. Aber auch wenn offensichtlich nicht genug Milch da ist, gilt: *Die Milchproduktion läßt sich nach Belieben erhöhen*.

Was können Sie dafür tun? Stillen unterliegt dem *Gesetz von Angebot und Nachfrage*. Je öfter gestillt wird, desto mehr Milch ist da. Wenn das Baby sich nicht von selbst häufig genug meldet, mag es notwendig sein, es eine Zeitlang in bestimmten Abständen (z.B. anfangs alle zwei bis drei Stunden) zu wecken, um Kind und Körper zu »konditionieren«. Um die erste, sechste und zwölfte Woche wächst das Baby enorm und fördert die Milchproduktion dadurch, daß es vermehrt hungrig ist und saugen will. In Zeiten erhöhten Bedarfs

können Sie dem Kind, nachdem Sie es auf beiden Seiten angelegt haben, nochmals die erstgereichte Brust geben, in der inzwischen schon wieder etwas neue Milch entstanden ist.
Häufig ist zwar Milch da, aber der Milchflußreflex (siehe Seite 100 f.) funktioniert nicht. Um diesen zu wecken, können Sie versuchen, sich zu entspannen – durch Atem- und Entspannungsübungen, Massagen, eine warme Dusche oder ein Bad mit ätherischen Ölen, ein Fußbad oder auch Gespräche mit Freundinnen oder dem Partner, wenn Sie etwas bekümmert. Gerade, wenn Sie immer für ein kleines Lebewesen da sein müssen, das ganz auf Sie angewiesen ist, ist es wichtig, zwischendurch aufzutanken. Sie dürfen und sollen sich Zeit für sich gönnen, Zeit für Ruhe und Besinnung, um wieder zu Ihrer Mitte zu finden. Wesentlich ist, daß Sie Vertrauen gewinnen, daß Sie Ihre Milchproduktion nach Bedarf erhöhen können.
Achten Sie darauf, daß Sie genügend trinken (über zwei Liter pro Tag, darunter evtl. auch Milchbildungstee) und sich ausgewogen ernähren (reich an Calcium, Eiweiß und Vitamin B 12 für die Nervenkraft, evtl. Nährhefe einnehmen).

Zuviel Milch

Während die meisten Frauen eher über zu wenig Milch klagen, haben andere das gegenteilige Problem. Die Ursache liegt in einem anfänglichen Ungleichgewicht von Angebot und Nachfrage. Beim *Milcheinschuß* kann sich dies sehr schmerzlich bemerkbar machen. Dabei ist Abpumpen auf keinen Fall die Lösung.

Ist das Abpumpen schuld?

Wenn Sie abpumpen, nimmt Ihr Körper an, daß das Baby diese Milch braucht und produziert immerzu mehr, um sich dem ständig gesteigerten Bedarf anzupassen. Bis der Körper so weit ist, sollten Sie nur wenig Milch von Hand ausdrücken, bis die Spannungen verschwinden (Daumen und Zeigefinger einer Hand auf den Rand des Warzenhofes – etwa zwei bis drei Zentimeter von der Warze entfernt – legen und gleichmäßig und gefühlvoll mit leichtem Druck zum Brustkorb hin zusammendrücken und dann zur Brustwarze hin ausstreichen). Nicht so viel trinken!
Kühle Alkoholumschläge auf die gespannte Brust, Quarkkompressen, eine warme Dusche, eventuell auch warme Kompressen vor dem Stillen, Eintauchen der Brust in warmes Wasser, wenn nötig auch ein Schmerzmittel, können Abhilfe schaffen. Eine halbe Tasse Salbeitee oder Petersilientee, über den Tag verteilt getrunken, kann die

Milchmenge stark zurückgehen lassen, somit einen Milchstau verhindern und davor bewahren, in den bereits beschriebenen Teufelskreis zu geraten.

Wunde Brustwarzen

Wunde Brustwarzen können das Stillen sehr verleiden. Sie können dem schon während der Schwangerschaft vorbeugen, indem Sie die Brust durch Öle oder milde Cremes geschmeidig halten, die Brust durch leichtes Frottieren abhärten, die Brustwarzen mit den Fingern massieren und immer wieder herausziehen und die Brust häufig von der Sonne bescheinen lassen. Beim Waschen keine Seife benutzen!

Wunde Brustwarzen sind ein vorübergehendes Problem, das meist innerhalb von 24 bis 48 Stunden abklingt. (Wunde Brustwarzen zu einem späteren Zeitpunkt könnten auf Soor hindeuten.) Bei empfindlichen Brustwarzen empfiehlt es sich, das Baby in der Anfangszeit nur fünf bis sieben Minuten anzulegen, dafür aber häufiger, damit das Baby insgesamt genug Zeit an der Brust bekommt.

Wunde Brustwarzen können von einem mangelnden Milchflußreflex herrühren. Am schmerzhaftesten ist das Ansaugen vor dem Einsetzen des Milchflußreflexes. Sie können Ihrem Kind diese Arbeit auf eine für Sie schonende Art abnehmen, indem Sie am Anfang etwas Milch mit der Hand ausdrücken. Dann braucht es nicht so stark zu saugen.

Milch und Speichel haben eine weichmachende, sterilisierende Wirkung und sollen nicht abgewischt werden. Verändern Sie die Anlegeposition des Babys beim Stillen öfters, um die Brust nicht einseitig zu belasten. Legen Sie zwischen den Stillzeiten Teesiebe in die BH-Körbchen vor die Brustwarzen (Griffe vorher abschneiden), dann kann die Luft zirkulieren. Wunde Brustwarzen heilen so schneller. Sie können auch Stilleinlagen aus Schafswolle und Seide tragen. Wärme tut gut – in Form von Sonne oder Bestrahlung mit einer einfachen 25- bis 50-Watt-Birne.

Milchstau und Brustentzündung

Milchstau – wunde Brustwarzen – Brustentzündung – Abszeß, diese gefährliche Reaktionskette muß rechtzeitig erkannt und durchbrochen werden.

Wie spürt man den Milchstau?

Ein Milchstau macht sich dadurch bemerkbar, daß einzelne Bezirke der Brust hart werden und bei Druck schmerzen. Manchmal ist auch die ganze Brust betroffen. Die Körpertemperatur kann auf 38 Grad Celsius klettern. Wenn sich jetzt in der gestauten Milch Keime (meist Staphylokokken) vermehren, so beginnt eine Brustentzündung (Mastitis). Der Übergang ins Infektionsstadium zeigt sich durch Fieber (meist über 39 Grad), allgemeines Mattigkeitsgefühl und grippeartige Gliederschmerzen, wobei sich die lokalen Symptome noch verstärken: Die Brust ist an den betroffenen Stellen gerötet, heiß, äußerst druckschmerzhaft und gespannt. Wenn jetzt immer noch nichts geschieht, um Schlimmeres abzuwenden, dann »schmilzt« die verhärtete Stelle ein: Es bildet sich ein Eiterherd (Abszeß), der sich jetzt als flüssigkeitsgefüllte Höhle unter der Haut ertasten läßt und der chirurgisch eröffnet werden muß, damit der Eiter abfließen kann.

Folgendes können Gründe für Milchstau und Mastitis sein: zu lange Fütterungspausen (die Brustdrüsen werden zu voll, klemmen sich gegenseitig ab und können nur schwer oder gar nicht geleert werden), den Milchflußreflex beeinträchtigende Spannungen, Unsicherheit, abschnürende Kleidung, durch entzündete Brustwarzen eindringende Keime, herabgesetzte Widerstandskraft, ein schlecht trinkendes Kind, seelische Probleme.

Was können Sie tun, wenn die Brust schmerzt, gerötet ist und sogar Fieber auftritt? *Je früher Sie eingreifen, desto besser.* Am besten legen Sie sich gleich mitsamt Baby ins Bett und sorgen dafür, daß Sie sich ein oder zwei Tage lang rundum versorgen lassen können. Zumindest sollten Sie insgesamt kürzer treten! Wichtig ist es, *die Brust leerzuhalten*, d.h. doppelt so häufig zu stillen wie sonst – etwa alle ein bis drei Stunden – und das Baby an die entzündete Brust zuerst anzulegen.

Wenn Sie das Baby so anlegen, daß sein Unterkiefer an die gehärtete Stelle kommt, kann es die gestauten Drüsen leertrinken. Legen Sie Ihr Baby unter Umständen so, daß – während Sie ausgestreckt auf dem Rücken liegen – seine Beine über Ihren Schultern liegen (es geht!).

Alles bereits Gesagte über das Stimulieren des Milchflußreflexes gilt auch hier.

Kälte dämmt die Entzündung ein, Wärme öffnet die Gefäße. Machen Sie Eispackungen zwischen den Stillzeiten, nehmen Sie eine warme Dusche, legen Sie einen warmen Waschlappen auf die Brust, berühren Sie sie intensiv mit Ihrer Hand oder wärmen Sie die Brust vor dem Stillen mit einem Haarfön. Auch Quark- oder Honigkompressen, ein Kartoffelwickel (Packung oder Säckchen mit gut warmen, ge-

pellten Kartoffeln), Auflage von gekochten Kohlblättern oder Retterspitzumschlägen lindern die Beschwerden. Die Einnahme des homöopathischen Mittels Phytolacca kann die Milch zum Fließen bringen.
Wenn durch die vorhergehenden Maßnahmen innerhalb von 24 Stunden keine Besserung eintritt, sollten Sie auf jeden Fall ärztliche Hilfe hinzuziehen. Wahrscheinlich werden Ihnen Antibiotika verordnet, doch sollten Sie auf jeden Fall weiterstillen (ein Präparat wählen, das dem Kind nicht schadet!). Untersuchungen der »La Leche League«, die in USA seit 40 Jahren stillende Mütter berät, ergaben, daß Brustentzündungen durch häufiges Stillen, Bettruhe, warme Kompressen und Antibiotika innerhalb von drei Tagen abheilen können, während Frauen, die auf Anraten ihres Arztes sofort abstillen, sich zum Teil noch sehr lange mit Infektionen und Schmerzen herumquälen. Selbst bei einem operativ behandelten Abszeß ist es angezeigt, weiterzustillen, da die Brust besser heilt.

Schadstoffe in der Muttermilch

Seit einigen Jahren schrecken periodisch Artikel und sogar Fernsehsendungen über »Gift in der Muttermilch« werdende und stillende Mütter auf und lassen sie am Nutzen des Stillens zweifeln. Dabei geht es vor allem um chemische Substanzen, die sogenannten chlorierten Kohlenwasserstoffe, die als Dünger auf Wäldern und Weiden, als Schädlingsbekämpfungsmittel, als Beizmittel für Saatgut oder als Imprägnierstoff und Plastikweichmacher von der Industrie verwendet werden. Über die Nahrungsmittelkette und durch Verbrennungsrückstände in der Luft werden sie von der Mutter aufgenommen und lagern sich im Fettgewebe ab. Zum Teil sind sie erst nach fünf bis zehn Jahren abgebaut. Stillende Mütter geben diese Substanz durch die Milch an ihr Kind weiter, besonders weil in der Stillzeit Fettreserven im Körper abgebaut werden.

Ist Muttermilch trotzdem am besten?

Trotz alledem bleibt Muttermilch mit all ihren immunologischen und ernährungsphysiologischen Vorteilen die beste Ernährung für einen Säugling. Die von den Gesundheitsbehörden festgesetzten Höchstgrenzen für bestimmte Schadstoffe sind niedrig gehalten und bedeuten nicht, daß bei Überschreitung sofort eine Gesundheitsgefährdung besteht. Bisher sind noch keine Fälle bekannt, wo Schadstoffe in der Muttermilch zu Schäden bei Kindern geführt hätten.
Die Arbeitsgemeinschaft Freier Stillgruppen (AFS) Bundesverband e.V. stellt fest: »Abstillen wegen der Rückstände bietet keine Vorteile.

Vielleicht erhält das Kind für einige Monate weniger Dioxin, dafür Nitrate, Blei und Kupfer. Während der Schwangerschaft wird das Kind ohnehin chemischen Belastungen ausgesetzt und nachgeburtlich erhält es Dioxine zusätzlich aus den gleichen Quellen wie durch die Mutter. Die Summe der Schadstoffe in der Umwelt wird durch Abstillen vergrößert! Allein für die Verpackung der künstlichen Babynahrung werden in der BRD jährlich tonnenweise Weißblech, gebleichtes Papier, Folie und Aluminium produziert, transportiert und in den Müll geworfen.« Auch die Weltgesundheitsorganisation WHO kam nach eingehender Beschäftigung mit dem Thema zu dem Schluß, daß der Schadstoffgehalt der Muttermilch nicht so hoch ist, daß er zumindest in den ersten sechs Lebensmonaten das Stillen ausschließen könnte.

Den schädlichen Einflüssen unserer Umwelt können wir uns nicht mehr entziehen, wir können uns jedoch zu einem gewissen Grad davor schützen. Wenn Sie sich schon über längere Jahre hinweg um möglichst schadstoffarme Ernährung bemüht und wenig tierisches Eiweiß zu sich genommen haben, wird sich dies jetzt positiv auf die Qualität der Muttermilch auswirken. Für die Zukunft können Sie sich in geringerem Maße Schadstoffen aussetzen: Kaufen Sie ungespritztes Obst und Gemüse, reiben oder waschen Sie es gut ab. Verzichten Sie auf Frischwaren aus Ländern, in denen DDT noch bis vor kurzem im Einsatz war (z.B. Italien). Verarbeiten Sie biologische Materialien in Haus oder Wohnung, schränken Sie aggressive Chemikalien (Putz- und Reinigungsmittel) im Haushalt ein, meiden Sie Tabakrauch. Und machen Sie während der Stillzeit keine Diät (siehe Seite 127 ff.)!

Wenn Sie den berechtigten Verdacht haben, daß Ihre Milch aus bestimmten Gründen (Arbeitsstelle, Wohnsitz, Kontakt mit bestimmten Chemikalien) extrem schadstoffbelastet ist, haben Sie in den meisten Bundesländern die Möglichkeit, Ihre Milch zumindest nach dem vierten Stillmonat kostenlos auf Schadstoffe untersuchen zu lassen. Anlaufstelle sind die Gesundheitsämter. Wenn Ihre Milch wesentlich zu hohe Werte hat, müßten Sie überlegen, ob Sie abstillen wollen, oder ob die Gesundheitsrisiken für Ihr Kind trotzdem noch gering genug sind, daß die Vorteile des weiteren Stillens überwiegen.

Abstillen

Wie lange soll ein Kind gestillt werden? Dies läßt sich zwar nicht in Monaten angeben, aber es gibt trotzdem, abgesehen von einem etwaigen Gesundheitsrisiko wie gerade beschrieben, eine klare und eindeutige Antwort: *Solange Mutter* und *Kind Freude daran haben.* Wenn einer der beiden Partner nicht mehr will, ist der Zeitpunkt gekommen, abzustillen. Idealerweise geschieht dies im Einvernehmen von Mutter und Kind.

Soll man den Zeitpunkt dem Kind überlassen?

Wenn die Mutter den Zeitpunkt des Abstillens dem Kind überläßt, kann es sein, daß die Stilldauer neun Monate dauert oder aber auch viel länger. Je häufiger das Kind noch trinkt, desto wahrscheinlicher ist es, daß es die Brust noch lange braucht. *Wichtig ist, daß die Mutter den Zeitpunkt spürt und respektiert, wenn das Kind sich abstillen möchte, auch wenn sie selbst diese liebe Gewohnheit noch nicht unbedingt aufgeben mag!*

»Kerry entwöhnte sich einen Tag vor seinem ersten Geburtstag selbst. Als letztes hatte er seine Einschlafstillzeit beibehalten. Eines Abends hörte er nach kurzer Zeit an der Brust mit dem Trinken auf, aber irgendwie hatte ich das Gefühl, es fehle ihm noch etwas. Ich holte eine Tasse Saft, die er mir förmlich aus der Hand riß und komplett leertrank. Daraufhin schien er zufrieden. Am folgenden Abend wiederholte sich dasselbe Spiel, bis ich ihm an einem der nächsten Abende etwas aus der Tasse zu trinken gab, ohne ihn vorher an die Brust zu legen. Er schlief ohne weiteres ein. Als ich es zwei Tage später mit dem Stillen nochmals probieren wollte, zeigte er kein Interesse mehr. Es schien sogar, als ob er mit der Brustwarze gar nichts mehr anfangen konnte. Mein Sohn hatte sich entwöhnt.«

Die Mutter stillt das Kind ab

Abruptes Abstillen kann ein Kind zu tiefen Depressionen führen und für die Mutter traumatisch sein, wenn z.B. das Abstillen aus medizinischen Gründen angeordnet wird. Dann müssen Sie bis zu zwei Wochen lang ein Medikament einnehmen, das die Freisetzung von Prolaktin im Körper hemmt und so die Milchproduktion drosselt, leider aber auch zum Teil sehr starke Nebenwirkungen hat. Sie

können das Abstillen auch auf natürlichem Weg fördern, indem Sie Salbeitee trinken und wenig anderes, die Brust hochbinden (mit einer breiten Binde am Rippenbogen beginnen) und das homöopathische Mittel Phytolacca einnehmen. Bei Schmerzen helfen Alkoholumschläge oder Eispackungen.

Ansonsten gilt das Motto: »allmählich ... und mit viel Liebe«. Je länger der Abstillprozeß dauert, desto besser für das Kind, und desto besser auch für die Brust der Frau, die sich schrittweise zurückbilden und die eventuell noch vorhandene Milch resorbieren kann. Wenn Sie während der ersten Monate abstillen, ersetzen Sie zunächst eine Brustmahlzeit durch eine Flaschenfütterung und warten mindestens ein Woche (besser noch länger), bis Sie bei einer weiteren Mahlzeit Brust mit Flasche vertauschen. Wenn das Baby über vier Monate alt ist, können Sie statt Flaschennahrung auch feste Nahrung geben, die nach und nach die Muttermilch verdrängt (ausreichend Sauggelegenheit braucht das Kind allerdings bis in das dritte Lebensjahr hinein).

Je älter das Kind, desto schwieriger das Abstillen?

Während im ersten Dreivierteljahr die Umstellung auf die Flasche meist unproblematisch ist, kann es (es muß aber nicht) mit einem älteren Kind schwieriger werden, wenn es den Verlust der Brust schon bewußt erlebt. Wenn die Mutter den Zeitpunkt des Abstillens bestimmt, sollte sie darauf achten, daß dieser nicht in der heißen Jahreszeit liegt, in der bei der Umstellung häufig Magen-Darm-Störungen auftreten. Auch ist es keine geeignete Zeit abzustillen, wenn es dem Kind nicht gutgeht (z.B. bei Krankheiten, nach Impfungen, zur Zeit des Zahnens), weil es dann schlecht mit Frustrationen fertig wird.

Das Kind stillt sich selbst ab

Wenn das Kind sich von einem Tag auf den anderen abstillt, kann die Mutter nicht nur sehr traurig sein, sondern es kann auch körperlich unangenehm für sie sein. Wenn das Kind eigentlich noch gar nicht »abstillreif« ist, können Sie versuchen, seine Gründe herauszufinden (Erkältung mit verstopfter Nase, die Gaumen tun vom Zahnen weh, Probleme mit der Brustwarze, ausspritzende Milch, Verunsicherung durch Flaschenfütterung etc.) und eventuell Abhilfe schaffen. Wenn es jedoch wirklich Abschied von der Brust nimmt, ist es wichtig, den Entschluß des Kindes zu respektieren. Wenn der Busen spannt, brauchen Sie nur gerade so viel Milch abzudrücken, bis das Druckgefühl verschwindet (nicht leerpumpen, da sonst die Milchproduktion weiterhin angeregt wird).

Probleme beim Abstillen

Wenn Sie spüren, daß Ihr Kind die Geborgenheit an der Brust noch eine Weile braucht und Sie innerlich bereit sind, sie ihm zu gewähren, aber Schwierigkeiten haben, dem Druck Ihrer Umgebung, endlich abzustillen, standzuhalten, können Sie sich in Stillgruppen moralische Unterstützung holen. Wenn andererseits das Kind die Stillbeziehung über eine der Mutter unbewußte Grenze hinaus fortsetzen will, können bei ihr Unwille und Ungeduld entstehen. Das ist normal.

Es ist oft nicht leicht, ein stillbegeistertes älteres Kind von der Brust zu entwöhnen. »Patentrezepte« gibt es nicht, da es beim Abstillen um die Beziehung zwischen zwei Menschen geht. Jedes Kind reagiert anders. Der schwere, aber letztendlich auch für die gemeinsame Zukunft fruchtbarste Weg ist, sich mit dem älter werdenden Kind direkt auseinanderzusetzen. Es gehört Stärke und Energie dazu, den Wunsch, mit dem Stillen aufzuhören, durchzusetzen und die Gefühle des Kindes auszuhalten. Wenn das Kind Ihren unweigerlichen Wunsch spürt, wird es vielleicht gar nicht so schwierig. Sie können mit ihm sprechen, ihm sagen, wie es Ihnen geht, daß Sie vielleicht ganz erschöpft sind oder was immer der Grund sein mag. Schon kleine Kinder, auch wenn sie unserer Sprache noch nicht mächtig sind, scheinen irgendwie zu verstehen und können erstaunlich wohlwollend reagieren. Schwerer wird es, wenn Sie selbst hin- und hergerissen sind. »Nachts war es am schwierigsten, standhaft zu bleiben«, erzählen viele Frauen.

Gibt es ein »Patentrezept« für das Abstillen?

Der leichtere Weg ist sicherlich, ein Wochenende nicht im Haus zu sein, während Sie das Kind vom Vater gut versorgt wissen. Wenn auch dieser einen guten Kontakt zum Kind hat, wird es Sie nicht so stark vermissen, und dieser Weg kann weniger schmerzlich sein, als ihm die Brust zu verweigern. In der Zwischenzeit kann es lernen, daß es auch ohne Brust geht, und wenn Sie bei der Rückkehr mit Bestimmtheit sagen, daß die Milch weg ist, wird es sie sicher bald vergessen. Möglicherweise reicht es auch schon, wenn der Vater zu den Zeiten oder Situationen sich mit dem Kind beschäftigt oder es versorgt, wo es sonst noch gestillt wurde, vielleicht nachts neben ihm in einem anderen Zimmer schläft, oder daß der familiäre Ablauf umgestellt wird.

Wenn das Abstillen von der Mutter ausgeht, kann das Kind darüber traurig sein und verstärkte Aufmerksamkeit und Zuwendung brauchen, um seinen Schmerz zu überwinden. Wenn Sie klar in Ihrer Entscheidung sind und ihm trotzdem einfühlsam beistehen, ohne es zu bedauern, kann es durch diese Erfahrung auch wachsen.

Was tun, wenn man sich benutzt fühlt?

Wenn in der Stillbeziehung einer vom anderen benutzt wird bzw. sich benutzt fühlt, dann sollte das Stillen aufhören. Wenn es Ihnen schwerfällt, sich aus der Symbiose mit Ihrem Kind zu lösen, sollten Sie sich nach den Gründen fragen. Vielleicht ist das Kind Ersatz für eine unbefriedigende Partnerbeziehung? Vielleicht gibt Ihnen das Stillen ein gewisses Maß an Selbstwertgefühl, an dem Sie die Qualität Ihres Mutterseins messen? Sie sollten immer wieder überprüfen, inwieweit Sie sich an die Stillbeziehung klammern oder ob Sie frei und bereit sind, sie jederzeit aufzugeben.

Das Zu-Ende-Gehen der Stillzeit bedeutet Abschied von einer Lebensphase tiefer, auch körperlich-hormoneller Verbundenheit mit Ihrem Baby. Es ist einer der vielen kleinen Abschiede entlang des Wegs, bevor Sie Ihr Kind ins Leben entlassen. Wenn Sie darüber traurig sind, dürfen Sie ruhig die Tränen laufen lassen. Trauer ist die Brücke zum Beginn von etwas Neuem.

Stillen nach dem Kaiserschnitt

Ein Kaiserschnitt ist kein Grund, nicht zu stillen – ganz im Gegenteil. Das Stillen tröstet oft sogar über die Enttäuschung, nicht »normal« entbunden zu haben, hinweg.

Wenn Sie wissen, daß Sie mit einem Kaiserschnitt entbinden werden, nehmen Sie rechtzeitig mit einer Stillgruppe Kontakt auf. Dort gibt es auch eine spezielle Broschüre über das Stillen nach Kaiserschnitt. Und vielleicht macht Ihnen das nachfolgend geschilderte Beispiel Mut:

»Nach intensiver Vorbereitung auf die Geburt unseres ersten Kindes war der dann notwendig werdende Kaiserschnitt eine riesige Enttäuschung, zumal unser kleiner Sohn für fünf Tage in die Kinderklinik mußte. (...) Die nächsten Tage waren eine ziemliche Quälerei. Weder wollte Philipp an der Brust trinken, noch wurde er von dem satt, was ich abpumpte. Gottlob hatte sich mein Mann auch ausführlich über das Stillen informiert und konnte mir nun immer tröstlichen Zuspruch geben. Wir beschlossen sehr bald, die Klinikzeit ›mit Anstand hinter uns zu bringen‹ und dann zu Hause einen völlig neuen Anlauf zu nehmen.

Zu Hause konnte ich unser Kind eigentlich zum ersten Mal so richtig genießen. Mein Mann hatte sich für diese Zeit Urlaub genommen und versorgte den ganzen Haushalt. Ich lag mehrere Tage nur auf dem Sofa oder im Bett und stillte – so etwa alle zwei Stunden. Schon bald floß die Milch reichlich, und schon am vierten Tag bekam Philipp bei jeder Mahlzeit soviel, daß er längere Schlafpausen einlegte und sich selbst auf fünf bis sechs Mahlzeiten umstellte.
Erst zu diesem Zeitpunkt, mit einem satten, gestillten, zufriedenen Säugling im Arm, habe ich mir selbst die riesige Enttäuschung eingestehen können, die der Kaiserschnitt und die anschließende Trennung von unserem Kind für mich bedeutet hatten. Nur durch den innigen Kontakt zu unserem Kind, der in den Monaten danach durch das Stillen gegeben war, konnte ich diese Enttäuschung verarbeiten.«

Wie lange Sie Ihr Kind auch gestillt haben mögen, Sie können sicher sein, daß Sie damit einen guten Grundstein gelegt haben für seine gesunde Entwicklung.

Abgeänderte Auszüge aus: *Hannah Lothrop, Das Stillbuch*

Susanne Mersmann

Möglichst schnell die »alte« Figur?

Die Ernährung der Mutter

Zwanzig bis 25 Pfund – oft noch mehr – nehmen die meisten Frauen während einer Schwangerschaft zu. Für viele ist es ein richtiger Schock, festzustellen, daß sie nach der Geburt ihres Kindes nicht innerhalb weniger Wochen wieder so schlank sind wie am Beginn der neun Monate. Da stellt sich natürlich die Frage nach der richtigen Ernährung während der Stillzeit: Dürfen Sie mehr essen, weil Sie immer noch mehr Kalorien benötigen, ähnlich wie in der Schwangerschaft? Reicht eine ausgewogene Misch-Kost, oder brauchen Sie zusätzlich Vitamine und Mineralien? Können Sie gleich nach der Geburt mit einer Diät beginnen, um die überschüssigen Pfunde schnell wieder abzuspecken?

Was die stillende Mutter braucht

Zunächst einmal: Die Ernährung in der Stillzeit sollte – ebenso wie in der Schwangerschaft – möglichst vollwertig sein, das heißt, aus naturbelassenen Lebensmitteln, Vollkornprodukten, frischem Obst und Gemüse bestehen. Wichtig ist es, reichlich Rohkost zu essen, aber wenig Fett, wenig Zucker und wenig Salz, dafür besonders viele Vitamine und Mineralstoffe. Als Faustregel gilt: Eine stillende Mutter braucht nur ein Drittel mehr an energieliefernder Nahrung (also insgesamt rund 2.800 Kalorien am Tag), aber zwei Drittel mehr an Vitaminen und Mineralstoffen als eine »normale« Frau. Besonders wichtig sind dabei Kalzium, Zink, Magnesium, Eisen, Kupfer, Jod, Mangan, Selen, Folsäure und alle Vitamine. Sie sind enthalten in frischem Obst und Gemüse, Vollkorn- und Milchprodukten, Fisch und Fleisch. Es geht also nicht in erster Linie darum, mehr zu essen, sondern es kommt auf Art und Qualität der Lebensmittel an.

Ernährungsexperten raten ab, den zusätzlichen Bedarf an Kalorien und Mineralstoffen mit Fleisch, Wurst und Innereien zu decken. Diese enthalten zwar hochwertiges Eiweiß, gleichzeitig aber meist viele versteckte Fette. Vitamin- und mineralstoffreiche Innereien wie Leber und Nieren sind oftmals so sehr mit giftigen Fremdstoffen belastet, daß Sie sie höchstens einmal in der Woche essen sollten. Besser ist es also, verstärkt auf Vollkornprodukte, Obst und Gemüse, Milch, Milchprodukte und Eier zurückzugreifen.

Um dem Körper ausreichend Kalzium (wichtig für Knochen und Zähne!) zuzuführen, ist es am einfachsten, täglich einen halben Liter Milch zu trinken. Viele vertragen das allerdings schlecht. Denn wenn Erwachsene über einen längeren Zeitraum keine Milch getrunken haben, wird es für den Körper zunehmend schwierig, den Milchzucker aufzuspalten. Die Folge: Durchfall und Bauchweh aufgrund unzulänglich verdauter Milch. Stillende Mütter, die frische Kuhmilch nicht vertragen, sollten ihren Kalziumbedarf mit Joghurt, Dickmilch, Buttermilch, Kefir, Butter, Käse und Eiern decken. Auch Tofu, Sojabohnen und grünes Blattgemüse enthalten viel Kalzium.

Blähende Nahrungsmittel sollten Sie ebenso vermeiden wie Genußgifte und Medikamente. Denn über die Muttermilch wird alles ans Kind weitergereicht – und das reagiert darauf extrem empfindlich! Alkohol, Nikotin und Medikamente können den jungen Organismus nachhaltig schädigen:

Wie schädlich sind Zigaretten für die Muttermilch?

Nikotin ist fettlöslich und gelangt über das Fett der Muttermilch in den Körper des Säuglings. Deshalb sollten Sie keinesfalls mehr als fünf Zigaretten am Tag rauchen. Übersteigt der Tabakkonsum zehn Zigaretten täglich, fließt die Muttermilch spärlicher. Und das Baby reagiert in der Regel mit starker Unruhe, Erbrechen, Durchfall und Kreislaufstörungen. Es versteht sich von selbst, daß Säuglinge und Kinder nicht in verqualmte Räume gehören.

Ist Alkohol streng verboten?

Alkohol schädigt die Zellen der Leber und des Gehirns. Für stillende Mütter heißt das: möglichst ganz darauf verzichten! Frauen, die trotzdem ab und zu Sekt, Wein oder Bier trinken möchten, sollten dies am besten gleich nach dem Stillen tun, damit der Alkohol bis zur nächsten Mahlzeit des Kindes weitgehend abgebaut ist und keine nachhaltigen Schäden beim Säugling entstehen.

Sind Kaffee und Tee schädlich?

Auch *Teein* und *Koffein* können in kleinen Mengen auf das Baby übergehen. Sie wirken anregend. Es wird deshalb empfohlen, täglich nur eine bis zwei Tassen Kaffee oder schwarzen Tee zu trinken. Doch Vorsicht! Stillende Frauen brauchen viel Flüssigkeit – zwei bis drei Liter am Tag. Die besten Durststiller sind Kräutertees, natriumarme Mineralwässer und naturreine Fruchtsäfte ohne Zucker.

Welche Medikamente sind erlaubt?

Mit *Medikamenten* müssen Stillende genauso vorsichtig umgehen wie Schwangere, denn die Wirkstoffe der Arzneien können ebenfalls mit der Muttermilch weitergegeben werden und – je nach Substanz und Konzentration – das Kind schädigen. Bevor sie Medikamente schlukken, sollten stillende Mütter ihren Arzt oder ihre Ärztin unbedingt nach solchen Präparaten fragen, die entweder nicht in die Muttermilch übergehen oder die für den Organismus des Babys nachweislich ungefährlich sind. Das gilt auch für alle rezeptfreien Mittel, zum Beispiel Schmerztabletten.

Schlankheitsdiäten und Stillen

Wie sieht es nun mit Schlankheitsdiäten während der Stillzeit aus? Sind sie erlaubt? Oder können sie Mutter und Kind schaden?
Der Wunsch, möglichst schnell nach der Geburt des Kindes wieder die »alte« Figur zu haben, ist verständlich. Schlankheitskuren während der Stillzeit sind aber nicht nur überflüssig, sondern sogar gefährlich. Wenn sich die Mutter nicht gut ernährt, erhält zwar das Kind über die Muttermilch genügend Nährstoffe, sie selbst wird aber vollkommen ausgezehrt: Dann sind Sie bald nicht nur so dünn wie ersehnt, sondern haben plötzlich überhaupt keine Reserven mehr. Vor allem der Mangel an Mineralstoffen und Vitaminen macht Sie krank – das Baby frißt Ihnen dann buchstäblich »die Haare vom Kopf« und kostet Sie womöglich einen oder mehrere Zähne.
Und noch etwas ist zu beachten: Wer abnehmen will, hat meist Streß und schlechte Laune. Verminderte Kalorienzufuhr und Nervosität wirken sich mit Sicherheit negativ auf die Milchbildung aus. Denn je entspannter und ausgeglichener die Mutter ist, desto besser fließt ihre Milch.

Stillen und Diät – das paßt also keinesfalls zusammen. Doch das ist kein Grund zur Sorge. Meistens haben Frauen am Ende der Stillzeit genau das Gewicht wieder erreicht, das sie am Beginn der Schwangerschaft hatten, denn während des Stillens werden vom Körper zusätzliche Kalorien verbrannt.

Was beim Abnehmen passiert

Wieviel Kalorien ein Mensch überhaupt verbraucht, hängt von vielen verschiedenen Faktoren ab: vom Geschlecht, vom Alter, von der Körpergröße, vom Anteil der Muskeln an der Körpermasse, vom Gesundheitszustand, vom Stoffwechsel, von den körperlichen Aktivitäten und offenbar auch von den Erbanlagen. So haben Frauen von Natur aus einen größeren Anteil Fett im Körper als Männer. Schon bei schlanken, jungen Frauen ist es »absolut normal«, so Professor Dr. Karl-Martin Pirke vom Münchner Max-Planck-Institut, 22 bis 24 Prozent Fett zu haben; bei Männern sind es in jungen Jahren dagegen nur 12 bis 15 Prozent. Mit zunehmendem Alter wächst dieser Fettanteil bei beiden Geschlechtern kontinuierlich. Alte Leute verbrauchen deshalb erheblich weniger Kalorien, denn das Fett lagert nur im Körper und benötigt selbst so gut wie keine Energie. Wer mit steigendem Alter also weiterhin ißt wie aus jüngeren Jahren gewohnt, wird erheblich zunehmen.

Wofür werden die Kalorien gebraucht? Selbst im Schlaf muß unser Körper Energie erzeugen: damit die Atmung funktioniert, das Herz schlägt, die Körpertemperatur gehalten wird, Blut und Lymphe fließen. Dieser unterste Energielevel wird als Grundumsatz oder Ruheumsatz des Stoffwechsels bezeichnet. Im wachen Zustand wirft der Körper ein regelrechtes Kraftwerk an. Jetzt braucht er die Energie nicht nur zum Gehen, Stehen und Arbeiten, sondern auch für die Organe. Die Nieren müssen vermehrt Giftstoffe und Flüssigkeit ausscheiden, der Magen Nahrung verdauen. Muskeln und Gelenke, Adern und Sehnen müssen aufgebaut und in ihrem Stoffwechsel unterhalten werden, eine Tätigkeit, für die enorm viel Energie gebraucht wird. Dr. Karl-Martin Pirke: »Je größer der Anteil der ›mageren‹ Körpermasse, desto höher der Kalorienverbrauch. Wer muskulös ist, braucht mehr Kalorien als jemand, der wenig Muskeln hat. Denn Fett im Körper verbraucht kaum Kalorien, es dient nur als Puffer. Nur das Gewebe, das kein Fett ist, ist stoffwechselaktiv.«

Was bewirken »Blitzdiäten«?

Blitzdiäten – wie sie immer mehr in Mode sind – verbessern das Verhältnis von Fett und Muskelmasse im Körper kaum: Die in den ersten Tagen rasch verlorenen Pfunde bestehen hauptsächlich aus Wasser. Denn zunächst greift der Körper auf seine schnell verfügbaren Energie-Depots in der Leber und in den Muskeln zurück, die er aus Zucker gebildet hat und die für kurze Mangelperioden gedacht sind. Diese Energiespeicher bestehen aber nicht nur aus Zucker. An jedem Gramm, das der Körper aus seinen Lagern holt, hängen vier Gramm Wasser. Also verliert er jetzt vor allem Flüssigkeit. Die Folge: überflüssige Pfunde schmelzen in den ersten Diät-Tagen wie Butter an der Sonne.

Was ist der berühmte »Set-point«?

Sind die kurzfristig verfügbaren Kraftreserven aufgezehrt, geht es an die Fettpolster – erst nach fünf Tagen Schmalkost muß der Körper seine Fettreserven angreifen. Und das tut er höchst widerwillig! Einige Wissenschaftler gehen davon aus, daß die Anzahl der Fettzellen im Körper schon in der Kindheit festgelegt wird und sich später nur noch ihr Volumen verändert. Davon hänge der »Set-point« des einzelnen Körpers ab, ein Gewichtspunkt, den der Organismus immer wieder anstrebe.

Nach jeder – auch noch so konsequenten – Diät versuchen die Fettzellen also, wieder zu speichern und nochmals zu speichern. Ihnen hilft dabei ein Enzym, das den komplizierten Namen Lipoproteinlipase hat. Wissenschaftler in Los Angeles fanden jetzt in einer Studie mit neun stark Übergewichtigen heraus: Dicke Menschen produzieren dieses Fett-Speicher-Enzym im Übermaß, und zwar von dem Augenblick an, in dem erhebliches Gewicht abgespeckt wird. Und je dicker die Leute waren, desto mehr dieser Enzyme wurden vom Körper hergestellt. Ein anderer amerikanischer Wissenschaftler, Professor Adam Drewnoski von der Universität Michigan, macht die Lipoproteinlipase noch für ein weiteres Phänomen verantwortlich, das bei Crash-Diäten regelmäßig auftaucht: Die schier unwiderstehliche Gier nach allem, was fett ist – von triefenden Currywürsten mit Pommes und Mayonnaise bis hin zur allerdicksten Sahnetorte. Dinge, die uns im Normalzustand meist ungerührt lassen…

Ernährungsexperten sind deshalb inzwischen einhellig der Meinung, daß die besten – weil langfristigen – Erfolge erzielt werden, wenn nur ein Pfund in der Woche abgespeckt wird. Denn um überflüssige Fettpolster wirksam zu bekämpfen, muß der eigene Körper überlistet werden. Meist über Monate, ja oft Jahre haben sie sich angesammelt, weil dem Körper regelmäßig mehr Energie zugeführt wurde, als er verbrauchen konnte. Wird das Verhältnis nun abrupt umgedreht, weil (im Kopf) Abnehmen angesagt ist, wird (im Körper) das Notprogramm eingeschaltet: Schließlich kann der nicht unterscheiden, ob nur ein paar Fettpölsterchen in Angriff genommen werden sollen oder eine Hungerperiode droht. Er saugt jetzt aus den angebotenen Kalorien die größtmögliche Energie und drosselt gleichzeitig den Stoffwechsel, so daß für die lebenswichtigen Funktionen – vom Herzschlag bis zur Verdauung, von der Versorgung der Muskeln bis zum Aufrechterhalten der Körpertemperatur – weniger Energie gebraucht wird. Ist die Diät radikal, schaltet der Stoffwechsel des Körpers ebenso drastisch zurück.

Wer mehrere Wochen oder gar Monate von weniger als 800 Kalorien lebt, läßt sich auf ein gefährliches Abenteuer ein. Professor Rolf Großklaus vom Berliner Max-Pettenkofer-Institut: »Muskeln werden abgebaut – auch der Herzmuskel. Und es kann in extremen Fällen zum plötzlichen Herztod kommen. Menschen mit vorgeschädigtem Herzen muß deshalb dringend von derartigen Gewaltkuren abgeraten werden. Auf jeden Fall ist bei solchen Diäten eine ärztliche Kontrolle notwendig.«

Bei strengen Fastenkuren über einen längeren Zeitraum entsteht ein weiteres Problem: Wenn es an den Abbau der Fettzellen geht, kann es passieren, daß der Körper plötzlich mit Umweltgiften überschwemmt wird, die im Fettgewebe gespeichert waren. Dazu gehören Dioxine, PCB, Furane, Gifte aus Holzschutzmitteln wie Lindan oder Pentachlorphenol und auch Pestizide. Eine Tatsache, die wiederum besonders für stillende Mütter von Bedeutung ist. Denn das Milchfett wird nur zu einem geringen Teil aus dem direkten Nahrungsfett, davon abgesehen fast ausschließlich aus dem Depotfett gebildet. Eine schadstoffarme Ernährung während der Stillzeit hilft also nur wenig, die – heute überall auftretende – Belastung der Muttermilch zu reduzieren. Aber vollkommen verkehrt wäre es, diese Belastung mit Schadstoffen auch noch künstlich durch eine rigorose Diät zu erhöhen.

Abnehmen: langsam, aber sicher

Einig sind sich alle Ärzte, daß weder Diäten (mit reduziertem Kalorienangebot) noch Nulldiäten oder das Fasten (Verzicht auf feste Nahrung zur Reinigung des Körpers) lange dauern dürfen. Stoffwechselexperte Professor F.A. Gries vom Diabetes-Forschungsinstitut an der Universität Düsseldorf: »Fasten ist keine Dauertherapie zum Halten eines reduzierten Körpergewichts. Es kann aber ein sinnvoller Einstieg in eine vernünftige Ernährung sein, die Diäten langfristig überflüssig macht.«

Nach der Schlankheitskur dicker als vorher?

Und das ist das Ziel aller Fachleute. Denn es ist zweifelsfrei erwiesen, daß ein ständiges Auf und Ab der Pfunde viel gesundheitsschädlicher ist als ein medizinisch akzeptables Übergewicht. Der Ernährungswissenschaftler Professor Michael Hamm schreibt in seinem Ratgeber »Dick durch Diät?«: »Wer seine Ernährung als beliebig einsetzbares Werkzeug ansieht, um ein Gewicht ständig zu manipulieren und seinen Körper zu modellieren, darf sich nicht wundern, wenn er bald wie ein Jo-Jo auf der Pfundskala nach unten und oben schnellt. Zuviel Diät kann Stoffwechselregulation und -gleichgewicht durcheinanderbringen.« Dabei kommt es bei Dauer-Diätlerinnen immer häufiger zu dem Effekt, daß sie schon kurze Zeit nach einer Diät dicker sind als vorher. Die Erklärung ist einfach: Der Stoffwechsel, der durch die drastische Reduktionskost nur noch auf Sparflamme läuft, muß nach der Diät erst wieder angekurbelt werden. Wer also gleich wieder normal ißt, nimmt schneller zu und geht entsprechend mehr aus dem Leim.

Wer nur etwa ein Pfund pro Woche abnimmt, wird keine Freßanfälle bekommen, weil genügend Eiweiß, Fett und Kohlehydrate zur Verfügung stehen. Fachleute empfehlen im übrigen, lieber mehrere kleine Imbißmahlzeiten am Tag zu essen, als dreimal ausgiebig zu tafeln. Die Energie aus einer kleinen Mahlzeit ist sehr wahrscheinlich bis zur nächsten verbraucht und muß nicht gespeichert werden. Das überlistet die Fettzellen: Sie kommen aus dem Training.

Und es gibt noch zwei Tricks, die alle Kasteiung überflüssig machen. Der erste: Möglichst wenig Fett essen, denn für den Körper ist Kalorie nicht gleich Kalorie. Zuviel gegessene Fettkalorien wandern sofort in die Körperpolster, während zuviel gegessene Kalorien aus Kohlehydraten schon mal zusätzlich verbraucht werden können. Ein Linseneintopf (ohne Speck) ist für die Hüften also längst nicht so schlimm wie ein dickes Steak mit Kräuterbutter!

Der zweite Trick: Bewegung. Damit verbessert sich das Verhältnis von Fett und Muskelmasse im Körper, Mensch und Stoffwechsel werden aktiver. Ausdauersport (Wandern, Langlauf, Schwimmen, Radfahren) fördert die Energiegewinnung aus Fettsäuren in den Muskelzellen. Berechnungen, daß ein Mensch etwa zehn Stunden Tango tanzen muß, um die Kalorien einer Bratwurst abzuarbeiten, sind allerdings vollkommener Unsinn. Mediziner haben nämlich festgestellt, daß der Stoffwechsel nach einer sportlichen Betätigung noch stundenlang auf Hochtouren arbeitet und damit mehr Kalorien verbrennt. Nach 45 Minuten Ausdauertraining ist der Grundumsatz zum Beispiel noch sechs Stunden lang um 25 Prozent und weitere 16 Stunden lang um zehn Prozent erhöht. Wichtig ist, sich nicht gleich zu überfordern, denn schweißtreibende Mammutläufe sind für Untrainierte oft so anstrengend, daß sie sich ein zweites oder drittes

Mal nicht mehr dazu aufraffen mögen. Außerdem wird beim langsamen Dauerlauf oder kräftigen Wandern Fett am besten abgebaut. Deshalb der Sport-Rat für alle, die abnehmen wollen: lieber langsamer und länger als zu intensiv und kurz.

Ein Motto, das auch fürs Abnehmen gilt. Denn beim Volkssport Diät gibt's die Goldmedaille nun mal nicht für den Blitzsprint. Sie ist der Lohn der Langsamkeit.

Wann ist abnehmen überhaupt nötig?

Medizinisch gesehen dürfen wir dicker sein als vermutet: Wissenschaft und Medizin halten heute ein Gewicht von bis zu 87 Kilogramm für den Durchschnitts-Menschen von 1,70 Meter Körpergröße für absolut okay. Ab wann es kritisch wird, läßt sich mit zwei Faustregeln errechnen:

- Nach Broca: Normalgewicht (Körpergröße minus 100) plus 25 Prozent.
- Die zweite Regel ist etwas komplizierter, dafür aber genauer, besonders für sehr große und sehr kleine Menschen: Beim Body-Mass-Index (BMI) wird das Körpergewicht (z.B. 70 Kilogramm) durch die Körpergröße (z.B. 1,70 Meter) im Quadrat geteilt. Hier: 70 : (1,70 x 1,70), also 70 : 2,89. Der BMI ist in diesem Fall 24,2 und völlig in Ordnung. Erst eine BMI-Zahl über 30 erfordert ein unbedingtes Abspecken.
- Bei geringerem Übergewicht (BMI ab 25; Broca-Normalgewicht bis plus 25 Prozent) ist Abnehmen nur dann unbedingt notwendig, wenn sich schon Krankheiten wie Diabetes, Bluthochdruck oder Gicht eingestellt haben oder wenn der Cholesterinspiegel zu hoch liegt. Dann reicht es nicht, nur Medikamente zu nehmen: Es ist ein wichtiger Teil der Therapie, das Gewicht zu reduzieren. Denn bei zu großer Körperfülle werden Stoffwechsel- und Herz-Kreislauf-Erkrankungen und bestimmte ernährungsbedingte Krebsarten (zum Beispiel Darmkrebs) begünstigt, und die Lebenserwartung verringert sich. Wichtig ist auch, wo das Fett am Körper sitzt: Auf Hüfte und Oberschenkeln (wie es bei Frauen häufig der Fall ist) ist es für das Herz nicht so gefährlich wie am Bauch.

> Für Mütter nach der Geburt viel besser als jeder hektische Diätversuch: Weil sich das Kind im Laufe der Stillzeit holt, was es braucht, sind Frauen nach diesen Monaten meistens wieder so schlank wie vor der Schwangerschaft – mit ausgewogener, gesunder Ernährung und ganz ohne Diät.

Susanne Kitchenham-Pec

Die Muskeln wieder straffen

Rückbildungsgymnastik

Nach einer Geburt will jede Frau körperlich so schnell wie möglich wieder so aussehen wie vor der Schwangerschaft. Der Bauch soll weg, und zwar rasch. Für die meisten ist der Wunsch, wieder rank und schlank zu sein, der stärkste Motor, an einer Rückbildungsgymnastik teilzunehmen. Fast jedes Krankenhaus bietet heute entsprechende Kurse für Wöchnerinnen an. Leider oft mit wenig sinnvollen Übungen. Die Gymnastik kräftigt zwar die Bauchmuskeln, setzt aber Beckenbodenmuskulatur, Harnblase, Gebärmutter und Enddarm unter Druck und führt somit zu Muskelschwächen und unsinnigen oder gar schädlichen Organverschiebungen. Auch die Wirbelsäule wird bei einigen dieser Übungen zu stark belastet. So klagen viele Mütter mit Babys und Kleinkindern häufig über Rückenschmerzen, Beckenboden- und Blasenprobleme. Beschwerden, die viele Frauen ihr Leben lang begleiten.

Eine korrekte Rückbildungsgymnastik muß erst einmal den Beckenboden stärken, der aufgrund der Geburt stark gedehnt worden ist. Bei Frauen, die lange und intensiv pressen mußten, kann er regelrecht ausleiern. Das macht sich als Inkontinenz von Blase und Darm bemerkbar. Beide können nicht mehr kontrolliert entleert werden, weil die Beckenbodenmuskeln zu schwach sind.

Gebärmuttersenkung durch zu frühes Bauchmuskeltraining?

Die Bauchmuskulatur kommt erst viel später dran. Werden die Bauchmuskeln trainiert, bevor der Beckenboden wieder in Form ist, bekommt die Gebärmutter nicht genügend Halt von unten, sie rutscht nach hinten und senkt sich. Nur ein straffer Beckenboden stützt sie gut genug nach unten ab, wenn sie beim Bauchmuskeltraining Druck von oben bekommt. Gebärmuttersenkungen haben ihre Ursache deshalb sehr häufig in falscher Rückbildungsgymnastik.

Der Beckenboden

Der Beckenboden besteht aus drei verschiedenen Muskelpaketen, die wie eine Hängematte die inneren Bauchorgane am unteren knöchernen Beckenausgang tragen und abstützen. Die Muskelschichten sind gitterähnlich miteinander vernetzt. Harnröhre, Enddarm und Scheide durchbrechen die Muskulatur an drei Stellen (siehe Seite 139).
Der Beckenboden spielt auch eine wichtige Rolle bei der Sexualität. Einige Muskelschichten umgeben die Scheide, und viele Frauen empfinden einen Orgasmus besonders intensiv, wenn sie diese Muskeln gezielt entspannen oder zusammenziehen. In Amerika heißt die Beckenbodengymnastik deshalb auch scherzhaft »sexercises«.
Der Beckenboden bestimmt außerdem maßgeblich die Körperhaltung. Frauen mit einem sehr schlaffen Beckenboden gehen meistens etwas schlurfend und gebeugt. Einem hoheitsvollen, aufrechten Gang liegt immer auch ein straffer Beckenboden zugrunde.
Sie können den Beckenboden bewußt fühlen, indem Sie versuchen, ein oder zwei Finger innerhalb der Scheide festzuhalten. Der Widerstand, den Sie dabei an den Scheidenwänden spüren, wird von den Muskeln des Beckenbodens ausgelöst.
Eine andere Möglichkeit besteht darin, zu versuchen, beim Wasserlassen den Harnstrahl einzuhalten. Mit einem kräftigen Beckenboden gelingt das verhältnismäßig gut. Es gibt allerdings Frauen, die diese Übung beherrschen, aber dennoch Probleme mit dem Beckenboden haben. Um den Harnstrahl anzuhalten, wird nur ein Teil der Muskulatur eingesetzt. Insofern ist dieser »Test« nicht besonders aussagekräftig über Stärke oder Schwäche des gesamten Beckenbodens.

Die anatomische Struktur des Beckenbodens

Das unterste Beckenbodenpaket liegt direkt unter der Hautoberfläche. Es besteht aus zwei Muskeln. Einer verläuft in U-Form vom Schambein um die Scheide, ein anderer um den After herum. Der U-Muskel unterstützt den Blasenschließmuskel und hält den Scheideneingang leicht geschlossen, der andere Muskel bildet den Afterschließmuskel. Beide sind durch Muskelfasern, die vom Schambein zum unteren Ende des Kreuzbeins verlaufen und sich zwischen Scheide und After kreuzen, direkt miteinander verbunden (»Haltekreuz«). Von unten betrachtet sieht das ganze aus wie eine liegende Acht (siehe Abbildung 1, Seite 139).

Durch die verbindenden Muskelfasern können wir dieses Muskelpaket nur im ganzen bewegen, auch wenn wir vielleicht mehr den U-Muskel nach vorne ziehen oder den Afterschließmuskel zusammenziehen wollen.

Das zweite Muskelpaket liegt mehr im Körperinneren. Dessen Muskelfasern verlaufen von rechts nach links. Wir spannen diese Muskeln häufig an, wenn wir etwas Schweres heben müssen (siehe Abbildung 2, Seite 139).

Das dritte Muskelpaket bildet die dem Körperinneren zugewandte Schicht des Beckenbodens. Sein Hauptmuskel verläuft vom Schambein zum unteren Ende des Kreuzbeins (siehe Abbildung 3, Seite 139). Die Muskelfasern setzen fächerförmig an der ganzen vorderen Breite des Beckenknochens an und bündeln sich zum Kreuzbein hin. Hätten wir einen Schwanz wie Tiere, so würden von diesen Muskeln Fasern bis zum Schwanzende reichen, mit denen der Schwanz eingezogen und aufgestellt oder damit gewedelt werden könnte.

Diese Beckenbodenschicht ist am schwierigsten zu spüren. Sie können sie wahrnehmen, wenn Sie sich rittlings auf einen Stuhl setzen und sich vorstellen, Sie seien ein Känguruh und würden den langen, dicken Schwanz ganz tief auf den Boden hängen lassen. In dieser Haltung ist die innerste Beckenbodenschicht ganz entspannt. Sowie Sie sich wieder aufrichten, als ob Sie in Hab-Acht-Stellung gingen, spannt sich diese Beckenbodenschicht.

Während sich das Baby bei der Geburt durch die Scheide nach außen schiebt, muß sich der Beckenboden sehr stark dehnen. Der Druck des Baby-Köpfchens preßt das knöcherne Becken der Mutter von innen auseinander. Frauen spüren dies oft sehr genau. Für Beckenbodenmuskeln ist da absolut kein Platz mehr. Die von vorne nach hinten verlaufenden Muskeln werden nach vorne und zu den Seiten verschoben, die von links nach rechts verlaufenden Fasern nach außen vor das Schambein und vor den Steiß.

Beckenbodentraining während der Geburtsvorbereitung?

Damit der Beckenboden die Geburt unbeschädigt übersteht, ist es wichtig, daß die Frau die Beckenbodenmuskeln gut entspannen kann. Sie zu trainieren, gehört eigentlich unbedingt zu jedem Geburtsvorbereitungskurs. Da die meisten Kurse jedoch nur zwölf Termine zu je einer Stunde umfassen, kommt es aus Zeitmangel fast nie dazu. Dies kann durchaus mit ein Grund sein, daß Frauen ihren Beckenboden während der Geburt nicht lockerlassen können. Sie verspannen sich aus Angst oder Schmerz und machen damit dem Baby den Weg nach außen eng und beschwerlich. Das soll keine Schuldzuweisung an die Frauen sein, sondern nur aufzeigen, wie wichtig ein gutes Beckenbodentraining auch in der Geburtsvorbereitung ist.

Beckenbodentraining im Wochenbett

Alle Übungen in den ersten Tagen des Wochenbetts sollen die Durchblutung des Beckens sanft anregen, um Schwellungen zügig abklingen zu lassen. Es ist falsch, aber leider gängige Praxis, Frauen mit geschwollenem und verletztem Gewebe an Scheide und Becken, mit Dammriß oder -schnitt, im Bett halb sitzend zu betreuen. Ein unter den Po geschobener Schwimmring lindert zwar den Schmerz beim Sitzen, behindert jedoch die Durchblutung und fördert einen Lymphstau. Sinnvoller wäre es, entspannt auf der Seite oder auf dem Rücken zu liegen.

Wichtig sind außerdem Übungen, die den Beckenboden kräftigen und entlasten, beispielsweise beim Aufstehen vom Liegen oder Sitzen. Drei davon stellen wir Ihnen hier vor:

- Legen Sie sich im Bett auf die Seite und schieben Sie beide Beine über die Bettkante, bis sie nach unten baumeln können. Richten Sie sich seitlich zum Sitzen auf und stellen Sie die Füße mit der ganzen Fußsohle auf den Boden, das Gewicht auf den Zehenspitzen. Jetzt stützen Sie den Oberkörper mit Armen und Händen nach hinten ab und strecken den Rücken mit erhobenem

Abbildung 1

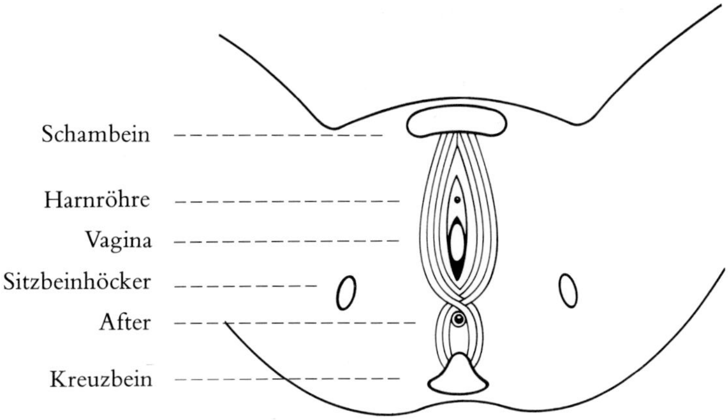

Abbildung 2

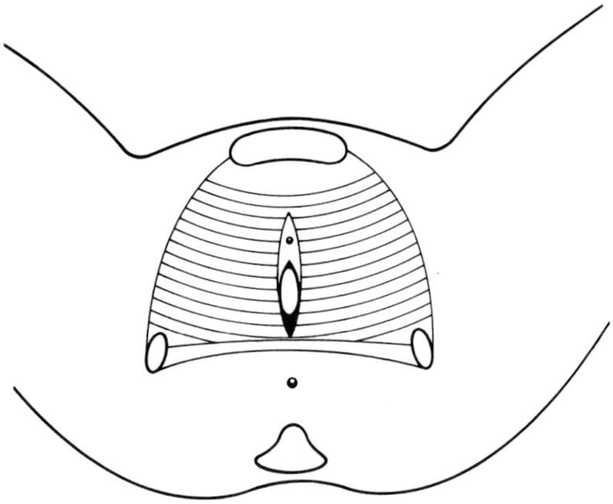

Abbildung 3

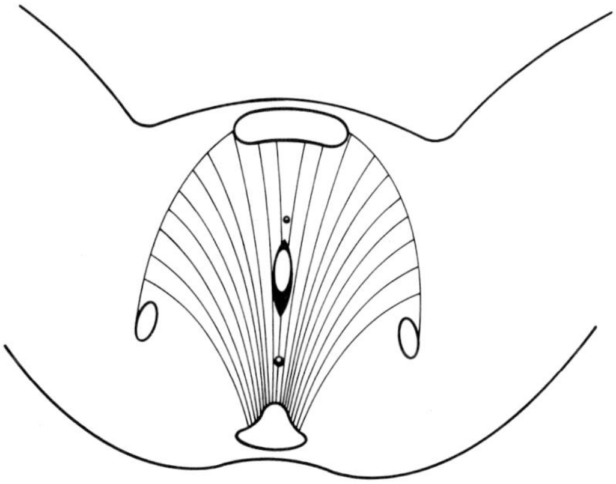

Kopf gerade nach oben. Ziehen Sie die Sitzbeinhöcker stramm zusammen, geben Sie sich einen leichten Schubs und stehen Sie erst dann mit etwas Schwung auf. Halten Sie sich danach gleich möglichst gerade. Gehen Sie die ersten Schritte zehenbetont, mit leichtem Hüftschwung und »Knackpopo«, wie Marilyn Monroe in einem engen Rock.

- Etwa drei bis vier Tage nach der Geburt können Sie die »Baumstamm-Übung« machen. Dann hat sich die Gebärmutter soweit zurückgebildet, daß Sie wieder auf dem Bauch liegen können, ohne daß es drückt. Machen Sie diese Übung bevorzugt dann, wenn Sie das Baby gerade gestillt haben, sonst schmerzen die Brüste.
  Legen Sie sich im Bett auf den Bauch und schieben Sie sich ein oder zwei Kissen unter den Bauch. Die Kissen sollten vom Rippenbogen unterhalb der Brüste bis zum Schambein reichen und so dick sein, daß das Rückgrat waagerecht verläuft. Der Po soll nicht erhöht liegen. Dann sind Brüste und Rückgrat optimal entlastet und Sie können nicht ins Hohlkreuz rutschen. Schwellungen und Dammverletzungen heilen in dieser Haltung übrigens besonders gut.
  Decken Sie sich zu, damit Sie nicht frieren. Legen Sie den Kopf auf die flachen Fingerspitzen und spreizen Sie die Ellenbogen so weit wie möglich auseinander. Überkreuzen Sie die Füße und schlingen Sie die Beine so fest umeinander, wie Sie nur können, als seien Sie ein dicker Baumstamm. Halten Sie diese Stellung eine halbe Minute, lassen Sie die Beine wieder locker, und »zerfließen« Sie jetzt wie ein reifer Camembert. Diese »Baumstamm-Übung« sollten Sie drei- bis viermal täglich machen.

- Etwa eine Woche nach der Geburt können Sie während der »Baumstamm-Übung« zusätzlich den Beckenboden anspannen. Ziehen Sie ihn beim Einatmen tief in sich hinein – als ob Sie etwas tief in die Scheide hineinsaugen wollten. Halten Sie die Spannung beim Ausatmen! Atmen Sie dreimal ein und aus, ohne mit der Spannung nachzulassen. Zwei Wochen nach der Geburt können Sie auf zehn Atemzüge steigern. Der Beckenboden wird bei dieser Übung weit ins Kreuzbein hochgezogen und richtet dabei die Gebärmutter auf. Damit beugen Sie einer Senkung vor.

Die körperlich-seelische Totalpartnerschaft von Mutter und Kind

In den ersten zwölf Wochen nach der Geburt kann ein Baby nur sein Befinden äußern. Wenn es Hunger hat oder Bauchweh, einen wunden Po, wenn es sich einsam fühlt, Angst hat oder geschaukelt werden will – dann schreit es. Es kennt noch keine Absicht, es weint nicht, um etwas zu bezwecken, sondern nur, weil es sich nicht wohl fühlt. Ein Baby in diesem Alter können Sie nicht verwöhnen. Deshalb sollten Sie es immer hochnehmen oder bei ihm sein, wenn es schreit. Lassen Sie es nicht allein mit seinem körperlichen oder seelischen Schmerz, auch wenn Sie nicht herausfinden, was ihm fehlt und das Schreien deshalb nicht »abstellen« können.

Kann man einen Säugling verwöhnen?

Erst wenn entsprechende Nervenverbindungen im Gehirn gewachsen sind – nach etwa neun bis zwölf Wochen – kann ein Baby schreien, weil es weiß, daß als Reaktion darauf die Mutter zu ihm kommen wird. Um diese Zeit auch wird es das erste Mal beim Trinken die Brustwarze loslassen, wenn jemand das Zimmer betritt. Die Neugier nachzusehen, was da passiert, ist größer als Hunger oder Durst oder das Bedürfnis, nah bei der Mutter zu sein. Jede Frau spürt dann, daß hier ein Wendepunkt liegt, daß die engste Bindungsphase zwischen ihr und ihrem Kind bereits vorbei ist. Von nun an wird das Baby sich nur noch von ihr weg entwickeln. Unmerklich zuerst, später deutlicher, langsam, sanft, aber stetig.

In den ersten drei Monaten nach der Geburt lebt die Mutter in einer körperlich-seelischen Verfassung, in der sie für das Kind tief aufnahmefähig ist. Es ist eine einmalige Totalpartnerschaft zwischen Mutter und Kind, wie sie später nie wiederkehrt. Diese Offenheit für ein anderes Wesen ist letztendlich auch Folge der Geburt. Ein Kind zu gebären, ist der körperoffenste Vorgang im Leben überhaupt. Eine Frau muß sich dabei öffnen wie sonst nie, um das Kind freizugeben. Dieses Öffnen des Beckens, des Beckenbodens, das Herauslassen des Kindes aus dem Schoß, weckt bei der Mutter tiefliegende Instinkte, die sie befähigen, alle vom Baby ausgesandten Signale wahrzunehmen und zu verstehen. Es liegt mit daran, daß eine Mutter aus tiefstem Schlaf sofort hellwach ist, wenn ihr Baby auch nur einen leisen Mucks macht.

In dieser Zeit ist eine Frau seelisch weit geöffnet und empfindet Nöte und Glück in zuvor nie gekannter Intensität. Oft kann sie sich dabei selbst nicht mehr verstehen oder fühlt sich unverstanden von ihrer Umwelt. Andere finden sie womöglich übertrieben sentimental und anspruchsvoll, wodurch die Mutter sich wiederum einsam und

unfähig fühlt. Solche Gefühle tragen zu den berüchtigten »Heultagen« mit bei.
Die positive Seite dieser Phase macht aber alle traurigen Stunden wieder wett. Ein sattes Baby, das »vollgetankt« von der Mutterbrust abrutscht und vor Wohlbefinden einen Mundwinkel hochzieht oder selig vor sich hindöst, läßt die Mutter ein Glücksgefühl erfahren, das sie in dieser Tiefe nur in einer solchen körperlich-seelisch offenen Phase empfinden kann.
Das Stillen unterstützt dieses Gefühl noch. Die Milch fließt frei und problemlos, wenn die Mutter in runder, geöffneter Körperhaltung ihr Kind nährt, und auch der Beckenboden ist dabei weich und offen.

Der beste Zeitpunkt für die Rückbildungsgymnastik

In dieser Zeit eine Rückbildungsgymnastik zu beginnen, ist deshalb ziemlich unsinnig. Sie würde diese kurzen und für Mutter und Kind gleichermaßen so wichtigen Wochen der intensiven Bindung stören. Die Übungen würden überdies nutzlos verpuffen, weil die Mutter sich sofort körperlich und seelisch weit öffnet, sowie ihr Kind nach ihr verlangt. Für die Rückbildungsgymnastik muß sie sich aber ständig verschließen, sie muß die Beckenbodenmuskeln anspannen und zusammenziehen. Dieses ständige Hin und Her mindert die Effizienz der Übungen.

Rückbildungsgymnastik erst nach dem Abstillen?

Außerdem bedeutet es meistens ziemlich viel Streß und Mühe, das Kind in den ersten drei Monaten der totalen Mutter-Kind-Bindung für einige Stunden wegzuorganisieren. Die Kurse finden selten so statt, daß eine voll stillende Mutter sich zeitlich darauf einstellen könnte.
Lassen Sie sich also ruhig Zeit mit der Rückbildungsgymnastik. Allenfalls sinnvoll sind lockere Müttergruppen mit Babys, in denen Sie unter Anleitung einer erfahrenen Hebamme oder Krankengymnastin üben, wie Sie Ihr Kind am besten halten und tragen, wo Sie Probleme beim Stillen besprechen können und womöglich eine leichte Streck- und Bewegungsgymnastik machen. Solche Gruppen gibt es allerdings selten.
Erst wenn die Phase der mütterlich-kindlichen Totalpartnerschaft vorbei ist, ist der richtige Zeitpunkt für die Rückbildungsgymnastik gekommen. Dann haben die meisten Frauen auch von selbst ein

großes Bedürfnis, wieder etwas für sich zu tun, und das Baby kann problemlos für einige Stunden von jemand anderem betreut werden, weil die Stillzeiten sich in einem weitgehend gleichbleibenden Rhythmus eingependelt haben. Auch nach dem Abstillen ist Rückbildungs- und Beckenbodengymnastik sinnvoll. Die Übungen sind – unbeeinflußt durch das Stillen – dann noch wirksamer.
Die Rückbildungsgymnastik sollte das vordringliche Ziel haben, Beckenboden- und Rückenmuskulatur zu kräftigen. Das vermittelt der Frau neue Kraft – sie wird Freude daran haben, mit ihrem Körper aktiv zu arbeiten. Die Kurse tragen auch dazu bei, daß eine Frau für sich wieder zu einem positiven Selbstbild findet. Jede verändert sich durch die Mutterschaft, und viele haben ihr früheres Selbstbewußtsein eine Zeitlang verloren. Sie müssen sich erst einmal an den neuen Zustand, an die neuen Aufgaben gewöhnen.

Der Beckenboden bestimmt das Körpergefühl mit

Es gibt wenige Lebensphasen, in denen eine Frau ihre Weiblichkeit so stark und tief empfinden kann wie im ersten Jahr mit einem Baby. Sie stillt noch, wenngleich mit der Zeit nicht mehr voll, sie hat wieder ein aktives Liebesverhältnis zu ihrem Partner, das Baby lebt und gedeiht durch sie. Der Beckenboden spielt bei diesem Körpergefühl eine zentrale Rolle. Er ist entspannt und offen beim Stillen und Schmusen, er arbeitet kraftvoll bei körperlichen Bewegungen, bei der Arbeit, im Stand, beim Gehen. Den Beckenboden bewußt spannen und entspannen zu können, zu wissen, wie sie ihn und den Rücken bei schwerer körperlicher Arbeit schützen kann, trägt erheblich zum positiven Selbstwertgefühl einer Frau bei.
Wir haben Ihnen hier keine konkreten Übungen für eine Beckenbodengymnastik beschrieben. Wer noch nie mit dem Beckenboden gearbeitet hat, würde Mühe haben, das Training korrekt auszuführen. Falsch zu üben ist aber meist schlimmer als gar nicht zu üben. Deshalb empfehlen wir Ihnen, für das Beckenbodentraining einen speziellen Kursus bei einer Hebamme oder Krankengymnastin zu belegen. Sie sollte möglichst speziell darin ausgebildet sein. So ein Kursus sollte mehrere Wochen dauern, und die Übungen sollten aufeinander aufbauend sich im Schwierigkeitsgrad steigern.

Wenn es Ihnen schwerfällt, die Kosten für einen Kursus selbst zu bezahlen, können Sie mit Ihrem Arzt sprechen, ob er Ihnen ein individuelles Beckenboden-Training bei einer Krankengymnastin verschreiben kann, vor allem, wenn Sie schon eine Senkung haben oder bereits unter den Folgen der Beckenbodenschwäche leiden (Inkontinenz).

Wichtig ist, daß Sie Ihre »Hausaufgaben« regelmäßig machen, das heißt: jeden Tag zu Hause selbst kontinuierlich und diszipliniert üben. Das gilt ebenso für die Zeit nach dem Kursus. Wie die übrige Muskulatur, braucht auch der Beckenboden regelmäßiges Training, um in Form zu bleiben.

Susanne Kitchenham-Pec

Vom Wohlfühlen und Gedeihen

Die Säuglingspflege

Ein Baby wird so sauber und keimfrei geboren, wie es ab dann nie wieder sein wird. Mit einem sterilen Tuch trocknet es die Hebamme kurz sanft ab, damit es nicht unnötig kalt wird, weil es vom Fruchtwasser noch ganz naß ist. Danach sollte es sich erst einmal auf der Brust der Mutter von den Geburtsstrapazen erholen dürfen. Später wird es angezogen und, nachdem es die ersten Schlucke Vormilch gesaugt hat, fällt das Baby in eine tiefe Entspannung und einen Schlaf, der oft sechs, ja sogar zehn Stunden dauern kann und darf. Wie lange und wie tief es schläft, hängt davon ab, ob dem Kind die Umgebungsgeräusche aus der vorgeburtlichen Zeit her vertraut sind und ob es Wärme und Geruch der Mutter wahrnehmen kann.

Die Qualität der menschlichen Betreuung einer Entbindungsstation zeigt sich klar daran, ob diese wichtigen Bedürfnisse eines Neugeborenen respektiert werden. Erschreckend oft werden sie leider völlig mißachtet. Noch immer werden Babys sofort nach der Geburt einer eingehenden ärztlichen Untersuchung auf dem Rücken liegend unterzogen. Ihr Schrei ist ein Hilfeschrei. Ihre Arme und Beine strecken sie ins Leere. Sie wollen sich instinktmäßig zusammenrollen, wie in der Gebärmutter, durch die Schwerkraft kippt ihr Unterkörper dabei seitlich ins Nichts. Die festen, oft recht groben Griffe des Arztes sind meist das krasse Gegenteil der vorsichtigen, tastenden Berührungen der Hände von Mutter und Vater. Wird ein Baby erst nach einer solchen Untersuchung den Eltern gereicht, benimmt es sich in ihren Armen anders als nach dem sofortigen Körperkontakt mit der Mutter. Dabei könnte der Arzt es ohne weiteres in den Armen der Mutter untersuchen. Die Hautfarbe und Reaktionen des Kindes auf die Ansprache, Berührung und Geruch der Eltern, die Körperbewegungen, die Atmung sind optisch meist klar wahrnehmbar, der

Herzschlag durch Fühlen der noch pulsierenden Nabelschnur. Messen und Wiegen, die weitere ausführliche Untersuchung sowie das Ankleiden des Kindes sollten in die Spanne fallen, in der das Baby seine ersten Kontaktbedürfnisse befriedigt hat, aber noch nicht eingeschlafen ist.

Muß ein Neugeborenes gebadet werden?

Ein Bad ist in den seltensten Fällen nötig, aber wenn das Baby mit Kindspech beschmiert ist oder blutverklebte Haare hat, schon zumindest teilweise angebracht. Mit Wasser lassen sich Kindspech und Blutreste bestens entfernen, besonders wenn sie noch nicht angetrocknet sind. Seife oder Badezusatz wirken nur störend auf der Haut des Kindes und übertönen den schönen Eigengeruch des Babys. Käseschmiere sollte auch in klebriger, dicker Schicht nicht entfernt werden. Die kindliche Haut saugt sie wunderbarerweise fast vollständig auf, sie ist die beste Hautpflegecreme, die es gibt, und sie schützt auch gegen die kühle Luft, die das Baby jetzt außerhalb der Gebärmutter umgibt.

Auch die erste routinemäßig gründliche Untersuchung des Neugeborenen ist sehr gut im Schoß der Mutter durchzuführen. Das Baby liegt dort leicht gerundet und fühlt die Mutter um sich herum. Nackt in eine Wiegeschale gelegt zu werden, löst fast unweigerlich kräftiges Schreien aus. Kleidung und Windel des Neugeborenen können vorweg gewogen werden, so daß das Baby angekleidet in der Wiegeschale liegen kann. Ein Neugeborenes fühlt sich wohl, wenn es um sich herum eine Hülle fühlt, die es – ähnlich wie in der Gebärmutter – stützt und wärmt. Es fühlt sich wohl, wenn es in ein vorgewärmtes Tuch eingeschlagen wird. Und es wehrt sich, wenn ihm eine Windel und eng anliegende Hemden und Strampelhosen verpaßt werden. In einem lockeren Tuch würde das Baby allerdings leicht auskühlen, deshalb ist das Ankleiden – auch unter großem Protest – unvermeidlich, damit es in Ruhe schlafen kann.

Sobald Mutter und Kind den Kreißsaal verlassen haben, werden sie in etlichen Krankenhäusern routinemäßig voneinander getrennt. Im Säuglingszimmer reißt die Kinderschwester das Baby aus dem Schlaf, indem sie es noch einmal auszieht und durchcheckt. Wenn sie es dann erneut angekleidet und in ein Bettchen gelegt hat, findet es in den seltensten Fällen wieder zur Ruhe. Es fühlt sich alleine, und wenn es nicht selbst weint, so hört es doch meist andere weinende Babys um sich herum. Zu einem entspannten, zufriedenen Schlaf wird es hier nicht finden.

Diese Mißachtung der Bedürfnisse eines Neugeborenen sollten Sie bei Ihrem Kind nicht zulassen. Niemals ist ein gesundes Neugeborenes im Säuglingszimmer unter besserer Beobachtung als bei seiner eigenen Mutter. Durch die Geburt ist ihr ganzes körperliches und geistiges

Sein weit geöffnet für das Kind. Ist sie ungestört, wird sie über lange Zeit ihr Kind fühlen und sehen wollen, ihm in Gedanken und mit leiser Stimme ihre Liebe für alle Ewigkeit versprechen und Wünsche von Glück und Wohlergehen werden zu ihm fließen. Dabeiliegende Väter reagieren natürlich ebenso. Alle drei erfahren einen tiefen Frieden. Die Eltern vereint Dankbarkeit und Glück. Erfahren sie dies gemeinsam, hilft dies den oft schwierigen Anforderungen der nächsten Wochen gelassen zu begegnen.

Soviel Wärme braucht ein Säugling

In den ersten fünf bis sieben Tagen paßt sich das Neugeborene an das Leben außerhalb der Gebärmutter an. Es befindet sich in einer im Vergleich zur Gebärmutter kühlen Umgebung, es atmet, es muß seine Nahrung selbst zu sich nehmen, und sein Verdauungstrakt muß anfangen zu arbeiten. Ist der Kopf des Neugeborenen nicht durch ein schützendes Tuch oder ein Häubchen umhüllt, verliert es über den Kopf Körperwärme, also Energie. Setzen Sie Ihrem Baby deshalb auch zu Hause immer ein dünnes Mützchen auf.
Genau wie ein Erwachsener kann sich ein Neugeborenes nicht entspannen, wenn es kalte Füße hat. Es hat die Beinchen angezogen und die Bauchmuskeln sind verspannt. Dies kann eine Ursache für Blähungen sein oder auf alle Fälle Blähungen verstärken. Hat ein Baby kalte Füße oder Hände, so braucht es meist neben Söckchen eine wärmende Decke, die den Kopf mit einbezieht. Ein Neugeborenes erwartet eigentlich als natürliche Wärmequelle einen warmen Körper neben sich. Ist es kalt geworden, wird es dicht an die Mutter gekuschelt innerhalb weniger Minuten durchwärmt, besonders wenn um beide eine Decke gelegt ist. Wenn Sie merken, daß Ihr Kind kalte Händchen und Füßchen hat, nehmen Sie es deshalb am besten direkt zu sich und wärmen es mit Ihrem Körper. Später schlagen Sie es in eine dünne Wolldecke ein.

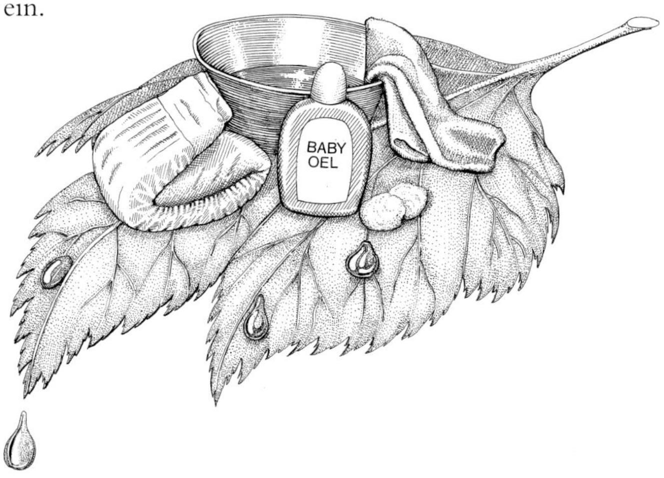

Was soll man einem Neugeborenen anziehen?

Oft liegen die Babys auf Neugeborenenstationen mit dünnen Baumwollhemdchen, Überhemdchen und Strampelhose bekleidet in ihren Bettchen, zugedeckt mit einem Kissen, das bis an die Schultern reicht. Der Kopf ist nackt. Kein Erwachsener würde gerne so einschlafen. Wir würden hinter unseren Nacken greifen, uns die Decke an den Hinterkopf hoch bis an die Ohren ziehen. Wieviel unwohler noch muß sich dann das meist glatzköpfige Neugeborene fühlen! Es braucht mehrere schützende Hüllen um den ganzen Körper, vorzugsweise aus dünner Wolle (auch im Sommer).
Kommt das Baby auf das Wochenbettzimmer, steht sein Bettchen neben dem der Mutter. Wie trostreich, ihre Stimme zu hören und ihre Hand zu fühlen und zu riechen. Wieviel natürlicher aufgehoben wäre das Kind jedoch, wenn es sich direkt an die Mutter kuscheln könnte. In der vertrauten Umgebung des eigenen Heims würden die Mütter spontan ihre Kinder neben sich haben wollen. Vielleicht nicht immer im direkten Kontakt, gleichwohl aber im gemeinsamen Bett. Tun Sie das auch im Krankenhaus. Halten Sie sich dabei nicht aus falscher Scham oder übertriebener Vorsicht zurück. Ihr Kind fühlt sich am wohlsten und geborgensten, wenn es Sie riechen und Ihren Herzschlag fühlen kann.

Die Pflege in den ersten Lebenswochen

Es ist immer wieder erstaunlich, wie gut Mutter und Kind aufeinander eingespielt sind, ohne es zu wissen und ohne es geübt zu haben. Die Milch schießt exakt zu der Zeit ein, wenn das Neugeborene das Kindspech vollends ausgeschieden hat und der leichte, natürliche und sicher wichtige Austrocknungsprozeß der ersten Lebenstage beim Baby einen gewaltigen Hunger und Durst auslöst. Nach einer Woche trinkt das Kind meist in einem ihm und seiner Mutter eigenen Stundenmuster.
Die obere Hautschicht des Babys, die mit dem Fruchtwasser in Berührung war, trocknet und schuppt ab. Der Nabelschnurrest trocknet aus und fällt ab. Jeden Tag verändert sich das Kind, sowohl im Aussehen, als auch in seinen Reaktionen. Das Gesicht hat sich »entfaltet« und wird von Tag zu Tag hübscher. Der Körper, dessen Haut am zweiten oder dritten Lebenstag etwas schlaff wurde, strafft sich – und Sie können direkt sehen, daß Ihr Kind gedeiht.

Das Wickeln

Was tun, wenn das Baby beim Wickeln schreit?

In den ersten Tagen lohnt es sich, das Kind zu zweit zu wickeln. Eine Person zieht das Baby aus, entfernt die Windel, säubert das Kind und zieht es wieder an. Währenddessen kann die andere mit ihm sprechen, ihm sanft das Köpfchen streicheln und seinen suchenden Händen einen Finger zum Anklammern bieten. Auf den Rücken gelegt und entkleidet zu werden, ist für Neugeborene ein so unschönes Erlebnis, daß sie dies sofort mit Geschrei kundtun und damit zeigen, wie ausgeliefert und kalt sie sich fühlen. Steigert sich ein Neugeborenes in dieses Geschrei so hinein, daß es auf ruhige Hände, Zuspruch und Streicheln nicht mehr reagiert, sollten sie die Pflege unterbrechen und das Kind in ein Tuch gehüllt an sich nehmen, wo es sich sofort beruhigen wird. Dadurch wird die Windelprozedur zwar zeitlich um etliches verlängert, ist aber sehr schnell mit dem Erfolg gekrönt, daß das Neugeborene innerhalb dieser ersten Woche alle Handgriffe entspannt geschehen läßt und seinen Eltern ein tiefes Urvertrauen entgegenstrahlt.

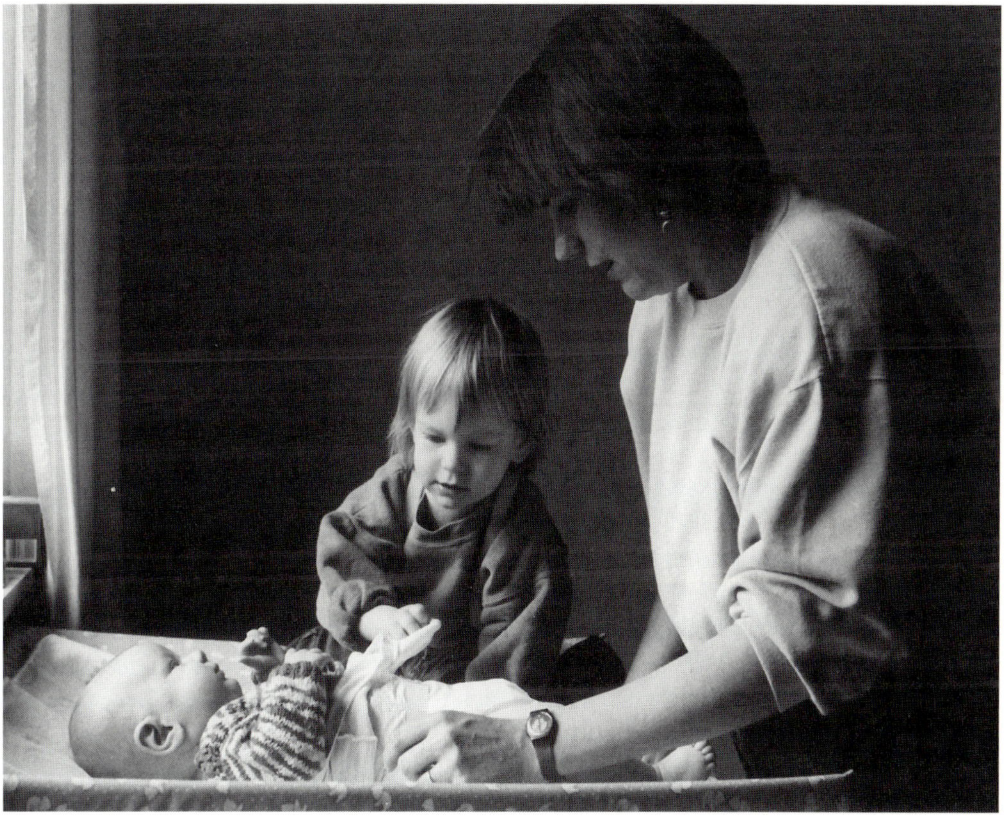

Neugeborene, die in den ersten fünf Tagen zumindest nachts von verschiedenen Betreuern gewickelt wurden und auch sonst die intime Atmosphäre der Eltern-Kind-Beziehung nicht erfahren konnten, schreien oft noch lange Zeit beim Wickeln. Dann lohnt es sich, jede Pflegeprozedur besonders langsam und behutsam mit beruhigenden Unterbrechungen vorzunehmen.

Das Baden

Muß Baden überhaupt sein?

Vom Baden eines Neugeborenen in der ersten Lebenswoche profitiert nur der Reinlichkeitssinn der Betreuer. Dem Baby gefällt es im Wasser meist nicht. Spätestens beim Herausnehmen wird es kalt und fühlt sich unwohl. In den ersten Lebenswochen können Sie auf ein Bad getrost verzichten. Sie können Ihr Kind auf der Wickelkommode mit dem Waschlappen sanft abwischen, das genügt vollkommen. Benutzen Sie keine Seife oder Waschlotion! Auch milde und ph-neutrale Produkte trocknen die empfindliche Säuglingshaut aus. Reste von Käseschmiere können Sie am zweiten Lebenstag mit einem mit Öl beträufelten Wattebausch entfernen, ebenso Rückstände von Urin und Stuhlgang, die mit warmem Wasser allein nicht ganz verschwunden sind.

Öl reinigt sehr viel gründlicher als Wasser, läßt aber die Haut, genau wie Körperlotionen und Salben, bei regelmäßiger Anwendung aufquellen und macht sie letztlich empfindlich. Benutzen Sie ein mildes Kamillen-, Ringelblumen- oder Lavendelöl, und frottieren Sie anschließend die öligen Hautpartien gut ab, damit alle Reste des Öls entfernt werden.

Sie können dem Baby sogar ein richtiges »Ölbad« gönnen. Legen Sie es nackt auf ein vorgewärmtes Tuch (am besten in Ihrem Schoß oder auf Ihren ausgestreckten Beinen) und sorgen Sie dafür, daß das Zimmer gut warm ist und Sie nicht gestört werden. Nun füllen Sie die eine Handfläche mit etwa einem Eßlöffel Öl, verteilen es schnell auf beide Handflächen und bestreichen damit das Köpfchen, die Hautfalten am Hals und hinter den Ohren, die Arme und die Achselhöhlen. Mit einem zweiten Eßlöffel Öl bestreichen Sie Bauch und Beinchen. Einzig das Gesicht lassen Sie aus. Nun können Sie das Baby sanft mit Ihren Händen streicheln. Bücher über Babymassage können Ihnen dafür einige Anregungen geben, aber benutzen Sie sie nicht wie ein Rezeptbuch. Folgen Sie Ihren eigenen Eingebungen und Gefühlen, dann fühlt sich Ihr Baby bei allen Handgriffen wohl.

Zum Abschluß drehen Sie das Kind auf den Bauch und bestreichen den Rücken mit etwas zusätzlichem Öl. Sind alle Hautfalten und -flächen gut gestrichen worden, schlagen Sie das Kind in das Handtuch ein, und frottieren Sie es damit sanft ab. Beginnen Sie am Kopf, und arbeiten Sie sich dann langsam über Ärmchen, Bauch und Rücken zu den Beinchen vor. Es sollte kein Öl auf der Haut verbleiben.

Die Augen des Neugeborenen

Die Augenlider sind oft in den ersten ein bis drei Lebenstagen leicht geschwollen. Das kommt vom Druck, den die Beckenknochen während der Preßphase auf das Köpfchen ausgeübt haben. Neugeborene haben direkt nach der Geburt ein großes Bedürfnis, Blickkontakt aufzunehmen, halten danach aber die Augen meist wieder lange geschlossen. In den ersten Tagen nimmt das Baby so viele Veränderungen in seinem Körper wahr, daß es wohl instinktiv die Augen schließt. Spätestens mit dem ersten richtigen Hunger – etwa nach drei bis vier Tagen – beginnt das Baby, sich umzusehen. In den Tagen darauf entwickelt es seine Wachphasen, in denen es ruhig um sich schaut. Ist es von immer denselben Familienmitgliedern umgeben, reagiert es auf Besucher schon mit Blickkontakt. Hebammen, die über Jahre täglich Neugeborene beobachten, nehmen dies sehr genau wahr.

Was tun bei geröteten und geschwollenen Augen?

Die Tränenkanäle, die überschüssige Flüssigkeit aus den Augen in die Nase leiten, sind beim Neugeborenen noch geschlossen. Dadurch bekommen Babys leicht feuchte Äuglein, so daß die Lider etwas verkrusten können. Die Babys stört dies meist weniger als die Eltern. Sie können die Augen mit verdünntem Kamillentee oder Augentee (z.B. Species Ophthalmicae) vorsichtig reinigen. Befeuchten Sie damit einen Wattebausch und wischen Sie sanft von außen über das Auge zur Nase hin. Sollte dies nicht innerhalb von ein paar Tagen helfen, die Augenlider geschwollen oder gerötet bleiben, zeigen Sie das Baby besser einem Kinderarzt.

Die Nase

So schief und platt sie nach der Geburt auch aussehen mag – sie entfaltet sich überraschend schnell, so daß nach etwa einer Woche feststeht, aus welcher Familienecke dieses Prachtstück stammt. In den ersten Tagen sind die Nasenschleimhäute durch den Druck während der Geburt geschwollen. Starkes Anschwellen liegt meist daran, daß direkt nach der Geburt Schleim abgesaugt wird, was für das Baby äußerst unschön und in den seltensten Fällen notwendig ist. Stark geschwollene Nasenschleimhäute können ein Baby durchaus daran hindern, entspannt zu schlafen oder an der Brust zu saugen. Ist das Kind schon eine Woche alt oder auch größer, können Sie oft überraschend lange Popel in der Nase finden. Sie sind kein Zeichen von Luftverschmutzung, sondern entstehen aus Milchresten. Gestillte Babys nehmen bei den Mahlzeiten den Mund manchmal zu voll, weil so viel Milch aus der Brust fließt. Dabei und beim Aufstoßen gerät etwas Milch in den Rachen und verbindet sich mit dem Nasenschleim zu großen Popeln. Teilweise behindern diese die Atmung und damit auch das Stillen. Entfernen Sie die Störenfriede nie mit einem Wattestäbchen, sondern mit einem Tupfer Watte, den Sie anfeuchten und spitz zudrehen.

Auch ein Neugeborenes kann schon ein richtiger Schnupfen plagen, so daß es unruhig schläft und schlecht saugen kann. Träufeln Sie dann etwas Kochsalzlösung in die Nase und saugen Sie den Schleim mit Hilfe eines Nasenabsaugers (in Apotheken erhältlich) ab. Majoranbutter oder milden Nasenbalsam können Sie in winzigen Mengen am Naseneingang auftragen. Überraschend gut hilft dem Baby regelmäßiges Einträufeln (etwa drei Tropfen pro Nasenloch) von Muttermilch. Herzhaftes Niesen in den ersten Lebenstagen ist normal. Es erfolgt reflexartig und befreit den Rachenraum des Kindes von Schleim.

Der Mund

Belag auf der Zunge – was kann schuld sein?

Bei einem Baby sollte der Mund immer sehr feucht sein. Bei gestillten Kindern hat die Zunge einen ganz leichten, weißlichen Belag. Das ist normal. Pilzbefall hingegen zeigt sich als kleiner Perlenkranz am Zungenrand. Dieser »Soor« plagt viele Menschen, es passiert leicht, daß sich ein Säugling damit ansteckt. Die Soorflecken lassen sich nicht mit dem Finger wegwischen. So können Sie sie von geronnener Milch, die das Baby eventuell gerade aufgestoßen hat, unterscheiden. Die Pilzinfektion muß immer behandelt werden, und zwar mit einem speziellen Medikament, das der Kinderarzt wählen sollte. Leider ist ein wiederholter Soorbefall recht häufig. Er kann auch auf die Brustwarzen der Mutter und den Babypo übergehen. Es empfiehlt sich deshalb, nach einer medikamentösen Behandlung noch mindestens 14 Tage lang den Mund weiter zu behandeln.

Zur Vorsorge können Sie jeweils nach dem Stillen den Mund mit etwas Bio-Joghurt (Reformhaus) bestreichen. Tauchen Sie den sauberen kleinen Finger in den Joghurt und lassen Sie das Baby daran saugen. Der Joghurt sollte täglich frisch sein und im Kühlschrank aufbewahrt werden. Wenn der Soor hartnäckig immer wieder von neuem auftritt, sollte der Kinderarzt eine Stuhlprobe des Babys auf Befall mit dem Hefepilz Candida albicans prüfen lassen. Eventuell sollte er dies auch für die anderen Familienmitglieder veranlassen, um diese Ansteckungsquellen auszuschalten.

Die Ohren

Babys produzieren viel Ohrenschmalz. Normalerweise ist Ohrenschmalz weich wie halbflüssiges Wachs, hat einen leichten Wachsgeruch und ist bernsteinfarben. Wenn sich nur eines dieser Merkmale verändert, sollten Sie den Kinderarzt informieren. Alles, was mit den Ohren zusammenhängt, birgt eventuell ein Risiko für die Gesundheit des Kindes, denn die Ohren führen direkt ins Kopfinnere. Wird also das Ohrenschmalz weißlich oder grünlich oder kommt es flüssig aus dem Ohr, riecht es unangenehm, sollte das Kind umgehend vom Kinderarzt untersucht werden.
Ohrenschmalz sollten Sie nie aus dem Gehörgang heraus entfernen. Wischen Sie die Ohrmuschel nur mit einem leicht öligen Wattebäuschchen ab. Bei den Vorsorgeuntersuchungen kontrolliert der Arzt jedesmal auch die Ohren. Sollte sich tatsächlich zuviel Ohrenschmalz im Gehörgang angesammelt haben, kann dies das Kind beim Hören beeinträchtigen und so seine Entwicklung hindern. Der Kinderarzt wird in diesem Fall die Ohren vorsichtig reinigen.

Die Hautfalten

In der Hautfalte hinter den Ohren sammeln sich schnell kleine Mengen Schweiß, abgestoßene Hautzellen und Spuckreste. Jedes Elternpaar stellt mindestens einmal fest, daß sich dort eine regelrechte Kruste gebildet hat. Sie läßt sich gut mit einem öligen Wattebausch entfernen. Es ist ratsam, regelmäßig diese Hautfalte zu kontrollieren. Auch in die tiefe Halsfalte unter dem Kinn läuft leicht aufgestoßene Muttermilch hinein. Da meist keine Luft an diese tiefe Falte gelangt, entsteht schnell eine Hautreizung. Alle Babys hassen es, das Köpfchen nach hinten geneigt zu bekommen und reagieren damit sofort mit Geschrei, aber ein kurzer Blick muß sein. Hat sich ein roter Streifen gebildet, bestreichen Sie die Falte mit einer Heilsalbe (Apotheke).

Beim Säugling ist auch die Achselhöhle eine Hautfalte, die sich leicht entzündet. Schon Babys schwitzen unter den Armen. Da sie in den ersten Wochen die Ärmchen überwiegend an den Körper herangezogen halten, kommt wenig Luft hier herein. Schauen Sie bei der Pflege deshalb immer auch unter die Achseln, und wischen Sie sie mit einem öligen Läppchen ab.

Finger und Zehen

Lassen Sie das Kind hin und wieder Ihren Zeigefinger umfassen und schauen Sie sich dabei die Fingerkuppen an. Die feine Nagelhaut, die sich beim kleineren Baby noch nicht zurückschieben läßt, reißt leicht ein und kann sich entzünden. Eine richtige Nagelbettentzündung mit dick gerötetem Fingerchen kommt öfter vor. Reinigen Sie dann den Nagel mit verdünnter Calendula-Essenz oder Muttermilch, bestreuen Sie ihn nach dem Trocknen mit Wundpuder und schützen Sie ihn mit einem Baumwollhandschuh. Ein dick geschwollenes rotes Fingerchen sollte vom Kinderarzt behandelt werden.

Braucht man eine spezielle Babynagelschere?

Die feinen Nägel an Fingern und Zehen zu schneiden, ist für die Eltern oft ein Problem. Anfangs brechen die Nägel von selbst ab. Erst nach einigen Wochen müssen Sie anfangen, Sie zu schneiden. Bei sehr aktiven Babys ist es besser, dies während des Schlafens zu tun. Kaufen Sie eine gute Babynagelschere, es lohnt sich immer. Beim ganz kleinen Säugling sind die Nägel besonders dünn, und sie wachsen an Fingern und Zehen noch so, daß die darunterliegende Haut sich nicht nach innen rundet, sondern zur Nagelkante hin aufliegt. Dadurch wird die Haut unter dem Nagel beim Schneiden leicht verletzt. Sie wissen, wie schmerzhaft das ist. Mit scharfkantig geschnittenen Nägeln zerkratzen sich Babys leicht das Gesicht. Feilen Sie deshalb die geschnittenen Nägel nach. Oder knabbern Sie sie beim schlafenden Säugling vorsichtig kurz. Das geht wirklich ganz gut, ist aber natürlich nicht jedermanns Sache.

Der Windelbereich

Für die normale Pflege der Haut im Windelbereich genügen Wasser und ein mildes Öl (Mandelöl). Wischen Sie Stuhl- und Urinreste mit einem gut feuchten, warmen Waschlappen ab und entfernen Sie sehr hartnäckige Rückstände mit einem ölgetränkten Wattebausch oder Papiertuch. Empfindliche Babyhaut braucht danach höchstens noch eine milde Heilsalbe (Zink-Salbe), um Wundsein vorzubeugen.

Feuchte oder ölhaltige Fertig-Reinigungstüchlein, die Sie kaufen können, sind stark parfümiert und enthalten konservierende Stoffe. Auf beides reagiert Babyhaut oft allergisch. Benutzen Sie solche Tücher nur notfalls auf Reisen. Es gibt Eltern, bei denen das Baby nie einen wunden Po bekommen hat, aber das dürften die ganz großen Ausnahmen sein. Mit gelegentlichem Wundsein während der ersten drei Lebensjahre müssen Sie rechnen. Für die Haut und das Wohlbefinden des Babys ist es schön, das Kind so oft wie möglich ohne Windel strampeln zu lassen. Legen Sie das Baby dabei auf eine ausgebreitete Baumwollwindel (dickes Moltontuch unterlegen). Sorgen Sie dafür, daß es im Zimmer warm genug ist oder legen Sie im Sommer das Kind im Freien in den Halbschatten. Bei kleinen Babys müssen immer unbedingt Strümpfchen an die Füße. Legen Sie das Baby nicht in die pralle Sonne.
Vorsicht – auch die Sonne, die zum Fenster hereinscheint, kann sehr heiß sein. Schläft das Kind ungewindelt ein, sollten Sie es mit einer leichten Decke zudecken und den Vorhang zuziehen. Es darf nicht zu heiß oder zu kalt werden. An sehr heißen Tagen sollte das Baby lieber in der kühlen Wohnung bleiben. Sein Körper heizt sich schneller auf als bei größeren Kindern und Erwachsenen, und einen Sonnenstich oder -brand zu bekommen, ist für das Baby äußerst gefährlich.

Wunde Haut

Sollte die Haut im Windelbereich so wund sein, daß blutende oder nässende Wunden entstanden sind, ist dies für die Babys sehr schmerzhaft. Dann sollte der Kinderarzt die Wunden begutachten. Auch hier trägt viel frische Luft dazu bei, daß die Haut rasch wieder verheilt. Vorsicht, wenn Sie den Po mit dem Fön trocknen! Ein Pinkelstrahl in den laufenden Fön setzt das Kind unter Strom. Das ist lebensgefährlich! Lassen Sie das Kind lieber frei strampeln. Bäder mit Eichenrinde (gibt's fertig als Zusatz zu kaufen) sind gut für gereizte Haut. Heilsalbe läßt die Hautrötung nach ein bis zwei Tagen wieder abklingen. Probieren Sie sonst eine andere Creme-Sorte aus, oder stellen Sie das Kind noch einmal dem Arzt vor.
Besonders bei der Benutzung von Höschenwindeln (Pampers u.a.) können sich im Kreuzbereich gelegentlich Hautreizungen mit Pikkelchen entwickeln, die beim routinemäßigen Windelwechsel gar nicht bemerkt werden. Reagiert die Haut wiederholt so empfindlich, wäre ein Wechsel der Wickelmethode anzuraten.

Stoff- oder Wegwerfwindeln

Was passiert, wenn die Reinlichkeitserziehung zu früh einsetzt?

Windeln trägt Ihr Kind zweieinhalb bis gut drei Jahre, wenn Sie es von sich aus und ohne Druck sauberwerden lassen wollen. Rund 18 Monate ist es alt, wenn es erfährt, wie es sich anfühlt, Urin und Stuhlgang anzuhalten und freizugeben. Es erlebt das Herauslassen als etwas sehr Befriedigendes, Aktives, wobei es sich auch selbst sehr bewußt erlebt. Es hat dabei also eine eher schöne eigene Körperwahrnehmung. Setzt die Reinlichkeitserziehung zu früh ein, wird diese positive Eigenerfahrung gestört, was für das Kind in diesem Alter zu einem zwiespältigen Selbstbewußtsein führen kann. Die schönen Gefühle, die das Kind beim Windelfüllen erlebt, kommen aus seinem Schoßbereich. Hier liegen wichtige seelische Zentren. Wenn Sie dem Kind vermitteln, daß Sie verabscheuen und als schlecht verurteilen, was es selbst als schön empfindet, wird es zutiefst verunsichert. Versuchen Sie, die Freude über diese normale Körperfunktion mit ihm zu teilen und es dabei zu bestätigen.
Mit dem Wickeln verbinden sich im allgemeinen drei Wünsche:

- das, was das Kind produziert hat, soll möglichst an seinem Platz bleiben,
- das Baby soll sich in der Windel wohlfühlen, und
- wir möchten nicht übermäßig viel Arbeit haben.

Die Wegwerf-Höschenwindel (z.B. »Pampers«) ist sicherlich der Renner unter allen Wickelmethoden. Wenn das Baby keine sehr empfindliche Haut hat oder wiederholt von Pilzinfektionen heimgesucht wird, erfüllt die Höschenwindel auch alle drei Wünsche. Mit wachsender Umweltverantwortung suchen Eltern allerdings immer mehr nach alternativen Methoden. Stoffwindeln aus Mull, italienische Stoffwindeln mit Einlage, englische Stoffwindeln aus Frottee oder die noch sehr teuren Baumwollhöschenwindeln werden zunehmend benutzt. Sogar »Windeldienste«, die es seit über 20 Jahren in Deutschland nicht mehr gegeben hat, haben sich inzwischen wieder etabliert. Sie können die Windeln aber auch problemlos selbst waschen, wenn Sie eine Waschmaschine und eine gute praktische Trockenmöglichkeit haben. Extra Waschgänge sind für die Windeln nicht nötig, wenn sie in kaltem Wasser vorgespült sind. Und alle zwei Tage ist mit einem Baby im Haushalt sowieso eine Waschmaschinenfüllung für 60 Grad fällig. Wollwindelhosen, die anstelle der Gummihosen über Stoffwindeln getragen werden, sind inzwischen sehr beliebt. Mütter meinen, daß die selbstgestrickten am dichtesten halten.

Die Genitalien

Bei den Jungen dauert die Reinigung oft etwas länger, weil sie so viele Falten haben und es meist sehr gut abpassen, genau dann einen Prachtstrahl Urin von sich zu geben, wenn alles fertig ist und nur noch die neue Windel untergeschoben werden muß. Da die Vorhaut noch fest auf der Eichel haftet, können sich dort keine Urin- oder Stuhlgangreste untermogeln. Die Vorhaut löst sich nach und nach im zweiten Lebensjahr. Der Kinderarzt wird bei den Vorsorgeuntersuchungen beobachten, ob dies auch erwartungsgemäß stattfindet.
Bei kleinen Mädchen reinigen Sie die Scheide mit Papiertüchern oder Watte vom Schambein zum After hin. In den feinen Fältchen zwischen den äußeren und inneren Schamlippen werden in frühem Säuglingsalter kleine Mengen talgähnliches Sekret gebildet. Es verhindert, daß sich dort Stuhlgangreste festsetzen. Beim Säubern entfernen Sie also alle gelben Spuren und lassen den kleinen weißen Rest in den Fältchen stehen.
In den ersten Lebenstagen haben alle neugeborenen Mädchen einen Schleimabgang aus der Scheide. Der Schleim kann sogar etwas blutig sein. Ursache hierfür ist der »Entzug« der weiblichen Sexualhormone, die das Baby über die Mutter bekommen hat. Den nächsten Schleimabgang wird es dann erst in der Pubertät bekommen.

Die tägliche Hautpflege

Wenn Sie hin und wieder ein »Ölbad« machen (siehe Seite 150 ff.) und das Kind dabei gründlich frottieren, benötigt die Haut keinerlei weitere Pflege in Form von Cremes oder Lotionen. Auch im Windelbereich sollten Sie diese nur benutzen, wenn die Haut gereizt oder verletzt ist. Puder ist in der Windelzone generell tabu, weil er sich mit der Feuchtigkeit verbindet und Klumpen bildet, was die Haut unnötig reizt.

Wann soll das Baby eingecremt werden?

Das Gesicht reinigen Sie täglich mit klarem Wasser. Ein weicher Mullwaschlappen eignet sich sehr gut dafür. Beginnen Sie an den Augen und wischen sanft von außen zur Nase hin. Der Rest des Gesichtchens ist dann durch ein kreisendes Wischen schnell gesäubert. Zwischendurch den Waschlappen ausspülen. Schläft Ihr Kind viel im Freien, so ist eine milde, fetthaltige Gesichtscreme angebracht, auch wenn es im Winter bei größerer Kälte über längere Zeit draußen liegt. Cremen Sie aber nicht routinemäßig, sondern nur dann, wenn sich zeigt, daß die Haut trocken und rauh wird.

Haare waschen

Sehr viele Babys sind im ersten Lebensjahr kahlköpfig, und damit erledigt sich meist das Problem des Haarewaschens von alleine. Kinder mit üppigem Schopf sollten die Haarpracht allerdings schon – je nach Bedarf – alle ein bis zwei Wochen gewaschen bekommen. Sie können das während des Badens erledigen, indem Sie mit der Hand vorsichtig Wasser über den Hinterkopf schöpfen oder die Haare mit einem Waschlappen befeuchten. Zum Reinigen genügt normale Seife oder ein mildes Babyshampoo, von dem Sie ein wenig auf den Haaren verteilen und den Schaum mit der Hand oder dem Lappen wieder abspülen. Erzählen Sie dem Kind, was Sie tun, dann wird es die Prozedur später gewohnt sein und keinen »Aufstand« machen.

Die Kleidung

Baumwolle, Wolle oder Seide?

Die Kleidung sollte bei Babys immer eher locker als eng sitzen. Als Material sind Baumwolle und unbehandelte Wolle oder Seide geeignet. Kleidung aus Wolle und Seide ist teuer und muß mit der Hand gewaschen werden. Das Material ist aber in seinen Eigenschaften – vor allem als Unterwäsche – sehr viel besser für Menschen geeignet als die pflanzliche Faser Baumwolle. Empfehlenswert sind Unterhemdchen in einer Wolle/Seidenmischung und Baumwollwäsche zum Darübertragen. Baumwolle nimmt Feuchtigkeit auf, unbehandelte Wolle nicht. Trägt ein Säugling ein Baumwollunterhemd, das durch ausgespuckte Milch oder eine »übergelaufene« Windel naß geworden ist, so kühlen Brust und Bäuchlein schnell aus. Vielen Babys läuft auch beim Zahnen Speichel anhaltend am Kinn herunter, so daß die Kleidung über der Brust immer wieder feucht ist. Wollunterwäsche wärmt selbst noch im feuchten Zustand und läßt den kleinen Körper nicht so schnell auskühlen.

- Hemdchen und Jäckchen sollten am Hals keine Bändchen haben. Im Rücken geteilte Hemdchen verrutschen leicht, so daß das Kind beim An- und Auskleiden unnötig oft hin- und hergedreht werden muß. Modelle mit »Briefumschlagverschluß« sind bequem in der Handhabung. Leider sind die Hemdchen oft zu kurz geschnitten, so daß beim aktiver werdenden Baby die Körpermitte freiliegt. Hier sind Hemdhöschen (»Bodys«) empfehlenswert, die über die Windel bis zwischen die Beinchen fassen und dort mit

Druckknöpfen verschlossen werden. Lange Ärmel an Überhemden und Jäckchen sollten locker sein und aus dehnbarem Material, damit das Ankleiden mühelos geht.

- Strampelhosen sollten am Leib weit geschnitten sein, um über üppige Windelpakete zu passen. Reißverschlüsse sollten nicht zum Hals hin schließen, da der Nippel dort drücken und pieksen kann. Strampelanzüge, an die ein langärmeliges Oberteil mit angeschnitten ist, sollten Sie daraufhin prüfen, ob der Schnitt des Anzugs ein einfaches, schnelles Windeln zuläßt oder ob bei jedem Windelwechsel der Anzug total an- und ausgezogen werden muß. Strampelsäcke sind zwar etwas aus der Mode gekommen, aber das Baby fühlt sich darin meist ausgesprochen wohl.
- Mützen sollten immer die Ohren gut bedecken. In den ersten ein bis zwei Wochen haben Babys im Haus und auch im Sommer gerne einen dünnen, leichten Schutz um das Köpfchen. Es hilft ihnen, in dieser Zeit ihre Wärme zu halten, und sie sind entspannter.
- Wollene Kniestrümpfchen, die unter den Strampelhosen getragen werden, sind für alle Babys mit klammen oder kalten Füßchen angenehm, und Sie sollten prüfen, ob das Kind nicht insgesamt einen besseren Wärmeschutz braucht, z.B. wollene Unterhemdchen oder ein wollenes Einschlagtuch. Fragen Sie sich dann auch, ob das Kind genügend körperlichen Kontakt hat. Es liegt oft nicht nur an zu leichter Kleidung, wenn ein Kind zu kühl wird. Auch wir Erwachsenen fühlen uns immer wieder einmal einsam und unverstanden und frieren dann schneller.

Hier ein schneller Test, um zu fühlen, ob Ihr Kind warm genug ist:
Legen Sie die Hand an Ihre Stirn und nehmen Sie wahr, welche Wärmeausstrahlung Sie auf der Hand spüren. Nun legen Sie dem Kind die Hand oder den Finger auf die Stirn und können dabei das Wärmeempfinden vergleichen. Lassen Sie dann die Finger heruntergleiten zur Nasenspitze. Sie sollte nicht merklich kühler sein. Ist sie es dennoch, zeigt sie Ihnen an, daß das Kind mehr Wärme braucht.
Im Kinderwagen lassen sich Babys auch im Winter mollig warm halten, so daß sie auch an kalten Tagen ohne Bedenken spazierengehen können. In der Karre dagegen sind sie Wind und Kälte viel mehr ausgesetzt, zumal auch die sehr aktiven unter ihnen hier zum Stillsitzen verdammt werden.

Das Abhärten

Mehr Widerstandskraft durch Abhärtung?

Es ist aus der Mode gekommen, Kinder abzuhärten, obwohl diese Art der Stimulierung der Abwehrkräfte unbedingt sinnvoll ist. In alten Säuglings- und Kinderpflegebüchern ist zu lesen, daß z.B. das kalte Abklatschen nach dem Waschen Körper und Geist anregt. Wird dies ab etwa dem zweiten Lebensjahr regelmäßig und richtig durchgeführt, erhöht es die Widerstandskraft.
Auch Babys können Sie abhärten. Ein gesundes Kind braucht beispielsweise keine Wärmequelle mehr über dem Wickeltisch, wenn es ungefähr drei bis vier Wochen alt ist. Es empfindet zwar ein Unbehagen, wenn die feuchtwarme Verpackung entfernt wird und es durch das Saubermachen etwas abkühlt. Es wird so aber doch täglich mehrmals angeregt, auf einen Kältereiz zu reagieren.
Ein Baby sollte jedoch nie kalt in die Wiege oder ins Bettchen gelegt werden. An Ihren Körper angekuschelt, können Sie es schnell vorwärmen.
Sowie das Kind in den Wachphasen sehr aktiv wird, spätestens jedoch wenn es krabbelt, sollte es so oft es geht, mit bloßen Ärmchen und Beinchen spielen dürfen. Später ist Barfußlaufen ideal zum Abhärten, besonders im Freien. Da dies in der Großstadt oder auf feuchtkalten Fußböden nicht immer ratsam ist, sollten Sie anregen, soviel wie möglich mit Ihren Kindern und für Ihre Kinder Möglichkeiten für eine naturgerechte Lebensweise zu suchen.

Warum Kinder ganz besonderen Sonnenschutz brauchen

(Susanne Mersmann)

In jungen Jahren teilen sich die Zellen schneller, Kinderhaut ist deshalb dünner und empfindlicher als die von Erwachsenen. Außerdem verdickt sich die Hornhaut durch die UV-Strahlen noch nicht, es wird also keine schützende Lichtschwiele aufgebaut. Die Sonnenstrahlen können deshalb leichter tief in die Haut eindringen und die Zellkerne schädigen.
Langjährige Studien, die in Australien und Israel gemacht wurden, haben den Zusammenhang von starker Sonnenbestrahlung und Sonnenbränden in der Jugend und späteren Hautkrebserkrankungen eindeutig bewiesen: Menschen, die vor ihrem 20. Lebensjahr aus sonnenarmen Ländern nach Australien oder Israel einwanderten,

haben demnach genauso häufig Hautkrebs wie Einheimische. Wer aber erst nach dem 20. Lebensjahr kam, ist – statistisch – nicht gefährdeter als im sonnenarmen Geburtsland.

Eine dänische Untersuchung zeigte außerdem, daß Menschen, die bis zu ihrem 15. Lebensjahr starker Sonne ausgesetzt werden und einen oder mehrere Sonnenbrände davontragen, ein erhöhtes Risiko haben, im Alter zwischen 20 und 40 Jahren am gefährlichen malignen Melanom, dem schwarzen Hautkrebs, zu erkranken.

Es besteht kein Zweifel: Sonnenbrände summieren sich im Laufe des Lebens zu schweren Hautschäden bis hin zum Krebs. Nach den Erfahrungen der Mediziner wirken sich Sonnenbrände in den ersten beiden Lebensjahren verheerend aus. Alle Verbrennungen bis zum 20. Geburtstag sind äußerst bedenklich.

Schützen Sie deshalb Kleinkinder immer mit Sunblocker oder Sonnenmilch mit hohem Lichtschutzfaktor. Am Strand oder im Winter im Gebirge sollten Sie die Haut auch dann eincremen, wenn die Sonne nicht scheint. UV-Strahlen durchdringen selbst starke Wolkendecken.

Annette Bopp

Das Baby – ein Lustkiller?

Sexualität nach der Geburt

Wenige Ereignisse im Leben einer Frau verändern ihre Sexualität so nachhaltig wie die Geburt eines Kindes. Danach ist nichts mehr, wie es vorher war. Fast jede junge Mutter hat in den ersten Monaten nach der Geburt überhaupt keine Lust auf Sex. Und das ist gut so. Die Abstinenz erlaubt der Frau, sich voll und ganz auf ihr Baby zu konzentrieren. Nie wieder ist die Bindung zwischen Mutter und Kind so intensiv wie in den ersten drei bis vier Lebensmonaten des Neugeborenen.

Keine Energie für Sex

Auch der weibliche Körper stellt sich darauf ein. Während des Stillens ruhen die Eierstöcke und damit auch die Produktion weiblicher Geschlechtshormone, der Östrogene. Bei vielen Frauen ruht dann auch die Lust. Männer akzeptieren das schwer oder gar nicht. Der eine oder andere setzt seine Frau so unter Druck, daß sie mit ihm schläft, nur um endlich wieder ihre Ruhe zu haben. Kein Wunder, wenn dann aus Leidenschaft Widerwillen wird. Oft legt solche Rücksichtslosigkeit sogar den Grundstein für eine Trennung oder Scheidung.

Frauen müssen viel Selbstbewußtsein aufbringen, um ihren Männern klarzumachen, daß sie nur für einige Zeit, nicht aber grundsätzlich, sexuell auf Tauchstation gehen. Sie sind nunmal vollauf damit beschäftigt, sich mit dem neuen Leben als Mutter zurechtzufinden. Und das ist nicht gerade einfach. Frauen, die ihr erstes Kind bekommen, sind völlig überwältigt von all den Eindrücken, Pflichten und Aufgaben, die mit der Mutterschaft auf sie zukommen. Das absorbiert alle Kräfte. Bekommt eine Frau ihr zweites, drittes oder viertes Kind, zerren die anderen Kleinen zusätzlich an den Nerven und fordern ihr Recht. Wo soll da noch Zeit für Erotik, Sex und Lust bleiben? Nimmt eine Frau nach einigen Monaten ihren Beruf wieder auf, wird der Streß sogar noch größer. Und die Lust bleibt weiterhin auf der Strecke.

Junge Familien können es sich finanziell häufig nicht leisten, zur Entlastung der Mutter Kinderfrau, Tagesmutter, Haushälterin, Putzkraft oder sonstige Erwachsene mit heranzuziehen. Und so mutiert die Ehe dann häufig zu einer kameradschaftlichen Partnerschaft, in der Sex keine Rolle mehr spielt. Die erotische Spannung später, wenn der schlimmste Streß vorbei ist, neu zu beleben, gelingt nur selten. Zu eingefahren sind dann bereits die Gleise einer Brüderchen-Schwesterchen-Gemeinschaft. Und das Scheitern der Ehe ist damit langfristig vorprogrammiert, denn Sexualität ist eines der elementaren Grundbedürfnisse menschlichen Seins.

Sind Mütter asexuelle Wesen?

Für Mütter allerdings hat dieses Bedürfnis nicht zu existieren. Sie gelten in unserer Gesellschaft immer noch als weitgehend asexuelle Wesen. Und genau das macht es Frauen oft noch schwerer, mit ihren veränderten sexuellen Wünschen und Sehnsüchten offen umzugehen. Galten sie vor der Schwangerschaft als bereites und willkommenes Sexobjekt in allen Lebenslagen, ändert sich dieser Status nach der Niederkunft schlagartig. Eine Mutter hat keine Sexualität. Basta. Und viele Männer glauben das auch noch. Oder sie haben diese Meinung unbewußt so verinnerlicht, daß sie ihre Frau mit ihren Bedürfnissen gar nicht ernst nehmen.

Für Frauen ändert sich mit der Geburt eines Kindes das gesamte Körpergefühl, und vor allem die Sexualität. Manche Frauen, die vorher wilde Bettgespielinnen waren, wollen dann nur noch Kuschelsex, bei anderen werden die ehedem so erogenen Brüste zur Tabuzone. Viele Frauen haben Angst, daß ihr Mann sie nicht mehr begehrenswert findet, weil er sie unter der Geburt in einer Intimität und Schamlosigkeit erlebt hat, wie sie keinem anderen Lebensereignis zueigen ist. In all diesen Gefühlen muß eine Frau sich erst einmal selbst zurechtfinden, bevor sie mit ihrem Mann darüber sprechen kann und bevor sie eindeutig sagen kann, welche Wünsche sich daraus für ihre gemeinsame Sexualität ableiten.

Männer tun sich überdies schwer, sich in die Lage ihrer Frau mit all den neuen Belastungen und Umstellungen hineinzuversetzen. Sie glauben, sie bräuchten nur wie früher die Fingerspitzen auf diese spezielle Stelle am Nacken zu legen, und schon entlocken sie ihrer Partnerin ein lustvolles Stöhnen. Sie kommen gar nicht auf die Idee, auszuprobieren und vorsichtig herauszufinden, welche Bedürfnisse und Wünsche ihre Frau jetzt hat.

Viele kommen auch nicht zurecht mit den eigenen Gefühlen, plötzlich und für den Rest ihres Lebens Vater zu sein. Sie müssen sich dann gerade beweisen, immer noch »ganz Mann« und draufgängerisch zu sein und fordern erst recht eine sexuell aktive und attraktive Frau.

Umgekehrt trauen sich Frauen zu selten, ehrlich ihre Unlust oder ihre veränderten Wünsche zu bekennen. Sie nehmen den Sex notgedrungen auf sich und trösten sich damit, daß der Zustand ja nicht ewig dauern kann. Wenn dann keine klärenden Gespräche folgen, wenn beide sich nicht bewußt Zeit füreinander nehmen, damit die Lust auch wieder Raum hat, um wachsen zu können, wenn beide sich wortlos damit abfinden, daß die Erotik mit der Geburt eines Kindes verlöscht, ist die Ehe hochgradig gefährdet.

Das Baby steht dazwischen

Hinzu kommt, daß eine Geliebte mit Kind für fast jeden Mann an Attraktivität verliert. »Sie bekommt dann diesen mütterlichen Blick«, meinte ein Mann einmal abschätzig. Und offenbar gibt es nichts, was einen Mann an Frauen mehr anödet als dieser »mütterliche Blick«. Logisch – die Aufmerksamkeit gilt nicht ihm, sondern einem anderen – und dazu noch sehr schutzbedürftigen – Wesen. Männer sind aber nun mal Egoisten. Sie wollen eine Frau für sich alleine. Sie wollen, daß sie nur ihnen gehört, mit Haut und Haar. Kinder lassen das nicht zu.

Die Autorin Barbara Sichtermann – selbst Mutter eines Sohnes – schreibt dazu:

»...auch diese besondere Beziehung (zwischen Mann und Frau, Anm. A.B.) verwandelt sich – beileibe nicht nur zum Guten. *Elterndasein* tritt, zumindest partiell, *an die Stelle* eines sorglosen oder auch sorgenreichen, jedenfalls sich selbst genügenden Liebeslebens. Ruth (das Kind, von dem hier stellvertretend für Kleinkinder die Rede ist) drängelt sich zwischen euch (die Eltern). Nicht nur morgens im Bett, auch in euren Phantasien, Hoffnungen, Ängsten. Sie schneidet aus der Zeit, die ihr füreinander hättet, das größte Stück für sich heraus. Sie nimmt euch die Nächte weg. Sie stiehlt euch die Augenblicke der Lautlosigkeit zwischen Nacht und Morgen, zwischen Abend und Nacht. Sie macht aus eurem gemeinsamen Essen ein Happening mit Scherben. Ihre Existenz rauht euer Leben auf: Wo Ruths Vater früher deine verborgenen Wünsche erriet und erfüllte, tut er jetzt viel für dich, wenn er einmal mehr nachts aufsteht. Und wo du ihm Gedichte vorlasest, reicht's jetzt nur noch für *Schlaf, Kindchen, schlaf.*«

Barbara Sichtermann, Vorsicht Kind

Was passiert, wenn Männer neidisch auf ihr Kind sind?

Häufig ist das eigentliche Kernproblem in einer Partnerschaft nach der Geburt eines Kindes die männliche Eifersucht auf den Störenfried, der sich da zwischen Mann und Frau drängt. Der Mann ist neidisch auf das Kind. Neidisch darauf, daß es an der Brust nuckeln darf, wann immer es will. Daß es gewiegt, geherzt, geküßt wird, während für ihn nur ein Stöhnen über die viele Arbeit abfällt. Daß er alles, aber auch wirklich alles, was vorher ihm allein zustand, mit dem Baby teilen muß. Und teilen können, verzichten auf angestammte Privilegien, war noch nie eine männliche Tugend. Viele Männer, auch solche, die gerne Vater sind, haben damit zu kämpfen. Die meisten tun es unbewußt und toben ihren Frust auf anderen Ebenen aus, werden gereizt, ungeduldig, nörgeln an allem herum, gehen alleine aus oder nehmen Einladungen an, zu denen die Frau garantiert nicht mitkommen kann, weil es das Baby nicht zuläßt. Sie rächen sich für den Zuwendungs- und Liebesentzug auf diese Weise.

Es gibt kein Patentrezept, wie sich die Sex-Probleme im ersten Jahr nach der Geburt eines Kindes lösen lassen. Für manche Paare sind sie auch gar kein Problem. Sie nehmen sich so, wie sie sind. Mal mit mehr, mal mit weniger Lust aufeinander. Sie betten sich ein in die Gewißheit, daß die Erotik neu zündet, sobald sie ihr Raum dafür

geben. Das sind die Ausnahmen. Fast immer kriselt es in Ehen und Partnerschaften, auch wenn beide anfangs guten Willens sind.
Sind Babys also gerade nicht die Kulmination des Liebesglücks zwischen zwei Menschen, ersehnter, lebendiger Beweis der Leidenschaft füreinander? Sind sie vielmehr genau das Gegenteil, ständige Störenfriede für lustvolle Zweisamkeit, die sich immer gerade dann dazwischendrängen, wenn Mama und Papa sich mühsam einige freie Minuten erkämpft haben? Sind Babys Lustkiller?

Verbraucht das Baby die ganze Energie der Mutter?

In gewissem Umfang ja. Wer den ganzen Tag damit beschäftigt ist, Brei zu kochen, Windeln zu wechseln, spazierenzugehen (und Babys brauchen viel frische Luft), den Entdeckungsdrang eines Krabbelkindes zu kanalisieren, einarmig zu kochen und einzukaufen, weil die Aussicht vom »1. Stock« auf dem Arm der Mutter wesentlich interessanter ist als vom »Erdgeschoß« auf dem Fußboden oder in der Karre, der ist abends so geschafft, daß es gerade noch für einen Blick in die Zeitung oder die Fernseh-Nachrichten reicht. Zeit und Lust für ein gutes Buch bleibt ebensowenig wie für Theaterbesuche, Kneipengänge oder einen guten Film im Kino. Oder für Sex.

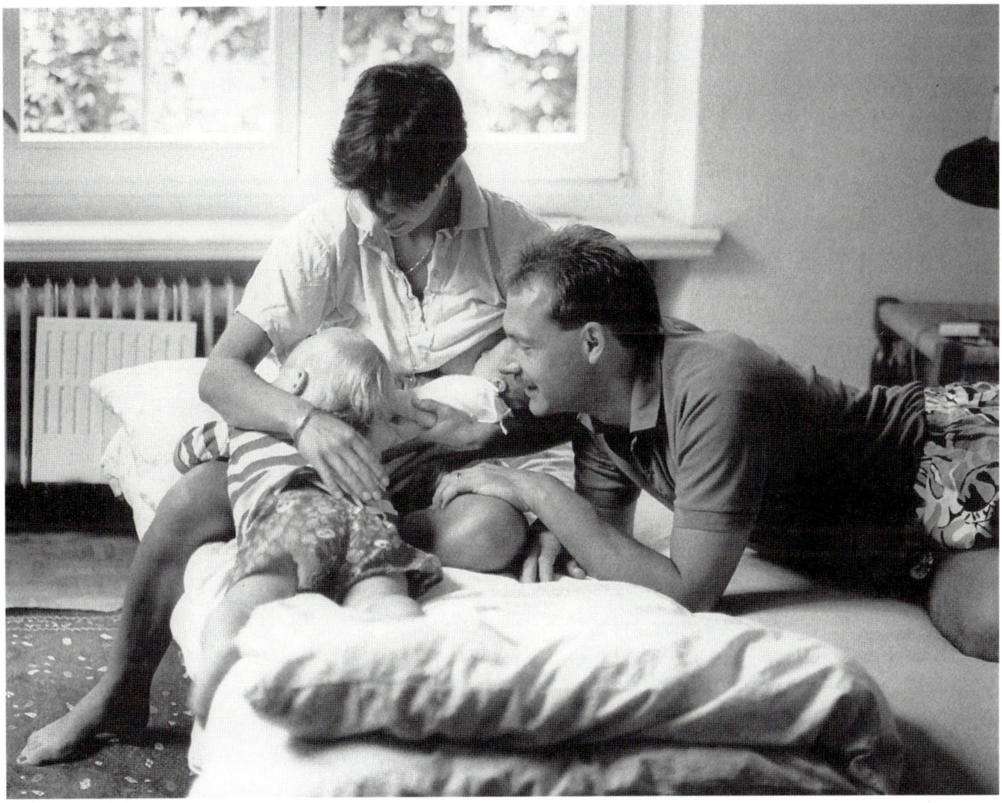

Erschöpfung statt Erotik?

Daß Haushalt und Kinder funktionieren, fällt auch Ende des zwanzigsten Jahrhunderts immer noch oft in die alleinige Zuständigkeit der Frau. Um wieder zu sich selbst zu kommen, braucht diese aber ein bis zwei Stunden – möglichst sogar mehr – täglich. Stunden, in denen kein Kleinkind die Arme nach ihr ausstreckt, in denen sie ungestört lesen, einen Einkaufsbummel machen oder sich die Fingernägel lackieren kann. Stunden, die ihr ganz allein gehören. Sie ist ja sonst ständig damit beschäftigt, für andere dazusein, für andere zu sorgen.

Loslassen zu können, zur Ruhe zu kommen, abzuschalten – das sind die Voraussetzungen dafür, daß ein Mensch Sexualität genießen kann. Für Mütter gilt das mehr als für alle anderen. Sie brauchen die Ruhepause auch, um wieder Kraft zu schöpfen. Denn Liebe, gerade körperliche Liebe, fordert Kraft. Sie fordert Hingabe und Zuwendung. Wer tagsüber von anderen physisch und psychisch »ausgelutscht« wird – und bei Säuglingen ist das durchaus im Wortsinne zu verstehen –, kann abends nur noch erschöpft in die Kissen sinken. Wenn zusätzlich ein Kind nachts viel weint, unruhig schläft, wenn andere Rotznasen geputzt und Krokodilstränen getrocknet, wenn Gutenachtgeschichten vorgelesen oder Kinderkrankheiten durchgestanden werden müssen – woher soll eine Frau denn dann noch Zeit und Kraft für Sex nehmen? Ein Ausweg aus diesem Dilemma besteht nur darin, daß der Mann zumindest abends seiner Frau Haus- und Kinderarbeit abnimmt, obwohl auch er gestreßt ist vom Berufsalltag. Aber dieser Alltag sieht anders aus als die Reproduktionsarbeit im Kleinfamilienhaushalt zwischen Staubsauger und Kochtopf. Oder – eine Lösung, die für jede Familie wünschenswert wäre – es gibt ein bis zwei weitere Erwachsene, die sich kontinuierlich und zuverlässig täglich einige Stunden ums Kind oder um die Kinder kümmern.

Sex nach Terminkalender

Ihre Schäferstündchen müssen Mütter und Väter so präzise organisieren wie einen Besprechungstermin im Büro. Sie müssen dafür sorgen, daß das Kind mit einem anderen Betreuer – ob Babysitter, Tante oder Opa – gerade spazierengeht oder anderswo – jedenfalls nicht in den eigenen vier Wänden – spielt. Sie müssen dafür sorgen, daß die Schlafzimmertür verschlossen, die Hausklingel abgestellt und der Anrufbeantworter eingeschaltet sind – »do not disturb« ist eine unabdingbare Prämisse für einige wenigstens einigermaßen entspannte Stunden zu zweit.

Bleibt das Kind im Haus, hört zumindest die Mutter ständig mit einem Ohr ins andere Zimmer. Hat das Kind da nicht eben geweint? Ist es hingefallen? Ist es mal wieder aufs Sofa geklettert und abgerutscht? Gibt der Babysitter dem Kind womöglich kalte Milch zu trinken statt angewärmten Saft? Benutzt er beim Wickeln die richtige Creme? Habe ich etwa vergessen, ihm zu sagen, daß es für draußen unbedingt die warme Wollmütze und nicht nur die Baumwollkappe braucht, auch wenn das Kind sich jedesmal dagegen wehrt? Selbst wenn es gelingt, daß Mann und Frau sich für einige Stunden ungestört zurückziehen können, kreisen die Gedanken der Mutter immer wieder und unweigerlich ums Kind. Es ist allgegenwärtig, auch beim Orgasmus.

Sich auf Kommando lieben?

Viele Paare können sich aber nicht auf Kommando lieben, dann, wenn das Kind gerade wegorganisiert ist. Ein Liebesakt ist eben keine Geschäftsbesprechung. Sexuelle Lust entwickelt sich nicht aus dem Nichts. Sie braucht Spannung, und die muß sich erst einmal aufbauen, damit sie sich entladen kann. Die Grundlage dafür sind Zeit, Abstand zum Alltag und Selbstsicherheit. All das muß sich eine Mutter mühsam erkämpfen und organisieren.

Wir drucken nachfolgend die Tagebucheintragungen einer jungen Mutter, stellvertretend für viele Frauen, die mit dem Problem Sexualität nach der Geburt zu kämpfen haben. Sie bleibt anonym, denn sie äußert sich so offen, daß sich jede Möglichkeit der Identifizierung verbietet. Sie ist zum Zeitpunkt der Niederkunft 36 Jahre alt und stand vorher mit beiden Beinen in einem strapaziösen, aber auch erfüllenden Berufsleben. Ihr Mann ist 38 Jahre alt. Franziska ist ihr erstes Kind. Obwohl dieses Paar privilegiert ist – sie leiden keine finanzielle Not, sie brauchen sich nur um dieses eine und nicht um mehrere Kinder zu kümmern, sie gehen liebevoll und einfühlsam miteinander um, ihr Baby schläft gut und viel – sind wir sicher, daß sich viele Frauen in den sehr subjektiven und ehrlichen Schilderungen wiederfinden können.

Wir wünschen uns, daß die Art und Weise, mit der diese Frau schließlich ihre Probleme bewältigt, andere ermutigt, einen Weg zu finden, daß die Lust nicht zur Last wird. Daß sie Sexualität wieder als das empfinden, was sie eigentlich ist: die lebendigste und leidenschaftlichste Lebensäußerung schlechthin.

1. September: Gestern wurde Franziska geboren! Sieben Stunden dauerte die Geburt, von nachts um drei bis morgens um zehn Uhr. Christian war die ganze Zeit dabei. Am Anfang hatte ich mit den Wehen keine Probleme, erst beim Pressen wurde es schwierig. Franziska ist regelrecht steckengeblieben. Ich preßte und preßte, aber sie kam einfach nicht voran. Fast zwei Stunden lang. Erst als der Arzt sich quer auf den Bauch legte und »von oben« das Kind anschob, ging es wieder weiter, und dann dauerte es noch knappe zehn Minuten, bis Franziska verwundert mit offenen Augen um sich guckte.
Ich war ganz stolz, daß ich trotz der langen Preßphase keinen Dammriß hatte. Innerhalb der Scheide ist die Haut allerdings an einigen Stellen eingerissen, eine Stunde hatte der Arzt deshalb an mir rumgeflickt. Weil der Damm so gedehnt wurde, hat der Arzt ein Stückchen Haut wie einen Abnäher eingenäht. Ob das so bleibt? Und ob er mich auch nicht zu weit zugenäht hat? Irgendwie kommt mir das alles so eng vor. Die Hebamme hat mich beruhigt, es hätte alles seine Ordnung, meinte sie. Na, wenn das mal wirklich stimmt. Die ganze Umgebung am Scheideneingang ist sehr geschwollen, und ich kann weder sitzen noch gehen, nur liegen. Jedesmal wenn ich aufstehe, komme ich mir vor, als trüge ich die Glocken von San Marco zwischen den Beinen. Wie lange es wohl dauert, bis alles verheilt ist? Und: Werde ich mich jemals wieder so fühlen wie früher? Ich habe Angst vor den unvermeidlichen Veränderungen, die mir bevorstehen.

8. September: Das Aufstehen fällt mir immer noch sehr schwer. Ich bin froh, daß Elisabeth mir so viel im Haushalt hilft. Alleine könnte ich mich und das Baby unmöglich versorgen. Franziska braucht viel Körperkontakt, ich darf sie kaum in die Wiege legen. Ich genieße es, umsorgt zu werden. Weil eine Naht aufging, mußte ich nochmal in die Klinik, aber alles konnte so bleiben. Jede Bewegung ist bei den feinen Nähten in dem strapazierten Gewebe natürlich riskant. Aber ein bißchen rumlaufen muß ich, schon wegen des Kreislaufs.

23. September: Die Hebamme hat mich vorgewarnt, daß ich einige Monate lang sicher keine Lust auf Sex haben werde. Aber gestern abend beim Essen stieg das Begehren wieder in mir hoch, wie früher. Damit hatte ich gar nicht gerechnet. Ich habe Christian fest umarmt, ihn an mich gedrückt und ihm ins Ohr geflüstert, daß ich jetzt gerne mit ihm schlafen würde. Er war ganz verblüfft und hat sich riesig gefreut. Ich habe mich dann aber doch nicht getraut, weil ich noch etwas Wochenfluß habe. Außerdem will ich mir noch die Spirale legen lassen. Sicher ist sicher. Ich bin sehr stolz, daß ich offenbar nicht zu den Frauen gehöre, die monatelang nichts von Sex wissen wollen. Unsere Liebe ist eben doch etwas Außergewöhnliches.

28. September: Gestern hat der Arzt mir eine Spirale eingesetzt. Ich habe davon überhaupt nichts gemerkt. Als ich ihn fragte, ab wann ich wieder mit Christian schlafen kann, sagte er nur: »Ab sofort.« Daß die Spirale gleich wirkt, weiß ich auch, aber ich wollte ja wissen, ob die Scheide schon wieder voll verheilt ist. Das fühlt sich alles noch so empfindlich und verletzt an. Er meinte, ich solle nach meinem Gefühl gehen. Rein äußerlich sei alles in Ordnung. Christian freut sich, daß »es jetzt wieder losgehen kann«. Aber ich habe Angst. Ich fühle mich wie ein junges Mädchen, das noch nie einen Mann hatte. Ich hüte meine Scham wie einen kostbaren Schatz, den niemand berühren darf außer mir selbst.

3. Oktober: Franziska ist süß, aber anstrengend. Sie kommt nachts noch ein- bis zweimal, irgendwann um Mitternacht und morgens gegen 5 Uhr. Trotzdem bin ich tagsüber nicht gerädert, irgendwie schlafe ich in den Stunden dazwischen sehr tief. Ich komme allerdings zu nichts außer wickeln, stillen, schlafen, essen – das Kind nimmt mich völlig in Anspruch.
Christian umarmt mich immer liebevoll, wenn er nach Hause kommt, und sagt mir, daß ich schön bin. Ich weiß zwar nicht, wie er darauf kommt – ich finde, ich bin immer noch zu dick und zu schwabbelig –, aber es tut mir gut, daß er das sagt. Er möchte so gerne wieder mit mir schlafen. Mir ist der Gedanke an Sex eher lästig. Irgendwie war dieses Begehren neulich wohl doch eine ziemlich einmalige Sache. Ich habe es seither nicht wieder erlebt. Ich wehre ab, wenn Christian mich anfaßt. Ich bin froh, wenn ich meine Ruhe habe. Wenn er will, streichle ich ihm einen Orgasmus. Lust auf Sex bekomme ich dabei nicht. Christian drängelt immer wieder, sagt aber, daß er mir Zeit lassen will. Und ich habe fest vor, mir diese Zeit zu nehmen. Ich möchte erst dann wieder mit ihm schlafen, wenn ich es wirklich will.

12. Oktober: Heute früh hatte ich den ersten Orgasmus seit der Geburt. Christian mußte nicht ins Büro, Franziska hatte sich sattgetrunken und war wieder eingeschlafen. Da haben wir uns einfach auch wieder hingelegt und rumgeschmust. Christian streichelte mich, ganz vorsichtig. Er küßte meinen ganzen Körper, den ich immer noch nicht wieder schön finde. Er sagt, ihm sei er gerade recht so, ich dürfe keinesfalls abnehmen, er liebe diese Rundungen… Na bitte, dann soll er sie haben! Ganz zart hat er dann angefangen, meine Klitoris zu küssen. Anfangs war mir das gar nicht so recht, aber dann habe ich mich einfach reinfallen lassen in dieses Gefühl, das Kind war ja versorgt. Und dann wurde es auch sehr schön. Meinen Busen durfte Christian aber erst anfassen, als ich kurz vorm Orgasmus war. Vorher ertrage ich das nicht, und außerdem schießt sofort die Milch ein, wenn er die Brustspitzen berührt. Das ist unangenehm, weil der Busen dann spannt. Oder Christian müßte etwas abtrinken – warum eigentlich nicht? Wie früher habe ich dann sehr schnell einen Höhepunkt bekommen. Christian war ganz glücklich darüber und stolz. Solche Schmusestündchen sollten wir öfter einlegen. Noch läßt uns Franziska die Zeit dafür, sie schläft ja viel. Vielleicht müssen wir uns im Zeitpunkt einfach nach ihr richten. Nicht wie früher abends zusammen schnuckeln, da sind wir ziemlich geschafft vom Tag, sondern morgens oder mittags, wenn sie schläft.

10. November: Gestern war es soweit: Wir haben wieder »richtig« zusammen geschlafen. Ich hatte Angst wie beim allerersten Mal. Angst, daß es wehtut, Angst, daß etwas reißt, Angst, daß ich keinen Höhepunkt bekomme, Angst vor dem Sex, vor meinen Gefühlen, vor diesem großen dicken Ding, das in mich eindringt, meine sorgsam gehütete innere Festung einnimmt. In den vergangenen Wochen haben wir uns zwar viel gestreichelt, und ich hatte schon wieder richtig »Übung« mit den Höhepünktchen, aber das »richtige« Miteinanderschlafen war eben immer noch tabu. Ich schob es ständig vor mir her, obwohl ich sicher schon längst wieder dazu fähig gewesen wäre, rein medizinisch.

Christian war sehr, sehr vorsichtig, sehr einfühlsam, sehr liebevoll. Er hat es fertiggebracht, mir die Angst zu nehmen. Erst hat er mich nur gestreichelt und geküßt. Ich konnte richtig fühlen, wie die Spannung nachließ, wie die Muskeln sich entspannten. Vielleicht ist doch viel weniger verletzt als ich meine, und es tut nur weh, weil ich Angst habe und mich verkrampfe? Ich hatte sogar einen Orgasmus, als Christian in mir war, aber es fühlte sich ganz anders an als früher. Flüchtiger, oberflächlicher. Ich habe das Gefühl, daß ich mit der Scheidenmuskulatur nicht mit der gewohnten Kraft »zupacken« kann. Wahrscheinlich liegt das am Beckenboden. Die Hebamme sagte, er sei durch das lange Pressen ziemlich malträtiert, ich müsse unbedingt gezielt Beckenboden-Gymnastik machen, um ihn wieder zu straffen. Daß diese Muskeln ausgeleiert sind, merke ich auch daran, daß ich schon nach einem Höhepunkt völlig geschafft war. Früher konnte ich lässig drei hintereinander bekommen. Dennoch bin ich stolz, es erstmal so weit gebracht zu haben. Es war eine richtige Leistung!

30. November: Wir schlafen jetzt wieder häufiger zusammen, aber es tut mir jedesmal weh. Ich habe auch selten Lust darauf und lasse mich eher von Christian mitziehen oder dazu »überreden«. Wenn ich mich erstmal darauf eingelassen habe, finde ich es auch ganz schön. Aber die früher immer empfundene große Lust fehlt. Ob das an den fehlenden Östrogenen liegt? Ich stille ja voll, da produzieren die Eierstöcke keine Hormone. Außerdem wird die Scheide nicht richtig feucht. Das macht den Sex auch nicht angenehmer.

18. Dezember: Ich fühle mich immer noch nicht wieder als Frau. Franziska ist so anstrengend und nimmt mich voll in Beschlag. Seit der Geburt gehört alles, was mir früher Lust verschaffte, zu dem Baby. Aus der Scheide ist es rausgekommen, an der Brust trinkt es. Ich muß es umsorgen, meine Sinne, meine Aufmerksamkeit, meine Gefühle sind von ihm besetzt. Sex aber erfordert, daß ich all dies mir und Christian zukommen lasse. Ich kann das nicht. Ich bin mit meinen Gedanken immer woanders, beim Kind. Ich habe Angst, daß Christian mich deshalb weniger liebt oder daß es Probleme gibt, weil ich nicht so oft mit ihm schlafen will wie er mit mir. Der Sex war zwischen uns immer eine so starke Attraktion, ich will das nicht verlieren. Aber was soll ich machen? Meine Gefühle kann ich auch nicht beeinflussen. Ich hab nunmal wenig Lust auf ihn, aber ich liebe ihn zärtlicher und intensiver denn je.

22. Dezember: Ein neuer Meilenstein: Franziska schläft im eigenen Bett! Bisher hatte ich sie nachts immer noch zu mir geholt, weil es so schön bequem war, sie nachts im Bett zu stillen. Christian hat davon kaum etwas gemerkt, und ich bin oft schon beim Stillen wieder eingeschlafen. Seit einigen Tagen schläft Franziska nachts aber stundenlang am Stück durch und kommt nur noch einmal, so gegen drei Uhr. Nach dem Stillen lege ich sie jetzt einfach wieder in den Stubenwagen, dort schläft sie zufrieden weiter bis zum Morgen. Herrlich! Ich habe mein Bett wieder ganz für mich! Nein, Christian und ich haben das Bett wieder ganz für uns! Jetzt geht es bestimmt auch mit dem Sex wieder aufwärts.

28. Dezember: Ich war in der Stadt und habe mir neue Dessous gekauft! Nach all den »dicken« Schwangerschaftsmonaten brauchte ich mal wieder was Schönes zum Anziehen. Ich habe zwei hinreißende Bodys gefunden, da sieht selbst mein mütterlich-runder Körper einigermaßen sexy aus. Christian kriegt das ganze in der Silvesternacht präsentiert.

1. Januar: Die Bodys waren der Hit, nur nicht für mich. Meine Lust war trotz der »Nachhilfe« gleich null. Ob ich wohl jemals wieder so werde wie früher? Immer noch tut es weh, wenn Christian in mich eindringt. Ich bin darüber ziemlich verzweifelt.

18. Januar: Ich fühle mich alt und verbraucht. Kürzlich habe ich mich dabei ertappt, wie ich buckelig und mit einwärts gestellten Füßen durch die Wohnung tapste. Schrecklich! Ich kann mich selbst nicht leiden. Wo sind bloß mein Selbstbewußtsein und meine gute Haltung geblieben? Und so soll ich eine gute Geliebte sein??

31. März: Franziska ist heute ein halbes Jahr alt. Und mein Liebesleben macht mir immer noch Kummer. Wir schlafen ungefähr einmal in der Woche miteinander, aber ich bin regelrecht froh, wenn mal zwei Wochen nichts daraus wird. Hauptsache, ich kann in Ruhe schlafen. Alles ist so anstrengend.

5. April: Heute habe ich in einer Zeitschrift einen Artikel über die Sexualität nach der Geburt gelesen. So ein Schmarrn! Da stand, man solle sich Zeit füreinander nehmen, mal ein Wochenende wegfahren, mal ins Theater gehen, mal fein ausgehen, um die Lust füreinander wiederzubeleben. Als ob's das allein wäre! Lust läßt sich nicht mit solchen Äußerlichkeiten provozieren. Christian und ich haben die Abende für uns, weil Franziska schon um acht Uhr einschläft und dann auch bis zum nächsten Morgen meistens nicht mehr aufwacht. Wir gehen häufig essen, auch bei Kerzenschein, wir haben Zeit für uns. Trotzdem tut sich bei mir in Sachen Lust auf Sex gar nichts.

8. Mai: Ich bin so wütend! Ständig muß ich mich um alles kümmern. Christian tut so, als sei das Baby allein meine Sache. Nur weil ich es stille und er das Geld ranschafft, damit wir leben können. Von den Vätern wollen Kinder erst später was wissen, meint er immer nur, wenn ich ihn mal wieder bitte, Franziska zu baden oder irgendwas mit ihr zu machen. Und dann soll ich auch noch im Bett »funktionieren«! Ich denke gar nicht daran. Dann soll er da doch bitte selbst für sich sorgen.

21. Mai: Seit vorgestern stille ich Franziska nicht mehr. Ich bin gespannt, wie sich das auswirkt. Ob endlich die alte Lust wiederkehrt?

3. Juni: Ich habe das erste Mal seit der Schwangerschaft meine »Tage« bekommen! Endlich fühle ich mich wieder ganz als Frau. Es ist, als ob ein Stück von mir selbst, das auf einer langen Reise gewesen ist, zurückgekehrt wäre. Obwohl es sehr bequem war, nicht jeden Monat zu bluten, hat mir etwas gefehlt. Ich will diese Menstruation ganz für mich genießen, Christian darf mich nicht anrühren, und ich sage es ihm auch. Diese Tage will ich mit mir »feiern«.

15. Juni: Die Scheide ist tatsächlich wieder etwas feuchter, seit ich aufgehört habe zu stillen. Gestern abend habe ich zum ersten Mal seit der Geburt wieder sehr lustvoll mit Christian geschlafen. Nur die Höhepunkte waren immer noch nicht so, wie ich es gewohnt war. Es ist nicht so, daß die Lust und das Erleben nur in der Schwangerschaft anders sind. Sie verändern sich mit und nach der Geburt. Dauerhaft. Es fällt mir schwer, das zu erkennen und zu akzeptieren. Aber ich glaube, ich komme nicht drumherum. Vielleicht ist das auch ganz gut so. Mit meinem Körper und mit meiner Seele ist durch Franziskas Existenz etwas Einschneidendes geschehen. Und ausgerechnet meine Sexualität soll davon unbeeinflußt bleiben? Das kann ja gar nicht sein.

18. Juni: Heute hatte ich ein sehr flirtiges Telefonat mit Peter. Er hat mir Komplimente gemacht und gesagt, ich sei noch genauso begehrenswert wie ehedem. Hach, was tut das einer jungen Mutter gut! Ich will gar nichts von ihm, aber es ist ungeheuer wohltuend zu wissen, attraktiv zu sein. Ich habe mich gleich vor den Spiegel gestellt und meine Figur überprüft. Sie ist immer noch ein bißchen runder, die Brüste sind wieder so klein wie früher, nur weicher. Aber ich bin mit mir einigermaßen zufrieden. Ich fühle mich wohl in mir.

20. Juni: Heute ist mir ein Licht aufgegangen. Wie soll ich Lust entwickeln, wenn ich immer nur für andere da bin und nie Zeit für mich habe? Wie soll ich Christian begehren, wenn ich nie dazu komme abzuschalten oder etwas ganz für mich allein zu tun? Lust kann nur entstehen, wenn ich nicht ständig den Kopf voll habe und mit den Gedanken woanders bin als bei mir. Die Sorge um Franziska, daß sie nichts entbehrt, daß sie rechtzeitig ihr Essen bekommt, daß sie warm genug angezogen ist, daß sie täglich an der frischen Luft ist, all das absorbiert mich. Mutter sein bedeutet, sich immer und überall Gedanken ums Kind zu machen, in keiner Lebenssituation mehr wirklich, ausschließlich an sich denken zu können. Als ich nach Hause kam, hatte ich große Sehnsucht nach Christian.

7. Juli: Christian ist für eine Woche ans Meer zum Surfen gefahren. Ich genieße es, das Bett für mich alleine zu haben, abends noch zu lesen, bevor ich das Licht ausknipse. Er fehlt mir kein bißchen.

15. Juli: Gestern abend ist Christian wiedergekommen, und wir haben uns regelrecht aufeinander gestürzt. Diese Nacht war wunderschön. Ich habe zwar die Narben in der Scheide wieder gespürt, aber es war mir egal. Nur morgens habe ich mich geärgert, als ich die Quittung für die stürmische Liebe bekam: Als wir nochmal zusammen schlafen wollten, tat es so weh, daß ich nicht konnte. Offenbar war ich wund wie ein junges Mädchen... Wahrscheinlich müssen wir nur öfter »üben«, dann gibt sich das wieder.

3. September: Vorgestern ist Franziska ein Jahr alt geworden. Ich mußte oft an die Stunden ihrer Geburt denken. Es hat sich so vieles verändert seither. Gar nicht so dramatisch, von heute auf morgen, wie ich es immer annahm. Nein, die Veränderungen, die das Leben mit einem Kind mit sich bringt, schleichen sich ein. Anders zu leben kann ich mir gar nicht mehr vorstellen. Ich habe mich inzwischen an den veränderten Sex mit Christian gewöhnt. Seit wir so intensiv zusammenleben, ist die tägliche Nähe selbstverständlich geworden. Auch die tägliche Nähe im Bett.
Ich bin noch nie so viel zu Hause gewesen wie im vergangenen Jahr. Keine Reisen, keine Seminare, keine Kurztrips. Und auch Christian hat sich bemüht, auswärtige berufliche Termine möglichst so zu legen, daß er abends wieder zu Hause ist. So könnten wir, wenn wir nur wollten, denn wir gehen ja – im wahrsten Sinne des Wortes – täglich miteinander ins Bett, jeden Tag zusammen schlafen. Daß wir es nicht tun, liegt immer noch überwiegend an mir. Wo ich früher ganz für mich leben konnte, meinen Terminplan allenfalls mit Christian so abstimmen mußte, daß wir uns wenigstens zwei- bis dreimal in der Woche sehen konnten, steht heute Franziskas Tagesablauf im Mittelpunkt. An ihm orientiert sich meine Arbeitszeit, er diktiert den Stadtbummel und auch die Zeit, die Christian und ich alleine miteinander haben.
Immer noch absorbiert das Umsorgen des Kindes einen Gutteil meiner Aufmerksamkeit und meiner Lebenskräfte. Das geht mir und auch meiner Lust auf Sex verloren. Trotzdem bin ich nicht unzufrieden. Wenn wir zusammen schlafen – für Christian viel zu selten! – ist es innig, erfüllend und schön. Die Ruhe hat Einzug gehalten bei uns,aber eine gute Ruhe, eine, die gelassen macht, sicher, selbst-sicher. Hin und wieder fühle ich mich immer noch von Christians Drängen unter Druck gesetzt, aber ich kann damit besser umgehen. Und je älter Franziska wird, desto freier fühle ich mich für mich selbst. Es kommt sogar auch wieder vor, daß ich von mir aus Christian ins Bett zerre. Seit ich die Veränderung, die Franziskas Dasein in unser Leben gebracht hat, voll und ganz akzeptiere, fällt es mir auch leicht, die Veränderungen in unserer Sexualität anzunehmen. Was wäre denn das Leben, wenn es sich nicht ständig verändern würde? Langweilig. Und Langeweile ist der Tod der Sexualität. Finde ich.

»Bin ich zu weit?«

Viele Frauen haben Angst, daß die körperlichen Veränderungen nach einer Geburt sie sexuell unattraktiv machen. Hinzu kommt, daß die meisten nach einem Dammschnitt oder -riß Angst haben, daß ihnen das Eindringen des Penis in die Scheide weh tut. Diese Sorgen werden etwas kleiner, wenn eine Frau weiß, wie sie vorbeugen kann oder worauf sie sich einzustellen hat.
Wir haben die wichtigsten Fragen und Antworten hier zusammengestellt:

- Ab wann darf eine Frau nach einer Geburt wieder mit einem Mann schlafen?
  Sowie der Wochenfluß versiegt (etwa sechs bis acht Wochen nach der Geburt), ist die große Wunde, die die Ablösung der Plazenta in der Gebärmutter verursacht hat, verheilt. Dann besteht keine Gefahr mehr, daß beim Geschlechtsverkehr Krankheitskeime die noch offene Wunde infizieren könnten. Dann kann – aus medizinischer Sicht – eine Frau auch wieder mit ihrem Partner schlafen.

- Wird die Scheide durch die Geburt zu weit?
  Viele Frauen fürchten, daß die Scheide durch den Geburtsvorgang so sehr gedehnt wird, daß sie anschließend »zu weit« sind. Sie glauben, den Penis des Partners nicht mehr fest genug umschließen zu können und damit an Attraktivität zu verlieren. Nicht wenige glauben auch, selbst nicht mehr so intensiv empfinden zu können wie früher.
  Tatsächlich ist die Scheide in den ersten Wochen nach der Geburt weiter und dehnbarer als vorher. Sie verengt sich jedoch im Rahmen der körperlichen Rückbildungsprozesse wieder und wird fast immer wieder so elastisch wie früher. Wenn sie sich dennoch weiter und größer anfühlt, liegt das meistens daran, daß der Beckenboden noch nicht wieder stramm ist. Seine Muskeln umschließen auch die Scheide. Ein durch die Geburt stark »ausgeleierter« Beckenboden beeinträchtigt also meistens auch die sexuellen Empfindungen.
  Konsequente Beckenboden-Gymnastik nach der Stillzeit trägt dazu bei, daß die Scheide auch nach einer schweren und langen Geburt oder nach der Entbindung des zweiten, dritten oder vierten Kindes wieder so elastisch wird wie gewohnt.
  Von chirurgischen Eingriffen, mit denen die Scheide wieder enger genäht werden soll, ist abzuraten, solange die Beckenbo-

dengymnastik nicht mindestens ein halbes Jahr lang täglich geübt wurde.

- Was tun, wenn der Dammschnitt oder -riß schmerzt?
  Selbst wenn der Dammriß oder -schnitt schon gut verheilt ist, kann es sein, daß das Eindringen des Penis beim Geschlechtsverkehr Beschwerden macht. Meist ist das nur ein kleiner Moment, wenn der Damm gedehnt wird, aber er stört dennoch die sexuelle Lust.
  Es hilft, den Damm täglich mit etwas Mandelöl zwischen Daumen und Mittelfinger zu massieren und dabei zu dehnen. Das Gewebe wird dabei elastischer und schmerzt weniger. Möglicherweise ist es auch angebracht, eine wulstige Dammnaht operativ korrigieren zu lassen.

Verhütung nach der Geburt

Neun Monate lang mußten Sie sich nicht mit der Frage herumschlagen, und auch in den ersten Wochen nach der Geburt Ihres Kindes kümmert Sie das Problem »womit verhüten?« noch herzlich wenig. Spätestens nach einigen Monaten jedoch kommt dieses lästige Thema unweigerlich erneut auf die Tagesordnung. Irgendwann überfällt Sie nämlich wieder die Lust, mit Ihrem Partner zu schlafen, und nicht erst, wenn Sie beim Schmusen sind, sollten Sie darüber nachdenken, womit Sie fürs erste verhindern wollen, daß sich erneut Nachwuchs ankündigt.

Kann man während der Zeit des Stillens schwanger werden?

Die meisten »Unfälle« passieren in der Stillzeit, weil die Frauen annehmen, nicht schwanger werden zu können, wenn sie ihr Kind voll stillen. Sie können aber doch. Etwa jede fünfte Frau hat ihren ersten Eisprung bereits vier bis sechs Wochen nach der Geburt. Zwar verhindert das während des Stillens von der Hirnanhangdrüse ins Blut ausgeschüttete Hormon Prolaktin, daß in den Eierstöcken Eizellen reifen. Das funktioniert aber nur zuverlässig, wenn eine Frau ihr Baby häufig anlegt, und selbst dann bleibt ein Rest von Unsicherheit. Es kann immer mal vorkommen, daß zuwenig Prolaktin im Blut ist, so daß die Eierstöcke wieder weibliche Geschlechtshormone produzieren und somit auch wieder eine Eizelle heranreift. Sie kann befruchtet werden, bevor die erste Menstruation nach der Geburt eingesetzt hat. Wenige Wochen später wundert sich dann die Frau, warum ihr morgens wieder so oft schlecht ist...

Lassen Sie nicht einfach »den Karren laufen«. Vertrauen Sie nicht darauf, daß bei Ihnen schon nichts passieren wird. Es ist für eine Frau ein quälender Seelenzwiespalt, ein noch sehr kleines Baby im Arm zu halten und zu wissen, daß in ihrem Bauch schon wieder eines wächst, obwohl sie das doch gar nicht gewollt hat.

- Die *Pille* ist zwar eines der sichersten Verhütungsmittel, für stillende Mütter kommt sie jedoch nicht in Frage. Die darin enthaltenen Hormone gehen durch die Muttermilch auch aufs Kind über. Bei Neugeborenen kann das Brustdrüsen-Schwellungen oder eine Gelbsucht hervorrufen. Außerdem ist der Organismus eines Säuglings in keiner Weise darauf eingestellt, synthetische Hormone zu verarbeiten.
  Auch für die stillende Mutter hat die Pille Nachteile. Sie mindert den Fett- und Kalziumanteil der Milch und stört den Milchfluß. Selbst die Mini-Pille halten viele Frauenärzte für problematisch.

- Die *Spirale* vertragen viele Frauen nicht, so lange sie noch kein Kind bekommen haben. Nach der Geburt hingegen schwören viele auf dieses Verhütungsmittel. Sie klagen sehr selten über Schmerzen, starke Blutungen oder Bauchkrämpfe – Beschwerden, die für kinderlose Frauen mit Spirale alltäglich sind.
  Die empfängnisverhütende Wirkung der Spirale beruht darauf, daß sie innerhalb der Gebärmutter auf mechanische Weise verhindert, daß sich eine befruchtete Eizelle in die Schleimhaut einnisten kann. Ein übriges tun bei manchen Spiralen dünne Kupferfäden, die das Metall in winzig kleinen Mengen abgeben und auch damit eine Schwangerschaft abwehren.
  Frauenarzt oder -ärztin legen die Spirale idealerweise etwa sechs Wochen nach der Geburt, wenn der Wochenfluß vollständig versiegt ist. Dann ist der Muttermund noch weich und läßt sich leicht und schmerzlos dehnen, um die Spirale in die Gebärmutter einzulegen.
  Für viele Frauen ist die Spirale ein sehr angenehmes Verhütungsmittel. Sie können sich auf ihre Wirkung verlassen, sie stört nicht beim Geschlechtsverkehr, sie muß nur alle drei bis fünf Jahre erneuert werden, und sie ist kaum zu spüren. Allenfalls der Mann klagt manchmal über einen kleinen Pieks, wenn der Penis tief in die Scheide eindringt. Das liegt dann am Rückhol-Fädchen, an dem die Spirale später herausgezogen werden kann, und das einige Millimeter aus dem Muttermund herausragt.
  Frauenarzt oder -ärztin sollten den richtigen Sitz der Spirale ein- bis zweimal jährlich mit Ultraschall überprüfen. Manchmal wird

die Spirale (von der Frau unbemerkt) ausgestoßen. Dann besteht natürlich auch kein Empfängnisschutz mehr.
Für manche Frauen ist es ein unangenehmes Gefühl, mit einem Fremdkörper im Bauch herumzulaufen. Sie müssen sich überlegen, ob der sichere Empfängnisschutz dieses Gefühl wettmachen kann. Eine Frau, die sich ständig verkrampft, weil ihr die Vorstellung, eine Spirale zu tragen, zuwider ist, sollte lieber ein anderes Verhütungsmittel wählen. Selten kommt es vor, daß eine Frau trotz Spirale schwanger wird. Nach den derzeit (März 1993) noch gültigen Bestimmungen des § 218 StGB kann sie die Schwangerschaft dann aufgrund einer medizinischen Indikation legal und auf Kosten der Krankenkasse abbrechen lassen.
Will sie das Kind bekommen, können Frauenarzt oder -ärztin die Spirale ziehen oder in der Gebärmutter belassen. Die meisten Ärzte raten dazu, sie zu entfernen, weil sie das Infektionsrisiko erhöht und damit eine fortwährende Fehlgeburtsgefahr darstellt. Wenn die Ärzte die Spirale ziehen, liegt das Risiko, dabei eine Fehlgeburt zu erleiden, allerdings auch relativ hoch, nämlich bei circa 20 Prozent.
Erfahrungsgemäß erleidet das Kind keinen Schaden, wenn die Spirale liegenbleibt. Sie verursacht nur überaus selten Mißbildungen beim Kind, weil das Baby von der Fruchtwasserblase umgeben und damit vor Fremdkörpern geschützt ist. Manchmal wächst auch die Plazenta um die Spirale herum und deckt sie vollständig zu.

- *Kondome* sind nach der Geburt das einzige Verhütungsmittel, das wirklich mit Sicherheit unschädlich ist. Es beeinflußt in keiner Weise den weiblichen Organismus, es schützt die Frau vor Geschlechtskrankheiten, es wird nur bei Bedarf angewandt und es ist ziemlich sicher, wenn es richtig benutzt wird.
Die Nachteile sind genau diejenigen, die auch sonst ein Paar davon abhalten können, Kondome als ständiges Verhütungsmittel zu wählen: Es stört nun mal, wenn man mitten im schönsten Schmusen und in erwachender Leidenschaft daran denken muß, ein Kondom überzustreifen. Manche Männer sagen auch, daß sie mit Gummi körperliche Liebe und Orgasmus weniger intensiv empfinden, daß sie weniger spüren.
Entgegen anderen Angaben und Vorstellungen sind Kondome sehr sicher, wenn sie korrekt angewandt werden. Wichtig ist, daß der Mann das Kondom festhält, wenn er sein Glied aus der Scheide herauszieht. Und wichtig ist außerdem, daß er ein qualitativ gutes Kondom benutzt. Im Zeitalter von AIDS ist der

Kondomumsatz allerdings so gestiegen, daß die Wahrscheinlichkeit, aus einem Automaten ein mehrere Jahre altes und damit womöglich brüchiges Kondom zu ziehen, sehr gering geworden ist. Bei Markenkondomen ist auf die Packung ein Herstellungsdatum aufgedruckt (es sollte nicht länger als sechs Monate zurückliegen). Achten Sie darauf, daß die Packung nicht beschädigt ist. Licht und Wärme können Kondome brüchig machen.

- Ein *Diaphragma* muß den »neuen« anatomischen Verhältnissen entsprechend angepaßt werden, um richtig zu sitzen, und solange diese sich noch verändern, hat das keinen Sinn.
  Nach einer Geburt dauert es Wochen, bis sich der Muttermund wieder vollständig geschlossen hat. Bei fast allen Frauen liegt er nach der Geburt anders als vor der Schwangerschaft, und auch das Scheideninnere fühlt sich anders an – weiter, lockerer, gedehnt. Erst nach Monaten ist der Rückbildungsprozeß der Geschlechtsorgane abgeschlossen.
  Ein Diaphragma können Sie frühestens ein halbes Jahr nach der Geburt von Frauenarzt oder -ärztin neu anpassen lassen. Die meisten Paare beginnen schon früher, wieder miteinander zu schlafen. Das Diaphragma kommt deshalb als Verhütungsmittel in der ersten Zeit nach einer Geburt nicht in Frage.

- *Schaum- oder Gelzäpfchen* enthalten spermientötende Substanzen und verhindern damit, daß befruchtungsfähige Samenfädchen durch den Muttermund in Gebärmutter und Eileiter vordringen. Sie sind in den ersten Monaten nach einer Geburt nicht ratsam, weil sie das Milieu innerhalb der Scheide nachhaltig verändern. Viele Frauen klagen über Infektionen und Ausfluß, weil die Zäpfchen die schützenden Milchsäure-Bakterien beseitigt haben. Außerdem verursachen die chemischen Substanzen ein häufig unangenehmes Brennen oder Wärmegefühl bei Mann und Frau.

- Wenn ein Paar langfristig *natürliche Familienplanung* betreiben will, sollte die Frau schon möglichst kurze Zeit nach der Geburt beginnen, ihre morgendliche Basaltemperatur zu messen.
  Solange eine Frau stillt, hat sie meistens noch nicht wieder ihren gewohnten monatlichen Zyklus. Sie muß deshalb erst einmal herausfinden, ob und wann sie einen Eisprung hat.
  Erst wenn nach dem Stillen die Eierstöcke wieder das weibliche Geschlechtshormon Östrogen produzieren, sind die Scheidenschleimhäute wieder stärker durchblutet und sondern mehr Flüssigkeit ab. Erst dann ist es möglich, die Veränderungen des

Schleims als Anzeichen für einen bevorstehenden Eisprung zu beobachten und damit auch die fruchtbaren Tage zu bestimmen. Solange sich der Zyklus noch nicht wieder richtig eingependelt hat, sollte ein anderes Verhütungsmittel benutzt werden, um vor einer Schwangerschaft geschützt zu sein.

Überlegen Sie sich am besten schon vorher, wie Sie nach der Geburt verhüten wollen. Körper und Seele brauchen jetzt eine Pause, um sowohl die Schwangerschaft, als auch die Geburt und die Stillphase richtig zu verarbeiten. Nur sehr wenige Frauen wollen tatsächlich so schnell wie möglich wieder schwanger werden, um zwischen den beiden Kindern einen möglichst kleinen Altersabstand zu haben.

Jirina Prekop

Wann beginnt »Erziehung«?

Pädagogik von Anfang an

Solange die Kinder klein sind,
gib ihnen Wurzel;
sind sie älter geworden,
gib ihnen Flügel.

Indisches Sprichwort

Erziehungsziele

Die meisten Eltern planen das Wurzelnlegen nicht. In ihren Träumen setzen sie ihren Kindern voller Liebe und Hoffnung Flügel an und sehen sie schon aus dem Nest fliegen. Wie im Text von Glückwunschkarten, guten Feen gleich, wollen Eltern, daß ihr Kind zu einem glücklichen Menschen wird,

- der sich in Gottes Hand fühlt,
- der geliebt ist und lieben kann,
- der sich verstanden fühlt und bereit ist, andere zu verstehen,
- der also Freund ist und Freunde hat,
- der Selbstvertrauen hat und Vertrauen schenkt,
- der sich mutig auf neue Lebensumstände einläßt,
- der sich willensstark durchsetzt zum eigenen, wie zum Wohl des Nächsten,
- der seine eigene Freiheit genießt und sie dem anderen gleichermaßen gönnt.

Leuchtende Ziele! Der Weg dahin ist jedoch noch unklar, im Nebel. Der eigentliche Sinn aller Erziehung liegt ja darin, daß man das Kind dahin begleitet, von wo aus es seine Träume zu verwirklichen wagt. An welche ersten Meilensteine muß man es heranführen, welche Engpässe mit ihm durchschreiten, daß es die ersehnten charakterlichen Fähigkeiten ausbildet?
Wie lange, unter welchen Umständen sollen diese Anlagen durch Wiederholung gefestigt und in Herz und Kopf eingeprägt werden? Die Zeit, in der das kindliche Gehirn jung, rein und unverformt ist, will zum Guten genutzt sein. Doch obwohl vielen Eltern das Sprichwort »Was Hänschen nicht lernt, lernt Hans nimmermehr« im Ohr klingt, denken sie nicht daran, daß die Erziehung schon gleich beim Säugling beginnt.
Und das ist ja auch gut so. Für ein Kleinkind ist es wohltuend, wenn die Eltern nicht viel über sein Dasein spekulieren, nachgrübeln. Jedes Kind möchte sich unbeschwert, eindeutig, ohne Bedenken angenommen wissen.

Unbewußte Früherziehung

Bedürfnis nach Geborgenheit – Bedürfnis nach Freiheit?

In dieser Hinsicht haben es Kinder aus den sogenannten *primitiven Kulturkreisen* deutlich am besten. Ihre Eltern brauchen sich über Früherziehung keine Gedanken zu machen. Diese findet ganz unreflektiert und zwanglos statt, indem das Kind in den ersten Lebensjahren am Körper der Mutter oder einer anderen nahen Bezugsperson getragen wird und sich nach dem Vorbild der Älteren richtet. Die Sicherheit des richtigen Handelns ergibt sich aus der Verbindung uralter Traditionen mit gesunden Instinkten.
So sorgt z.B. tagsüber das Tragetuch, nachts die Wiege oder Hängematte für vertrauten Rhythmus. Die *Grundbedürfnisse* des Kindes werden in *bestimmter Reihenfolge* gesättigt: Solange das Kind klein, unreif und unselbständig ist, darf es sich *umsorgt* und *geborgen* wissen; erst wenn seine Kräfte zur Verselbständigung reifen, wird seinem Bedürfnis nach Freiheit von den Erziehenden mehr und mehr nachgegeben. So kommt erst *nach der Bindung die Loslösung.* Beide Grundbedürfnisse werden im haltgebenden Schutz des »Nestes« befriedigt. In der steten Herzensnähe der Eltern spürt das Kind, daß es sich anvertrauen kann, es fühlt sich geschützt, getragen, unter allen Umständen auch ertragen, »in Gottes Hand«. All seine Gefühlsäußerungen werden verstanden und beantwortet. Im Rahmen der Bedingungen, denen jeder unterworfen ist (Witterung,

Erntearbeit, soziale Rhythmen etc.), werden all seine Bedürfnisse befriedigt.
Kommt es zwischen Mutter und Kind zum Konflikt, weil sein Bedürfnis nach Nahrung, Bewegungsfreiheit usw. nicht augenblicklich erfüllt wird, darf das Kind seinen Ärger, seinen Schmerz in der Nähe der Mutter ungehindert zum Ausdruck bringen, ohne daß ihm Strafe droht. Indem so alle Konflikte bis zur Aussöhnung ausgetragen werden, fühlt sich das Kind vorbehaltlos geliebt. Immer wieder macht es die Erfahrung, daß es mit eigener Kraft zur Erneuerung der Beziehung, der Freundschaft beiträgt. So wird es ermutigt, seine Lebenskraft auf die Probe zu stellen, sich aufzubäumen, eigene Schritte nach eigenem Willen zu unternehmen. Die Freiheit, das Nest zu verlassen, nimmt sich ein Kind jedoch nur, wenn ihm der Rückweg bedingungslos offensteht. Es kann mit der geballten Kraft seines angeborenen Temperamentes in sich ruhend konzentriert die Welt entdecken.
Die Eltern ihrerseits sind nicht geplagt von Zweifeln über die Richtigkeit ihres Handelns im Umgang mit den Kindern. Sie fürchten nicht, Fehler zu machen, wenn sie ihr Kind fest wickeln oder wenn das Zweijährige noch nicht »sauber« ist. Eltern aus ursprünglich lebenden Völkern sind im Hinblick auf die Kinderbetreuung ruhig und sicher. Diese *innere Sicherheit* gibt dem Kind den *Halt*, den es braucht, um sich aufzurichten und mit Selbstvertrauen seinen eigenen Weg einzuschlagen. Auf diese »unbewußte« Weise wird das Fundament für die ganze Charakterbildng gelegt.

Kopflastigkeit der Früherziehung

Wie entstehen Fehlentwicklungen?

Mit der Vertechnisierung des Lebensstiles gehen die unbewußten Grundlagen der Früherziehung verloren. Je mehr Instinkt, Gefühl und soziale Tradition als verläßliche Richtschnur wegfallen, desto stärker muß der einzelne sich auf sein eigenes Denken und Einsichtsvermögen stützen. Im Denken aber sind neben Erhellung auch Zweifel und Widersprüche enthalten. Hier können sich nagende Zweifel und damit Unruhe einstellen.

Tradition und Erfahrung treten zurück zugunsten neuer Maßstäbe, wie sie etwa eine gerade aktuelle Ideologie oder das Ziel größerer Bequemlichkeit vorgeben. Erst spät erkennen wir die verwirrenden Auswirkungen dieses Wandels. Erst wenn aus dem Hänschen der neurotisch verklemmte Hans geworden ist, und aus dem »kleinen Tyrannen« der erwachsene Autokrat, wird das Ausmaß der Verstörung erkannt.

Je nach Verstellung der Lebenswerte, je nach innerer Erstarrung oder Verweichlichung der Eltern und den daraus resultierenden Verhaltensstörungen der Kinder, können wir heute *zwei Ströme* der Fehlentwicklung ausmachen. Es handelt sich um Erziehungsströmungen, deren geschichtliche Wurzeln im 19. Jahrhundert liegen, die im 20. Jahrhundert in dichter Folge die Kinderzimmer beherrschten und bis heute bewirken, daß Eltern den wahren Bedürfnissen ihrer Kinder nicht voll gerecht werden und die Freude an Kindern allgemein schwindet.

Wie autoritäre Früherziehung krank macht

Besonders verheerend wirkte sich das Unwissen des autoritären Erziehungsstiles auf den unbewußt-natürlichen Umgang mit Kindern aus.

Im Zuge der technischen Entwicklung und des allgemeinen Wohlstands lösten Auto und Kinderwagen die alte Notwendigkeit, Kinder am Körper zu tragen, ab. Allein dadurch schon kam es zu dem Verlust einer wichtigen Wurzel der Menschlichkeit. Das sture Einhalten rational entworfener Regeln, das Funktionieren nach definierten Entwicklungsnormen hatten nun Vorrang gegenüber dem Bedürfnis des Kleinkindes nach Nestwärme. Im großen und ganzen erschien es gleichgültig, wer ein Kind versorgt, wichtig war nur, daß es regelmäßig gefüttert, sauber gehalten und zur Ordnung angehalten wurde. Sterilität, Distanz, Abhärtung, Ruhe und Disziplin waren die Maximen dieser Auffassung von Erziehung, während Körpernähe

verpönt war. Den Säugling ließ man ungetröstet in seinem Bettchen weinen, mit der Begründung, er solle seine Stimmbänder und Lungen stärken. Später hieß es dann: »Ein Mann weint doch nicht« oder »Indianer kennen keinen Schmerz«.
Trotz und Eigenwille wurden bestraft. Wie kommt z.B. ein Krippenkind dazu, Widerstand zu leisten, wenn es mit einer überlasteten Erzieherin zu tun hat, die eine viel zu große Kindergruppe zu betreuen hat? Wie sehr kann es sich der vom Berufsalltag ermüdeten Mutter zu Hause zeigen? Kann es sich an ihr reiben, ohne Angst haben zu müssen, daß sie sich entzieht oder ihre Liebe entzieht?

Ein Fall aus der Beratung:
In der Sprechstunde erscheint eine Mutter, sie ist angespannt, scheu und voller Angst, daß sie sich für die bedenklichen Verhaltensauffälligkeiten ihres vierjährigen Dietmar schuldig fühlen müßte.

»Er spielt im Kindergarten nicht mit anderen. Aber wissen Sie, die Kinder sind heute ja auch so wild und böse! Dietmar zieht sich mit seinem Puzzle von zu Hause in eine Ecke zurück; er geht dort auch nicht zur Toilette, sondern wartet, bis er wieder daheim ist. Die Kindergärtnerinnen sehen das nicht gerne. Mit den anderen Kindern spricht er kein Wort, nur den Erzieherinnen antwortet er, wenn er gefragt wird. Zuhause ist er sehr brav, hilfsbereit und fleißig. Böse ist er nur zu seinem kleinen Bruder, wenn es ihm nicht gelingt, schneller als der zu sein... Na ja, was mir nicht unbedingt gefällt, ist, daß er soviel Krimskrams hortet und so schwer hergeben oder teilen kann. Aber sein Papa ist ja genauso, sonst hätte er nie die Eigentumswohnung anschaffen können. Er hebt auch alles auf, man weiß ja nie, ob man es nicht mal brauchen kann. Der Dietmar hat das geerbt.«

Zu früh erzwungene Selbständigkeit?

Das weitere Gespräch ergibt, daß Dietmars Probleme im ersten Lebensjahr begannen. Bereits sechs Monate nach der Entbindung ging die Mutter in ihren Beruf zurück, weil das Ehepaar mehr Geld brauchte. Zunächst wurde das Baby von der Oma und, als diese krank geworden war, von einer Pflegemutter betreut. Mit einem Jahr kam Dietmar in eine Kinderkrippe, dort blieb er auch, als sein kleiner Bruder geboren wurde. Damals war er zweieinhalb Jahre alt. Ein Alter, in dem Kinder normalerweise gerne Widerstand leisten, aus eigenem Willen »groß« sein wollen, bei allem heißt es »ich allein«. Da er sich seiner Mutter jedoch nie sicher sein konnte, fehlte ihm

der Mut, sie zu ärgern, trotzig zu sein. Sie würde ihn vielleicht in die Besenkammer einsperren, oder Papa würde ihn abends verprügeln. Und sicher lieben die beiden das Brüderchen mehr. Nein, er würde eine Wut lieber weiter schlucken. So baute er sich ein eigenes Reich, wo er alles hortete und nichts hergab. Er übernahm die Rolle des großen Bruders, der immer hilft und alles besser weiß. Nur im Kindergarten stellte er verzweifelt fest, daß es Kinder gab, die geschickter waren als er. So zog er sich auf sich selbst zurück und klebte seither am Bewährten und Bekannten.
Die verheerende Folge der autoritären Erziehung ist der Verlust des Selbst, sind Anpassung, Gehemmtheit, Manipulierbarkeit und der fehlende Mut zur Eigenverantwortung. Im schlimmsten Fall ist das Ergebnis eine gesichtslose Menge aus Jasagern und Duckmäusern, die sich lieber in der Masse versteckt halten (und dort auf unheimliche Weise mächtig werden), als an der Erneuerung des individuellen Selbst und einer menschlicheren Umwelt zu arbeiten.

Wie die zu freie Früherziehung unfrei macht

Nachdem die Folgen des instinktlosen, gefühlskalten autoritären Stils offensichtlich geworden waren, begann man von der Wissenschaft her umzudenken. Man erkannte, daß die Entfaltung zur vollen Persönlichkeit nur auf der Basis erfüllter Bedürfnisse nach Bindung und Loslösung möglich ist. Doch leider wechselte man nur ins andere Extrem. Man fing an zu glauben, daß die Umkehr der beiden Bedürfnisse möglich, ja sogar geboten sei. Nicht zuerst Wurzeln und dann Flügel, sondern umgekehrt: von Geburt an Freiheit, ja sich nicht aufdrängen, nicht autoritär bestimmen.

Ein Fall aus der Beratung – die Hyperaktivität:

»Ich bin ganz verzweifelt«, klagt weinend eine Mutter, »der Kinderarzt sagt, Tobias habe eine krankhafte Unruhe. Er bleibt im Kindergarten nicht sitzen, fängt Spiele an und beendet sie nicht, ist dauernd unterwegs. Nur bei seinem Gameboy bleibt er längere Zeit sitzen. Wie soll das mal in der Schule werden, wenn er sich nicht konzentrieren kann?«

Aus der Vorgeschichte ließen sich die Ursachen leicht ableiten. Bis zu seinen ersten Drehbewegungen war Tobias ein ganz ruhiges Kind. »Dann aber bestimmte stets er, wie wir ihn halten sollen, wie ein Quecksilber war er in meinen Armen...« Die Mutter traute sich nicht, den fünf Monate alten Säugling in einer von ihr bestimmten Lage zu beruhigen, stets paßte sie sich seinen immer unruhiger werdenden Bewegungen an.
Als er dann bald durch die ganze Wohnung krabbelte, überall Chaos stiftete und nur dann auf dem Schoß der Mutter blieb, wenn der Fernseher lief, verlor auch sie die innere Ruhe völlig. Gegenseitig steckten sie sich mehr und mehr mit ihrer Unruhe an. »Ein schreckliches Kind«, lamentierte die Mama, »ich weiß gar nicht, wie ich ihn nennen soll: Zappelphilipp, Quecksilber, Rumpelstilzchen...«.
Das Baby sollte entscheiden, ob es getragen, wie und womit es gefüttert wird. Nach dem Motto, das Kind weiß selbst am besten, was es braucht, wollten nun Mütter, die sich auf ihr eigenes instinktives Gespür, ihr Wissen nicht mehr verlassen konnten, den Instinkten des Kindes folgen. Das stiftete weitere Verwirrung:

Kann ein Baby selbst entscheiden?

- Es stimmt zwar, daß das Kind sehr gut spürt, daß es Geborgenheit, Nahrung, Trost usw. braucht, *auf welche Weise* aber diese Bedürfnisse zu befriedigen sind, muß die Mutter wissen, und zwar *sicher* wissen.
- Wenn das Kind mit seinen feinen »Fühlern« die Unsicherheit, Ängstlichkeit und Unentschiedenheit der Mutter spürt, wirkt tatsächlich ein Instinkt, allerdings einer, der das Kind zur Flucht treibt, weg von der Bindung. Es schaut die Mutter lieber nicht an, läßt sich ungern auf dem Arm halten. Folgt die Mutter diesem Drang, so verliert es den Halt, wird haltlos, unruhig, entlädt die Energie auf seine eigene ungesteuerte Weise, wird hyperaktiv. Läßt die Mutter sich dauernd beherrschen und folgt den kindlichen Impulsen, entsteht im Kind der Eindruck, es sei stärker als die Mutter und müsse immer der »Chef« bleiben, um Sicherheit zu haben, es wird zum allmächtigen Tyrannen. Auch das ist Flucht: weg von der unsicheren Mutter hin zur willfährigen Dienerin.
- Wenn man sich nicht auf den kindlichen Instinkt, sondern auf die kindliche Vernunft und Verständigkeit verlassen will, so muß auch das im Hinblick auf den geistigen Entwicklungsstand des Kindes als Absurdum erscheinen. Als habe es die Erfahrung und den Überblick, um beurteilen zu können, ob es nun Halt bei den Eltern braucht oder nicht.

Eine Szene aus der Krabbelgruppe – der kleine Tyrann:

Drei Kinder zwischen eineinhalb und zwei Jahren sind aneinander geraten. Sie zerren sich an den Haaren, beißen und schlagen wild um sich. Die Mütter versuchen zunächst vergeblich, die ausufernden Aggressionen in ein Spiel umzulenken. Zum Schluß müssen sie die Kinder aber doch trennen. Zwei lassen sich, jedes in einer anderen Ecke, von ihren Müttern zu einem ablenkenden Spiel gewinnen. Das dritte Kind, ein Junge, reißt sich immer wieder los und stürzt sich im wilden Amok auf andere Kinder und sogar Erwachsene. Auf die dringende Bitte der anderen Mütter versucht seine Mutter nun energisch, ihn auf dem Schoß zu behalten, worauf er sie schlägt und tritt und schließlich wegrennt. Die Mutter steht hilflos und verängstigt da, wie ein Kind, und klagt: »Was soll ich machen, der Junge ist halt stärker als ich! Schon immer mußte ich machen, was er wollte. Stundenlang mußte ich ihn die Wendeltreppe hinauf und hinunter tragen, bis er endlich einschlief; das Essen will er nur auf einem bestimmten Teller serviert haben... ein richtiger Pascha, schon jetzt. So habe ich mir meinen Sohn nicht vorgestellt. Und mein Mann sagt, ich sei schuld.« Am liebsten würde sie davonlaufen, weg von dieser Ehe, weg von diesem Kind. Das erste ließe sich verwirklichen, aber an das Kind fühlt sie sich gefesselt, ausgeliefert.

Welch eine Enttäuschung! Der Traum von der glücklichen Mutter, dem glücklichen Kind ist zu einer tragischen Groteske geworden. Trotz aller Bemühung um perfekte Betreuung ist das Kind nun völlig anders als ersehnt: Es kann sich nicht anvertrauen, ist nicht liebesfähig; es kann sich zwar durchsetzen, aber nur zu Lasten anderer; es kann nicht in sich ruhen, von seiner Impulsivität getrieben ist es nicht frei.

Oft werden die ersten Warnzeichen im Verhalten eines Kindes unterschätzt. Man freut sich sogar an der quirligen Art, den breiten Ellbogen des Sprößlings. Erst wenn das Sich-Einlassen auf neue Lebenssituationen gefordert ist – z.B. Spiel mit anderen, veränderte Nahrungsaufnahme, konzentriertes Mitmachen im Kindergarten – fällt auf, daß etwas Wichtiges auf dem Weg zu einer gesunden Charakterentwicklung des Kindes auf der Strecke geblieben ist. Vielleicht schon im ersten Lebensjahr? Oder noch davor?

Ja, und ob!

Empfehlungen für die Früherziehung

Von einem bekannten Pädagogen wird folgende Geschichte erzählt: In seiner Beratungsstunde erschien eine Mutter mit einem einjährigen Kind. »Bis jetzt entwickelt sich alles sehr gut, nun möchte ich von Ihnen wissen, damit ich ja nichts versäume, wann ich mit der richtigen Erziehung beginnen soll.« Darauf der Pädagoge: »Gehen Sie schnell heim, liebe Frau, das Wichtigste für die Erziehung, nämlich das erste Jahr, haben Sie bereits versäumt.«

Welchen Stellenwert hat die Selbstsicherheit der Eltern?

Der Pädagoge kann so selbstsicher reden. Seine Sicherheit gewinnt er aus seinem Fachwissen. An diesem Wissen führt heute kein Weg mehr vorbei, da, wie oben erläutert, die instinktive Sicherheit sehr geschwächt ist. Es bedarf tatsächlich einer ausgiebigen Aufklärung der Eltern, die sich an der kindlichen Entwicklung orientiert. Die vielen unterschiedlichen, oft widersprüchlichen Richtungen und Quellen stiften Verwirrung. Auch hier gilt das Sprichwort: »Viele Köche verderben den Brei.« Deshalb die Empfehlung, daß Eltern sich von Anfang an für *eine* Art der Ratgebung entscheiden und dabei bleiben. Eltern und Kinder gewinnen so eine *klare gemeinsame Linie.*

Die Angst vor Sturheit muß die Eltern nicht beunruhigen. In der Kinderbetreuung wirkt sich die Angst vor Fehlern, die aus einer Unklarheit des Konzepts entspringt, viel nachteiliger aus. Eine klare, nachvollziehbare Linie gibt dem Kind ein Gefühl der Sicherheit, des Sich-Verlassen-Könnens, also jene Art von Geborgenheit, die für jedes Kind unverzichtbar ist.

Die Voraussetzung dafür, daß sich das Kind überhaupt erziehen läßt, ist die *Beziehung.*

Von der frühesten Lebenszeit an ist das Kind mit Leib und Seele auf Beziehung hin orientiert. Es spürt bestens, was gut für es ist, und zutiefst will es sich lückenlos geliebt und geborgen fühlen. Da es aber nicht weiß, wie diese Bedürfnisse in die Tat umzusetzen sind, *be-zieht* es sich gerne auf den reiferen Menschen, der es weiß: »Das Menschsein lernt der Mensch nur am Menschen« (Novalis).

Mit vollem Vertrauen verbindet sich das Kind daher nur mit Eltern,

- von denen es sich bedingungslos geliebt und verstanden fühlt,
- die eindeutig sind (also nicht hin- und hergerissen zwischen Ja und Nein),
- die gleichbleibend sind,
- deren Handeln damit zuverlässig vorhersagbar ist,
- die stärker sind als es selbst, so daß es sich geschützt fühlen und am Vorbild des Reiferen orientieren kann.

Wann wird das Fundament für die Erziehung gelegt?

Diese elterlichen Eigenschaften sind dem Kleinkind nicht durch Worte zu vermitteln. Es kann sie nur *sinnlich wahrnehmen*. Der erste Mensch, mit dem es sich in Wahrheit verbindet, ist die Mutter. Sie wird von ihm gespürt, gehört, gesehen, gerochen und geschmeckt. All diese sinnlichen Erfahrungen sind untereinander verzahnt und ganzheitlich mit Gefühlen verbunden. All das geschieht unter Bewegung. Wie der Körper sich bewegt und bewegt wird, was die Haut spürt, wohin das Auge sich richtet, welcher Ton in den Ohren klingt, bewegt auch das Herz. Daraus ergibt sich die prägende Bedeutung des Mit-der-Mutter-bewegt-Werdens für die Lebendigkeit des Kindes. So gesehen wird das Fundament für die Erziehung bereits im Bauch der Mutter gelegt.

Vor der Geburt

Innerhalb der Gebärmutter erfährt das Kind ein warmes Nest, auf dessen gleichbleibend abgerundete, feste, weiche Wände es sich verlassen kann. In dieser Hülle erlebt es den wiederkehrenden Rhythmus des mütterlichen Herzschlags, der Atmung und das vorausspürbare rhythmische Wiegen bei jeder Bewegung der Mutter. Die eigenen noch ungesteuerten Bewegungen des Kindes werden durch die »bewegte« Antwort der Mutter wohltuend harmonisiert, so fühlt es sich verstanden, wenn die Mutter es durch die Bauchdecke drückt oder streichelt.

Verständigung mit dem Kind schon im Mutterleib?

Lassen Sie Ihr Kind den verständnisvollen Dialog spüren. Wiegen Sie es in der Schwangerschaftsgymnastik und stellen Sie sich vor, wie gut es ihm tun wird, wenn Sie mit ihm tanzen und wandern. Gerade wenn Ihnen wegen einer sogenannten Risiko-Schwangerschaft Bettruhe verordnet wird, sorgen Sie um so mehr dafür, daß Ihr Kind den mitschwingenden Rhythmus erfährt, indem Sie sich mit ihm in einen Schaukelstuhl oder eine Hängematte legen oder es rhythmisch kreisend streicheln. Lassen Sie es Ihr eindeutiges *Ja* spüren. Haben Sie keinen Zweifel daran, daß Ihr Kind es bereits jetzt genießt, wenn Sie es abtasten. »Hier hast Du Dein Köpfchen, und da sind die Füßchen...!« Es spürt, daß die Mama zu ihm hineinhorcht und sich zutiefst mit ihm verbindet. Auch der Papa tut es auf seine Weise. Nach der Geburt erkennt das Kind Ihre Stimmen wieder, und wie gerne es lauscht!
Die gleichen vertrauten Erfahrungen mit

- der Hülle,
- der Wärme,
- dem Rhythmus,
- der verläßlichen Reaktion auf seine Lebenszeichen

braucht das Neugeborene noch lange Zeit nach der Geburt.

Das Kind ist rundum, mit Leib, Seele und Gehirn darauf angewiesen. Entbindung heißt nämlich noch lange nicht, daß das Kind sich so ohne weiteres auf eine neue sinnliche Wahrnehmung umstellt. Es wurde dabei lediglich von Ihrem »Innen« in Ihr »Außen« entbunden, es wurde von der Nabelschnur getrennt und muß nun selbst atmen. Das Urvertrauen, das es im Bauch der Mutter genoß, möchte es im fließenden Übergang weiter wahrnehmen.

Unmittelbar nach der Geburt

Das hilflose Kind wird von ungewohnten Eindrücken bestürmt. Es muß das Warme mit dem Kalten, das Feuchte mit dem Trockenen, das Dunkle mit dem Hellen tauschen. Es wird von fremden Händen berührt, mit neuen Gerüchen überrascht. Auf diese Reizüberflutung reagiert ein Neugeborenes, je nach Sensibilität, mit Angst bis Panik. Diese notwendige Krise des Hinein-Geboren-Werdens in die Vielfalt des Lebens wird vom Kind um so besser verkraftet, je mehr vertraute Wahrnehmungen vorhanden sind, an die es anknüpfen kann.

Wann kann ein Baby lernen, daß es manchmal warten muß?

Daher sorgen Sie bereits vor, daß das Kind direkt nach der Entbindung angelegt wird, wo es sich ungestört, am Herzen der Mutter, beruhigen kann, bevor es zur weiteren Versorgung in andere Hände kommt.

Ein Vater erzählt (er ist nicht nur auf seinen erstgeborenen Sohn, sondern auch auf seine Frau stolz):

»Die Hebamme sagte mir, meine Frau habe einen guten Mutterinstinkt. Gleich nachdem sie ihr das Kind noch ungebadet auf den Oberkörper gelegt hatte, begann meine Frau es abzutasten, zu wiegen, sein Weinen beruhigend nachzustimmen. Seine Atemzüge ahmte sie nach, wie sein genüßliches Schmatzen beim Trinken der Vormilch.
Es war ein unbeschreibliches Gefühl, wie das Bemuttern den Funken überspringen ließ. Wie das Kind seine Mama angeschaut hat! Als hätte es sagen wollen: ›Mama, Dich kenne ich schon, so siehst Du also aus. Geht's mir gut bei Dir!‹«

Von 0 bis 7 Monaten

Dem Kind geht es am besten, wenn es auch *am* Körper im Fluß der voraussagbaren Erfahrungen, der *im* Körper der Mutter herrschte, bleiben kann. Allmählich kann es weitere neue Erfahrungen machen, daß es z.B. von einer anderen Bezugsperson getragen wird, oder daß es statt in den Armen im Bettchen ruht. Die Grundbedingungen jedoch müssen gleich bleiben, damit es sich auf sie verlassen kann.
Vergleichen Sie es mit einem Löwenbaby: Zuerst braucht es den immer gleichen warmen Körper, der es fest in nächster Nähe hält, es füttert und total versorgt. Der Instinkt gibt das unabdingbar vor.

Erst gestützt auf diese Sicherheit, lenkt das Löwenjunge sein Interesse nach außen, beruhigt und frei, beobachtet das Verhalten der Eltern, und erst wenn es stärker wird, traut es sich weiter hinaus. Es fängt an, das Verhalten der Älteren nachzuahmen, macht erste eigene Entdeckungen. Gefährdet es sich oder ist es zu wild gegenüber der Löwin, wird es von ihr sanft, aber fest am Nacken gepackt und zurück unter den Bauch der Mutter »ins Nest« befördert.

Geburt heißt also nicht, daß für das Kind das Blatt sich völlig wendet. Hülle, Wärme und Rhythmus, die vertrauten Erfahrungen sollen fortgesetzt werden. Das heißt konkret: gut wickeln, nur für kurze Zeit frei strampeln lassen. Möglichst auf immer gleiche Weise im »wiegenden Nest«, also im Arm, im Tragetuch, in der Wiege oder Hängematte hüten. Mit sicheren Bewegungen, in ritualisierter Reihenfolge waschen, eincremen, massieren. Das Bedürfnis nach Nahrung erträgt keine Verzögerung. Das Kleinkind hat noch keinen Zeitbegriff, fünf Minuten des Wartens auf die Mutter gleichen einer schwer erträglichen, unüberschaubar langen Durststrecke, es fühlt sich unverstanden. Erst um den siebten Monat herum soll das Kind schrittweise das Warten lernen.

Ahmen Sie seine vielfältigen Laute, sein Schmatzen und Gähnen liebevoll nach. Durch das zurückgegebene Echo erfährt das Kind seine Wirksamkeit, es erlebt Beantwortung und Bestätigung. Wenn es dem Kind nicht gut geht, lassen Sie es nie alleine. *Nehmen Sie es bei Angst, Wut und Schmerz immer in den Arm, und trösten Sie es solange, bis alle Affekte ausgedrückt sind und in Liebe und Zufriedenheit übergehen.*

Die Voraussetzung für diese Umgangsform ist eine stets anwesende Mutter, die gleichbleibende, wiederkehrende Zuwendung garantiert. Die Schlußfolgerung ist klar: Die Mutter soll bei dem Kind zu Hause bleiben und auf Krippe oder Ersatzmutter verzichten. Dies gilt im Idealfall für die ersten drei Lebensjahre des Kindes.

Auf Dauer wäre es jedoch sehr ungünstig, wenn nur die Mutter zum Freund würde. Damit ein Kind offen und fähig wird, sich auf neue Lebensbedingungen einzulassen, muß es lernen, seine Bindungsbereitschaft auf andere Menschen auszudehnen. So wird der Vater zum ersten wichtigen Mann im Leben, die Geschwister zu ersten kindlichen Partnern...

Bereits in diesen frühen Wochen gibt es die ersten Engpässe. Ein schneller Ausweg wird gesucht. Nur welchen nehmen von den vielen? Da wird die junge Mutter auf eine harte Probe gestellt. Anfangs genoß sie den geschützten Rahmen der Entbindungsklinik. Noch half die Hebamme. Noch reagierte das Kind instinktiv. Doch dann ist die unerfahrene Mutter allein zu Hause, das Kind schreit und schreit und schreit. Der Arzt stellt keine krankhafte Ursache fest, sondern tippt auf Umstellungsschwierigkeiten im Tag- und Nachtrhythmus oder bei der Verdauung. Versuchen die Eltern alles, was es beruhigen könnte (Hin- und Hertragen, Singen, Schnuller, Licht anmachen, Flasche usw.), machen sie einen großen Fehler. Das künstlich erzeugte Überangebot verschiedener Reize läßt das Kind nun gar nicht mehr zur Ruhe kommen. Hier müssen sich Eltern durchsetzen und einen ordnenden Rhythmus schaffen, der sich dem Kind einprägt.

Wie wichtig ist Halt von außen?

Kein Kind ist von sich aus in der Lage, einen eigenen Rhythmus zu entwickeln, der gut abgestimmt ist mit den natürlichen Rhythmen wie Tag-Nacht, Jahreszeitenwechsel u.ä. Das müssen ihm die Eltern vermitteln. Genauso ist es nicht geschaffen, aus sich heraus inneren, tragfähigen Halt zu entfalten; das gelingt nur, wenn es zunächst von außen zuverlässigen Halt spürt.

Das Kind ist noch zu unerfahren, unreif, einfach nicht kompetent, über die Art seiner Betreuung zu bestimmen. Dies ist eindeutig Kompetenz und Pflicht der Eltern. Das Kind ist als Kind und nicht als erwachsener, ebenbürtiger Partner zu betrachten. Eltern müssen den Mut haben, für ihr Kind zu entscheiden – selbstverständlich zum Guten.

Sie müssen wissen, wie dem Kind das Gute zufließt. Je unruhiger es beispielsweise ist, desto mehr braucht es Beruhigung durch zuverlässig Gleichbleibendes, einen fixen Punkt im magischen All des Kindes. So wissen Sie, daß es dem Kind besser bekommt, wenn es in nächster Nähe der Mutter den regelmäßigen Rhythmus der Wiege spürt, als daß es eine Wanderung voll unvorhersagbarer Eindrücke mit ihr macht: dort geht die Türe mal auf, mal nicht, mal Licht, mal ohne, mal jammert die Mutter und ruft den Papa zu Hilfe, mal singt sie, mal zittert sie ängstlich und schwitzt... Hier droht Gefahr, die elterliche Selbstsicherheit zu verlieren.

Es bietet sich an, einige grundlegende Worte aus der Sicht des Kindes zu den Fehlern der Eltern und der Angst vor Fehlern überhaupt zu sagen:

- Den gröbsten Fehler begehen Eltern, wenn sie sich dauernd mit der Angst vor Fehlern plagen. Diese Angst überträgt sich auf das Kind.
- Das Kind akzeptiert lieber eine sichere Mutter, die eindeutig zu ihren Fehlern steht, als eine, die zwischen »Ja« und »Nein« schwankt.
- Die Unschlüssigkeit der Eltern ist für das Kind eine Qual. Sie raubt ihm die Geborgenheit. Jede schlechte Sicherheit wird es

besser ertragen, als die ewige Unsicherheit einer kindlich ängstlichen Mutter. (Stellen Sie sich dazu die Kinder in den Armen ihrer äthiopischen Mütter vor! Trotz Hunger haben sie volles Vertrauen zu ihren Müttern.)

Was tun, wenn Kinder unruhig sind?

Wenn Ihr Kind unruhig ist, bleiben Sie fest und eindeutig! Wie ein fester Hafen, der das zerbrechliche Schifflein auch im Windsturm sicher ankern läßt. *Bleiben Sie bei dem, was Sie ihm einmal angeboten haben, verändern Sie es nicht!* Schreit das Kind weiter, obwohl es nicht hungrig ist, so behalten Sie es im Arm, in der von Ihnen vorgegebenen Lage, oder in der, die das Kind anfangs selbst wählte. Trösten Sie es dann, ohne weitere Lage- oder Ortswechsel (d.h. kein Umhertragen!), indem Sie es rhythmisch wiegen und beklopfen. Hören Sie damit erst dann auf, wenn das Kind zufrieden ist. Halten Sie durch! Sollte es für Sie zu anstrengend werden (z.B. wenn es häufig oder in der Nacht schreit), so legen Sie das Kind von vornherein in eine Wiege oder Hängematte. Die Hängematte ist besonders geeignet, da auch das größer werdende Kind bequem darin Platz hat. Wenn Sie Bedenken wegen der Lagerung haben, können Sie die Hängematte mit einer festen Unterlage ausstatten (kleine Matratze). Denken Sie daran, daß auf diese Weise Millionen von Kindern im Laufe der Menschheitsgeschichte groß geworden sind. Stützen Sie sich beruhigt auf die uralten Erfahrungen der Ägypter, Kelten und Indianer. Sagen Sie sich und Ihrem Kind: »Ich bin Deine Mutter. Ich weiß, daß das, was ich gerade für Dich tue, gut für Dich ist. Solange es Dir nicht gut geht, bleibe ich bei Dir und mache nichts anderes.«

Zwischen dem 7. und 12. Monat

Die Tatsache, daß ein Kind sich selbständig fortbewegen kann, heißt noch lange nicht, daß es frei entscheiden kann, wohin es krabbelt, wie lange es krabbelt, oder was es dort tut, wohin es gelangt. So müssen Sie bedenken, daß der Säugling von Wissenschaftlern als »physiologische Frühgeburt« eingestuft wird. Um die Reife anderer Nesthocker (Katzen, Hunde, Bären) zu erreichen, müßte er weitere zwölf Monate, bis zu insgesamt 21 Monaten Schwangerschaft, im Bauch der Mutter getragen werden. *Das heißt aber nicht, daß Sie das Kind deshalb stets am Körper tragen müssen.* Es wird immer schwerer, und Sie haben nicht die körperliche Kraft einer Indianerin.
Das Kind braucht ja auch seine eigene Erfahrung mit sich selbst und der Umwelt, um seine Kräfte zu erkennen. Es lernt durch Greifen

begreifen. Dazu braucht es eine gute Konzentrationsfähigkeit. Ist jedoch sein Bewegungsantrieb mächtiger als seine Konzentration, so bieten Sie ihm lieber einen geschützten Rahmen, als es dauernd mit Einschränkungen und Verboten zu belästigen. Ein Laufstall oder eine mit Möbeln begrenzte Ecke im Wohnzimmer tut da, als erweitertes Nest, gute Dienste. Nehmen Sie von sich aus das Kind immer wieder auf den Arm oder halten Sie es auf dem Schoß, um es zum ruhigen Lauschen und Beobachten, zu gemeinsamen Liebkosespielchen oder einfach zum Ruhen zu bringen.

Haben Sie einmal den Eindruck, das Kind ist so lebhaft und wild, daß es kaum zu bändigen ist, dann freuen Sie sich aus vollem Herzen an seiner Kraft. Um so festere Felsen braucht der Wildbach, die ihm standhalten und den Weg weisen. Ein solcher Bach macht große Freude, ist eine Quelle der Lebendigkeit.

Im Alter zwischen sieben und zwölf Monaten fängt das Kind an, seine Wirksamkeit zu entdecken. Bis dahin hat es sich mit den Eltern als Einheit gefühlt. Nun beginnt es, zwischen sich selbst und anderen, Vertrauten und Fremden, zu unterscheiden. Es kann sich jetzt vorstellen, daß die Mama weg ist und doch auf sein Schreien hin wiederkommt. Es sucht Verstecktes, macht »Guckguck-Spiele«. Allmählich bildet sich bei ihm eine Zeitvorstellung aus. Ab jetzt sollte man dem Kind zumuten, immer wieder auf etwas zu *warten*. Zum Training eignen sich am besten Essen und Trinken. Von nun an ist das Kind in der Lage, in regelmäßigen Abständen, und nicht wie bisher nach Bedarf, zu essen. Verweigert es diese oder jene Speise, während es von der Brust entwöhnt wird, so kann man es bis zur nächsten Mahlzeit warten lassen. Man muß dem Kind nicht alle Wünsche erfüllen und schon gar nicht auf Anhieb. Alle Familienmitglieder haben Rechte und Bedürfnisse. Eltern und Geschwister sollen ihre Würde erkennen lassen, indem sie dem Kind gegenüber ihre eigenen Gefühle und Bedürfnisse zulassen. Somit hat das Kind die Chance, sich einzufühlen.

Will das Kind z.B. hochgenommen werden, um eine Fensterbank zu erreichen, so lassen Sie es mindestens in der Hälfte der Fälle eine Weile warten, und sagen Sie ihm auch, warum: »Nein, jetzt nicht, jetzt staubsauge ich, schau mal, wie ich es mache.« Oder: »Ich stricke gerade, warte solange, bis ich diese Reihe fertig habe.« Das Kleinkind versteht die vielen Worte nicht, aber es sieht Sie und versteht, daß Sie es ernst nehmen und ihm ein Warten zutrauen.

Setzen Sie Ihrem Kind *ganz klare, einhaltbare Grenzen!* Wenn diese Grenzen verläßlich sind, geben sie große Sicherheit. Zu diesen Grenzen gehören nicht nur Verbote, sondern auch *Erlaubnisse, die Ermutigung zu weiterem Tun, offen geäußerte Freude an allem Guten.*

So helfen Sie dem Kind z.B. beim Erreichen der Fensterbank. Bestätigen Sie es: »Was Du jetzt alles siehst da oben…« Oder gehen Sie mit einem eindeutigen »Oh ja!« auf ein Kind ein, das gerade versucht, auf Ihren Schoß zu klettern, heben Sie es hoch und bestätigen Sie ihm, daß es sich durchsetzen konnte. »Bist Du groß!«

Durch Ihre Unterstützung schöpft Ihr Kind Vertrauen. Es begreift, daß es unter Ihrem Schutz, Ihrer Hilfe noch viele Lebensbereiche erobern und sein Selbst behaupten kann.

Katharina Zimmer

Antennen des Körpers und der Seele

Die Entwicklung der Sinne des Babys

Die Sinne eines Babys sind zwar vom ersten Tag an funktionsfähig, aber ihre Zusammenarbeit entwickelt sich erst im Laufe der Wochen, Monate und Jahre. Jede, auch die kleinste Handlung und Erfahrung des Kindes hilft ihm bei diesem Integrationsprozeß. Wie erstaunlich diese Abstimmung der Wahrnehmungssysteme Hören, Sehen, Gleichgewicht, Berührungssinn und Tiefensensibilität aufeinander die gesamte Entwicklung des Kindes steuert, schildert dieses Kapitel.

Selbständig essen – eine einfache Handlung?

Machen wir uns jemals klar, was alles dazugehört, um einen Teller Suppe auszulöffeln? Wir finden es selbstverständlich, mit einem Löffel so umzugehen, daß die Nahrung in unseren Mund gelangt, weil es lange her ist, seit wir die Geschicklichkeit unserer Hände im Spiel geübt haben. Halten wir also beim Essen einmal inne und beobachten, was wir machen. Es beginnt damit, daß wir aufrecht und sicher am Tisch sitzen. Unsere Augen richten sich auf die duftende Suppe vor uns und dann auf den Löffel, der neben dem Teller liegt. Wir strecken die Hand aus und ergreifen den Löffel – zielsicher. Wir halten ihn in einer ganz bestimmten Weise: Würden wir ihn grob anfassen, wie einen Hammerstiel zum Beispiel, ihn mit der ganzen Handfläche umklammern (was übrigens das Baby bei seinen ersten Versuchen macht), so könnten wir wenig mit diesem Instrument anfangen. Wir nehmen ihn also in einer Weise auf, die ihn in einem besonders beweglichen Gleichgewicht hält. Während wir damit »arbeiten«, ihn in die Suppe tauchen, herausheben, den weiten Weg vom Teller zum Mund führen (denn wir essen ja anständig, nicht wie ein Tier mit dem Mund unmittelbar am Tellerrand!), bleibt er mit seiner Öffnung immer nach oben gerichtet; meist verschütten wir kein Tröpfchen. Hin und wieder schauen wir hin. Wir brauchen uns nur einmal schlecht zu fühlen, im Liegen zu essen, und schon gelingt das alles nicht mehr so säuberlich. Die feine Koordination zwischen Bewegungsabläufen und Wahrnehmung funktioniert nicht mehr so gut. In einer ungewohnten Körperhaltung fehlt uns zudem die Übung.

Bewegung, so haben wir im vorigen Kapitel festgestellt, ist ein besonders vielfältiges Geschehen: Greifen und kleine Gegenstände mit den Händen manipulieren, ganz besonders. Man nennt das Feinmotorik. An dem geschilderten Vorgang wird deutlich, wieviel Wahrnehmung, wie viele Sinne wir benötigen, um diese Motorik einsetzen zu können. Man muß eigentlich weitergehen und sagen: Bewegung *ist* Wahrnehmung.

Das Körperschema

Allein bei einer scheinbar so einfachen Tätigkeit wie dem Essen brauchen wir fast alle unsere Sinne gleichzeitig, um sie zu bewältigen:

- Angefangen beim Gleichgewichtssinn, der uns nicht nur ermöglicht, uns sicher aufrecht zu halten, unsere Kopfhaltung frei zu kontrollieren (so daß zum Beispiel beim Herunterneigen der Kopf nicht einfach runterkippt, sondern immer noch aufrecht bleibt, was wir schaffen, indem wir ihn etwas vorschieben). Den Gleichgewichtssinn brauchen wir auch, um den Löffel gerade zu halten. Für diese Aufgaben reicht aber diese eine Wahrnehmung nicht aus: Wir brauchen dazu auch
- unsere sogenannte Tiefensensibilität, das heißt die Information, die wir aus der Tiefe unseres Körpers, aus Muskeln und Gelenken bekommen, und die uns mitteilt, in welcher Lage sich Gelenke und welcher Anspannung (Tonus) sich Muskeln befinden. Wir brauchen
- die äußere Körperwahrnehmung für Berührung (Taktilität): Wir spüren den Stuhl unter unserem Gesäß; und wenn wir uns vorbeugen, vielleicht auch die Tischkante. Wir spüren den Löffelstiel in unserer Hand.
- Es ist unerläßlich, und das leuchtet jedem ein, daß wir sehen: Sehen vermittelt uns zunächst die Information über unsere Haltung im Raum, es macht uns neben dem Gleichgewichtssinn klar, daß unser Kopf sich oben befindet, der Teller dagegen weiter unten, daß wir eine flüssige Nahrung vor uns haben, also den Löffel mit besonderer Aufmerksamkeit führen müssen. Wir sehen, wie weit wir die Hand zum Löffel und Teller ausstrecken müssen. Da allerdings ist unsere

Erfahrung bereits so gut, daß wir es blind fast genausogut könnten, ohne etwas zu verschütten. Das nennt man »Körperschema«, bestimmte, häufige Erfahrungen sind sozusagen in Fleisch und Blut übergegangen. Wir können auch

- unser Gehör mit einsetzen, das uns beim Klappern des Löffels im Suppenteller klarmacht, wo sich Teller und Löffel befinden. Und schließlich benutzen wir
- den Geruchssinn, der uns mit dem aufsteigenden Duft der Suppe nicht nur etwas über die zu erwartende Qualität der Speise, sondern auch die Richtung, aus welcher der Geruch kommt, mitteilt. Natürlich bringen wir letztlich noch
- den Geschmackssinn und wiederum
- den Tastsinn ins Spiel, wenn die Nahrung in den Mund gelangt. Bei einem Baby müssen sich, damit es dies alles ausführen kann, nicht nur die Bewegungsfähigkeit, sondern auch die dazugehörigen Wahrnehmungen entwickeln und ihr sinnvolles Zusammenspiel entfalten. Daß dies schon unmittelbar nach der Geburt beginnt, haben wir bereits geschildert.

Gerade am Beispiel des Greifens zeigt sich, wie komplex die Entwicklung verläuft. Wer sein Kind beobachtet, sieht, welche Schwierigkeiten es im Laufe der Zeit bewältigen muß. Dabei kann man ein merkwürdiges Phänomen konstatieren: Das Neugeborene scheint in seiner Fähigkeit, nach etwas den Arm und die Hand auszustrecken, weiter zu sein als das zwei Monate alte Baby: Ein Neugeborenes streckt nämlich den Arm in Richtung auf einen Gegenstand aus und öffnet dabei die Hand, so daß es »bereit« zum Greifen ist, obwohl es das nur selten wirklich ausführt. Beim zwei Monate alten Baby bleibt die Hand meist zur Faust geschlossen, wenn es den Arm ausstreckt. Es scheint also weniger bereit, den Gegenstand zu ergreifen. Im Laufe der nächsten Wochen beginnt das Kind jedoch wieder, die Hände zu öffnen, besonders, wenn es den Gegenstand sieht.

Wie kommt es zu diesem scheinbaren Rückschritt? Warum sollte ein Baby mit acht Wochen weniger koordiniert handeln als mit sieben Tagen? Wir haben eingangs das Reflexverhalten des Neugeborenen als eine Art Notprogramm für den Anfang des Lebens beschrieben. Erstaunliche Fähigkeiten zu reagieren sind in den ersten Tagen bereits vorhanden, sie werden aber später von anderen Bewegungsabläufen abgelöst. Diese basieren auf einer höheren Stufe der Wahrnehmung und motorischen Entwicklung, sie beziehen kognitive (also Erkennens-) Elemente mit ein. Dadurch wird willkürlich gesteuertes Verhalten möglich. C. von Hofsten hat 1984 die Ansicht dargelegt, daß das bei Neugeborenen beobachtete koordinierte Verhalten wieder in seine einzelnen Bestandteile aufgelöst werden müsse, bevor es willkürlich benutzt werden könne. Jeder Bestandteil müsse erst beherrscht und dann in Muster einbezogen (integriert) werden. Diese Auflösung und spätere Reintegration (Wiedereinbeziehung) erlaube es dem Kind, eine Art Entscheidung zu treffen, welche Komponenten es bei der Lösung einer speziellen Aufgabe benutzen wolle.
Da es noch keine wirklich endgültige Schlüsse erlaubenden Untersuchungen gibt, sind wir vorläufig mit der Erklärung dieses Phänomens auf Vermutungen wie die hier geschilderte angewiesen. Einige Wissenschaftler sind entgegen dieser These überzeugt, daß es keinen kausalen Zusammenhang zwischen dem frühen Ausstrecken, »prereaching«, und dem späteren, willkürlich gesteuerten Ausstrecken (reaching) gebe.

Das Greifen entwickelt sich weiter

Mit dem Fortschreiten der Wahrnehmungsentwicklung, vor allem auch des Sehens, entwickelt sich das Greifen dann im Laufe der nächsten Monate folgendermaßen weiter: Mit etwa drei Monaten beginnt das Baby, zwischen dem Objekt und der eigenen Hand hin- und herzuschauen. Wenn es dann den Arm ausstreckt, berührt oder streift es oft den Gegenstand. Seine Hand ist meist noch zur Faust geschlossen, so daß es noch nicht greifen kann. Mit vier Monaten dann fängt es in der Regel an, häufiger die rechte Hand zu benutzen und überhaupt öfter zielgerichtet nach etwas auszustrecken. Es ist fähig, die Hände vor seinem Körper zusammenzuschlagen. Es schafft es, mit einer Hand die Mittellinie zu überkreuzen, wenn es nach etwas faßt. Das bedeutet: Es kann schon die rechte Hand benutzen, um nach etwas zu langen, das leicht links von ihm liegt.

Mit fünf Monaten schließlich kann es die Hand nach einem Gegenstand ausstrecken, ihn berühren und greifen. Diese Vorgänge sind durchs Sehen gut gesteuert.
Mit anderen Worten: Wenn das Sehen diesen Ablauf zielsicher leiten kann, ist auch das Greifen mehr oder weniger gut entwickelt. Das Kind hat meist Erfolg, wenn es nach etwas fassen will. Es wird allerdings noch mehr Fortschritte machen müssen, um es perfekt zu beherrschen. So muß es zum Beispiel noch lernen, um Hindernisse herumzugreifen, was es oft erst zwischen zehn und 13 Monaten schafft. Und auch dann (und in den folgenden Monaten) ist das »Ausstreck-Greif-System« immer noch längst nicht voll ausgereift. Der Grund dafür ist auch: Die einzelnen Wahrnehmungssysteme arbeiten in ihrer Abstimmung aufeinander noch nicht in vollkommener Synchronisation. Die Integration aller Systeme wird erst beim viel älteren Kind erreicht.
Was für den komplizierten Greifvorgang gilt, gilt auch für andere Verhaltensabläufe.

Was bedeutet »bewegungsgestört«?

Wenn ein Kind sich in bestimmten Fähigkeiten nicht altersgemäß entwickelt, wird es oft mit dem Etikett »bewegungsgestört« versehen. Dies mag in der Tat stimmen. Sind wir uns aber klar darüber, was das heißt? Bewegungsgestört muß nicht heißen, daß die Bewegungsfähigkeit grundsätzlich mangelhaft ist. Die Gründe können viel komplizierter sein und in ganz anderen Bereichen liegen. Wenn wir sie uns einmal vor Augen führen, lernen wir auch etwas über das gesunde Kind. Wenn ein Baby z.B. mit sechs Monaten noch nicht nach einem Gegenstand fassen und ihn ergreifen kann, muß nicht eigentlich seine »Greiffähigkeit« fehlen, seine Hand kann in ihrer Beweglichkeit völlig in Ordnung ein. Aber mangelndes Gleichgewicht beeinträchtigt möglicherweise die freie Benutzung seiner Gliedmaßen. Vielleicht sieht das Baby nicht richtig, weder das Objekt noch seine Hände. Es mag andererseits zwar sehen, das Gesehene aber nicht gut verarbeiten. »Nicht gut verarbeiten« kann wiederum mehrerlei bedeuten: Einmal, die Sehinformation kommt im Gehirn nicht richtig an. Zweitens, sie kann unter Umständen nicht mit anderen Erfahrungen gekoppelt werden und damit auch nicht sinnvoll eingeordnet werden. Drittens kann in dieser Situation vom Gehirn an Arm und Hand kein sinnvoller Handlungsbefehl erteilt werden. Wenn aber auch alles dies nicht der Fall ist, also bis hierher normal funktioniert, dann kann immer noch die Übermittlung des Befehls vom Hirn an die Hand unzureichend oder fehlerhaft sein.

Äußerer und innerer Regelkreis

Es sind also immer Regelkreise, nicht nur einfache Funktionen beteiligt, wenn ein Kind (und natürlich auch ein Erwachsener) etwas tut. Bei diesen Regelkreisen gibt es Rückkoppelungen: Das Gehirn veranlaßt uns zum Beispiel durch einen Handlungsbefehl an Muskeln und Gelenke, ein Bauklötzchen aufzunehmen. Das Resultat dieser Handlung wird als sinnvolle Reizwahrnehmung an das Gehirn zurückgemeldet. Oft ist dabei Sehen und Hören gekoppelt: Ein aufgenommenes Klötzchen wird auf die Tischplatte fallen gelassen. Das Kind sieht dann das Klötzchen beim Fallen und hört den Aufprall. Die beiden Wahrnehmungen werden dem Gehirn rückübermittelt. Jean Ayres nennt das einen äußeren Regelkreis. Es gibt auch einen inneren Regelkreis: »Jedes Mal«, schreibt Ayres, »wenn wir bewußt einen Bewegungsimpuls geben, speichert das Gehirn diese Anordnung und benutzt sie, um die Empfindungen zu interpretieren, die durch die Bewegung verursacht werden. Der innere Regelkreis speichert den motorischen Auftrag bereits, *bevor* dieser vollständig ausgeführt ist. Diese Information »vor dem Erfolg« sei wesentlich für die Entwicklung der Fähigkeit, eine Bewegung zu planen. Beim passiven Bewegen des Körpers, also wenn etwas mit dem Kind gemacht wird, ohne daß es selber dabei etwas tut, erteilt das Gehirn keinen Bewegungsauftrag, so daß kein innerer Regelkreis zustande kommt. Andererseits: Je mehr wir einem Kind Gelegenheit geben, sich *selbständig* zu bewegen, desto mehr innere Rückkoppelung wird hervorgerufen. Diese wiederum ist der Schlüssel zu einer immer besseren Bewegungsplanung.

Warum wiederholen kleine Kinder manche Handlungen unermüdlich?

Niemand kann darum einem Kind helfen, einen Fuß vor den anderen zu setzen, indem es ihm mit Worten erklärt, was es machen muß. Faßt man aber den Fuß fest an, ohne etwas zu sagen, so kann vielleicht der Berührungsreiz das Kind anregen, eine selbständige Bewegung zu machen. In jedem Fall baut der innere Regelkreis immer auf vorhandene Erfahrungen auf, um weitere und auch neue Handlungen zu planen und einzuleiten. Darum haben Babys und Kleinkinder die Angewohnheit, Handlungen unermüdlich wieder und wieder auszuführen. Das Gehirn speichert alle diese Versuche. Und es speichert auch, welche zum gewünschten Erfolg führen. Jeder gelungene Versuch bildet die Grundlage für einen weiteren Schritt zu komplexerem und auch reiferem Handeln.

Sehen wir uns an, wie das in den einzelnen Lebensmonaten vor sich geht. Bei der Geburt sind alle Sinne – der Gleichgewichts- und der Tastsinn, die Tiefensensibilität, das Sehen, Hören und auch der

Geruchs- und Geschmackssinn – bereits funktionsfähig. Das Riechen ist sogar schon so gut entwickelt, daß es mit zunehmendem Alter nicht perfekter wird – wie Sehen und Hören.

Mit den Augen wahrnehmen

In dem Bestreben, die Schwerkraft zu überwinden und die Welt um sich herum besser wahrzunehmen, entwickelt sich beim Baby zuerst die Fähigkeit, den Kopf hochzuheben und zu halten. Gleichgewichtssinn, Tiefensensibilität und Sehen werden sogleich eingesetzt, um die Nackenmuskulatur und die Augen zu beherrschen. »Kopf und Augen stabil zu halten, ist eine fundamentale Fähigkeit, die einen bedeutenden Überlebenswert hat«, schreibt J. Ayres. Etwas wirklich mit den Augen wahrzunehmen, beinhaltet viel mehr als nur sehen. »Die Augen müssen zusätzlich das Bild des Gegenstandes konstant aufrechterhalten. Die Nackenmuskulatur muß den Kopf konstant halten, um zu vermeiden, daß der Gegenstand verschwommen und sich hin- und herbewegend erscheint.«
Es ist also mehr als die Netzhaut, die beim Erfassen einer optischen Wahrnehmung »angesprochen wird«. Drei weitere Arten von Wahrnehmungsreizen muß das Gehirn gleichzeitig mitverarbeiten:

- die Einwirkung der Schwerkraft und damit verbunden, Empfindungen aus dem Innenohr, die durch Bewegungen entstehen,
- Empfindungen, die von den Augenmuskeln ausgehen und über die Stellung der Augen informieren,
- Empfindungen, die aus den Nackenmuskeln übermittelt werden und die über die Stellung des Kopfes zum Körper und innerhalb des Raumes Auskunft geben.

Während das Baby seine Umwelt neugierig mit den Augen erkundet, »ist das Gehirn emsig damit beschäftigt, Impulse, die vom Innenohr, den Augen- und den Nackenmuskeln bei ihm eintreffen, zusammenzusetzen«. In diesem unbewußt ablaufenden Mosaikspiel lernt das Baby, ein deutliches und eindeutiges Bild von seiner Umwelt aufzunehmen, sogar, wenn es sich dabei bewegt. Im Laufe dieser Zeit lernt es auch, schärfer zu sehen und zu akkommodieren, das heißt, seine Augen größeren oder kleineren Entfernungen zu einem Objekt anzupassen.

Hören

Auch mit dem Hören hat das Baby seit der ersten Lebenszeit Fortschritte gemacht. Das Neugeborene konnte Geräusche bereits gut lokalisieren und wendete den Kopf zu einer Geräuschquelle. In dieser Fähigkeit läßt das Baby merkwürdigerweise mit zwei Monaten eher nach. Einige Wissenschaftler meinen, daß in diesem Alter das Bindeglied zwischen Hören und Sehen vorübergehend schwächer wird, daß beide Fähigkeiten auseinanderfallen, dissoziiert werden, um später auf einer höheren Entwicklungsstufe wieder verbunden zu werden. »Hört sich das nicht bekannt an?« fragt Smolak: Es erinnert tatsächlich an die ähnlich verlaufende Entwicklung des Armausstreckens und Greifens. Mit drei Monaten jedenfalls dreht das Kind seinen Kopf wieder zur Geräuschquelle, es sucht mit den Augen nach ihr – wie es schon das Neugeborene getan hat. Die Erwartung, daß bestimmte Gegenstände, die es sieht, Geräusche machen, ist allerdings beim Neugeborenen noch nicht da, sie entwickelt sich erst im Laufe der Zeit mit den Erfahrungen, die das Kind sammelt.

Mit besonderem Interesse wendet sich das Baby in diesem Alter dem Gesicht der Mutter oder des Vaters zu, wenn sie gleichzeitig mit ihm sprechen, lachen oder singen und mehr noch, wenn sie ihr Gesicht dazu auch noch bewegen.

Bewegung und Wahrnehmung

Bewegung erleichtert es dem Kind auch, eine Sache von einer anderen zu unterscheiden. Die Fähigkeit, zwei Objekte auseinanderzuhalten oder einen Gegenstand als vom Hintergrund abgehoben zu erkennen, entwickelt sich erst nach dem dritten Monat.

Zwei besonders wichtige Leistungen sind jedoch in diesem Alter schon präsent:

- die Fähigkeit, Ähnlichkeiten zwischen einer Sache (oder einem Ereignis), die das Kind wahrnimmt, und einer in seinem Gedächtnis gespeicherten Erfahrung zu entdecken und
- in der Verknüpfung beider ein neues Schema zu bilden. Dieser Prozeß ist die Basis des wiedererkennenden Gedächtnisses. Jerome Kagan beschreibt, wie diese Entwicklung verläuft: Während das Kind solche Schemata bilde, erklärt er, wettstreite die Wechselbeziehung zwischen diesen Strukturen und der Augenblickserfahrung mit der Anziehungskraft, die von Konturen, Bewegung,

Farbe, Linien ausgeht. Die ursprüngliche Anziehung dieser physikalischen Qualitäten werde durch eine neue Kraft unterdrückt, welche die Entwicklung neuer Schemata fördere. Dieses ist eines der Grundprinzipien der Entwicklung: Ein bestimmter Mechanismus beherrscht das Funktionieren eines Organismus so lange, bis seine Aufgabe erfüllt ist und er durch einen anderen, höheren abgelöst wird. Dies erklärt vielleicht den Umstand, daß Babys mit etwa zwei Monaten dazu tendieren, Dingen und Ereignissen, die *ein wenig* von bereits bekannten abweichen, ihre besondere Aufmerksamkeit zu widmen. Sie sind weniger interessiert an ganz und gar Vertrautem oder ganz neuen Dingen. Die größte Aufmerksamkeit und Erregung rufen Ereignisse (Dinge) hervor, die in mehreren Dimensionen mit bereits Erfahrenem übereinstimmen, die aber ein wenig Veränderung gegenüber dem bereits Bekannten enthalten. Vier Monate alte Kinder reagieren zum Beispiel besonders aufmerksam, wenn die horizontale Augenstellung in einem Gesicht – ein bekanntes Schema – aufgelöst wird, wenn also plötzlich ein Auge weiter oben oder unten als das andere steht.

Nach allem, was wir bisher wissen, scheint es so, daß ein Baby prinzipiell durch den Wechsel der Information oder des Reizes in seiner Aufmerksamkeit animiert wird. Es versucht immer, die neue Erfahrung mit einem bei ihm bereits vorhandenen Schema zu verknüpfen. Ein Ereignis dagegen, das sich mit keinerlei Schema in Verbindung bringen läßt, wird nach anfänglicher Kenntnisnahme mit Nichtbeachtung gestraft. Das alles bedeutet, resümiert Kagan: »Das Kind profitiert am ehesten von Ereignissen, die wir Überraschungen nennen.«

Ab wann hört ein Kind zu?

Im vierten bis sechsten Monat lernt das Baby zunächst, Gegenstände, die etwa 20 bis 30 Zentimeter weit weg sind, gut zu fixieren. Es kann einem Spielzeug mit den Augen über 180 Grad, d.h. über die Mittellinie hinweg, folgen. Überhaupt kann es einen Gegenstand jetzt in allen Ebenen mit dem Blick verfolgen. Die Koordination der Augenmuskeln sowie die Hand-Augen-Koordination verbessern sich bis zum Ende des sechsten Monats. Zu diesem Zeitpunkt kann es ganz unterschiedliche Wahrnehmungen – visuelle, akustische, taktile, Gleichgewichts- und Bewegungs- (kinästhetische) Wahrnehmungen – schon gut miteinander verarbeiten, d.h. integrieren. Es hört im vierten Monat schon sehr aufmerksam zu, unterscheidet Geräuschqualitäten und zeigt eine Vorliebe für bestimmte Klangangebote: Singen, die Stimme der Mutter, eine Glocke, Musik. Die verschiedenen Richtungen, aus denen diese Geräusche kommen, kann es gut lokalisieren. In diesem

Alter scheint es auch menschliche Stimmen und Gesichter – nicht nur bei der Mutter – in Zusammenhang zu bringen: Es erwartet, daß von einem Gesicht eine Stimme ausgeht.
Offenbar erkennt das Kind Gehörtes wieder und versucht, eine Wiederholung zu provozieren. Es wiederholt auch gern eigene Laute.
Mit sechs Monaten reagiert es mit Unbehagen auf unangenehme Laute und macht irgendwelche Geräusche nach.
In diesem Alter liebt es, wenn man es schaukelt und hoch in die Luft schwingt – kurz, wenn man es in Bewegung hält. Allerdings: Wenn die Reize, die so auf sein Gleichgewichtssystem einwirken, zu stark werden, schreit es.

Das Raumgefühl

Im sechsten bis achten Monat entwickelt sich mit beginnendem Robben und Krabbeln das Raumgefühl. Das Baby lernt nicht nur, Entfernungen besser abzuschätzen, sondern auch, wie groß Gegenstände sind, wie ein Raum, durch den es sich bewegt, beschaffen ist.
Das Tastgefühl und die Tiefensensibilität sind jetzt auf eine so feine Weise aufeinander eingespielt, daß sich die Fähigkeit zum Greifen und Manipulieren kleiner Gegenstände dadurch erheblich verbessert. Die gute Augenmuskelkontrolle kommt dem Kind dabei zu Hilfe.
Es plant seine Handbewegungen nun so gut, daß es Klötzchen zusammenstecken kann. Manche Kinder halten auch schon Ausschau nach verdeckten (auch versteckten) Spielzeugen. »Durch Berührung und Sich-um-den-Gegenstand-Herumbewegen lernt das Kind zu begreifen, daß diese Gegenstände noch vorhanden sind, auch wenn es sie nicht mehr sehen kann.« Dies sei, erklärt Jean Ayres, der Beginn der Fähigkeit, sich Dinge vorstellen zu können.
Im neunten bis zwölften Monat macht das Baby mit zunehmender Bewegungsfreiheit und aufrechter Haltung neue Erfahrungen mit dem Verhältnis, in dem es sich zum Boden und Raum befindet. Sein Nervensystem wird stimuliert:

- durch zahllose Empfindungen aus den Muskeln, die Kopf und Körper aufrecht halten,
- und ebenso durch ständige Anforderungen an sein Gleichgewichtssystem. Diese Reize helfen, beide Seiten seines Körpers in Einklang miteinander zu setzen. Sie fördern auch seine Bewegungsplanung und seine visuellen Wahrnehmungen.

Was bewirkt der »Forschungsdrang«?

Da es sich aus dem Sitzen oder Stehen viel besser umschauen kann, verbringt es jetzt viel mehr Zeit damit, Gegenstände ganz eingehend zu betrachten und herauszufinden, was es mit ihnen auf sich hat. Es zeigt einen richtigen Forschungs- und Erkundungsdrang. Je mehr es bei diesen Streifzügen entdeckt und je unterschiedlicher seine Erfahrungen sind, desto besser wird seine Übung im Verarbeiten von Wahrnehmungen und im Formen von Anpassungsreaktionen zu diesen Wahrnehmungen. »Schauen Sie Ihrem Kind zu«, ermuntert Jean Ayres Eltern, »wenn es Dinge aneinander schlägt, sie von einem Tisch herunterzieht, sie durcheinanderwirft usw., und versuchen Sie, die Bedeutung dessen, was Ihr Kind tut und fühlt, zu erkennen.« Indem es jetzt bei Spielen häufiger versucht, über seine Körpermitte hinaus zu greifen, entwickelt es die Fähigkeit, die Mittellinie zu überkreuzen, eine Fähigkeit, die bei Kindern mit schlechter Wahrnehmungs- und Bewegungsintegration oft nicht ausreichend ausgebildet ist.

»Eines der größten Ereignisse in der frühen Kindheit«, schreibt Jean Ayres, »ist das Alleinaufstehen.« Nur wenige Erwachsene können noch nachempfinden, wie wichtig diese beachtliche Fähigkeit sei und was sie für die Selbsterfahrung des Kindes bedeute. Sich allein auf die Füße zu stellen, »ist das Endprodukt der Verarbeitung aller Informationen, die von der Schwerkraft, den Bewegungen des Kindes, den Muskel- und Gelenkempfindungen in den vorausgegangenen Monaten erfolgte. Aufstehen erfordert die Integration von Empfindungen aus jedem Teil des Körpers einschließlich der Augen- und der Nackenmuskeln ... Aufstehen ist eine wahre Herausforderung, da ein relativ großer Körper auf zwei schmalen Füßen sein Gleichgewicht finden muß.« Es sei das beste, rät Ayres Eltern, wenn sie ihrem Kind erlaubten, das Aufstehen selbst zu üben. Um so besser werde es diese Aufgabe zu meistern lernen.

Rückblickend auf die gesamte Wahrnehmungs- und Bewegungsentwicklung im ersten Lebensjahr, kann dieser Rat nur bekräftigt werden: Helfen Sie Ihrem Kind, möglichst viel selber zu tun. Das heißt nicht, es sich selber zu überlassen. Ganz im Gegenteil: Das Kind braucht die ermunternde Gegenwart und Anteilnahme der Eltern. Und wie wir anfangs bereits gezeigt haben, sind Eltern auch nahezu unübertrefflich, wenn es darum geht, ihr Kind intuitiv in seinen Entwicklungsbedürfnissen zu fördern. Was für die ersten Wochen galt, bleibt auch durch das ganze erste Lebensjahr eine gute Richtschnur: Das Kind ist der beste Lehrer für die Eltern. Sie müssen ihm vor allem anderen ihre Aufmerksamkeit und Liebe schenken.

Annette Bopp

Hab' Geduld mit mir!

Die Bewegungsentwicklung des Kleinkindes

Warum lassen wir den Säugling sich nicht seinen eigenen Gesetzen gemäß entwickeln? Ist es nicht sonderbar, daß er ständig etwas anderes tun muß, als was ihm behagt? Übt er Bewegungen in Rückenlage, so drehen wir ihn auf den Bauch, bewegt er sich auf dem Bauch, setzen oder stellen wir ihn auf. Steht er, so führen wir ihn bei den Händen, damit er gehen lernt.

Emmi Pikler, Friedliche Babys – zufriedene Mütter

»Valentin sitzt schon – dabei ist er doch erst vier Monate alt!« Stolz erzählt mir meine Freundin Sibylle beim gemeinsamen Spaziergang, was ihr Prachtkind schon wieder alles kann. Natürlich ist Valentin das Musterkind par excellence! Eines, das alles viel früher kann als andere Babys. Sibylle ist mächtig stolz darauf.

Meine Tochter ist dagegen ein ziemlicher Versager. Sie brauchte satte neun Monate, bis sie sich bequemte, frei zu sitzen! Und sie war über 15 Monate als, als sie ihren ersten eigenständigen Schritt tat. Sie nimmt keinerlei Rücksicht auf meine mütterlichen Bedürfnisse, mit ihren Leistungen anzugeben, sie entwickelt sich langsam, dafür gründlich. Was sie versucht, übt sie so lange, bis es wirklich klappt. Wochenlang probte sie das Gehen im »Bärengang« – einer Mischung aus Krabbeln und Laufen. Im Hinkegang watschelte sie quer durch die ganze Wohnung, binnen kurzem sogar erstaunlich schnell. Inzwischen läuft Isabella mühelos und sicher über Stock und Stein, und wenn sie sich hinsetzt, tut sie das mit pfeilgerade aufgerichtetem Rücken. Ihre Bewegungen sind harmonisch und anmutig. Aber für alles braucht sie ihre Zeit.

Im mütterlichen Wettrennen um das sich am schnellsten entwickelnde Kind konnte ich also nie mithalten. Zum Glück. Denn vor wenigen Tagen – Valentin ist inzwischen knapp über ein Jahr alt – rief Sibylle mich ziemlich aufgelöst an: »Wir waren gerade beim Kinderarzt. Stell Dir vor, Valentin muß jetzt jede Woche zweimal zur Krankengymnastin! Seine Rückenmuskeln sind zu schwach, er hält sich falsch, wir müssen täglich Gymnastik machen, damit er nicht krumm wird.«

Sibylle und Valentin sind kein Einzelfall. Es gibt viele Mütter (und Väter), die ganz wild darauf sind, daß ihr Kind alles viel früher kann als andere. Sie ermuntern es zu Taten, für die es noch gar nicht reif ist. Sie stopfen ihm Kissen in den Rücken und setzen es auf, obwohl es das von selbst noch nicht tut und auch gar nicht kann. Sobald es sich an Tisch-, Stuhl- oder Regalkanten hochzieht, reichen sie ihm einen Finger und führen es an der Hand durch die Wohnung. »Es läuft!« erzählen sie dann mit stolzgeschweller Brust, »schon mit acht Monaten!«

Soll man Kinder zum Laufen anhalten?

Diese Eltern erweisen ihrem Sprößling mit ihrem Ehrgeiz einen Bärendienst. Weil es sich nicht altersgerecht bewegen kann, sondern in Haltungen gezwungen wird, die seiner Entwicklung vorauseilen, können sich seine Muskeln nicht so aufbauen, wie es erforderlich wäre. Viel zu früh wird es genötigt, Muskeln am Rumpf und an den Beinen in Anspruch zu nehmen, die es noch gar nicht richtig ausgebildet hat. Es hat mit fünf Monaten weder die Stabilität noch die Kraft zum Sitzen. Und ein an beiden Händen geführtes Kind bekommt kein Gefühl für die Balance auf zwei kleinen Füßen. Es vertraut darauf, daß ständig jemand da ist, an dem es sich festhalten kann. Denn natürlich will es laufen wie seine großen Vorbilder. Der Anreiz, es gründlich zu lernen, entfällt jedoch. Es ist ja immer jemand da, der es führt. Solche Kinder fallen häufiger als andere und tun sich insgesamt schwerer, auf eigenen Beinen zu stehen.

Eltern, die ihr Kind dazu anhalten, sich möglichst früh aufzurichten und aufzustehen, erreichen damit also genau das Gegenteil ihrer Absichten: Das Kind wird unsicherer statt sicherer, es braucht länger, bis es frei sitzt und geht. Es kommt häufig sogar zu Haltungsschäden, die nur mit langwieriger, kostenträchtiger und mühsamer Krankengymnastik wieder wettgemacht werden können – sofern der Kinderarzt überhaupt Gelegenheit hat, sie festzustellen.

Dabei wäre es so einfach, dem Kind eine gesunde Bewegungsentwicklung und damit auch eine einwandfreie Haltung zu ermöglichen. Das Zauberwort dafür heißt: lassen und Zeit lassen. Wenn Babys sprechen könnten, würden sie ihren Müttern täglich viele Male sagen: »Laß mir Zeit, es selbst zu tun! Hilf mir nicht und stör' mich nicht dauernd beim Üben!« Eltern, die sich ständig in die Bewegungsversuche ihres Kindes einmischen, hindern es daran, selbst aktiv zu werden. Seine Neugier erlahmt, es wird träge und gewöhnt sich daran, daß Mutter oder Vater ständig zur Stelle sind, um ihm

irgendwelche Dienste zu leisten. Dann sind die Eltern auf dem besten Wege, sich einen kleinen Tyrannen heranzuziehen.
Ein Kind braucht Zeit. Für alles. Hektik, Unruhe, ein vom Sekundenzeiger diktierter Tagesablauf, bei dem alles wie am Schnürchen klappen muß, ist Gift für ein Kleinkind. Was es von Mutter oder Vater am allermeisten braucht – außer Liebe – ist Geduld. Sie ist eine der wichtigsten elterlichen Tugenden. Keine Mutter, kein Vater kann davon genug haben. Es kostet unendlich viel Geduld, dem Kind die nötige Zeit zu lassen, selbst etwas zustande zu bringen, es sich seinem eigenen Rhythmus entsprechend entwickeln zu lassen. Es bedeutet, sich bewußt zurückzunehmen, um das Kind nicht von außen zu beeinflussen. Der Lohn ist ein Kind, das sich selbst erfahren und kennenlernen, das Selbstvertrauen entwickeln durfte.
Diese Geduld aufzubringen, fällt anfangs gar nicht so leicht. Es gehört eine gute Portion Selbstsicherheit dazu, ein instinktives Wissen darum, daß es richtig ist, das Kind gewähren zu lassen. Wenn ständig Omas, Tanten, Väter oder Brüder den Umgang mit dem Kind mit einander widersprechenden Rat- und Vorschlägen beeinflussen, ist es oft mühsam, diesen Weg zu gehen.
Mir persönlich haben dabei die Ideen und Ansichten von Emmi Pikler, einer ungarischen Kinderärztin, den nötigen Mut und die ideologische Rückendeckung gegeben. Die wichtigsten Grundlagen für die freie Bewegungsentfaltung des Kleinkindes, die ich hier schildere, stammen von ihr.

Die Bewegungsentwicklung des kleinen Kindes

Ein Baby entwickelt sich von ganz allein, ohne jedes Zutun der Erwachsenen zum freien, aufrechten Stand. Es bestimmt den Zeitpunkt seiner Entwicklungsschritte passend zu seiner Konstitution. Wenn die Eltern ein Kleinkind dabei nicht von außen fördern oder antreiben, verläuft der Aufbau seiner Bewegungen völlig harmonisch: vom Liegen auf dem Rücken über das Drehen auf den Bauch, das Rollen und Robben, das Krabbeln und Kriechen, bis zum Stand und schließlich zum freien Gehen. Insgesamt dauert das annähernd zwei Jahre.

Rücken- oder Bauchlage?

Alle Bewegungen des kleinen Babys – das Strampeln, das Zappeln, die rudernden Armbewegungen – haben ihren Sinn. Sie lassen Muskeln entstehen, die das Kind braucht, um sich aufrichten zu können. Sie geben ihm Orientierung im Raum, ein Gefühl für den eigenen Körper. Welch ein Erlebnis ist es doch für einen Säugling, zu entdecken, daß er Beine hat! Beine, die zu ihm gehören, an denen sogar noch ein Fuß ist, dessen Zehen man in den Mund nehmen kann! Ungeheuerlich! Und was für ein Wunder, daß die eigene Hand über das Bein streichen kann, daß man das fühlen kann!

»Plötzlicher Kindstod« durch Bauchlage?

Solche Erfahrungen können Babys nur machen, wenn sie auf dem Rücken liegen. Es galt lange Jahre als besonders modern und fortschrittlich, ein Neugeborenes auf den Bauch zu legen. Seit der »Plötzliche Kindstod« in Zusammenhang mit der Bauchlage gebracht wurde – wenngleich der endgültige Beweis dafür noch aussteht –, sind viele Eltern wieder davon abgekommen. Und das ist gut so. Ein Baby, das auf dem Rücken liegt, hat Hände und Beinchen frei, und es kann den Kopf drehen. Es kann also den unmittelbar umgebenden Raum um sich herum erfahren.

Ein auf dem Bauch liegender Säugling befindet sich in einer Zwangslage, aus der er sich nicht befreien kann. Er kann die Händchen nicht bewegen, ebensowenig die Beinchen. Es kostet ihn unendliche Mühe, den Kopf zu heben, und er kann ihn auch nicht lange halten. Er hat keine Gelegenheit, seine Umgebung wahrzunehmen. Wenn ein Baby auf dem Bauch schläft, kann es nach dem Aufwachen nicht spielen oder sich umsehen, es muß schreien. Es kann sich ja nicht selbst beschäftigen.

Meine Tochter hat – solange sie noch im Stubenwagen schlief, und

das tat sie, bis sie ein halbes Jahr alt war – vor dem Einschlafen und nach dem Aufwachen eine halbe bis eine Stunde gespielt, leise vor sich hin brabbelnd, hochzufrieden. Ein auf den Bauch gelegtes Baby ist dazu buchstäblich nicht in der Lage.
Darüber hinaus entgeht ihm eines der schönsten und vielfältigsten Spielzeuge: die eigenen Händchen. Unglaublich, was Hände und Finger alles können! Sie lassen sich drehen und wenden, falten, abknicken, biegen, in den Mund stecken. Sie kommen und gehen, können fliegen und zu Boden gleiten. Und – dies vor allem – sie sind ständig verfügbar, sie sind immer erreichbar, sie gehen nie verloren. Ein auf dem Rücken liegendes Baby kann stundenlang mit den eigenen Händchen spielen – wenn man es nur läßt. Wenn nicht ständig etwas anderes passiert, was die Aufmerksamkeit von diesem wunderbaren Spielzeug ablenkt.
Legen Sie Ihr Kind also auf den Rücken: zum Einschlafen, für das Päuschen zwischendurch, zum Spielen auf einer Decke oder später im Spielgitter, beim Spazierengehen im Kinderwagen.
Legen Sie es erst dann auf den Bauch, wenn es sich selbst wieder zurück auf den Rücken drehen kann. Das ist – individuell verschieden – mit vier bis sechs Monaten der Fall. Dann kann es selbst wählen, in welcher Lage es sich wohler fühlt. Vorher braucht es die Bauchlage für eine gesunde Bewegungsentwicklung nicht.

Die ersten Versuche, sich fortzubewegen

Der Laufstall – sinnvoll oder verpönt?

Babys brauchen für ihre Orientierung einen abgesteckten, übersichtlichen Raum. Ein Gebiet, innerhalb dessen Grenzen sie sich sicher fühlen, das ihnen gehört. Anfangs ist das die Wiege, der Stubenwagen, das Bettchen. Später, so mit vier bis fünf Monaten, will und braucht das Kind mehr Bewegungsfreiheit. Aber nicht zu viel, sonst fühlt es sich einsam und verloren in all der Weite. Das ist der richtige Zeitpunkt für ein geräumiges Spielgitter.
»Laufställchen« waren in der Zeit der antiautoritären Erziehung verpönt. Eltern, die ihr Kind darin groß werden ließen, handelten sich den Vorwurf ein, es in ein Gefängnis zu sperren, ihm die Bewegungsfreiheit und damit wichtige Erfahrungsspielräume zu nehmen. Da ist was dran und auch wieder nicht. Wenn das Spielgitter erst verhältnismäßig spät zum Einsatz kommt, zu einer Zeit, wo sich das Kind schon ungehindert in der Wohnung bewegen durfte, muß es zwangsläufig als einschränkend empfunden werden. Ein Baby, das schon darin liegt, sowie es anfängt, sich zu strecken und zu rollen,

findet es völlig normal, auf diesen ein bis zwei Quadratmetern sein eigenes Reich zu haben. Es fühlt sich weder eingeengt noch eingesperrt.

Ein gutes Spielgitter ist aus Holz und hat eine Seitenlänge von mindestens 1,20 Meter. Der Boden sollte nur wenige Zentimeter über dem Boden liegen. Er schützt vor kalten Fußböden oder im Garten vor feuchter und kalter Erde. Er gibt nicht nach, so daß das Kind einen guten Widerpart hat, wenn es anfängt, zu rollen oder zu robben.

Boden und Gitterstäbe brauchen Sie nicht zu polstern. Legen Sie dem Kind eine Decke und ein oder zwei kleine Kissen hinein, zum Kuscheln und als weiches Spielzeug. Geraten Sie nicht in Panik, wenn es anfängt, sich hochzuziehen, dabei umfällt und sich an den Stäben stößt. Es lernt dabei, vorsichtig zu sein und auf Störfaktoren in seiner Umgebung zu achten. Geben Sie ihm die Chance, dies zu lernen! Kein Spielgitter hat scharfe Kanten oder ist so hart, daß das Kind sich ernsthaft verletzen könnte. Lassen Sie es in diesem Alter die für das ganze Leben wichtige Erfahrung machen, daß es bei seinen Bewegungen vorsichtig sein muß, daß ihm etwas im Wege stehen kann, daß es achtsam mit sich und seinem Körper umgehen muß. Ein Kind muß fallen lernen, und das tut es am besten dort, wo ihm nichts passieren kann. Ein Kind, das nicht fallen lernen durfte, wird sich später um so schlimmer verletzen, weil es seine Geschicklichkeit nicht entwickeln konnte.

Ein Spielgitter hat überdies den unschätzbaren Vorteil, daß das Kind ungestört auf übersichtlichem Raum auf Entdeckungsreise gehen kann. Es kann in Sicht- und Rufweite der im Haushalt tätigen Person aufgestellt werden, so daß das Baby am alltäglichen Leben teilnimmt, ohne zu stören und gestört zu werden. Es kann sich frei bewegen, ohne daß ständig jemand aufpassen muß.

Das Krabbeln

Wie macht man die Wohnung babysicher?

Wenn ein Kind anfängt zu krabbeln, wird ihm das Spielgitter schnell zu klein. Spätestens jetzt ist der Zeitpunkt gekommen, wo Sie Ihre Wohnung gründlich auf Babysicherheit hin überprüfen müssen. Räumen Sie alles, was kaputtgehen kann oder was das Kind nicht anfassen sollte, außer Reichweite. Schränke mit Glas und Geschirr schließen Sie ab und legen den Schlüssel nach oben in ein Regal. Reservieren Sie einige Schubladen nur fürs Kind, die es öffnen und in denen es nach Herzenslust kramen kann. Es lernt dann um so leichter, daß es auch andere Schubladen gibt, die tabu sind. Das gilt übrigens genauso für Küchenschränke, wobei Sie die »verbotenen« Türen mit Kindersicherungen vor jedem Zugriff schützen können. Lassen Sie Ihr Kind erst dann in die »große weite Welt« der restlichen Wohnung oder des Hauses, wenn es in einem Zimmer ohne Gefahren bereits gelernt hat, sich zu bewegen. Das können Sie leicht bewerkstelligen, indem Sie die Türfüllungen mit Sperrgittern versehen. So können Sie die Türen offen lassen, das Kind kann Sie immer sehen oder hören, und Sie können ungestört Ihren Haushalt versorgen. Wenn es hin und wieder meckert, weil es »hinter Gittern« ist, darf es diesen kleinen Frust ruhig mal aushalten. Sie sind ja in seiner Nähe.

Treppen

Müssen Eltern Angst haben vor der Treppe?

Je sicherer ein Kind krabbelt, desto neugieriger wird es. Zwangsläufig steht es dann irgendwann an einer Treppe und Mutter oder Vater stockt der Atem – oh Gott, gleich fällt es hinunter! Schlimmer als die Gefahr, daß das Kind tatsächlich kopfüber »abstürzt«, ist allerdings die Angst der Eltern. Sie überträgt sich sofort auf das Kind, es wird unsicher, verliert die Balance, die auch beim Krabbeln wichtig ist, macht eine falsche Bewegung und rutscht womöglich tatsächlich ab und über die erste Stufe.

Es ist eine der wichtigsten und lohnenswertesten Geduldsproben, ein Krabbelkind das Treppensteigen und -rutschen eigenständig lernen zu lassen. Aufwärts geht das ganz einfach – es krabbelt halt einfach die Treppen hinauf. Aber abwärts? Kleine Kinder haben normalerweise ein sehr sicheres Gefühl für den »Abgrund«, vorausgesetzt, sie durften sich bisher ungestört und weitgehend unbeeinflußt entwikkeln. Sie sehen und spüren, daß es an der Treppenstufe abwärts geht. Sie halten von selbst inne und prüfen, wo der Untergrund weitergeht bzw. wie weit sie ins Leere greifen.

Ein Krabbelkind, das von oben an eine Treppe kommt – und nur das ist ja die eigentlich gefährliche Situation –, legt sich platt auf den Boden und greift mit der Hand auf die oberste Stufe. Dann rutscht es ein Stückchen vor und prüft, wie es danach weitergeht. Es fühlt, daß es nach der obersten Stufe wieder ins Leere greift.

Wie körperbewußt sind Krabbelkinder?

Das ist der Moment, wo Sie in Hab-Acht-Stellung gehen, aber nicht eingreifen sollten. Stellen Sie sich einige Stufen tiefer auf die Treppe und beobachten Sie Ihr Kind bei seinen Versuchen. Seien Sie bereit, es notfalls abzufangen, aber wirklich nur notfalls. Sie greifen ganz sicher schnell genug zu, wenn es abrutscht, so daß es sich allenfalls einen blauen Fleck holt, aber nicht die Treppe hinunterfällt. Bemühen Sie sich, nicht gar zu sehr Angst zu haben. Strecken Sie nicht die Hände nach ihm aus, sonst will es zu Ihnen und mißachtet die Gefahren der Treppe, denn Sie sind natürlich viel, viel wichtiger und anziehender. Sprechen Sie ruhig mit ihm, loben Sie es für seine Vorsicht und Umsicht, sagen Sie ihm, daß Sie ihm vertrauen.

Sobald das Kind merkt, daß es hier abwärts geht, gibt es zwei Möglichkeiten: Entweder wird das Ganze damit uninteressant, es zieht sich wieder zurück und krabbelt woanders hin und startet erst später einen erneuten Versuch, oder es schiebt sich weiter vor an die Kante, merkt, daß das problematisch für die Balance ist, zieht sich zurück und dreht sich um, um das ganze von dieser Seite zu erkunden. Kinder krabbeln tatsächlich von alleine rückwärts die

Treppe hinunter, wenn man sie nur läßt und nicht im Anfangsstadium daran hindert. Sie merken dabei rasch, daß sie rückwärts viel leichter und vor allem gefahrlos, weil im Gleichgewicht, nach unten gelangen. Der Stolz, die Treppe alleine, ohne fremde Hilfe bewältigt zu haben, steht dem Kind dann förmlich ins Gesicht geschrieben! Es jauchzt und freut sich und will das ganze am liebsten gleich nochmal ausprobieren. Freuen Sie sich mit!

Stellen Sie sich die ersten Male ruhig noch daneben, geben Sie dem Kind Sicherheit, aber helfen Sie ihm nicht. Meine Tochter hat es auf diese Weise innerhalb weniger Tage zu einer wahren Treppenrutsch-Meisterschaft gebracht. Sie rattert die Treppe – auch die steile, harte Kellertreppe – in atemberaubender Geschwindigkeit hinunter. Wenn sie stoppen will, zieht sie ihren kleinen Körper einfach zusammen und bremst mit den Händen ab. Ich kann sie überall und an jeder Art von Treppe alleine lassen, ich weiß, daß sie nicht fallen wird.

Fällt es Eltern schwer, auf Hilfestellung zu verzichten?

Eine ähnliche Geduldsprobe kommt dann noch einmal, wenn das Kind anfängt, frei zu laufen. Dann wird die längst bekannte Treppe wieder spannend, weil das Kind ja jetzt ausprobieren muß, wie es ist, die Treppe hinunterzulaufen, nicht hinunterzurutschen! Auch hier ist Ihre Gelassenheit wieder gefordert! Machen Sie es wie beim Krabbelkind: Stellen Sie sich einige Stufen tiefer, seien Sie bereit, Ihr Kind notfalls abzufangen, aber helfen Sie ihm nicht. Es tritt wahrscheinlich ganz an den Rand der obersten Stufe, schaut hinunter und überlegt, was es tun soll. Dann setzt es sich hin – immer noch vorwärts – und läßt die Beine baumeln, bis es die obere Stufe erreicht. Es rutscht auf dem Po bis zur Kante und bemüht sich, an der Kante entlang, die Stufe hinunterzurutschen. Bei breiten Treppen gelingt das, bei schmalen dreht sich das Kind dann meist doch wieder um und rutscht rückwärts.

Meine Tochter hat es fertiggebracht, sich eine fast zwanzig Stufen lange Treppe (mit einem Absatz) hinabzuschieben, ganz, ganz vorsichtig, Stufe für Stufe, sich immer an der Wand oder am unteren Treppenlauf abstützend. Das Ganze dauerte fast eine halbe Stunde. Als sie unten war, warf sie sich platt auf den Fußboden und jauchzte vor Freude. Beim nächsten Versuch rutschte sie an der zweitobersten Stufe ab und holte sich einen blauen Fleck auf der Stirn. Sie hat das selbständige Vorwärts-Absteigen erst Wochen später wieder probiert. Sie wußte, daß es geht, aber der Aufwand war ihr offenbar noch zu groß.

Stehen und Gehen

Das Kind zieht sich hoch – wird es bald laufen?

Kurz nachdem es angefangen hat zu krabbeln, beginnt so manches kleine Kind, sich an festen Gegenständen hochzuziehen und zu stehen. Es übt die Senkrechte. Das heißt aber noch lange nicht, daß es bald laufen wird. Es probiert einfach aus, was es mit seinem Körper alles machen kann. Sicher fühlt es sich aber nur auf dem Boden, auf allen Vieren.

Auch in dieser Phase ist es wichtig, daß Sie Ihr Kind gewähren lassen. Sorgen Sie dafür, daß es sich nicht ernsthaft verletzen kann. Ansonsten darf es sich ruhig mal einen Knuff an der Tischkante oder am Stuhlbein holen. Es lernt dabei, daß diese Gegenstände hart sind und daß es sich in acht nehmen muß. Lassen Sie es auch aufs Sofa klettern und versuchen, alleine wieder herunterzukommen. Es wird schnell feststellen, daß das nur rückwärts geht. Und wenn es tatsächlich mal runterfällt, weil es nicht aufgepaßt hat, dann fällt es ja nicht tief. Es weint, aber mehr vor Schreck als vor Schmerz. In den meisten Wohnzimmern liegt sowieso Teppichboden oder ein Teppich. Und auch Parkettfußböden federn einen solchen Sturz gut ab. Nur bei Steinböden sollten Sie an gefährlichen Stellen für eine weichere Auflage sorgen.

Sie werden beobachten, daß das Kind sich an irgend etwas entlanghangelt, an der Sofa- oder Tischkante, an einem Stuhl, daß es einen auf dem Boden stehenden Gegenstand mit beiden Händen packt und ihn durchs Zimmer schiebt. Es kann aber noch nicht loslassen. Es braucht den Halt, um nicht das Gleichgewicht zu verlieren.

Das ist der Zeitpunkt, an dem Sie nicht der Versuchung erliegen dürfen, Ihr Kind an den Händen zu fassen und mit ihm durch die Wohnung zu wandern, aus lauter Freude, daß es ja »laufen« kann. Es kann noch nicht richtig gehen, denn es tut das noch nicht alleine, ohne sich festzuhalten. Wenn Sie es führen, geht es zwangsläufig in schiefer Körperhaltung, denn Sie bewegen sich ja viel weiter oben, sozusagen im ersten Stock, während es selbst im Erdgeschoß bleiben muß. Es lernt nicht, wenn es fällt, die Hände auszustrecken, um den Körper abzufangen, sondern es sucht Halt an Ihrer Hand, es greift also nach oben. Sie hindern es daran, das richtige und gefahrlose Fallen zu lernen, wenn es stolpert oder die Balance verliert.

Eltern als Laufhilfe?

Lassen Sie ihm also die Zeit, so lange zu üben, bis es seinen »Haltegriff« – den Stuhl oder was auch immer – loslassen kann, bis es wirklich frei und ganz alleine gehen kann. Sie handeln sich sonst zwangsläufig ein, daß Ihr Kind Sie immer wieder als Laufhilfe engagiert, und wahrscheinlich werden Sie diesen Service bald leid sein.

Spornen Sie Ihr Kind bitte nicht an, seine Stütze zu früh loszulassen, indem Sie sich beispielsweise wenige Meter entfernt von ihm hinhocken, die Arme nach ihm ausstrecken und es zu sich locken. Natürlich will es zu Ihnen – Sie sind die stärkste Attraktion, die es kennt. Aber es kann eigentlich noch nicht ganz alleine zu Ihnen kommen. Es ist hin- und hergerissen zwischen seinem Körpergefühl, das ihm unmißverständlich sagt, »das kannst du noch nicht«, und dem ebenso unmißverständlichen Zwang, zu Ihnen zu laufen. Das ist für das Kind eine ziemlich verzweifelte Lage. Sie verführen es zu einer Aktion, die es noch nicht beherrscht. Sie machen es damit unsicher, nicht selbstsicher. Und Sie tun das im Grunde nicht, weil es dem Baby gefällt, sondern weil es Ihnen guttut, daß sich das Kind in Ihre Arme stürzt. Sie tun es für Ihr eigenes Wohlgefühl.
Ihr Kind verwirren Sie damit nur. Es trippelt oder hastet oder stürzt die wenigen Schritte in Ihre Arme (meist kommen Sie ihm dabei noch entgegen). Sie verhindern, daß es in Ruhe das Gehen, das ruhige, sichere Voreinandersetzen der Füße, lernt.
Werden Sie nicht ungeduldig, wenn Ihr Kind monatelang wie ein Plumpsack auf der Erde liegt und durch nichts in der Welt aus dieser bequemen Haltung zu locken ist. Es hat seine Gründe dafür. Es braucht eben seine Zeit, um reif zu sein für größere Taten.
Jedes Kind hat seinen eigenen inneren Entwicklungs-Rhythmus. Lassen Sie ihm die Zeit, darauf zu hören. Zwingen Sie ihm nicht Ihre Vorstellungen auf. Es gibt keine feste Regel, wann ein Kind zu sitzen, zu stehen oder zu gehen hat. Die einen laufen mit acht Monaten, andere brauchen 18 dafür. Bisher hat es noch jedes Kind gelernt – früher oder später. Und gerade die »Spätzünder« sind oft diejenigen, die später besonders gewandt und körpersicher sind.

Hände weg von »Geh-frei« oder Tür-Hopsern!

Vielerorts werden Hilfsmittel für das Gehen von Kleinkindern angeboten und angepriesen. Eines der schlimmsten davon ist das sogenannte »Geh-frei«. Die Kinder sitzen in einer Art fahrbarem Tischchen in einem Sack, durch den sie die Beine bis zum Boden strecken, den sie mit den Fußspitzen gerade erreichen. In diesem Gerät sollen die Kinder angeblich schneller und leichter laufen lernen. Das Gegenteil ist der Fall. Sie werden trainiert, nur die Zehenspitzen dazu zu benutzen, sie bekommen also kein Gefühl für den Stand auf voller Sohle und – vor allem – für das Gleichgewicht. Mehr noch:

Die ständige Spitzenstellung der Füße führt zu einer Verkürzung der Achillessehne, was ebenso später das Gehen erschwert und zu falscher Fußstellung führt. Außerdem werden die Kinder darin in der Senkrechten gehalten, zu einer Zeit, wo sie es von sich aus weder können noch tun würden. Das führt zu einer Überbeanspruchung von Skelett und Muskeln mit entsprechenden Haltungsfehlern.
Eine andere Unsitte sind »Hopser«, die an großen Federn in den Türrahmen gehängt werden. In ihnen lernen die Kinder, daß sie in die Höhe hüpfen, wenn sie sich mit den Zehenspitzen am Boden abstoßen. Auch dieses Gerät ist nicht zu empfehlen – die negativen Effekte entsprechen denen des »Geh-frei«.

Tragetuch und Tragesack

Die richtige Lage im Tragetuch?

Tragetücher und -säcke sind in den letzten Jahren sehr modern geworden. Viele Mütter und Väter tragen ihr Kind vor allem in den ersten Lebensmonaten häufig am Körper, sie gehen mit ihm im Tuch spazieren, zum Einkaufen, auf Reisen. Das Kind fühlt sich darin wohl und geborgen. Es spürt den Körper von Mutter oder Vater, es liegt oder sitzt sicher und warm. Es wird beim Gehen sanft geschaukelt und schläft oft dabei ein.
Sie schaden weder dem Kind noch sich selbst, wenn Sie Ihr Kind so tragen. Aber zwingen Sie es nicht ins Tuch oder ins Säckchen, wenn es das nicht will. Und achten Sie darauf, daß es richtig darin liegt oder sitzt.
Für kleine Babys nicht geeignet sind die sogenannten »Easy rider«, in denen die Füßchen des Kindes nach unten heraushängen. In dieser Haltung wird die Wirbelsäule überstreckt. Es ist wichtig, daß die Füßchen innerhalb des Tragesacks abgestützt sind. Wenn Sie das Kind vor dem Bauch tragen, sitzt es dabei außerdem in einer für die Hüften guten Spreizhaltung.

Tragen oder krabbeln lassen?

Wenn Ihr Kind anfängt zu krabbeln, sollten Sie es nicht mehr so viel tragen. Einerseits ist es dann sowieso schon ziemlich schwer, und Ihrem Rücken tut die Schlepperei nicht mehr so gut. Andererseits braucht es nun selbst mehr Bewegungsspielraum. Wir leben nicht in einer Kultur, in der ein Kind später, wenn es läuft, seinem Bewegungsdrang frei folgen kann, in der es keine Gefahren in Form von Straßen und Autos gibt. Gönnen Sie dem Kind die wenigen Monate, in denen es sich ohne Risiko für Leib und Leben innerhalb der Wohnung ungestört bewegen kann. So frei wird es später nie wieder krabbeln oder laufen können. Es wird ständig durch vielerlei Gefahren gebremst werden. Es in diesen Monaten ständig oder häufig zu tragen, weil die Urvölker das so getan haben, entspricht nicht den heutigen Gegebenheiten und den Bedürfnissen des Kindes.

Kinderwagen oder Buggy?

Kinderwagen sind oft schwerfällig und unhandlich, selbst die modernen Modelle zum Zusammenklappen passen oft nur schwer in den Kofferraum eines PKW. Auf Reisen oder beim Ausflug ins Grüne ist dann kaum noch Platz für anderes Gepäck. Viele Eltern kaufen deshalb schon recht früh einen Buggy, der sich auf Kleinstmaße zusammenfalten läßt.

Reizüberflutung im Buggy?

Für die Erwachsenen sind diese Karren praktisch, für Babys haben sie nur Nachteile. Ein kleines Kind, das noch nicht sitzen kann, hängt wie ein nasser Sack in dem weichen, nachgiebigen Buggy-Bezug, der es nicht stützt und auch nicht schützt. Es sieht nicht – wie im Kinderwagen – die Person an, die den Wagen schiebt, sondern guckt nach vorne, in Fahrtrichtung. Alle Eindrücke – und in der Stadt sind das überwältigend viele – stürmen ungefiltert und ungebremst auf das Kind ein. Es wird von Reizen überflutet, wird unruhig und nervös. Und es sitzt genau in Höhe der Auspuffrohre der Autos.
Kinder unter einem Jahr gehören nicht in einen Buggy. Solange das Baby noch nicht frei sitzen kann, sind Kinderwagen, Tragetuch oder -sack die richtigen Beförderungsmittel. Der Kinderwagen sollte ein geschlossenes Verdeck haben, das das Baby vor Geräuschen und Außenreizen schützt. Es will ja oft während des Spaziergangs schlafen, dafür braucht es frische Luft und Ruhe.
Hängen Sie im Kinderwagen keine Klapper oder anderes Spielzeug über den Kopf des Kindes. Es erlebt auch so genug. Und wenn es mit etwas spielen will, hat es immer noch seine Händchen. Stellen Sie sich doch nur mal vor, Ihnen würde ständig etwas vor der Nase herumbaumeln, was Sie nicht wegschieben können. Fänden *Sie* das angenehm? Sie würden binnen kurzem vor Unwillen und Nervosität fast platzen! Aber Babys muten wir so etwas zu.
Später, wenn es sich aufsetzt und insgesamt mehr am Alltagsleben teilnimmt, ist ein Sportwagen besser als ein Buggy. Man kann die Sitze je nach Bedarf verstellen. Im Park oder beim Waldspaziergang können Sie das Kind ruhig auch mal in Fahrtrichtung setzen. In der Stadt fühlt es sich immer sicherer, wenn es Sie direkt ansehen kann. Von der Umgebung bekommt es dann immer noch genug mit.
Erst wenn ein Kind laufen kann, können Sie es getrost auch in einen Buggy setzen. Es kann ihn dann selbst ein Stück weit schieben, es

kennt die Straßen in der Nachbarschaft, es kann sich schon selbstverständlich und sicher im Freien bewegen. Dann kann es auch eine so offene und ungeschützte Karre besser ertragen. Es benutzt sie meist nur noch zum Ausruhen, wenn die kleinen Füße es nicht mehr tragen wollen. Wählen Sie ein Modell, bei dem sich die Rückenstütze abklappen läßt, so daß Sie das Kind, wenn es im Buggy einschläft, flach hinlegen können. Das ist bequemer und entlastet die Wirbelsäule.

Braucht ein Baby Gymnastik?

Ursprünglich sollte dieses Kapitel sich mit Baby-Gymnastik beschäftigen. Es sollte Ihnen zeigen, wie Sie mit Ihrem Kind turnen können, damit es sich gut entwickelt und eine gute Haltung bekommt. Wir haben es uns dann anders überlegt. Babys brauchen keine Gymnastik. Sie turnen den ganzen Tag. Niemand kann das besser als sie selbst. Sie üben ständig zu rollen, zu krabbeln, zu stehen, zu laufen. Und sie haben Freude daran. Sie tun es mit Inbrunst und Begeisterung. Was wollen Sie da noch extra mit ihnen turnen?

Babygymnastik zur Beruhigung der Mutter?

Gymnastik kann für ein so kleines Kind nur bedeuten, daß jemand mit ihm Bewegungen vollführt, die es selbst weder kann noch will. Es wird in seinem ganz individuellen Bewegungsspiel gestört. Baby-Gymnastik dient eher der Beruhigung der Mütter als der Bewegungsentwicklung der Babys. Sie brauchen niemand, der ihnen zeigt, wie sie sich bewegen sollen. Sie wissen es selbst am allerbesten. Wenn man ihnen nur die Zeit und die Ruhe dafür läßt.

> Was können wir tun? Sollen wir mit dem Kleinkind turnen? Sollen wir ihm die richtige Bewegung beibringen? Welche Maßnahmen hätten Erfolg? Gar keine! Die Frage ist nämlich nicht, wie man den Säugling mit irgendwelchen künstlich konstruierten, findig ausgeklügelten, komplizierten Maßnahmen, mit Turnen und Gymnastik »unterrichten« soll, sich richtig und gut zu bewegen. Sondern es handelt sich einfach darum, daß man dem Säugling die Möglichkeit biete, bzw. ihm die Möglichkeit nicht versage, sich seinen Anlagen entsprechend zu bewegen.
>
> *Emmi Pikler, Friedliche Babys – zufriedene Mütter*

Maike und Till Bastian

Unverständlich sind uns die Jungen

Die Angst der Eltern vor dem Kind

Beginnen wir mit dem Anfang – mit der Geburt. Ein eigenes Kind in die Welt setzen – damit bricht ein Stück ungebärdige Natur in unser geordnetes, geplantes, kontrolliertes Dasein ein, ein Vier-Kilo-Paket höchst unvernünftige Wildnis landet mitten im abgezirkelten Garten der Zivilisation und ihrer Alltagsroutine.

Das Kind – eine archaische Urgewalt

Die ungebärdige Triebhaftigkeit des Kindes, das Ungestüm, mit dem es die sofortige Befriedigung seiner Bedürfnisse verlangt, ohne auf Raum und Zeit Rücksicht zu nehmen – ohne zu akzeptieren, daß das Milchfläschchen erst einmal abkühlen muß und ohne, ein paar Monate später, anerkennen zu wollen, daß es im Winter nicht ratsam ist, barfuß nach draußen zu gehen – diese Heftigkeit steht in striktem Gegensatz zum Leben der Eltern, die dauernd dieses planen, jenes bedenken, erwägen, berücksichtigen müssen.

Da kann rasch Neid in den Eltern aufkeimen, Ärger, vielleicht auch Wut und Verdruß: Das Kind nimmt keine Rücksicht darauf, daß die Mutter übermüdet ist, der Vater Kopfschmerzen oder Grippe hat. Sicher liegen rationalisierende Erklärungsversuche (»So sind Kinder eben« – »Das hätte man sich ja vorher denken können«) nur allzu nahe; gegen die oft nur halb bewußten Gefühle der Eltern dürften solche Einsichten aber ebenso hilfreich sein wie das Verteilen von Speisekarten bei Hungersnot (um einen Satz von Freud zu variieren). Das Kind lebt es ja vor: Es hört auch nicht auf die Zumutungen der Vernunft – es will alles, jetzt, sofort, ohne Rücksicht und Bedenken. Und in all die Gefühle, die seine Triebhaftigkeit in den Eltern auslöst – *wir* dürfen so ja nicht sein –, mischt sich dann auch ein gerüttet Maß an Angst.

Angst vor Spontaneität, vor Trieben und Affekten?

Woher diese Angst? Sie hängt mit dem unbestreitbaren Faktum zusammen, daß unsere technokratische Gesellschaft alle möglichen Leitmotive auf ihre Fahnen schreibt – aber gewiß nicht das altertümliche: »O selig, o selig, ein Kind noch zu sein«. Im Gegenteil: In unserer verwalteten und straff durchorganisierten Welt ist die naturhafte Spontaneität des Kindes eine Provokation mit Seltenheitswert. Allzu deutlich kontrastieren diese Wildheit und das ungestüme Zurschaustellen des eigenen Befindens, das ein Kind sich »gestattet«, mit der dauernden Selbstzügelung, der Affektkontrolle, dem Triebverzicht, den die Eltern fortwährend auf sich nehmen müssen, um in der komplizierten Gegenwartsrealität überleben zu können. Dieser »Prozeß der Zivilisation« ist dem Kind noch fremd, es bäumt sich gegen ihn auf, kämpft gegen beengende Anforderungen an – und unterliegt am Ende. Die unentrinnbare Einübung des »Realitätsprinzips« ist am Ende stärker.

Diese Sozialisationsbemühungen geschehen aber nicht im luftleeren Raum und nicht durch anonyme Mächte, sondern durch lebendige Eltern, die ihren Kindern mit Hoffnungen, Erwartungen und Gefühlen begegnen – und mit all jenen Zwängen, die sie selber bereits verinnerlicht haben. Die Konfrontation mit dem Kind könnte all dies schmerzlich bewußtmachen; sie wird daher nach Kräften vermieden und löst überall, wo sie sich andeutet, Ängste, aber auch andere Affekte aus. Hier wäre, wie bereits kurz angedeutet, etwa an Neid auf die triebhafte »Hemmungslosigkeit« des Kindes zu denken, aber auch an Ärger und Wut. Die Angst ist unter diesen Gefühlen aber vermutlich das meistverschwiegene; sie paßt zu keinem kulturellen Leitbild (was in unseren Augen aber gerade dafür spricht, daß sie überall vorhanden ist).

Der geregelte Alltag wird zum unplanbaren Chaos

Dem gesellschaftlichen Brauch der Gegenwart folgend, wird meist versucht, auch die Eltern-Kind-Beziehung durch Wissen und Kenntnisse, gegebenenfalls unter Hilfestellung von Experten, zu planen und unter Kontrolle zu bringen. Dieser Versuch gelingt freilich nur sehr bedingt; das ungebärdige, »unvernünftige« Kind spielt, wie schon erwähnt, dieses Spiel sehr oft ganz und gar nicht mit, hält sich nicht

an die klugen Regeln, die sich Eltern und Fachleute ausgedacht haben.
Allen Ratgebern und Nachschlagewerken zum Trotz, bei denen Mutter und Vater Zuflucht suchen, wacht das Kind nachts auf, es schreit und schreit! Was ist geschehen? Ist etwas falsch gemacht, etwas versäumt worden? Das Kind wird gewickelt, gestillt, herumgetragen – und schreit noch immer. Die Fürsorge der Eltern schlägt um in Unsicherheit, Enttäuschung, Resignation und Zorn. Wir haben doch alles getan? Was haben wir übersehen? Was ist bloß passiert?

»Die ersten Mißstimmungen tauchten auf, nachdem ich mit meinem Baby mehrere Wochen allein zu Hause war: Julia wurde zunehmend anspruchsvoller, schlief immer weniger, wollte mehr und mehr getragen werden, und bei mir machten sich die schlaflosen Nächte deutlich bemerkbar. Zudem verspürte ich verstärkt den Wunsch, wieder meinen alten Interessen nachzugehen oder die Zweisamkeit mit meinem Mann zu genießen. Das alles ließ sich jedoch nur schwer unter einen Hut bringen, und Julias Wohlergehen hatte für mich immer Priorität. Folglich mußte ich mich permanent reduzieren. Zwar war mir bewußt, daß dieser Zustand nicht von Dauer sein würde, ich wurde aber dennoch ungeduldiger und reizbarer. Da meine Tochter als Aggressionsventil tabu war, mußte mein Mann seinen Kopf hinhalten: Er sollte mich verständnisvoll auffangen, uneigennützig verwöhnen und bestätigen. Daß er selbst streckenweise durch die neue Situation auch überfordert und verunsichert war, konnte ich nicht mehr wahrnehmen.«

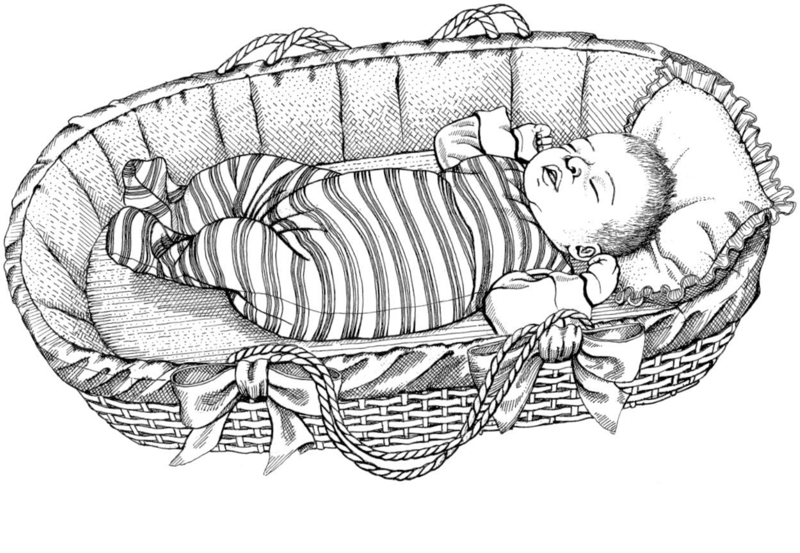

In solchen Situationen der Frustration und Angst werden Faustregeln bemüht und überkommene Alltagsweisheiten zitiert, um mit Überanstrengung und Ratlosigkeit fertig zu werden, sich wieder zurechtzufinden in einem Leben, das plötzlich ganz anders und überaus unberechenbar geworden ist. So werden im ersten Lebensquartal des Säuglings gerne die berüchtigten Blähungen für jedes Mißbefinden, jede Unpäßlichkeit und Übellaunigkeit des neuen Familienmitglieds verantwortlich gemacht; ein Viertel- bis Halbjahr später dient dann »das Zahnen« als beständig bemühtes Erklärungsmodell zur Linderung eigener Hilflosigkeit.

Unsicherheit durch Unerfahrenheit im Umgang mit Kindern?

Nicht zu wissen, woran wir sind – das ist offenbar schier unerträglich, löst quälende Gefühle der Ohnmacht und eben auch der Angst aus. Natürlich ist da zunächst einmal die Angst *um* das Kind, die Furcht, daß es Schaden nehmen, sich verletzen und leiden könne. Unsicherheit verstärkt diese Angst, sie ist heute weitverbreitet. Welcher Mann, welche Frau ist noch in einer kinderreichen Großfamilie aufgewachsen, in der der ständige Umgang mit kleinen Kindern normal war? Bei sinkender Geburtenrate, kleineren Haushalten und immer mehr Einzelkindern müssen Ratgeber und Experten ersetzen, was an Eigenerfahrung fehlt. Für viele Menschen ist heute das eigene Kind das erste Neugeborene überhaupt, das sie in Händen halten. Doch was nützen die aus der »Fachliteratur« angelesenen Regeln und die gelehrten Erziehungsratschläge in der Situation persönlicher, zuvor nie erlebter Überforderung? Eine durchwachte Nacht an der Wiege eines Säuglings, der schreit und schreit, ohne daß genau herauszufinden wäre, weshalb – das steht in krassem Widerspruch zu den ideologischen Leitmotiven unserer technikbesessenen Industriegesellschaft. Leben wir doch alle in der Illusion, man müsse bloß auf den richtigen Knopf drücken, die richtige Pille nehmen oder jedenfalls den geeigneten Fachmann rufen – und schon lasse sich jede Panne beheben (das nötige Kleingeld vorausgesetzt). Ein Kind rüttelt an den Grundfesten dieser technokratischen Omnipotenzphantasie – und dies zu erleben, löst Angst aus.

Die ungenügende Mutter, der neidische Vater

Diese Angst nimmt aber, über das Erschrecken vor der ungebremsten Triebhaftigkeit des Kindes (die uns auch an die Fülle eigenen ungelebten Lebens erinnert!) und über das schmerzliche Erlebnis hinaus, die Situation ganz und gar nicht »unter Kontrolle zu haben«, auch noch sehr konkrete und spezifische, zum Teil auch geschlechtstypische Formen an.

Die meisten Eltern ahnen ja durchaus, daß das erwartete Kind ihr Leben verändern wird – doch »grau ist alle Theorie« und hinterher kommt es anders, als man denkt. Auf Befragen erklären fast alle Eltern, die kinderbedingte Umstellung und Lebenswende sei viel tiefgreifender gewesen, als sie sich das ehedem hätten vorstellen können. Bei uns selber war es auch nicht anders. Uns fiel es zum Beispiel besonders schwer zu akzeptieren, daß plötzlich das kleinste Wesen der Familie mehr oder minder den Tagesablauf bestimmt: Der Abwasch bleibt immer wieder mehrere Stunden unerledigt, die Waschmaschine unausgeräumt, die Dauer des Stadtbummels bemißt sich danach, wann Baby wieder Hunger hat, und kaum setzt man sich zum Abendbrot nieder, das nach einem chaotisch verlaufenen Tag den heißersehnten Ruhepunkt bilden könnte, kräht es gnadenlos aus dem Bettchen.

Hier kommt dann, wenn die Umwidmung des eigenen Lebens einmal Wirklichkeit geworden ist und wegen der unerbittlichen Präsenz des Kindes auch Tag und Nacht durchgehalten werden muß, ein gerüttelt Maß von Emotionen hinzu, die sich bei Mann und Frau unterscheiden. Diese Gefühle prägen den Umgang mit Kindern in deutlicher Form, wie viele sozialpsychologische Studien nachgewiesen haben. Eine Frau, die einen Säugling auf den Arm nimmt, wird – auch ohne jede Eigenerfahrung mit Kindern – dazu neigen, das Kind zu wiegen, ihm etwas ins Ohr zu flüstern oder ein Lied vorzusingen, leise mit ihm zu plaudern. Bei Männern steht hingegen eine mitunter recht grobschlächtige Motorik im Vordergrund: Sie heben das Kind hoch, turnen mit ihm herum, werfen es gar in die Luft – der Mutter schlägt das Herz im Halse, während der kleine Erdenbürger meist freudig zu krähen beginnt. Warum dies so ist, ist nicht mit letzter Sicherheit bekannt; die Vermutung scheint uns aber nicht völlig abwegig, daß in den »handfesteren« Kinderspielen des Mannes auch ein Teil seiner aus Gebär- und Stillneid erwachsenden Aggressionen, aber auch seines Neides auf die Intimität der Mutter-Kind-Symbiose ein Ventil findet.

Sind bestimmte Ängste vom Geschlecht abhängig?

Geschlechtstypisch scheint auch die Angst vor dem Kind zu sein. Die spezifische Angst der Mutter stammt offenbar aus der eigenen Kindheit, in der sie von ihrer Mutter erzogen worden ist. Damals hat sich ein Idealbild der guten Mutter herangebildet, das entweder am Vorbild der biographischen Mutter orientiert ist oder – gegebenenfalls in dramatischer Schärfe – mit diesem kontrastiert. Kurzum, die Mutter versucht natürlich, diesem Ideal zu genügen; ein Wunsch, der an den Klippen des Alltags rasch Schiffbruch erleidet. Selbstzweifel und Niedergeschlagenheit können die Folge sein – und Angst vor dem Kind, in dem sich das schlechte Gewissen der Mutter, das Gefühl des Versagens gleichsam personifiziert. Jeder Schrei, jeder Wutanfall, jede negative Reaktion des Kindes thematisiert die Scham und das Gefühl zu versagen aufs neue. Und da das Kind die mütterliche Verzweiflung selbstverständlich registriert, kann ein extrem belastender circulus vitiosus mit affektiven Durchbrüchen entstehen (z.B. heftiges Schütteln oder Anschreien des übermüdet quengelnden Kindes, das dann natürlich erst recht nicht einschlafen wird, sondern um so stärker schreit – was wiederum bei der Mutter ein um so schlechteres Gewissen auslöst).

Mit den Vätern verhält es sich offenbar ein wenig anders. Sie werden meist nicht von einem überstrengen Idealbild ihrer väterlichen Rolle gepeinigt (diese Rolle ist ja ohnehin im Umbruch und gestattet auch erheblich größere Freiräume). Doch das Neuwesen Kind jagt auch ihnen Angst ein: Die Väter quält unter anderem die Furcht, die Realität könne sich zu ihrem Nachteil verändern, sie könnten durch die neben ihnen und außerhalb ihres Einflusses entstehende neue Zweiheit Verluste (z.B. im Sexualleben) erleiden. Dies mag sich steigern bis zu dem Gefühl, ausgenutzt, betrogen, hintergangen, an die Wand gespielt worden zu sein. Der bereits erwähnte Neid auf die Innigkeit zwischen Mutter und Kind und natürlich auch auf das Geburts- und Still-Erlebnis paart sich mit dieser Angst vor Konkurrenz und Übervorteilung. Ist dem Mann im Kind nicht ein Rivale entstanden, der Liebe, Zärtlichkeit und Interesse der Frau absorbiert? Was bleibt noch für ihn? Er fühlt sich randständig – und ängstigt sich, über den Rand zu fallen.

Aus diesen verschiedenartigen Ängsten scheinen überzufällig häufig unterschiedliche Verhaltensstrategien zu entspringen. Es ist wohl nicht untypisch, wenn der junge Vater der Mutter vorwirft, sie verwöhne und verzärtele das Kind – und wenn sie betroffen entgegnet, wegen seiner Prinzipienreiterei wolle sie das Baby noch lange nicht schreien lassen.

Verdrängte Angst als Quelle der Kindesmißhandlung

Ist Elternliebe etwas Selbstverständliches?

Es muß betont werden: Schaden rührt aus solchen – sehr verständlichen – Ängsten eigentlich nur dann, wenn sie nicht wahrgenommen, sondern verdrängt und verleugnet werden, wenn nicht ehrlich über sie gesprochen werden kann, wenn die Eltern es als Schmach und Schande empfinden, sich, einander und Dritten solche Ängste »gestehen« zu müssen.

Und wo bleibt das Positive? Wie bereichernd das Leben mit Kindern sein kann, läßt sich kaum schildern, sondern nur erleben.
Allerdings ist das Verhältnis zwischen Eltern und Kind nicht automatisch und von Natur aus harmonisch! Elternliebe ist nichts Selbstverständliches, das jedes Elternpaar mit dem ersten Schrei ihres Kindes überkommt. Sie muß wachsen und werden wie jede andere Liebe zwischen Menschen. Wie alle zwischenmenschlichen Begegnungen kann auch die zwischen Eltern und Kind entgleisen, sogar bis hin zu Mord und Totschlag. Das Thema »Kindesmißhandlung«, jahrelang totgeschwiegen, drängt sich heute in schrecklicher Weise auf die Tagesordnung. Die bisher bekannten empirischen Daten lassen zwar kein eindeutiges Urteil darüber zu, ob die Zahl der Delikte wirklich zunimmt oder ob dieser Effekt durch verschärfte Aufmerksamkeit vorgetäuscht wird. Eines steht aber doch zweifelsfrei fest: Der Versuch, Gewalt gegen Kinder als vermeintlich typisch für Unterschichten und soziale Randgruppen aus dem Gesichtsfeld der selbstgerechten bürgerlichen »Normalität« zu verdrängen, ist gescheitert. Denn die Zahlen und Fakten beweisen: Diese besonders klägliche Form der Aggression, die sich gegen die Schwächsten der Schwachen richtet, kommt buchstäblich »in den besten Familien« vor – in zehn bis sechzehn Prozent aller Familien werden Kinder sogar mit Gegenständen verprügelt (*Der Spiegel*, Nr. 18/1990).

Angst als Auslöser für Kindsmißhandlungen?

Hierüber Empörung zu äußern, ist so verständlich wie berechtigt, andererseits aber sehr einfach und auch sehr nutzlos. Der Vorbeugung zuliebe Klarheit über die Motive solcher Taten zu schaffen, fällt schon erheblich schwerer. Ein kleiner Schritt zur Aufhellung des Dunkels liegt unserer Ansicht nach darin, über jenes selten erörterte Thema, das in diesem Essay etwas genauer skizziert werden sollte, nachzusinnen: die Angst der Eltern vor ihren Kindern.
Auch wenn diese Angst wirklich existiert, muß sie freilich nicht zwangsläufig zur Quelle von Aggression und Gewalt werden. Und umgekehrt: Wo es zu Gewalttaten gegen Kinder kommt, ist die von uns behauptete Angst der Eltern gewiß nicht deren einziger Ursprung. Vielmehr könnte es durchaus der Fall sein, daß gerade die Verdrängung und Verleugnung dieser Angst böse Folgen zeitigt.
Eben deshalb ist es angebracht, nicht mit kitschigem »Oh, wie niedlich!«-Geschrei die anstrengenden, bedrohlichen und ängstigenden Aspekte des Lebens mit Kindern zudecken zu wollen. Nur Offenheit und kritische Selbstwahrnehmung können zu besserem Verständnis führen. Wichtig ist, daß wir Eltern uns nicht mit Idealen und Prinzipien terrorisieren, sondern auch ruhig einmal zugeben, daß unsere Kinder Wesen sind, um die, aber auch vor denen man bisweilen sehr wohl Angst haben kann.

Alt gegen jung – ein Motiv, das nicht nur die Familie angeht

Immer wieder »Ödipus«?

Wagen wir zum Abschluß noch einen kurzen Blick in die Vergangenheit: An historischen Beispielen für die Aggression der Alten gegen die Jungen, der Eltern gegen die Kinder, fehlt es in der Menschheitsgeschichte nicht. Wie immer man den von Sigmund Freud bis Thorwald Dethlefsen schon fast zum Überdruß interpretierten Ödipus-Mythos bewerten mag, eines ist sicher: Die Gewalt geht auch hier vom Vater aus. Von König Laios zum Beispiel, der fürchtet, sein Sohn werde ihm dereinst nach dem Leben trachten und der das Kind deshalb aussetzen läßt – eine Form des Tötens, die ihm nicht selber die Hände befleckt; der Bannkreis der Verdrängung öffnet sich bereits. Auch später, als sich Sohn und Vater schicksalhaft (und ohne von ihrer Verwandtschaft zu wissen) an einer Weggabelung begegnen, schikaniert der im Wagen fahrende König den Fußgänger Ödipus – woraufhin dieser ihn »im Zorn« erschlägt. Der Anthropologe George Devereux hat deshalb zu Recht vom »Laios-Komplex« gesprochen, und der Psychoanalytiker Martin Bergmann (New York) hat im März 1990 in einem Artikel klargestellt, daß »in der Formulierung des Ödipus-Komplexes die Aggression der Eltern und besonders des Vaters gegenüber dem Kinde nicht genügend Beachtung gefunden hat. Eltern sind – viel häufiger als wir glauben – grausam zu ihren Kindern und haben ihnen gegenüber bewußte oder unbewußte Mordideen. Oft ist sogar die von ihnen gezeigte Liebe, die wir als unecht und übertrieben erleben, tatsächlich eine Reaktionsbildung auf derartige Todeswünsche« (*Praxis der Psychotherapie und Psychosomatik*, März 1990, S. 69).

Gründe für die Aggression der Eltern gegen ihre Kinder?

Die Redewendung von der »überbeschützenden Mutter« deutet an, welches Konfliktpotential hier verborgen liegt: »unakzeptable«, aber gleichwohl mächtige Gefühle vom Ärger bis zur stärksten Aggression werden in gegensinniges, aber gleichwohl einengendes, unterdrückendes Verhalten verwandelt, z.B. in überfürsorgliche »Liebe«.

Im Alten und im Neuen Testament der Bibel finden sich häufig ähnlich schreckliche Konstellationen wie der tödliche Konflikt zwischen Vater Laios und Sohn Ödipus. Von Jakob, dem ein reichlich grausam anmutender Gott befiehlt, den Sohn Isaak zu töten und der in einer Art biblischem Milgram-Experiment dieser Weisung fügsam gehorcht, bis ihm der rettende Engel in den Arm fällt, bis zum welterlösenden Opfer des Gottessohnes Jesus Christus reicht die Spannweite des Motivs »Alt gegen Jung« (der Psychologe Stanley

Milgram hatte in einem angeblichen »Lernexperiment« seinen Versuchspersonen befohlen, einer anderen, nicht sichtbaren Person Stromschläge zu versetzen, was diese allermeist bis zur »tödlichen Dosis« willig taten).

Auch in den Märchen, die die Brüder Grimm gesammelt und herausgegeben haben, ist nicht nur bei *Hänsel und Gretel* von der Aggression der Alten gegen die Jugend, der Eltern gegen die Kinder die Rede. Andere Fabeln, Mythen und Epen reden dieselbe schreckliche Sprache. Und wenn wir die reale Menschheitsgeschichte betrachten: Was sind denn die fortdauernd geführten blutigen Kriege anderes als eine gigantische Schlachtbank, eine Opferstatt, auf der die Jugend der Völker von mehr oder weniger greisen Religionsstiftern, Politikern und Generälen dem Opfertod überantwortet wird?

Es gibt für diese Aggression natürlich viele mögliche Gründe: der Neid auf die Jüngeren, deren Lebenskurve noch ansteigt, wo doch die eigene sinkt; die Furcht, von den »Nachkommenden« aus eigenen Positionen und Rechten verdrängt, ja verstoßen zu werden: »Der Mohr kann gehen, neu Spiel hebt an, Sie beherrschen die Szene, sie sind dran«, dichtete Theodor Fontane über »die Jungen«.

Die Angst der Eltern vor dem Kind scheint als verschwiegenes und gleichwohl höchst wirkungsvolles Motiv aber doch mitbeteiligt gewesen zu sein bei diesen Entgleisungen der Geschichte, die sich bis heute fortsetzen. Sie zu erörtern und zu deuten, scheint uns deshalb auch über den Gestaltkreis der Familie hinaus von Interesse zu sein.

»Unverständlich sind uns die Jungen«
Wird von den Alten beständig gesungen;
Meinerseits möcht ich's damit halten:
»Unverständlich sind mir die Alten.«
Dieses am Ruder bleiben Wollen
In allen Stücken und allen Rollen,
Dieses sich unentbehrlich Vermeinen
Samt ihrer »Augen stillem Weinen«,
Als wäre der Welt ein Weh getan –
Ach, ich kann es nicht verstahn.
Ob unsre Jungen, in ihrem Erdreisten,
Wirklich was Besseres schaffen und leisten,
Ob dem Parnasse sie näher gekommen
Oder bloß einen Maulwurfshügel erklommen,
Ob sie, mit andern Neusittenverfechtern,
Die Menschheit bessern oder verschlechtern,
Ob sie Frieden sä'n oder Sturm entfachen,
Ob sie Himmel oder Hölle machen –:
Eins läßt sie stehn auf siegreichem Grunde:
Sie haben den Tag, sie haben die Stunde;
Der Mohr kann gehn, neu Spiel hebt an,
Sie beherrschen die Szene, sie sind dran.

Theodor Fontane

Michael Osang

Begleiter in den ersten Jahren

Der Kinderarzt

Der Kinderarzt ist gerade im ersten Lebensjahr Ihres Babys einer Ihrer wichtigsten Begleiter. Er kann Ihnen bei vielen Fragen – und die kommen so sicher wie das Amen in der Kirche – mit Rat und Tat zur Seite stehen, kann Ihnen Sicherheit vermitteln, Ruhe und Gelassenheit. Suchen Sie sich deshalb rechtzeitig einen Arzt/eine Ärztin Ihres Vertrauens. Er/sie sollte Ihnen zuhören können und nicht hopplahopp mit dem Rezeptblock bei der Hand sein. Er/sie sollte sich das Kind von Anfang an sorgfältig ansehen, sich Zeit nehmen für die Untersuchung und nicht ungeduldig werden, auch wenn das Wartezimmer voll ist. Nichts beunruhigt Kinder mehr als ein nervöser Arzt, denn oft ist die Mutter bereits aufgeregt genug, und das überträgt sich auch aufs Kind.
Bleiben Sie diesem Kinderarzt möglichst für die gesamte Kindheit Ihres Sprößlings treu. Er kann dann viele Beschwerden besser einordnen als ein Arzt, der Ihr Kind zum ersten Mal sieht und seine Eigenheiten nicht kennt. Achten Sie darauf, daß es ein Arzt ist, der in Ihrer Nähe wohnt oder sich auch bei weiteren Entfernungen darauf einläßt, bei Ihnen Hausbesuche zu machen. Sie werden viele Male darauf angewiesen sein. Denn hoch fiebernde Kinder packt keiner gern ins Auto oder setzt sie Wind und Wetter aus.

Auch Babys empfinden Schmerzen

Es ist noch nicht lange her, daß Neugeborene als fühlunfähige, daher auch schmerzunempfindliche Wesen galten, mit denen man nach Gutdünken umgehen konnte. Noch in den fünfziger Jahren wurden dringende Operationen an Babys teilweise ohne Narkose vorgenommen, da sie angeblich kein Schmerzempfinden hatten. Heute wissen

wir mit Sicherheit, daß nicht erst das Neugeborene, sondern schon der Fötus im Bauch der Mutter Lust und Unlust, Wohlbehagen und Entsetzen, Neugier, Überraschung und Freude kennt, daß er hört, riecht, fühlt, sieht und schmeckt.
Das Neugeborene befindet sich in einem Ausnahmezustand, den wir kaum mit einer anderen Situation im ganzen weiteren Leben vergleichen können. Aus dem gleichmäßig bewegten, warmen, vertrauten, satten, immer umhüllten Urzustand gelangt es – natürlich unter eigener Mithilfe – in eine unbekannte, kältere, rauhe, laute und blendend helle neue Welt. Wenn alles läuft, wie es sollte, tauchen inmitten dieser erschreckend unbekannten Umgebung vertraute Elemente auf: die wohlbekannte, beruhigende Stimme der Mutter, zärtliche, warme Hände, die den ganzen Körper schützend umhüllen, der weiche, atmende Bauch, aus dem vertraute Töne kommen – der einlullende, regelmäßige Herzschlag, das leichte Gluckern des Darmes. Es ist deshalb so wichtig, daß Neugeborene sofort nach der Geburt erst einmal auf dem nackten Bauch der Mutter verweilen dürfen, sich ausruhen können von den Strapazen auf dem langen Weg nach draußen, daß sie innehalten können, bevor noch mehr Neues in Form von Trinken, Baden und Anziehen auf sie einstürzt.

Neugeborene brauchen die Nähe der Mutter

Wer soll das Kind in den ersten Tagen beobachten?

Geben Sie Ihr Kind in der ersten Nacht nach der Geburt nicht ins Säuglingszimmer. Schlagen Sie das sicher wohlmeinende Angebot der Pflegekräfte, sich noch einmal eine ungestörte Nacht zu gönnen, lieber aus. Vielerorts bestehen die Kinderschwestern allerdings darauf, weil sie dort das Kind in der angeblich oft kritischen ersten Nacht besser beobachten können. Sie können trotzdem Ihr Kind auf eigene Verantwortung in Ihrem Zimmer behalten. Und das dürfen Sie auch bedenkenlos wagen, es sei denn, Ihr Kind ist nicht gesund. Niemand beobachtet Ihr Kind aufmerksamer als Sie selbst! In den ersten Stunden nach der Geburt sind Sie außerdem überhaupt nicht müde, sondern höchst aufgekratzt und munter, selbst wenn Sie nachts um drei entbunden und den ganzen Vortag über Wehen hatten. Sie wollen, sollen und müssen dann Ihr Kind so dicht wie möglich bei sich haben, es immer wieder betrachten, auf jede kleinste Regung achten. Geben Sie Ihr Kind gerade in den ersten Stunden und Tagen nicht aus den Armen. Es würde mit Sicherheit die Nähe zu seiner Mutter schmerzlich vermissen, mit der es fast noch körperlich, sicher jedoch seelisch intensiv verbunden ist.

Soll das Kind im Bett der Mutter schlafen?

Nehmen Sie Ihr Kind ruhig auch mit in Ihr Bett. Nirgendwo schläft es sicherer und geborgener als in Ihren Armen, an Ihrer Brust. Haben Sie keine Angst, daß Sie es im Schlaf womöglich erdrücken könnten. In dem eigenartigen Schlaf frischgebackener Eltern nehmen Sie noch im Traum jeden Atemzug und jede Bewegung Ihres Kindes wahr und sind sofort hellwach, wenn es sich regt und anfängt zu wimmern. Sie würden sich nie und nimmer auf Ihr Kind legen, davor bewahrt Sie ein sicherer Instinkt.

Es ist ein Ammenmärchen – an das allerdings selbst ansonsten aufgeschlossene Kinderschwestern glauben –, daß sich das Baby am Wochenfluß infizieren könnte und deshalb tunlichst der mütterlichen Bettdecke fern bleiben sollte. Erstens liegt es weitab von der Quelle des Wochenflusses in Ihren Armen oder an Ihrer Brust, und zweitens waschen Sie sich die Hände, wenn Sie die Vorlagen wechseln, zur Toilette gehen oder duschen. Wenn der Wochenfluß tatsächlich hoch infektiös wäre, hätten Sie ja selbst eine Infektion – und das ist höchst selten der Fall.

Der körperliche Zustand des Neugeborenen

Das gesunde Baby, das nach 40 Schwangerschaftswochen zur Welt kommt, hat bei uns eine durchschnittliche Größe von 50 Zentimetern und ein Gewicht von ca. 3.300 Gramm. Es schläft nahezu 24 Stunden täglich, unterbrochen nur von kurzen Trinkpausen. Das Trinken strengt das Kind derartig an, daß sich der Puls auf bis zu 200 Schläge pro Minute beschleunigen kann.

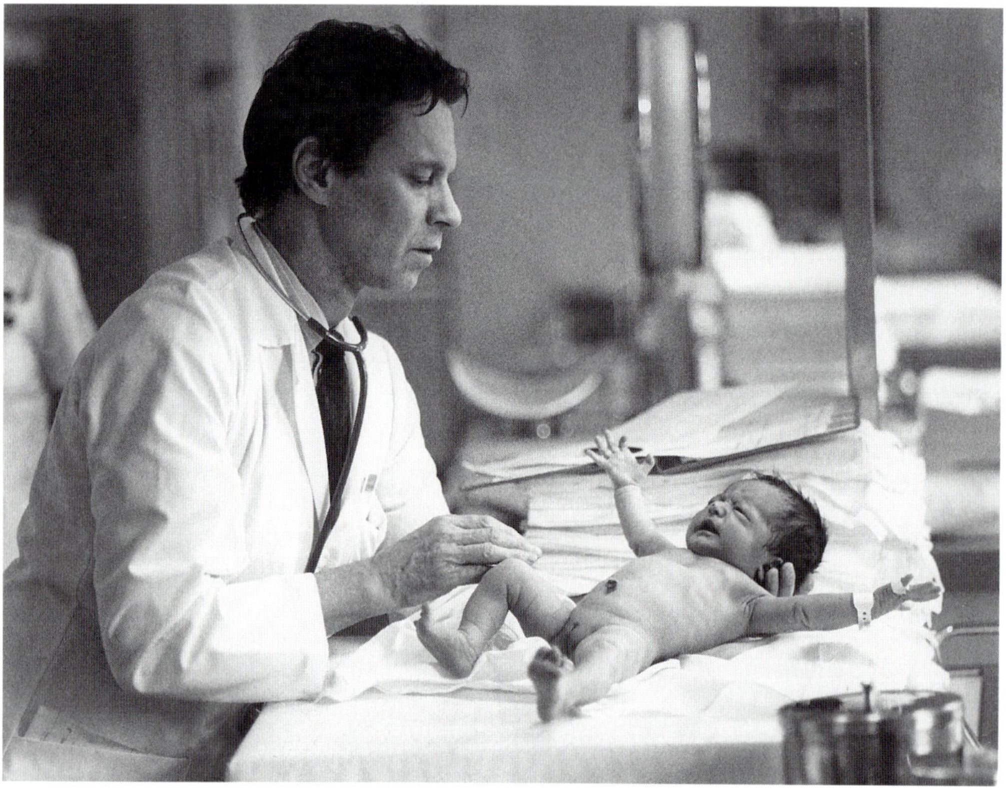

Warum atmen Neugeborene so schnell?

Im Schlaf atmet das Kind ruhig und regelmäßig, aber im Vergleich zu Erwachsenen sehr schnell. Manche Mütter beunruhigt das so, daß sie glauben, ihr Kind sei krank und fiebere. Aber keine Angst: Babys schnaufen immer so heftig. Teilweise geht der Atem auch so ruhig, daß man ihn kaum hört. Das bringt dann viele Mütter dazu, voller Angst an die Wiege zu eilen und nachzusehen, ob das Kind noch lebt. Fast immer sehen sie dann ein selig schlummerndes Baby, die Händchen entspannt neben den Kopf gelegt – ein Bild des Friedens. Unmittelbar nach der Geburt ist die Haut des Neugeborenen oft von Käseschmiere bedeckt, rot und schrumpelig. Nach wenigen Stunden, spätestens nach einem Tag, hat sie sich geglättet, wird rosig und durchscheinend. Das kommt daher, daß die Haut noch kaum verhornt und nur wenig mit Fett unterlegt ist, so daß die darunterliegenden feinen Adern durchschimmern. In den ersten Wochen schuppt oft die oberste Hautschicht sichtbar ab. Cremen oder ölen Sie sie dann nicht ein, baden Sie das Kind nicht, und fürchten Sie auch nicht, Ihr Kind habe Neurodermitis, sondern lassen Sie alles so, wie es ist. Diese erste »Häutung« ist normal und bringt eine zarte, gesunde, glatte Babyhaut zutage.

Die Körpertemperatur eines Neugeborenen liegt zwischen 37 und 38 Grad Celsius, also etwas höher als die eines Erwachsenen. Es kann sehen, ist aber noch außerordentlich kurzsichtig. Es unterscheidet noch keine Farben, sondern nur schwarz und weiß. Das ist sicher mit ein Grund, warum bei Schwangeren die Brustwarzen dunkler werden – die Babys sehen sie dann auf der weißen Haut einfach deutlicher und finden den Weg zur »Quelle« besser.

Wie hoch ist die Körpertemperatur eines Neugeborenen?

Das Kind bewegt Arme und Beine, hat aber wohl noch keine Vorstellung von seinem eigenen Körper. Es fühlt nur durch die Begrenzung. Deshalb ist es eher besser, es stramm in eine Decke zu wickeln oder fest in den Arm zu nehmen, als ihm viel Bewegungsfreiheit zu lassen. Die alten Steckkissen unserer Urgroßmütter erfüllten ähnliche Zwecke.

Neugeborene sollten auf der Seite liegen, im Rücken gestützt von einer Rolle aus einem zusammengefalteten Handtuch oder einer dünnen Wolldecke. Auf dem Rücken liegend fühlt es sich anfangs noch unwohl, wahrscheinlich schmerzt der bisher meist rund gehaltene Rücken bei dieser gestreckten Haltung. Seitlich liegend oder in einer »Hängematte« – beispielsweise im Tragetuch – geht es ihm besser.

Was ist der Apgar-Test?

Der körperliche Zustand des Neugeborenen wird unmittelbar nach der Geburt von Hebamme oder Frauenarzt, wenn ein Kinderarzt in der Nähe ist, auch von ihm, beurteilt. Um diese erste Untersuchung weltweit zu vereinheitlichen, hat eine englische Kinderärztin den nach ihr benannten »Apgar«-Test eingeführt. Entsprechend einer Tabelle erfassen sie Aktivität und Aussehen eine, fünf und zehn Minuten nach der Geburt. Sie messen den Puls, beobachten die Reaktion auf Reize, die Muskelspannung und die Atmung des Kindes und bewerten alles mit null, einem oder zwei Punkten. Die Summe dieser Punkte ergibt einen Wert, der höchstens zehn erreichen kann.

Beurteilung (Apgar-Wert)

	0	1	2
Aussehen (Farbe)	blau, blaß	Körper rosig, Extremitäten blau	Völlig rosig
Pulsfrequenz	fehlt	unter 100	über 100
Reaktion auf Reizung	keine Reaktion	Grimassen	Weinen
Muskeltonus	schlaff	geringe Flexion der Extremitäten	aktive Bewegungen
Atmung	fehlt	langsam unregelmäßig	lauter Schrei

Was besagt der Apgar-Wert?

Oft hängt von diesem Apgar-Wert ab, ob ein Kinderarzt sich das Neugeborene näher ansehen muß, ob es beobachtet werden muß. Ein Wert von 9/10/10 bedeutet, daß das Kind in einem sehr guten körperlichen Zustand zur Welt gekommen ist. Der Apgar-Wert erlaubt aber keinesfalls eine endgültige Voraussage über das weitere Gedeihen, sondern gibt nur Aufschluß über die wichtigsten Lebensfunktionen. Kinder mit einem schlechten Apgar-Wert können sich wunderbar entwickeln, ohne jemals Probleme zu haben. Umgekehrt ist es möglich, daß ein Baby mit dreimal zehn Apgar-Punkten krank werden kann. Insofern ist der Apgar-Wert nur begrenzt aussagefähig, und niedrigere Werte sollten Sie nicht beunruhigen, sondern allenfalls veranlassen, einen Kinderarzt um Rat zu fragen.

Wenn einige Stunden nach der Geburt etwas Ruhe eingekehrt ist, betrachtet sich der entbindende Frauenarzt oder ein Kinderarzt das Baby noch einmal eingehend, am besten aus Anlaß des ersten Wickelns, wenn das Kind sowieso entkleidet werden muß. Das Baby eigens und nur zum Zweck der Untersuchung zu wecken, nackt auszuziehen und neu zu wickeln, ist eine Zumutung. Diese erste ärztliche »Inspektion« ist die »U1«, die erste Vorsorgeuntersuchung. Auf sie folgen noch acht weitere in vorgegebenen zeitlichen Abständen. Wann welche Untersuchung an der Reihe ist, können Sie dem gelben Vorsorgeheft entnehmen, das Ihnen die Hebamme nach der Geburt aushändigt.

Was der Kinderarzt beim Neugeborenen untersucht

Die U1 unmittelbar nach der Geburt kann noch der Frauenarzt vornehmen, die U2 – drei bis zehn Tage später – muß durch einen Kinderarzt erfolgen. Wenn Sie zu Hause oder ambulant entbunden haben oder kurz nach der Entbindung nach Hause »geflüchtet« sind, sollte für die U2 ein Kinderarzt ins Haus kommen. Auch deshalb ist es wichtig, daß Sie sich bereits vor der Geburt um einen solchen Arzt kümmern, der dann zu gegebener Zeit auf Ihren Anruf hin Bescheid weiß und einen Hausbesuch macht. Mit einem so kleinen Neugeborenen sollten Sie das Haus möglichst selten verlassen, außerdem wird es Ihnen nach der Geburt selbst noch etwas Mühe machen.

Der Kinderarzt nimmt beim Neugeborenen zunächst einmal Maß: Größe, Gewicht, Kopfumfang. Ohne weiteren Bezug bedeuten diese Zahlen aber herzlich wenig. Wie sich Gewicht und Größe entwickeln,

hängt von den ererbten Anlagen ab und davon, wie gesund die Mutter während der Schwangerschaft gelebt hat. Eine von Natur aus kleinwüchsige Mutter bekommt meist auch ein kleines Baby – Ausnahmen bestätigen die Regel. Auffällig kleine Kinder bekommen außerdem Frauen, die viel rauchen oder dem Alkohol im Übermaß zusprechen. Es gibt daher bei Geburtsgröße und -gewicht große Unterschiede, die nicht unbedingt Krankheitswert haben.
Um die Maße besser beurteilen zu können, zieht der Kinderarzt Tabellen heran, läßt sich die Größe der Eltern – sofern er sie nicht persönlich kennt – sagen und fragt auch nach der Größe der Geschwisterkinder. Aus allem zusammen kann er dann ablesen, ob Größe und Gewicht des Neugeborenen normal sind.

Muß man das Kind zu Hause regelmäßig wiegen?

Es genügt, wenn der Kinderarzt im Rahmen der Vorsorge-Untersuchungen Ihr Kind in regelmäßigen Abständen wiegt. Sie brauchen das zu Hause nicht zu tun. Sie haben es selbst am besten im Gefühl, ob Ihr Kind genügend trinkt, dafür brauchen Sie keine Waage. Neugeborene nehmen in der ersten Woche nach der Geburt fast immer einige hundert Gramm ab, die sie danach in Windeseile wieder zulegen. Machen Sie sich also nicht verrückt mit der für Mutter und Kind gleichermaßen enervierenden Wiegerei.
Der Arzt betrachtet sich das Kind eingehend, wenn es nackt ist, schaut nach körperlichen Anomalien, prüft seine Haltung, den Verlauf der Wirbelsäule, die Händchen, die Füße, die Beine, die Hüften, die Regelmäßigkeit und Symmetrie der Falten an Po und Oberschenkeln. Ist ihm bei der Hüftuntersuchung etwas nicht geheuer, wird er die Hüftgelenke mit Ultraschall untersuchen.

Die Ultraschalluntersuchung der Hüftgelenke

Noch vor wenigen Jahren wurde ein österreichischer Arzt auf Kongressen ausgepfiffen und ausgelacht, als er über seine Studien an Säuglingshüftgelenken mit Hilfe von Ultraschall berichtete. Heute gehört diese Untersuchung zum Standardrepertoire der Kinderärzte. Sie hat die ehedem üblichen Röntgenaufnahmen vollständig verdrängt, die aufgrund ihrer Strahlenbelastung umstritten und bei den noch kaum verknöcherten Hüftgelenken der Neugeborenen sowieso wenig aufschlußreich waren.

Fehlstellung der Hüften?

Anhand des Ultraschallbildes erkennt der Kinderarzt, ob die Hüftgelenke normal geformt sind und ob der Oberschenkelknochen gut in der Hüftpfanne sitzt. Ist das nicht der Fall und verschiebt sich der Kopf des Knochens gegen das Gelenk, sitzt der Knochen später falsch, was zu frühzeitigem Verschleiß des Gelenks und damit zu schmerzhafter Arthrose führt. Oft ist dann im Erwachsenenalter relativ früh ein Kunstgelenk erforderlich. Die Ärzte nennen eine solche Fehlstellung der Hüften beim Neugeborenen »Dysplasie« oder »Luxation«. Sie tritt häufiger bei Mädchen als bei Jungen auf – aus ungeklärten Gründen.

Schadet eine Ultraschalluntersuchung dem Kind?

Die Ultraschalluntersuchung ist für das Baby unschädlich und schmerzlos. Der Arzt legt es mit lang ausgestreckten Beinchen nackt auf der Seite in eine gepolsterte Rinne und setzt den Ultraschall-Untersuchungskopf direkt auf die Hüfte auf. Wenn Sie während der Aufnahmen beruhigend auf Ihr Kind einreden, es streicheln und ihm mit den Händen Wärme spenden, wird es nur wenig zappeln und das ganze einigermaßen ruhig über sich ergehen lassen.

Kinder mit Hüftdysplasie müssen einige Wochen oder höchstens mehrere Monate lang eine Spreizhose tragen, in schweren Fällen auch verstellbare Schienen oder sogar einen Gipsverband. Das schränkt natürlich die Beweglichkeit des Kindes ein, es ist auch für die Eltern etwas »unhandlicher« und paßt meistens nicht in die üblichen Körbe oder Auto-Kindersitze. Es muß auf dem Rücken liegen, da in Bauchlage die Spreizhose oder die Befestigungsteile drücken. Im Wechsel zur Spreizhose können Sie sich das Baby auch in einem Tragegurt auf den Bauch binden. Auch dabei spreizt es die Beine in den Hüften weit auseinander.

Sie brauchen aber keine Angst zu haben, daß die Spreizhose Ihr Baby daran hindert, seine Beinchen zu entdecken oder sich später gut zu bewegen. Glücklicherweise beginnt die Phase der ständigen Bewegung, wenn es zunehmend Lust an der Motorik entwickelt, erst nach Ende der Behandlung, etwa mit vier bis fünf Monaten. Falls die Therapie länger dauern muß, können krankengymnastische Übungen einen Ausgleich schaffen.

Blutuntersuchungen beim Neugeborenen

Neigung zu Allergien?

In vielen Kliniken wird routinemäßig sofort nach der Entbindung eine kleine Menge Blut aus der Nabelschnur entnommen. Die Ärzte erkennen am Säuregrad des Blutes, dem »pH-Wert«, ob das Kind gesund ist. Außerdem können sie ablesen, ob das Kind allergiegefährdet ist. Dafür messen sie einen bestimmten Eiweißstoff im Blut, das Immunglobulin E. Sind die Werte dafür erhöht, weist das darauf hin, daß das Kind zu Allergien neigt. Oft hat es die Anlage dafür von den Eltern mitbekommen. Sind sie bekanntermaßen Allergiker,

sollte das Immunglobulin E beim Baby auf jeden Fall gemessen werden. Dann ist es ratsam, das Kind so lange wie möglich zu stillen und ihm keinesfalls im ersten Lebensjahr Kuhmilch oder kuhmilcheiweißhaltige Kunstmilch zu füttern. Es könnte darauf mit einer ersten Allergie reagieren oder die Kuhmilch könnte der Auslöser sein für allergische Reaktionen auf andere Stoffe in der Umgebung oder in Lebensmitteln.
Achten Sie dann ganz besonders darauf, daß Ihr Kind im Krankenhaus in den ersten Tagen nicht etwa von den Krankenschwestern abends oder nachts ein Fläschchen zum Durchschlafen bekommt. Das ist leider immer noch in manchen Kliniken üblich. Behalten Sie Ihr Kind sicherheitshalber immer bei sich, und geben Sie es nicht über Nacht ins Kinderzimmer.
Die Blutprobe zeigt auch, welche Blutgruppe das Neugeborene hat und ob es rhesuspositiv oder -negativ ist.

»Kindspech« – der erste Stuhlgang

Neugeborene sondern in ihren ersten Lebensstunden eine schwarze, klebrige Masse aus dem Darm ab, das »Kindspech«. Es sind die Reste dessen, was es im Mutterleib mit dem Fruchtwasser aufgenommen hat. Innerhalb der ersten Tage hat sich der Darm vollständig von diesen Resten befreit und produziert künftig überwiegend gelben Stuhl. Er ist meist sehr dünnflüssig, fast wäßrig, stinkt überhaupt nicht, sondern riecht angenehm aromatisch und wird unüberhörbar mit einer Mischung aus Lust- und Anstrengungslauten produziert. Gelegentlich ist der Stuhl auch grünlich, vor allem, wenn die Windel nicht gleich gewechselt wird. Das ist bei ansonsten gesunden Kindern harmlos und verschwindet von selbst.
In den ersten Monaten finden Sie fast stündlich eine mehr oder weniger große Menge Stuhl in der Windel, nicht selten warten Sie darauf aber auch eine ganze Woche. Eine solche »Pseudo-Verstopfung« kommt bei gestillten Kindern häufig vor. Geben Sie dem Kind dann bitte keinesfalls Abführmittel oder -tee. Es ist nicht krank und der Darm ist auch nicht verstopft. Er verdaut die Muttermilch einfach nur vollständig, weil sie ja kaum Ballaststoffe enthält und der Darm deshalb auch wenig Material zum Ausscheiden hat.

Augentropfen

Können Augentropfen Schaden anrichten?

Früher bekam jedes Neugeborene sofort nach der Geburt Augentropfen. Manche litten danach noch mehrere Tage lang unter einer unangenehmen Augenentzündung. Es handelte sich dabei um die »Credé-Prophylaxe« mit Silbernitrat-Tropfen. Sie verhinderte, daß Gonorrhoe-Bakterien (auch Tripper genannt) aus der Scheide der Frau beim Kind eine sehr schwere Augenentzündung verursachen könnten. Sie war weitaus gefährlicher als die innerhalb einiger Tage wieder abklingende heftige Reaktion der Augen auf das recht aggressive Silbernitrat. Seit einiger Zeit verwenden die Ärzte antibiotika-haltige Tropfen, die besser verträglich sind.
Inzwischen ist die Credé-Prophylaxe nicht mehr vorgeschrieben und deshalb kaum noch üblich, weil Frauen nur noch selten mit Gonorrhoe infiziert sind und dies in aller Regel auch während der Schwangerschaft rechtzeitig festgestellt wird, so daß die Babys gezielt behandelt werden können.

Übertragene Kinder

Wann ist ein Neugeborenes »übertragen«?

Ein Neugeborenes gilt dann als übertragen, wenn es mehr als zwei Wochen nach dem errechneten Geburtstermin zur Welt kommt oder – auch Ärzte können sich verrechnen – wenn es Zeichen einer Übertragung zeigt. Dazu gehören die »Waschfrauenhändchen«, also runzelige, faltige Händchen und Füßchen, bei manchen Babys hat die Haut die Käseschmiere vollständig aufgesogen. Viele sind anfangs etwas schwach und müssen sorgfältig überwacht werden, weil die altersschwache Plazenta sie vor und während der Geburt nicht mehr gut genug mit Nährstoffen versorgt hat. Sie haben häufig Schwierigkeiten, sich dem Leben außerhalb des Mutterleibs anzupassen.
Ein übertragenes Kind muß viel trinken und braucht zusätzlich gleich nach der Geburt Traubenzuckerlösung aus dem Fläschchen oder vom Löffel. Die Vormilch der Mutter deckt seinen hohen Bedarf an Flüssigkeit und Traubenzucker nicht. Nach einigen Tagen hat es den Rückstand meist aufgeholt und entwickelt sich dann weiterhin normal.

»Frühchen«

Wann ist ein Baby »frühgeboren«?

Als frühgeboren gelten Babys, die weniger als 37 volle Schwangerschaftswochen hinter sich haben. Sie sind oft nicht mehr als eine Handvoll Mensch. Als gefährdet gelten Frühgeburten unter 750 Gramm, dennoch gelingt es inzwischen oft, sogar Winzlinge von gerade mal 500 Gramm Gewicht hochzupäppeln. Dafür bedarf es jedoch spezieller Frühgeborenen-Stationen, die mit allen Schikanen moderner Apparatemedizin ausgerüstet sind.
Wenn die Lunge bei der Geburt noch nicht ausgereift war, haben viele Frühchen Probleme mit der Atmung. Sie müssen künstlich beatmet werden oder erhalten im Brutkasten mit Sauerstoff angereicherte Atemluft. Saugen an der Brustwarze ist für die meisten viel zu anstrengend, sie bekommen kleine Mengen abgepumpte Muttermilch über einen dünnen Schlauch direkt in den Magen oder werden über eine Infusionslösung ernährt, wenn der Darm noch zu unreif ist, um die Milch zu verdauen.
Frühgeborene können die Körpertemperatur noch nicht aus eigener Kraft aufrechterhalten, sie brauchen deshalb viel Wärme. Der beste Wärmespender ist die körperwarme, nackte Haut von Mutter oder Vater. Viele tragen ihr Baby deshalb unter Bluse oder Pullover direkt auf der Haut an der Brust, wo das Baby den Herzschlag spürt. Dieser Körperkontakt ist die beste und wichtigste »Entwicklungshilfe« für die winzigen Kleinen. Können sie nicht bei den Eltern sein, liegen sie nackt im geheizten und auf entsprechender Luftfeuchtigkeit gehaltenen Brutkästen, den Mediziner auch »Inkubator« nennen.

Technik als Lebensretter?

Wer je eine Frühgeborenenstation kennengelernt hat, weiß, daß die Situation dort für das Kind und seine Eltern schwierig, schmerzlich und traurig, aber gleichzeitig auch voller Hoffnung ist. Die Technik scheint brutal und grausam, und doch rettet sie dem Kind oft genug das Leben. Trotzdem brauchen Frühgeborene nichts nötiger als die Zuwendung ihrer Eltern. Sie brauchen ihre warmen Hände, die vertrauten Stimmen, die Nähe, die Liebe, die Fürsorge. Es ist deshalb heute vielerorts üblich, daß die Eltern fast ununterbrochen bei ihrem Kind auf der Station sein können, daß sie das Kind so früh wie möglich in die Arme nehmen, daß die Mutter ihr Baby – sobald es das kräftemäßig kann – anlegt, selbst mit allen Infusionsschläuchen oder sonstigen Überwachungsapparaturen, daß die Eltern ihr Kind streicheln und massieren und ihm nahe sein können. Derartig umsorgte und umhegte Kinder entwickeln sich rascher und besser als Babys, die ausschließlich im Brutkasten liegen.

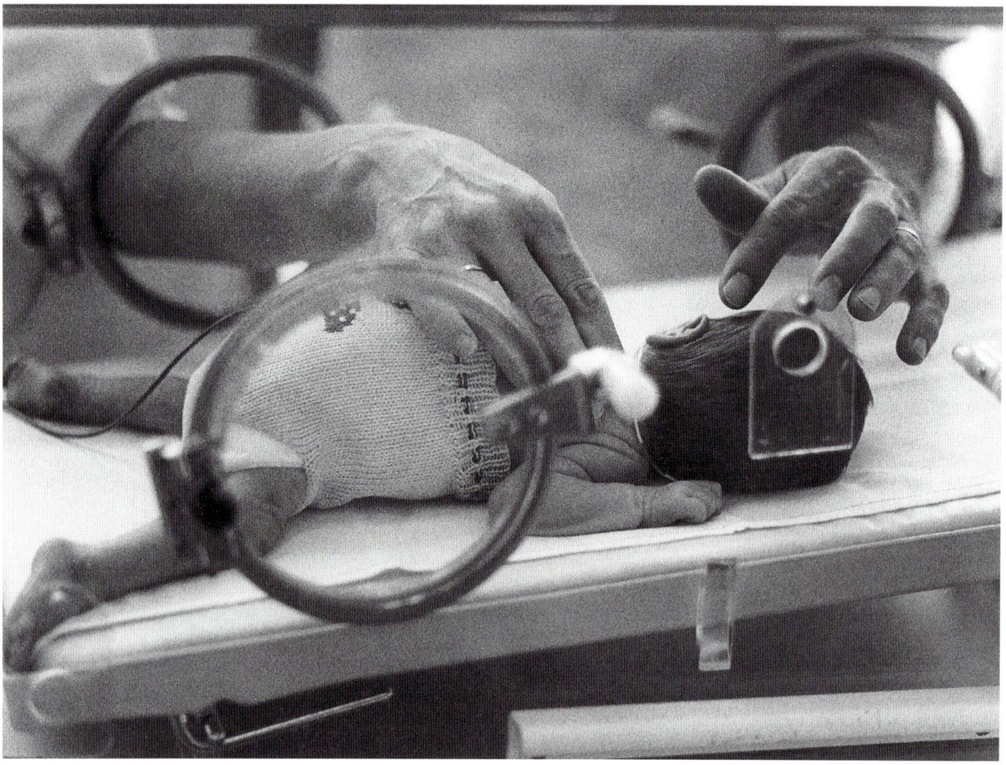

Nach der Entlassung aus der Klinik sollten Frühgeborene engmaschig vom Kinderarzt überwacht werden. Das heißt nicht, daß Sie jede Woche in die Praxis müssen, aber etwa alle drei bis vier Wochen sollte der Kinderarzt schon einen Blick auf das Kind werfen, seine Entwicklung verfolgen, um einen behandlungsbedürftigen Rückstand schnell zu erkennen.

Neugeborene brauchen viele Hüllen!

Schutzlos der Umwelt ausgeliefert?

Im Mutterleib haben insgesamt sieben Hüllen – die äußerste war die Bauchdecke der Mutter – das Baby vor der Außenwelt geschützt, nach der Geburt ist es oft schutzlos der Umwelt ausgeliefert, vor allem, wenn es in der warmen Jahreszeit geboren wird. Ein Neugeborenes braucht aber mehrere Hüllen, um sich geborgen zu fühlen. Es ist außerordentlich wärmebedürftig, selbst an heißen Sommertagen. Das heißt nun nicht, daß Sie es ständig in mehrere Lagen Wolle packen müssen. Ziehen Sie ihm im Sommer Wäsche aus Baumwolle an, die es warm, aber nicht zu warm hält. Winters können Sie den

Stubenwagen, die Wiege oder das Bettchen mit einer Wärmflasche vorwärmen. Decken Sie das Kind an kühlen Tagen mit einer Wolldecke zu, und ziehen Sie ihm wollene Unterwäsche an. Das sind heutzutage keine kratzigen Ungetüme mehr, sondern fein gestrickte, weiche Hemdchen oder »Bodys«.

Welches ist die ideale Raumtemperatur?

Sie brauchen Ihre Wohnung auch nicht hochzuheizen, um es dem Baby warm genug zu machen. Halten Sie die Raumtemperatur etwa auf 20 Grad Celsius, im Schlafzimmer darf es ruhig auch kühler sein. Ein Heizstrahler über dem Wickelplatz hält das Baby auch dann warm und vermittelt eine angenehmere Wärme als eine überheizte Wohnung.

Besonders wichtig ist, daß Sie das Köpfchen des Neugeborenen mit einer Baumwoll- oder Seidenmütze schützen, und zwar rund um die Uhr! Wenn Sie mit ihm spazierengehen, sollten Sie ein Wollmützchen zusätzlich drüberziehen. Die noch offene Fontanelle am Kopf – die Schädeldecke ist ja einige Wochen lang noch nicht vollständig geschlossen – ist besonders schutzbedürftig, außerdem müssen Sie unbedingt die empfindlichen Ohren vor Zugluft bewahren.

Überdies ist unsere lärmige Umwelt für die meisten Säuglinge eine Zumutung, vor der Sie sie tunlichst bewahren sollten. Packen Sie das Baby beim Spazierengehen in einen hochrädrigen Kinderwagen und klappen Sie das Verdeck hoch, solange Sie auf verkehrsreichen Straßen gehen. Es ist dann immer noch laut genug. Buggys sind für Kinder unter einem Jahr gänzlich ungeeignet.

Wenn Sie Ihr Kind lieber tragen wollen, legen Sie es ins Tuch und schützen es mit Ihrem Mantel oder einem leichten Umhang. Sie können es auch in einen Tragesack setzen. Achten Sie jedoch darauf, daß es einer ist, bei dem die Beinchen nicht nach unten heraushängen. Es sollte die Füßchen unten abstützen können, sonst streckt sich die Wirbelsäule zu sehr.

Neugeborenen-Gelbsucht

Gefährlich oder harmlos?

Auch ein gesundes Baby kann in den ersten Tagen nach der Geburt eine leichte Gelbsucht bekommen. Es handelt sich dabei allerdings nicht um die bei Erwachsenen übliche Leberentzündung, sondern um einen harmlosen Anpassungsvorgang.

Nach der Geburt baut der kindliche Organismus überschüssige rote Blutkörperchen ab. Der dabei frei werdende Blutfarbstoff wird in der Leber so umgewandelt, daß die Nieren ihn mit dem Urin ausscheiden können. Aus dem ursprünglichen Rot wird dabei ein

sattes Gelb. Diese Leberfunktion ist bei vielen Neugeborenen anfangs noch nicht voll entwickelt, so daß der Farbstoff nicht schnell genug abgebaut wird und die Haut gelb färbt.
Solange Sie in der Klinik sind, achten die Kinderschwestern darauf, zu Hause tut es die Hebamme, die Sie im Wochenbett betreut. Sobald die Gelbsucht auffällig wird, sollte das Kind viel Tee und Muttermilch trinken und viel Licht bekommen. Das Licht zerbricht die chemische Struktur des Blutfarbstoffs und macht sie damit unschädlich. Geeignet ist das normale Tageslicht, auch hinter geschlossenen Fenstern, weil für diesen Vorgang ultraviolette Strahlen keine Rolle spielen.

Was ist »Photo-Therapie«?

Je stärker die Gelbsucht ist, desto mehr Hautfläche sollte dem Licht möglichst lange ausgesetzt sein. Es genügt dann oft nicht mehr, das Kind im Körbchen ans Tageslicht zu stellen, dann braucht es eine Behandlung unter Speziallampen mit blauem Licht (ohne UV-Anteile), von denen es nackt bestrahlt wird. Für diese »Photo-Therapie« müssen Sie in Ihre Entbindungsklinik oder zum Kinderarzt. Je nach Schweregrad der Gelbsucht bleibt das Baby dann eine viertel oder halbe Stunde unter den Lampen. Danach können Sie wieder nach Hause. Nach einigen Tagen ist alles vorbei, und die Leber arbeitet normal.

Blähungen

Wenn Ihr Baby anscheinend grundlos weint, wird Ihnen bestimmt irgend jemand sagen, es handele sich um Blähungen. Das ist eine mysteriöse Geschichte. Es gibt wohl keine andere körperliche Erscheinung, die so oft für schwierige Stunden mit einem Säugling verantwortlich gemacht wird wie »Blähungen« – fast ist daraus eine Beschwörungsformel geworden. Natürlich kommt beim Trinken Luft in den Bauch, auch die Verdauung selbst erzeugt Gase. Aber wenn Säuglinge heftig und stundenlang schreien, hat das meist andere Gründe als die ominösen »Drei-Monats-Koliken«.
Zunächst ist es für das Neugeborene doch ganz ungeheuerlich, was sich plötzlich, nach der ruhigen Zeit im geschützten Bauch der Mutter, in seinen eigenen Gedärmen ereignet. Mengen von Milch werden durch den wenige Millimeter weiten Darm geschleust und erzeugen gluckernde Geräusche, spürbare Wellen und damit Erstaunen, auch Panik. Das Kind kann seinem Gefühl nur durch Weinen und Schreien Ausdruck verleihen, es kennt noch keine andere Form der Verständigung.

Vielleicht spürt es auch eine andere Unruhe in sich, die es herausschreien muß, oder es hat Hunger, Durst, volle Windeln. Vielleicht möchte es schaukelnd getragen werden, wie im Bauch der Mutter, anstatt im bewegungslosen Bett zu liegen, fernab der mütterlichen Wärme und des beruhigenden Herzschlags. Vielleicht fühlt es sich einsam oder empfindet es als ungeheuer mühsam und belastend, woran es sich alles anpassen muß. Es kennt für alle diese Gefühle nur eine einzige Ausdrucksmöglichkeit: das Schreien.

Durch das Weinen wird Luft in den Magen und weiter in den Darm gedrückt, mit der Folge, daß nach wenigen Minuten der Bauch nun tatsächlich prall gespannt ist, womöglich auch schmerzt – und schon hat das Kind »Koliken«. Ursprünglich empfand es aber nur etwas als unangenehm.

Kann man den typischen Koliken vorbeugen?

Sie können in solchen Fällen irgendwelche Tropfen, Salben oder Zäpfchen geben. Sie können aber auch das Schreien Ihres Kindes schon im Vorfeld vermeiden: Nehmen Sie es hoch, wann immer es sich meldet. Das gilt insbesondere in den ersten drei Lebensmonaten. Tragen Sie es bei sich, vermitteln Sie ihm das Gefühl, daß Mama oder Papa bei ihm sind, daß es nicht alleine ist. Fassen Sie es beherzt an, nicht hart, aber mit sicherem Griff. Wiegen Sie es, schaukeln Sie es sanft hin und her, halten Sie es fest, singen Sie ihm ein leises Lied, erzählen Sie ihm mit gleichförmigem Singsang irgendwelche Geschichten. Lassen Sie es an der Brust trinken, wann es will und soviel es will. Streicheln Sie es, damit es seinen Körper spürt. Wahrscheinlich werden Sie dann diese »Drei-Monats-Koliken« gar nicht kennenlernen.

Glauben sie nicht, daß Sie Ihr Kind dabei verwöhnen. Babys in dem Alter können Sie gar nicht verwöhnen. Wenn sie schreien, haben sie immer einen Grund, sie kennen noch kein tyrannisches Verhalten, sie haben noch keinen eigenen Willen, sie haben keine Ahnung, daß sie Erwachsene steuern können. Wenn Sie den Grund für sein Weinen nicht herausfinden, können Sie dem Kind allein dadurch, daß Sie es festhalten, es tragen und wiegen, vermitteln: Du bist nicht allein, auch wenn Dir gerade etwas nicht paßt und ich Dich nicht verstehe, ich halte dich und schütze Dich und tröste Dich.

Selten verursacht die Ernährung der Mutter über die Muttermilch Blähungen beim Baby. Hin und wieder können auch Flaschenkinder Durchfall bekommen, wenn sie die Milch nicht vertragen. Solches Bauchweh behandeln Sie mit kreisenden Darm-Massagen im Uhrzeigersinn, mit warmen Umschlägen mit Kümmelöl (ein Wolläppchen damit tränken, auf den Bauch legen und mit einer Baumwollwindel abdecken). Sie können auch die Afterzone mit dem Finger massieren, oft erfolgt bald darauf ein erlösender Stuhlgang. Oder Sie baden das Kind zur Entspannung in warmem Wasser (ohne Badezusatz!).

In der Homöopathie und Pflanzenheilkunde gibt es eine Reihe von schmerz- und krampflindernden Mitteln, die auch Säuglinge nehmen können. *Vorsicht:* Keine in Alkohol gelösten Wirkstoffe!

Ein hübscher Nabel schmückt den Bauch

Der Stumpf der durchtrennten Nabelschnur ist eine schmerzlose Wunde, die rasch verheilt. Der Bauch ist an dieser Stelle nicht offen oder verletzlich. Wenn Sie den Nabel pflegen, fügen Sie dem Kind keine Schmerzen zu. Säubern Sie den Nabelstumpf täglich mit 70%igem Alkohol oder mit einer hochprozentigen Calendula-Lösung. Sie können ihn auch bei jedem Wickeln mit etwas Muttermilch betupfen, das desinfiziert und fördert die Abheilung.
Verwenden Sie keinesfalls antibiotische Salben oder Puder! Diese starken Medikamente brauchen Sie nur bei (selten vorkommenden) Nabel-Infektionen.

»Guthrie-Test«

Zwischen dem dritten und zehnten Lebenstag – häufig anläßlich der U2 – entnimmt der Kinderarzt (oder im Rahmen der Wochenbettpflege die Hebamme) einige Tropfen Blut aus der Ferse des Babys, um den »Guthrie-Test« vornehmen zu können. Er tupft sechs Tropfen Blut auf ein präpariertes Stück Filterpapier und schickt den Streifen an ein Labor. Daran wird deutlich, ob das Kind an Stoffwechselkrankheiten leidet, die unbehandelt rasch zu schweren, bleibenden Schäden führen können. Dazu gehören die angeborene Schilddrüsenunterfunktion (»Hypothyreose«), die angeborene Milchzuckerunverträglichkeit (»Galaktosämie«) und eine Störung im Eiweißstoffwechsel, die »Phenylketonurie« (abgekürzt PKU). Der Test ist nach dem amerikanischen Kinderarzt Robert Guthrie benannt, der diese Analysemethode entwickelt hat.
Kinderarzt und Hebamme entnehmen das Blut meist aus der Ferse, weil das Baby dort etwas weniger schmerzempfindlich ist. Natürlich schreien die Kinder trotzdem, wenn sie mit dem Stilett gepiekst werden, und die meisten Mütter stehen Qualen aus, bis alles vorüber ist. Halten Sie Ihr Kind am besten fest im Arm, wenn die Blutstropfen entnommen werden, sprechen Sie beruhigend auf es ein, und legen Sie es gleich an, wenn die Prozedur beendet ist. Dann ist der Schmerz schnell vergessen.

Fieber

Kleine Kinder, gerade Säuglinge, bekommen selbst bei kleinen Infekten oft hohes Fieber, und zwar häufig schlagartig. Sie werden matt, haben geschwollene Augenlider, sind quengelig und sehr anlehnungsbedürftig. Die Bäckchen röten sich, die Augen glänzen unnatürlich.

Gleich zum Arzt, wenn das Kind Fieber hat?

Sie sollten immer herauszufinden versuchen, was der Grund für das Fieber ist. Manchmal ist es nur ein Schnupfen, eine leichte Erkältung. Das erkennen Sie schnell. Wenn Sie nicht wissen, warum das Kind fiebert, gehen Sie mit ihm am besten gleich zum Arzt.

Es gibt Virus-Infektionen, die hohes Fieber verursachen, aber relativ harmlos sind. Dazu gehört auch das »Drei-Tage-Fieber«, bei dem nach drei bis vier Tagen stark erhöhter Temperatur das Fieber plötzlich abfällt. Danach kann ein roter Hautausschlag auftreten, und kurz darauf ist der ganze Spuk vorbei.

Geben Sie einem fiebernden Baby nicht gleich fiebersenkende Mittel. Meistens braucht der kleine Organismus die hohe Körpertemperatur, um das Abwehrsystem anzuheizen. Es wird dann besser mit Krankheitskeimen fertig. Erst wenn die Temperatur über 39 Grad Celsius erreicht, müssen Sie zum Arzt. Vorher genügt es, das Fieber regelmäßig im After zu messen und mit dem Arzt telefonisch Rücksprache zu halten.

Legen Sie zum Fiebermessen das Baby mit dem Rücken auf den Wickeltisch, und lassen Sie Hemdchen und Jäckchen an. Stecken Sie ihm das Thermometer – möglichst eines ohne Quecksilber – mit etwas Creme in den After. Halten Sie die Beinchen etwas nach oben, und beruhigen Sie das Kind, indem Sie leise mit ihm sprechen oder ihm ein Liedchen singen. Sie können das Kind auch auf die Seite legen. Achten Sie darauf, daß das Thermometer nicht nur in der Pofalte klemmt, sondern wirklich im After steckt. Die Digital-Thermometer zeigen die Temperatur direkt mitlesbar an, so daß Sie erkennen können, wann sie aufhört zu steigen. Spätestens nach einer bis zwei Minuten können Sie das Thermometer wieder herausziehen.

Ein hoch fieberndes Kind muß viel trinken, weil es viel Flüssigkeit herausschwitzt. Solange Sie noch stillen, wird es meist trotz des Fiebers gerne trinken. Schwieriger wird es später, dann lassen sich manche Babys nur mit Mühe Saft, Tee oder Milch einflößen. Versuchen Sie es trotzdem immer wieder.

Bei Fieber strikte Bettruhe?

Halten Sie das Kind nicht unbedingt im Bett. Es kann ruhig herumlaufen oder -krabbeln. Achten Sie jedoch darauf, daß es keine Zugluft abbekommt, und gehen Sie mit ihm auch nicht nach draußen. Bei Fieber sind Spaziergänge nicht anzuraten. Lüften Sie lieber das

Zimmer alle paar Stunden, während das Kind sich in einem anderen Raum aufhält. Ziehen Sie das Kind nicht zu warm an, und halten Sie die Zimmertemperatur etwas niedriger als sonst.
Fiebersenkend wirken Zäpfchen mit dem Wirkstoff Paracetamol, der auch Säuglingen gegeben werden kann, sowie Wadenwickel. Die Wickel dürfen Sie aber nur machen, wenn Unterschenkel und Füße des Kindes warm sind. Oft friert es zu Beginn der Krankheit, wenn das Fieber noch steigt. Tauchen Sie ein Baumwoll- oder Leinentuch in kaltes Wasser und wickeln Sie es um den Unterschenkel oder das Bein des Kindes. Darüber kommt ein trockenes, weiches Baumwolltuch. Wechseln Sie die Tücher, sobald sie warm geworden sind. Wadenwickel belasten den Kreislauf. Sie sollten sie deshalb nur nach Rücksprache mit dem Arzt anwenden.

Erkältung

Schniefnasen abwischen gehört zu den alltäglichen mütterlichen Aufgaben. Kinder, die in der Stadt wohnen, werden Schnupfen und Husten oft wesentlich schwerer wieder los als Landkinder. Das liegt an der schlechten, abgasbelasteten Luft. Vor allem im Winter haben viele Kinder, auch schon Babys, ständig eine Bronchitis, die trotz aller Bemühungen nicht weichen will. Dann hilft nur eins: ab aufs Land, in eine Gegend mit sauberer, klarer, reiner Luft.
Sie können Ihrem Kind bei verstopfter Nase das Atmen erleichtern, indem Sie eine Schale mit Wasser ins Schlafzimmer stellen, damit die Luft nicht so trocken ist. Sie können auch eine Aroma-Duftlampe aufstellen und darin ätherische Öle verdampfen lassen. Nasensalben können Babys noch nicht in die Nase hochziehen. Verstreichen Sie sie deshalb direkt unter den Nasenlöchern, auch das trägt dazu bei, daß die Schleimhäute schneller abschwellen.

Vorsorge-Untersuchungen

Bei der Geburt erhalten Sie von der Hebamme ein gelbes Heft für die neun Vorsorge-Untersuchungen, ebenso die dazugehörigen Berechtigungsscheine der gesetzlichen Krankenversicherungen, die Sie beim Arzt für die Abrechnung mit der Kasse abgeben. Die Termine für die neun Untersuchungen ziehen sich durch die ganze Kindheit:

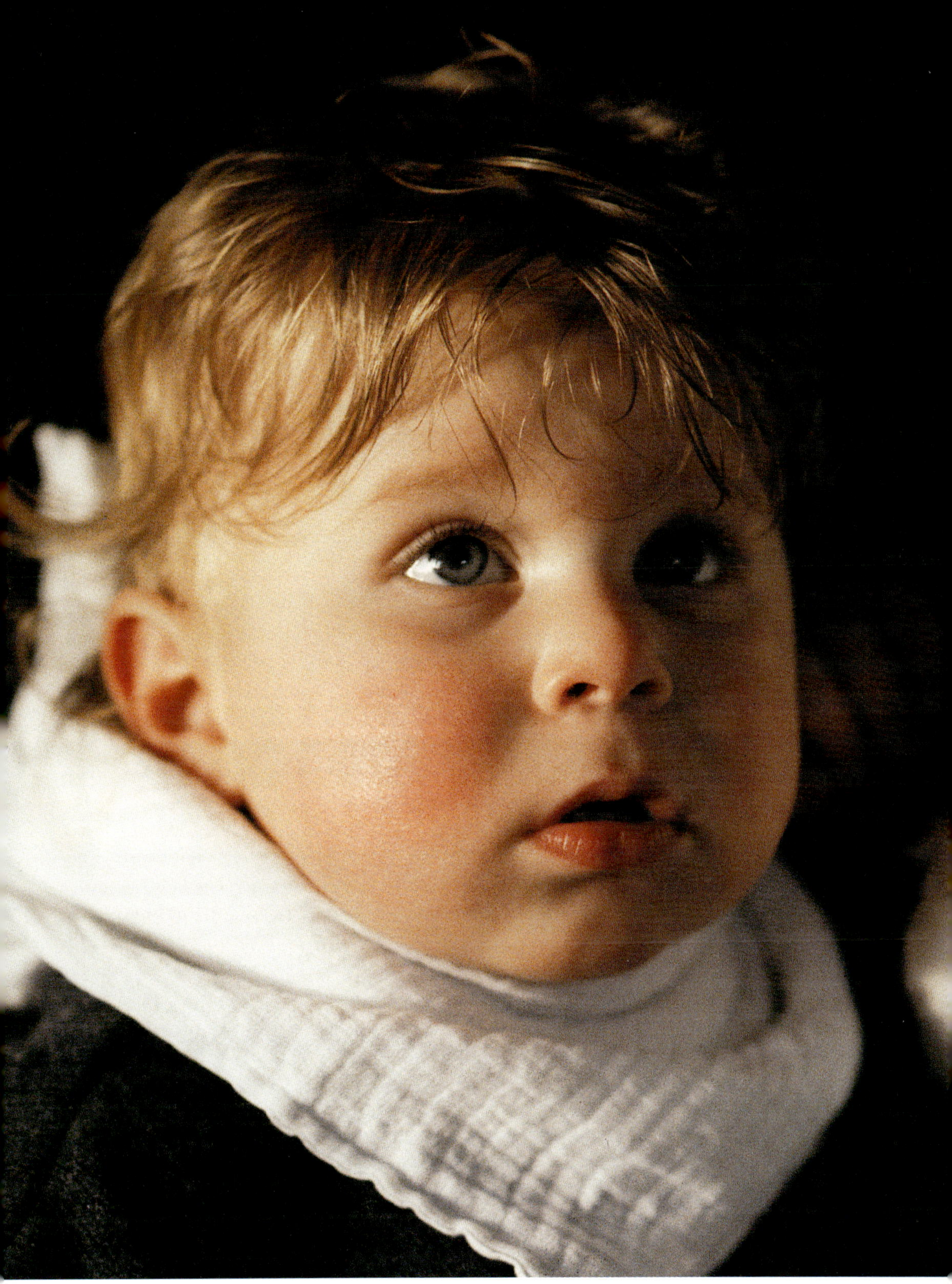

U 1:	unmittelbar nach der Geburt
U 2:	3 – 10 Tage nach der Geburt
U 3:	4 – 6 Wochen danach
U 4:	mit 3 – 4 Monaten
U 5:	mit 5 – 6 Monaten
U 6:	mit 10 – 12 Monaten
U 7:	mit 20 – 24 Monaten
U 8:	mit 3 – 4 1/2 Jahren
U 9:	mit 5 – 5 1/2 Jahren.

Welchen Zweck hat das Vorsorgeheft?

Dieses Vorsorgeheft ist kein amtliches Dokument und verpflichtet Sie zu gar nichts, es wird auch nicht zu Kontrollen der Eltern herangezogen, wie dies in anderen Ländern teilweise üblich ist. Auf den Umschlagseiten und am Ende des Heftes finden Sie Code-Nummern, mit denen der Arzt Untersuchungsergebnisse auf dem Statistikbogen vermerkt. Weiterhin finden Sie Gewichts-, Längen- und Kopfumfangskurven, an denen Sie die körperliche Entwicklung Ihres Sprößlings verfolgen können.

Bei jeder Vorsorgeuntersuchung bespricht der Kinderarzt mit Ihnen, ob das Kind gut gedeiht. Er wiegt es und mißt seine Größe, er erkundigt sich, ob es gut ißt, ob es sich altersgerecht bewegt und – später – die ersten Laute von sich gibt, er hört Herz und Lunge ab, er prüft das Gehör, indem er mit Papier raschelt oder eine Spieluhr anstellt, er sieht sich den äußeren Gehörgang an und schaut, ob die Mandeln im Rachen frei sind.

Mit einigen Handgriffen prüft der Arzt die Reflexe und die neurologische Entwicklung des Kindes. Er hält es dabei an den Beinen und läßt den Kopf nach unten baumeln, er hält es am rechten Arm und Bein, danach auch am linken, und erkennt aus den Haltungen, die das Kind dabei einnimmt, ob es sich richtig entwickelt.

Es ist sinnvoll, daß Sie die Vorsorgeuntersuchungen termingerecht wahrnehmen. Sie helfen Ihnen und dem Arzt, Entwicklungsstörungen rechtzeitig zu erkennen und früh zu behandeln. Die Chancen, einen Rückstand wieder einzuholen oder Schwächen auszugleichen, sind bei kleinen Kindern ungleich größer als später, wenn die Weichen oft bereits unverrückbar gestellt sind.

Vitamin K

Dieses Vitamin spielt eine große Rolle bei der Blutgerinnung. Der Körper bildet es selbst im Dickdarm oder bezieht es aus der Nahrung, vor allem über grünes Blattgemüse.
Wenn Neugeborene zu wenig Vitamin K haben, kann es zu inneren Blutungen, vor allem im Gehirn, kommen. Deshalb gaben bis vor kurzem viele Kliniken vorbeugend jedem Säugling nach der Geburt eine Spritze mit Vitamin K-Lösung.
Seit Ende 1992 ist diese Praxis allerdings in Verruf geraten. Englische Wissenschaftler hatten den Verdacht geäußert, daß die Prophylaxe mit Vitamin K-Spritzen bei Kindern Krebs fördern könnte. Bei Kindern, die Vitamin K-Tropfen erhielten, war das nicht der Fall.
Das Bundesgesundheitsamt hat diese Ergebnisse zum Anlaß genommen, den Entbindungsstationen der deutschen Krankenhäuser zu empfehlen, bei Neugeborenen Vitamin K ausschließlich als Tropfen einzusetzen, es sei denn, die Aufnahme des Medikaments über den Magen ist aufgrund anderer Krankheiten unmöglich.

Vitamin D

Dieses Vitamin fördert die Knochenbildung und ist deshalb für Säuglinge und Kleinkinder besonders wichtig. Der Körper nimmt es mit der Nahrung auf oder bildet es selbst, braucht dafür aber unbedingt Sonnenlicht, vor allem UV-Strahlen.

Rachitis durch Vitamin-D-Mangel?

Ein Mangel an Vitamin D führt zu einer Krankheit, die noch Anfang dieses Jahrhunderts gefürchtet war: Rachitis. Wenn der Körper zuwenig Vitamin D bekommt, kann er Kalzium nicht verwerten. Die Folge ist, daß die Knochen erweichen und unstabil werden, außerdem führt ein Kalzium-Mangel zu Krämpfen.
Die Rachitis ist eine echte Zivilisationskrankheit, weil sie nur bei Mangel an Sonnenschein und überwiegend in Industrieballungsgebieten auftritt, wo Abgase und Rauchwolken aus Fabrikschloten den blauen Himmel verdunkeln. Sie kann auch heute noch vorkommen, wenngleich selten so schlimm wie früher.
Kinder mit einer beginnenden Rachitis sind Tag und Nacht aus unerklärlichen Gründen sehr unruhig und schwitzen, vor allem an Händen und Fußsohlen und am Hinterkopf, obwohl sie nicht zu warm angezogen sind.
Um der Rachitis vorzubeugen, bekommt heute jede Mutter nach einer Klinikentbindung eine Packung »D-Fluoretten« in die Hand

gedrückt. Das sind kleine Tabletten, die dem Säugling täglich einmal in den Mund gelegt werden sollen. Sie enthalten sowohl Vitamin D als auch Fluoride zur Kariesprophylaxe (siehe dazu den entsprechenden Abschnitt). Diese Tabletten erhält das Kind dann täglich bis zum dritten Geburtstag.

Jeden Tag Tabletten schlucken?

Aber nicht jedes Kind braucht eine solche, relativ hohe Standarddosis an Vitamin D. Voll gestillte Babys bekommen mit der Muttermilch genügend Vitamin D. Viele wohnen in wenig abgasbelasteten Gegenden und werden auch nach der Stillzeit gesund ernährt. Das genügt, um den kindlichen Organismus ausreichend mit Vitamin D zu versorgen. Kinder in mitteleuropäischen Ländern bleiben nur an sehr kalten Tagen im Winter im Haus. Im Sommer, Frühling und Herbst spielen sie täglich draußen oder werden im Kinderwagen spazierengefahren. Daß Kinder im dunklen, naßkalten Verlies unterernährt ein trauriges Dasein fristen, gehört zum Glück der Vergangenheit an.

Ständig in hoher Dosis zugeführtes Vitamin D hat durchaus auch Nachteile. Es führt dazu, daß die Knochen vorzeitig erhärten. Körperliche Entwicklung und Knochenverfestigung stehen dann nicht mehr im Einklang miteinander. Außerdem kann es dazu führen, daß Kalzium schlechter verwertet wird, was Nierensteine begünstigen kann.

Die routinemäßige tägliche Gabe von Vitamin D-Tabletten ist unter Kinderärzten und Allgemeinmedizinern heute umstritten. Viele sehen in der medikamentösen Vitamin D-Prophylaxe nur Vorteile und keinerlei Nachteile. Kinder, die im Frühling oder Sommer geboren werden, brauchen in den ersten Lebensmonaten sicher kein künstliches Vitamin D. »Winter-Kinder« hingegen, deren Geburtstag im Oktober, November, Dezember, Januar oder Februar liegt, sollten vom Kinderarzt alle vier bis sechs Wochen untersucht werden, wenn sie keine Vitamin D-Tabletten bekommen. Der Arzt kann mit einigen Tastgriffen an Rippen und Hinterkopf schnell erkennen, ob eine Rachitis droht. Dann ist es immer noch früh genug, mit Tropfen oder Tabletten den Mangel auszugleichen.

Auch kann der Knochenaufbau bei Babys im ersten Winter mit homöopathischen Mitteln auf sanfte Weise unterstützt werden.

Fluor

Fluor ist angeblich das »Zaubermittel« für die Verhinderung von Karies. Jede Zahnpasta enthält heute Fluoride, ebenso Zahnlack oder Mundwasser. Speisesalz gibt es nicht mehr nur mit Jod, sondern inzwischen auch mit Fluor angereichert zu kaufen. Vielerorts ist das Grundwasser und damit das Trinkwasser reich an Fluoriden. In diesen Gegenden ist Karies besonders selten. Fluor ist also gut für die Zähne, es härtet den Zahnschmelz und macht ihn widerstandsfähiger gegen Zahnbelag und die darin enthaltene Säure. Sie bildet sich, wenn Speisereste – insbesondere zuckerhaltige – von Bakterien zersetzt werden und greift die Zahnoberfläche an. Daraus entsteht dann mit der Zeit ein Loch.

Ersetzt Fluor das Zähneputzen?

Aber: Karies ist keine Fluor-Mangelkrankheit. Sie entsteht nicht, weil die Kinder zu wenig Fluor bekommen, sondern weil sie sich zu selten die Zähne putzen. Und wenn sie es tun, bürsten sie sie meistens nicht gründlich genug. Sicher profitieren einige Kinder, denen die Natur keinen sehr festen Zahnschmelz in die Wiege gelegt hat, von zusätzlichen Fluor-Gaben. Es hilft jedoch nichts, dem Kind Fluor-Präparate zu geben und zu meinen, damit sei es vor Karies geschützt. Solange es sich nicht gründlich die Zähne putzt und wenn es täglich eine Tüte Bonbons und eine Tafel Schokolade – oder womöglich noch mehr! – ißt, nutzt alles Fluor nichts.

Schlechte Zähne sind überdies oft ein Hinweis auf schlechte oder mangelhafte Ernährung. Vollwertige Kost, die wenig Weißmehlprodukte und raffinierten Zucker, jedoch viel Vollkornprodukte, frisches Obst und Gemüse aufweist, sorgt durch die in ihr enthaltenen vielen Mineralien und Spurenelemente von ganz allein für stabile Zähne. Und wenn außerdem täglich nach dem Frühstück und vor dem Schlafengehen – möglichst auch noch nach dem Mittagessen – die Zähne mehrere Minuten lang vom Zahnfleisch weg zu den Zähnen hin (von »rot« nach »weiß«) gründlich geputzt werden, hat Karies kaum eine Chance.

Es bleibt also weitgehend Ihrem eigenen Ermessen überlassen, ob Sie Ihrem Kind zusätzlich fluoridhaltige Mittel geben wollen oder nicht. Sie müssen es nicht tun, aber wenn Sie es tun, schadet es wahrscheinlich nicht. Erkundigen Sie sich auf jeden Fall vorher nach dem Fluorgehalt Ihres Trinkwassers.

Zahnungsbeschwerden

Merkt man, wenn ein Kind die ersten Zähne bekommt?

Wann Kinder die ersten Zähne kriegen, ist höchst unterschiedlich. Bei den einen brechen sie mit vier Monaten durch, andere warten bis zum 18. Lebensmonat darauf oder noch länger. Fast immer merken Sie es Ihrem Kind an, daß es Zähnchen bekommt. Es ermüdet rasch, ist quengelig, wehleidig, sabbert viel und steckt sich ständig einzelne Finger oder die ganze Hand in den Mund. Es nagt an Spielzeug, Bettkante oder anderen Gegenständen. Viele Kinder, die bereits gut durchschlafen, wachen nachts öfter wieder auf und weinen, wenn die Zähnchen kommen. Sie haben wahrscheinlich Schmerzen, oder es drückt und zieht im Kiefer. Wenn Sie Ihr Baby sanft wiegen und trösten, schläft es meistens rasch wieder ein. Machen Sie sich keine Sorgen – die Nächte werden wieder ruhiger, sobald der Zahn durchgebrochen ist.

Sie können Ihrem Kind das Zahnen erleichtern, indem Sie ihm eine Veilchenwurzel zum Draufherumbeißen geben. Das ist ein uraltes Hausmittel, das leider ziemlich in Vergessenheit geraten ist. Nur noch wenige Apotheken haben es vorrätig, können es aber bestellen. Statt dessen gibt es heute – hygienisch angeblich einwandfreie, weil abwaschbare – Plastikringe. Die können Sie in den Kühlschrank legen und nach einigen Stunden Ihrem Kind in die Hand drücken. Auf etwas Kühles beißen, mildert bei den Kleinen den Druck im Kiefer.

Wenn die Zahnungsbeschwerden sehr schlimm werden, können Sie dem Kind zur Nacht ein schmerzlinderndes homöopathisches Zäpfchen geben (»Viburcol«-Zäpfchen).

Das Impfen

Während der Schwangerschaft treten laufend Bestandteile aus dem mütterlichen Blut in das des Kindes über. Dazu gehören auch zahlreiche Antikörper, die die Mutter während und nach einer Infektion bildet. Ein Neugeborenes hat noch eine Zeitlang diese von der Mutter geliehene Immunität. Man nennt dies den »Nestschutz« des Kindes.

Wie lange dauert der »Nestschutz«?

Von dem Moment an, in dem die Nabelschnur durchtrennt wird, braucht der kindliche Organismus die mütterlichen Antikörper langsam auf. Der Nestschutz nimmt also ab, bis er im Alter von etwa sechs Monaten weitgehend aufgebraucht ist. Deshalb beginnen viele Ärzte schon im dritten oder vierten Lebensmonat mit den ersten

Impfungen. Wenn der Nestschutz entfällt, hat das Kind dann seine eigene Immunität bereits entwickelt. Durch den Schutz der mütterlichen Antikörper vertragen auch viele Babys die Impfung besser als später.
Dennoch empfehlen Kinderärzte oft, die Kleinen erst nach Ablauf des ersten Lebensjahres impfen zu lassen. Sie sind zu dieser Zeit körperlich stabiler. Möglicherweise auftretende Nebenwirkungen lassen sich dann klarer erkennen und sind auch leichter in den Griff zu bekommen.
Vorher stehen Sie allerdings vor der Frage: Will ich mein Kind überhaupt impfen lassen und wenn ja, wogegen? Das Impfen hat in der Vergangenheit dazu beigetragen, gefährliche Krankheiten wie beispielsweise die Pocken auszurotten. Pocken-Impfungen sind deshalb heutzutage in unseren Breiten überflüssig geworden. Das gilt aber nicht für andere Krankheiten, die durch Impfungen zwar weitgehend reduziert, aber nicht ganz verdrängt werden konnten, beispielsweise die Kinderlähmung. Sobald weniger Kinder dagegen geimpft werden, kann sich die Krankheit erneut ausbreiten. Deshalb ist es so wichtig, daß gegen einige besonders gefährliche Infektionen auch heute noch jedes Kleinkind geimpft ist. Dazu gehören Kinderlähmung, Wundstarrkrampf und Diphtherie.

Bei welchen Krankheiten ist eine Impfung umstritten?

Bei anderen Krankheiten ist das Impfen höchst umstritten, vor allem bei Keuchhusten, Masern und Mumps. Die unerwünschten Wirkungen, die bei diesen Impfungen auftreten können, halten viele Ärzte für gefährlicher als die Krankheit selbst. Sie warnen auch davor, dem Impfschutz blind zu vertrauen. Eine Impfung schützt immer nur begrenzte Zeit. Wer die Krankheit jedoch bereits als Kind durchgemacht hat, ist aufgrund der dabei gebildeten Antikörper sicher lebenslang vor einer weiteren Ansteckung geschützt. Je mehr Kinder geimpft werden, desto größer ist deshalb das Risiko, daß sie erst als Erwachsene erkranken, weil sie sich an Kindern anstecken, die nicht geimpft sind. Und da es keine hundertprozentige Durchimpfung der Bevölkerung geben kann, besteht dieses Risiko immer. Bei Erwachsenen verläuft jede Kinderkrankheit jedoch wesentlich schwerer als bei Kindern. Diese Bedenken gelten vor allem für Krankheiten wie Masern, Mumps und Keuchhusten.
Außerdem geben die Impfgegner zu bedenken, daß jede Kinderkrankheit das Abwehrsystem stärkt, daß die Kinder also gesünder aufwachsen, wenn sie eine Krankheit auch mal durchmachen dürfen. Tatsächlich beobachten viele Eltern, daß ihr Kind nach überstandener Krankheit einen regelrechten Entwicklungssprung gemacht hat.
Impf-Befürworter finden diese Argumente zynisch und halten entgegen, daß Masern schwere Hirnhautentzündungen nach sich ziehen

können, Keuchhusten heftigste Atemnot verursacht und Mumps kleine Buben für immer zeugungsunfähig machen kann. Sie halten es für wichtiger, die Kinder davor zu schützen und dafür lieber die wirklich sehr seltenen Impf-Zwischenfälle in Kauf zu nehmen.
Welche der ärztlichen Meinungen Sie zu Ihrer eigenen machen, bleibt Ihnen überlassen. Sie sollten mit dem Kinderarzt Ihres Vertrauens gemeinsam beraten, welche Impfung Ihr Kind braucht. Wir können Ihnen dafür keinen generell richtigen Rat geben. Letztendlich können Sie das nur im Einzelfall entscheiden und nicht pauschal. Wir erörtern jedoch nachfolgend die einzelnen Impfungen und ihre häufigsten Folgen.

Tuberkulose

Ist Tuberkulose heute ausgestorben?

Heute wird kaum noch ein Neugeborenes gegen Tuberkulose geimpft, weil die Krankheit so gut wie ausgestorben ist. Hin und wieder flackert sie noch auf, vor allem dort, wo die sanitären und hygienischen Verhältnisse zu wünschen übrig lassen. Früher war die Impfung generell üblich, weil damit die bei Tuberkulose besonders gefürchtete Hirnhautentzündung vermieden wurde. Die Impfung ist heute nur noch bei Babys empfehlenswert, in deren Familie jemand an Tuberkulose erkrankt ist.
Der Impfschutz hält etwa fünf bis sechs Jahre vor, kann aber nicht vollständig verhindern, daß Kleinkinder an Tuberkulose erkranken. Der Nachteil der Impfung besteht darin, daß bei geimpften Kindern der Test auf eine TBC-Erkrankung nicht mehr möglich ist. Besteht der Verdacht auf eine Infektion, können die Ärzte also nicht mehr nachweisen, ob er begründet ist.

Wundstarrkrampf (Tetanus)

Die Erreger des Wundstarrkrampfes sind allgegenwärtig, vor allem in Erde und Straßenschmutz, aber auch im Haushalt und auf Fußböden – überall dort, wo kleine Kinder gerne herumkrabbeln oder – später – laufen, stolpern, hinfallen und sich die Haut abschürfen. Jede kleine Hautverletzung und durch Verbrennungen oder Verbrühungen geschädigte Haut dient den Bakterien als Eintrittspforte. Die Krankheit verläuft oft sehr dramatisch, häufig sogar tödlich.
Deshalb ist eine Impfung schon bei Babys empfehlenswert; und selbst ansonsten erbitterte Impfgegner machen bei Wundstarrkrampf eine Ausnahme.

Der Impfstoff besteht aus Bakterien-Bruchstücken. Er wird in die Muskulatur am Po gespritzt und ist häufig mit dem Wirkstoff gegen Diphtherie kombiniert. Die Injektion erfolgt insgesamt dreimal im Abstand von mehreren Wochen oder Monaten, dann hält der Impfschutz für zehn Jahre vor.
Einige Kinder reagieren darauf mit leichtem Fieber oder Hautrötungen an der Einstichstelle. Beides klingt nach einigen Tagen ab.

Diphtherie

Gibt es Diphterie heute seltener?

Diphtherie kann Kinder ebenso wie Erwachsene befallen. Sie ist hierzulande sehr selten geworden. Bedrohlich ist weniger die Krankheit selbst als die Auswirkung des von den Diphtherie-Bakterien erzeugten Giftes auf die menschlichen Organe. Vor allem Herz und Nieren können davon schwer geschädigt werden.
Die Diphtherie-Impfung erfolgt häufig gleichzeitig mit der gegen Tetanus. Sie verursacht manchmal leichtes Fieber, auch kann die Einstichstelle anschwellen und schmerzen. Das vergeht innerhalb weniger Tage.

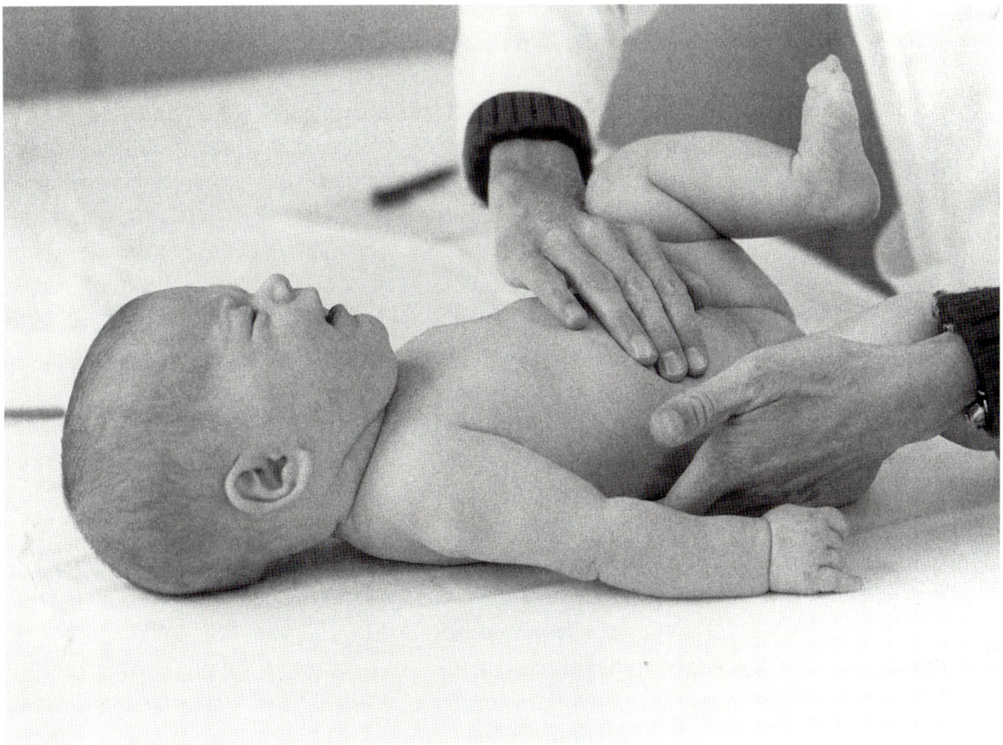

Die Diphtherie-Impfung sollte im Alter von sechs und zwölf Jahren mit einer abgeschwächten Dosis wiederholt werden, um den Impfschutz aufzufrischen.

Keuchhusten

Gefahr schon für Säuglinge?

Da der Nestschutz der Mutter nicht vor Keuchhusten (medizinisch »Pertussis«) bewahrt, können auch bereits Säuglinge daran erkranken. Das ist ziemlich bedrohlich, weil dabei das Gehirn bleibend geschädigt werden kann. Sie müssen deshalb darauf achten, daß Sie Ihr Baby möglichst nicht mit einem keuchhustenkranken anderen Kleinkind zusammenbringen. Der Abstand zwischen beiden sollte immer mindestens drei Meter betragen. Sobald Sie merken oder den Verdacht haben, daß ein Geschwisterkind an Keuchhusten erkrankt ist, müssen Sie schnell zum Kinderarzt, um eventuell Säugling und Kleinkind mit Antibiotika zu schützen.

Eine Impfung nutzt Säuglingen wenig, weil sie dreimal wiederholt werden muß, bis der Schutz einsetzt, und dann ist das Kind sowieso mindestens sechs bis sieben Monate alt und damit weitgehend aus der Gefahrenzone. Sie können ein Neugeborenes auch nicht vor der Ansteckung schützen, indem Sie die Geschwisterkinder impfen lassen. Auch ein geimpftes Kind kann die Krankheitserreger einschleppen.

Selbst unter Impfbefürwortern war die Keuchhusten-Impfung in den letzten Jahren umstritten. Seit 1992 hat sie die Ständige Impfkommission der Bundesrepublik in ihren Empfehlungs-Katalog aufgenommen, weil der Impfstoff angeblich so verbessert wurde, daß dadurch verursachte Schäden seltener geworden sind. Viele Kinderärzte bezweifeln das und raten nach wie vor von der Impfung ab. Keuchhusten ist zwar eine für Eltern und Kinder gleichermaßen sehr anstrengende und langdauernde Krankheit, aber längst nicht mehr so gefährlich oder gar lebensbedrohlich wie früher.

Die Impfung selbst kann Keuchhusten-Reaktionen verursachen, außerdem Komplikationen, die nur schwer zu erkennen sind. Der Impfschutz hält nur wenige Jahre vor.

Kinderlähmung (Poliomyelitis)

Mit dem Slogan »Kinderlähmung ist grausam – Schluckimpfung ist süß« warben vor Jahren die Gesundheitsämter für die Durchimpfung der gesamten Bevölkerung gegen Poliomyelitis (abgekürzt »Polio«). Das Motto gilt heute noch. Sobald Eltern vergessen, ihre Kinder

gegen Polio impfen zu lassen, kann sich die Krankheit erneut ausbreiten. Die Erreger sind immer noch allgegenwärtig.
Die heute übliche Schluckimpfung – die Kinder bekommen ein Löffelchen süßen Sirup, der lebende, aber abgeschwächte Polio-Viren enthält – ist einfach, wirksam und sehr sicher. Unter sieben Millionen Impflingen entwickelt höchstens ein einziger eine Polio-Erkrankung mit Lähmungserscheinungen. Die Impfung muß dreimal erfolgen, wobei zwischen den Terminen mindestens vier Wochen liegen müssen.
Geimpfte Säuglinge scheiden mit Urin und Stuhl vermehrt Polio-Viren aus. Es ist deshalb ratsam, daß sich ungeimpfte Erwachsene gleich mitimpfen lassen, um sich nicht am Säugling anzustecken.

Haemophilus influenza Typ B (HIB)

HIB-Bakterien verursachen eine ziemlich gefährliche Mittelohr-, Hirnhaut- oder Kehlkopfentzündung. Bei rund 100 Kindern jährlich verläuft die Krankheit sehr schwer, viele behalten bleibende Schäden zurück. Kinder unter zwei Jahren sind am stärksten gefährdet, sich mit HIB zu infizieren. Eine Impfung ist deshalb nur sinnvoll, wenn sie bereits bei Säuglingen im Alter von wenigen Monaten erfolgt.
Einen Impfstoff gegen HIB gibt es erst seit wenigen Jahren. Er wird in den Pomuskel gespritzt. Die Kinder vertragen ihn meistens gut, manche bekommen leichtes Fieber, das rasch wieder abklingt.

Masern

Masern sind eine der bekanntesten und typischsten Kinderkrankheiten. Jeder kennt das Bild eines masernkranken Kleinkindes: Der ganze Körper ist übersät mit winzigen roten Punkten, die Augen sind verquollen, das Kind fiebert hoch, ist matt und lichtempfindlich. Masern ziehen häufig andere Krankheiten wie Mittelohr- oder Lungenentzündung nach sich. Selten kommt es zu einer Hirnhautentzündung. Diese Folgekrankheiten sind der Grund für die von vielen Kinderärzten empfohlene Impfung gegen Masern.
Die Impfung erfolgt mit abgeschwächten Krankheitserregern und wird von den meisten Kindern gut vertragen. Manche bekommen leichtes Fieber.

Als Kind geimpfte Frauen können ihren Kindern wahrscheinlich keinen oder nur dürftigen Nestschutz gegen Masern weitergeben. Dann besteht die Gefahr, daß bereits Säuglinge an Masern erkranken. Geimpft werden können sie erst im zweiten Lebensjahr.
Wie lange der Impfschutz vorhält, ist unklar. Es ist jedoch davon auszugehen, daß er nicht lebenslang schützt, so daß Erwachsene wieder an Masern erkranken können. Das ist ungleich gefährlicher als im Kindesalter und einer der Gründe, warum Impfgegner die Masern-Impfung ablehnen. Sie führen darüber hinaus an, daß Masern einschließlich der Folgekrankheiten das Kind nur sehr selten gefährden. Sie setzen jedoch voraus, daß sich jemand während der Krankheit und auch noch eine Zeitlang danach eingehend um das Kind kümmert und es intensiv pflegt. Vielen berufstätigen oder alleinerziehenden Müttern und Vätern fällt das schwer. Insofern ist die Entscheidung für oder gegen die Masern-Impfung nur im konkreten Einzelfall zu treffen.

Mumps

»Ziegenpeter« ist eine harmlose Entzündung der Ohrspeicheldrüsen, die nur selten gefährlich wird. Selbst wenn gleichzeitig eine Hirnhautentzündung auftritt, heilt diese fast immer komplikationslos aus. Problematisch wird Mumps nur für Jungen in der Pubertät oder für erwachsene Männer, weil dann bei jedem fünften eine Hodenentzündung vorkommt, die zeugungsunfähig machen kann.
Die Impfung erfolgt meistens gemeinsam mit der gegen Masern und Röteln. Sie ist relativ gut verträglich, kann aber bei entsprechend veranlagten Menschen Zuckerkrankheit auslösen, wenn sich die Bauchspeicheldrüse entzündet. Das kommt jedoch nur sehr selten vor.

Röteln

Ebenso harmlos wie Mumps sind die Röteln. Sie werden nur dann problematisch, wenn eine schwangere Frau erkrankt. Dann kommt es häufig zu irreparablen Schäden (Taubheit, Blindheit, Herzfehler, geistige Behinderungen, Leberentzündungen und Knochenveränderungen) am ungeborenen Kind. Der beste Schutz gegen so späte Infektionen ist, die Röteln bereits als Kind durchzumachen. Die dabei gebildeten Antikörper schützen ein Leben lang vor der Infektion.

Bereits zweijährige Kinder gegen Röteln zu impfen, halten viele Kinderärzte für überflüssig. Der Impfschutz für Röteln läßt dann bereits in der Jugend, sicher jedoch im Erwachsenenalter nach. Junge Mädchen zwischen acht und zwölf Jahren brauchen deshalb eine Auffrischimpfung, um weiterhin geschützt zu sein. Die Ärzte geben zu bedenken, daß diese Zweitimpfung zu einem Zeitpunkt erfolgt, wenn bei den meisten Mädchen noch genügend Antikörper gegen Röteln im Blut sind, sie verpufft dann sinnlos. Den meisten Mädchen wird durch das frühe Impfen die Chance genommen, an Röteln zu erkranken und damit einen lebenslangen Infektionsschutz zu erwerben.

Sinnvoller ist es, junge Mädchen zwischen 14 und 18 Jahren vom Kinder- oder Hausarzt darauf testen zu lassen, ob sie die Röteln schon einmal hatten. Wenn keine Antikörper im Blut nachgewiesen werden konnten, sollte geimpft werden. Dieser Schutz hält dann für die nächsten 20 bis 30 Jahre vor.

Jungen brauchen keine Röteln-Impfung, weil bei ihnen die Krankheit folgenlos bleibt.

Renate Rustemeyer

Brotrinde und Apfelschnitz

Die erste feste Nahrung

Gegen Ende des ersten Lebenshalbjahres, bei nicht gestillten Kindern schon ein bis zwei Monate früher, kann ein Baby Beikost bekommen. Sie ersetzt schrittweise eine Milchmahlzeit nach der anderen und leitet zur Kleinkinderkost über. Die Beikost versorgt das Kind mit zusätzlichen Nährstoffen, ermöglicht ihm neue Geschmackserlebnisse und berücksichtigt den Willen des Kindes, sich auch im Essen immer mehr den anderen Familienmitgliedern anzupassen.

Der richtige Zeitpunkt für die Beikost

Etwa mit vier Monaten beginnen Babys mit zielgerichteten Greifbewegungen. Bald können sie das gewünschte Ziel sicher ansteuern und dann kräftig zupacken. In den nächsten zwei Monaten, wenn das Kind beginnt, sich aufzusetzen, vertieft sich sein Interesse an seiner Umgebung. Es ist jetzt auch länger wach und nimmt stärker am Familienalltag teil. Dabei sieht und begreift es, daß es noch andere Formen des Essens gibt, als an der Mutterbrust oder aus dem Fläschchen zu trinken.
Irgendwann in diesem Zeitraum wird das Kind den Eltern ins Essen greifen, und es wird das eroberte Lebensmittel auch gleich probieren wollen. Diesen Zeitpunkt, mit fester Nahrung zu beginnen, bestimmt sich das Kind auf diese Weise selbst. Erst jetzt sollten die Eltern als Reaktion darauf dem Kind etwas anderes als seine Grundkost anbieten, z.B. ein Apfelviertel oder ein Stück Brotrinde. Nach einer Phase solcher »Kostproben« wird dann langsam die erste Milchmahlzeit durch eine Beikostmahlzeit ersetzt.
Gleichzeitig mit dieser so eindrucksvoll zu beobachtenden motorisch-sozialen Entwicklung wird das Kind körperlich reif für die

zusätzliche Kost. Der Saugreflex erlischt, es lernt, mit den Lippen Nahrung von einem Löffel abzunehmen. Der Magen-Darm-Trakt verträgt nun auch andere Nahrung als Milch. Der Darm reagiert darauf mit gesteigerter Verdauungstätigkeit. Weitere Darmbakterien siedeln sich an. Leber und Nieren sind jetzt so weit ausgereift, daß sie bei der Verwertung der Beikost nicht überfordert sind. Die Eisenvorräte, die das Kind noch im Mutterleib anlegen konnte, reichen bis etwa zum Ende des ersten Lebenshalbjahrs. Es ist daher unsinnig, ja gegen die Bedürfnisse des Kindes, vor dem fünften Lebensmonat Beikost zuzufüttern.

Die erste Breimahlzeit

Das Kind erhält zunächst nur pflanzliche Lebensmittel. Ein Gemüsebrei versorgt es mit wichtigen Mineralstoffen und Vitaminen und liefert auch schon Ballaststoffe, die dem Darm die Verdauung erleichtern. Die zusätzlichen Nährstoffe, vor allem die Mineralstoffe, werden besser verwertet, wenn der Brei milchfrei ist.

Neue Lebensmittel – Schritt für Schritt?

Über den Zeitraum von jeweils einer Woche wird immer nur ein neues Lebensmittel angeboten. So kann das Kind sich mit dem Geschmack vertraut machen, während die Eltern die Verträglichkeit des Lebensmittels beobachten können. Das Kind wünscht sich auch gar keine Vielfalt im Angebot; das neue Essen wird ihm nicht langweilig.

Würzen Sie den Gemüsebrei nicht. Der unverfälschte natürliche Geschmack ist dem Kind am liebsten – und bekommt ihm auch am besten. Süßen oder Salzen schadet eher. Allenfalls können Sie eine salzfreie Gemüsebrühe verwenden; manche sehr lebhafte Kinder essen ihren Brei dann lieber.

Beginnen Sie mit purem Karottenmus. Dünsten Sie Karotten aus biologischem Anbau nach dem Säubern nur kurz in wenig Wasser weich, und pürieren Sie sie dann im Mixer, mit dem Rührstab oder einfach mit einer Gabel. Einige Löffelchen genügen für den Anfang. Schieben Sie sie dem Kind einfach in den Mund. Wenn es den Brei mit den Lippen vom Löffel abnimmt, können Sie mit Brei eine volle Milch-Mahlzeit ersetzen. Lassen Sie sich nicht entmutigen, wenn Ihr Kind die ersten Löffelchen ablehnt. Versuchen Sie es nach ein paar Tagen wieder und experimentieren Sie vielleicht mit Temperatur oder Zerkleinerungsgrad des Breis. Sie können auch mit Karottensaft beginnen und diesen dann nach und nach zu Brei »eindicken«. Manchen Kindern ist ein Metallöffel unangenehm, während sie den

Brei vom Plastik- oder Hornlöffel akzeptieren. Es bewährt sich, eine bestimmte Tageszeit für die Mahlzeit beizubehalten, anfangs am besten die Mittagszeit. Das ist auch von Vorteil, wenn das Baby noch gestillt wird, damit sich der Körper der Mutter ebenfalls an die veränderten Anforderungen gewöhnen kann.

Fläschchen oder Stillen nach der Gemüsemahlzeit?

Wenn das Kind mit der Gemüsemahlzeit vertraut ist und etwa 150 Gramm Gemüse verzehrt, braucht es nicht mehr nachgestillt zu werden oder kein Fläschchen mehr zu erhalten. Langsam kann dann auch ein kleiner Anteil der Karotten durch Kartoffel, Getreideflocken oder geriebenen Apfel ersetzt werden. Außerdem sollten Sie einen Teelöffel Fett zusetzen, damit der Darm die fettlöslichen Vitamine besser ausnutzen kann. Dafür eignet sich Sonnenblumenöl aus biologischem Anbau am besten. Als weitere Gemüsesorten kommen – je nach Jahreszeit – Kohlrabi, weiße Rüben, Blumenkohl, junge Erbsen, Spargel, Fenchel, Kürbis oder Zucchini in Frage. Als »Dessert« können Sie ein paar Teelöffel Obstmus füttern. Obst ist reich an Vitamin C und Fruchtsäuren und trägt damit wesentlich zur besseren Verwertung der Mineralstoffe, vor allem von Eisen, bei.

Rezept

Gemüsebrei:

150 – 180 g Gemüse (davon später etwa ein Drittel Kartoffel)
10 g Fett (Keimöl; wenn das Kind ein Jahr alt ist, auch Butter oder Sahne)
Das Gemüse in wenig Wasser kochen und mit dem Kochwasser pürieren. Das Fett kurz vor dem Servieren unterrühren.

Selbstkochen oder Gläschenkost

Sie können den Gemüsebrei selbst kochen oder aus dem Gläschen füttern – beides ist kindgerecht. Wenn Sie sich fürs Selbermachen entscheiden, sollte die Ware unbedingt aus kontrolliert-biologischem Anbau stammen. Baby-Fertigkost unterliegt strengen lebensmittelrechtlichen Kontrollen auf Schadstoffarmut, Nitrat und Qualität – Gemüse, das Sie im Supermarkt kaufen, in weitaus geringerem Maße. Auch ist es den Gläschen-Herstellern möglich, das Gemüse unmittelbar nach der Ernte weiterzuverarbeiten.
Das Selbstkochen hat den Vorteil, daß die Eltern genau über die verwendeten Zutaten Bescheid wissen. Bei Gläschenkost müssen Sie unbedingt darauf achten, daß der Brei nicht gezuckert und nicht gesalzen ist und keine Dickungs- oder Bindemittel, Aromastoffe oder sonstige Lebensmittelzusatzstoffe enthält. Solche Babykost stammt hauptsächlich von alternativen Anbietern. Aber selbst diese Hersteller setzen manchmal Vitamine und/oder Mineralstoffe zu. Der Körper des Kindes bekommt damit »Luxusware« angeboten und lernt nicht, mit Normalkost hauszuhalten. Auch die Geschmacksvielfalt des breiten Angebots ist häufig nur vorgetäuscht; frisch Zubereitetes schmeckt meistens besser und intensiver. Bedenken Sie dann noch die finanzielle Seite sowie vom ökologischen Standpunkt her den Altglasberg, den Gläschenkost verursacht, fällt die Entscheidung für die geringe Mehrarbeit des Selbstkochens vielleicht leichter. Bald nach dem ersten Geburtstag kann das Kind ohnehin am Familientisch mitessen. Für Reisen und Urlaub sind Fertiggerichte in jedem Fall eine Erleichterung.
Die fabrikmäßige Zubereitung ist hygienisch einwandfrei, aber auch die häusliche Küchenhygiene reicht bei einem etwa halbjährigen Kind in jedem Fall aus. Kochen Sie die Mahlzeiten immer frisch bzw. tauen Sie Gefrorenes schonend auf. Lange Warmhaltephasen sollten Sie vermeiden.

Leitungswasser oder Mineralwasser

Wie stark ist unser Trinkwasser belastet?

Bei voll gestillten Kindern stellt sich jetzt auch die Frage, ob das regionale Leitungswasser zur Zubereitung der Kinderkost geeignet ist. Trinkwasser, unser wichtigstes Lebensmittel, ist vielerorts so belastet, daß es nötig ist, Mineralwasser zum Kochen zu verwenden. Wenn das Trinkwasser im Haus durch Bleirohre fließt, können Sie

es für die Babynahrung nicht nutzen. Bei Säuglingen gehen die Schwermetalle noch in hohem Maße aus dem Darm ins Blut über. Erhöhte Blut-Blei-Werte bewirken Blutarmut und verzögern die geistige Entwicklung.
Auch bei Kupferleitungen ist Vorsicht geboten, wenn das Leitungswasser sauer ist (pH-Wert unter 6,5). In aller Regel kommt das nur bei privaten Brunnen vor, da so saures Wasser nicht ins öffentliche Netz gespeist werden darf.
Das weitaus größte Problem im Zusammenhang mit Leitungswasser ist der überhöhte Nitratgehalt, verursacht durch Massentierhaltung und intensive Düngung, weshalb er auch bei Gemüse eine Rolle spielt. Er kann von einem Ort zum nächsten verschieden hoch sein. Das Gesetz schreibt vor, daß er bei Trinkwasser 50 Milligramm (mg) Nitrat pro Liter Wasser nicht überschreiten darf. Für Säuglingsnahrung darf das Wasser höchstens 20 mg Nitrat enthalten. Nitrat wird zu Nitrit abgebaut, wenn das Gemüse gekocht längere Zeit steht oder erneut aufgewärmt wird. Nitrit ist schädlich. Es hemmt den Sauerstofftransport im Blut und führt bei Säuglingen zur lebensgefährlichen Blausucht.
Im Lauf des zweiten Lebenshalbjahres wird das Kind zwar immer unempfindlicher gegen Nitrit, da in die Nitratbilanz aber auch das schwer zu kontrollierende Gemüse-Nitrat miteingeht, sollten Sie gegebenenfalls im ganzen ersten Jahr mit Mineralwasser kochen.
Über die Trinkwasserqualität gibt das örtliche Wasserwerk oder – in kleineren Orten – die Gemeindeverwaltung Auskunft. Bei Nitratwerten nahe dem empfohlenen Grenzwert ist es ratsam, auf Mineralwasser auszuweichen. Aber auch nicht jedes Mineralwasser taugt für Babys. Manche sind zu salzig. Brauchbares Mineralwasser trägt auf dem Etikett den Hinweis »für die Säuglingsernährung geeignet«. Dann liegt der Nitratwert unter 10 mg, der Nitritwert unter 0,02 mg pro Liter Wasser. Der Wert für Natrium – daß Maß für den Salzgehalt – sollte unter 20 mg, für Fluorid unter 1,5 mg und für Sulfat unter 240 mg betragen.

Zweite »feste« Mahlzeit

Welche Getreidesorten eignen sich für den Brei?

Etwa einen Monat nach der ersten vollständigen Gemüsebreimahlzeit erhält das Kind zusätzlich einen milchfreien Getreide-Obstbrei. Mit dieser mineralstoff- und vitaminreichen Kost ersetzen Sie am besten die Spätnachmittagsmahlzeit. Wichtig ist, das Getreide bis mindestens zum zehnten Lebensmonat ausschließlich erhitzt zu verwenden. Beginnen Sie mit Vollkornflocken oder mehlfeinem Reis-Schrot.

Reis ist gut verträglich, und Kinder reagieren darauf selten allergisch. Auch Hirseflocken oder Maisgrieß bekommen den Babys gut.
Ab dem zehnten Lebensmonat können Sie Dinkel verwenden, ebenso Grünkern (das ist unreif geernteter und deshalb etwas würzigerer Dinkel). Mit diesen fünf Getreidesorten lassen sich viele geschmacklich abwechslungsreiche Breigerichte zubereiten. Glutenhaltige Getreidesorten – Weizen, Hafer, Gerste – sollten Sie im ersten Jahr vorsichtshalber meiden. Gluten ist ein Bestandteil des Getreideeiweißes, der Zöliakie auslösen kann. Das ist die häufigste nichtinfektiöse Darmerkrankung.
Die von Natur aus im Korn enthaltenen Vitamine gehen am wenigsten verloren, wenn Sie das Getreide frisch mahlen. Es kann auch vorgedarrt werden, d.h., es wird gewaschen und vor dem Mahlen eine Stunde im Backofen bei 60 bis 80 Grad Celsius erwärmt. Dabei »reift« das Korn nach – die Stärke wird vorverdaut, es bilden sich Aromastoffe, und die Mineralstoffe liegen in einer besser verwertbaren Form vor. Getreide können Sie im ganzen Korn, gedarrt, als Flocken oder grob zerkleinert als Grütze kaufen. Mit einer Getreidemühle (gibt es auch als Zubehör für die Küchenmaschine) können Sie immer nur soviel frisch mahlen, wie Sie für ein Gericht brauchen.

Welche Obstsorten mögen Kinder am liebsten?

Von den Obstsorten, die Sie gerieben oder zerdrückt unter den Getreidebrei mischen, ist der Apfel sicher am beliebtesten. Je nach Jahreszeit bieten sich auch Kirschen, Aprikosen, Pfirsiche oder Pflaumen an. Birnen und Zitrusfrüchte sowie ein Großteil des Beerenobstes vertragen manche Kinder wegen ihres hohen Fruchtsäuregehalts schlecht. Bananen sind bei Eltern und Kindern gleichermaßen beliebt, weil sie einfach und vielseitig zu verwenden sowie angenehm süß sind. Leider werden sie ganz unreif geerntet und können daher qualitativ nicht vollwertig sein.

Rezept

Getreide-Obstbrei:

120 bis 150 ml Wasser
15 g Getreide (etwa 1 gehäufter EL)
2 TL Keimöl oder Butter
70 bis 100 g Obst
Das Getreide nach dem Mahlen mit Wasser verrühren, aufkochen und nachquellen lassen.
In der Zwischenzeit reiben Sie das Obst oder zerdrücken es mit einer Gabel. Mischen Sie beides, geben Sie einen halben Teelöffel Keimöl dazu und süßen Sie gegebenenfalls mit Birnendicksaft oder Ahornsirup.

Dritte »feste« Mahlzeit

Gegen Ende des achten bis neunten Lebensmonats, bei allergiegefährdeten Kindern besser erst zu Beginn des zweiten Lebensjahres, wird aus dem milchfreien Getreide-Obstbrei eine Zwischenmahlzeit für vormittags oder nachmittags. Die zweite Zwischenmahlzeit kann aus einem Stück Butterbrot oder Obst bestehen.

Für die Hauptmahlzeit am Abend rühren Sie den Getreidebrei mit Vollmilch an. Nehmen Sie zunächst pasteurisierte Vollmilch, im zweiten Lebensjahr ist Vorzugsmilch wertvoller.

An welchem Alter bekommt Kindern Müsli?

Jetzt ist der Verdauungstrakt ausgereift, die Darmschleimhaut ist nicht mehr durchlässig für artfremdes Eiweiß, und damit sinkt die Allergiegefahr. Auch ungekochtes Getreide, etwa in Form eines Frischkornmüslis, vertragen Kinder gegen Ende des ersten Lebensjahres. Wenn das Baby noch gestillt wird, sollte dies vor allem morgens und vor dem Einschlafen geschehen, um die Brust in regelmäßigen zeitlichen Abständen zu leeren.

Die dritte Breimahlzeit dient dem Kind als Eiweiß- und Kalziumquelle und liefert ihm für die Nacht ausreichend Kalorien. Das Kind erhält somit nun zwei milchfreie Breisorten, einen Milchbrei und eine Milchmahlzeit, entweder gestillt oder über die Flasche.

Rezept

Getreide-Milchbrei:

140 bis 200 ml Milch
bis zu 60 ml Wasser (die Milch wird anfangs verdünnt)
2 EL Getreide
2 EL Obstmus
1 TL Keimöl (nur bei verdünnter Milch)
Die Milch mit dem Getreide verrühren und aufkochen. Nach dem Ausquellen das Obstmus einrühren.
Gegen Ende des ersten Lebensjahres können Sie zu verdünnter Milch auch ein wenig Joghurt unterrühren.

Fleisch im ersten Lebensjahr

Ohne Fleisch genügend Eisen?

Die Frage, ob Beikost Fleisch enthalten soll, wird in der Kinderheilkunde kontrovers diskutiert. Zentraler Punkt ist dabei die Frage, ob bei fleischfreier Ernährung der Bedarf des Kindes an Eisen gedeckt werden kann.
Eisen ist als Bestandteil des roten Blutfarbstoffes unentbehrlich für den Sauerstofftransport. Leider kann es aus der Nahrung nur schlecht aufgenommen werden, einige Nahrungsbestandteile unterstützen die Verwertung zwar, aber andere hemmen sie. In Fleisch liegt Eisen gut verwertbar vor. Bei pflanzlichen Lebensmitteln sorgen Vitamin C oder Fruchtsäuren, aber auch Inhaltsstoffe von Kräutern dafür, daß der Körper es gut aufnehmen kann.
Bei Babys ist der Eisenvorrat, den sie noch im Mutterleib anlegen konnten, etwa ab dem sechsten Lebensmonat aufgebraucht. Gestillte Kinder zehren länger davon, da sie Eisen – wenngleich nur in geringen Mengen – auch über die Muttermilch bekommen. Sie können ihren Bedarf durchaus darüber sowie über Vollkorn-Getreidebrei, besonders Hirse, und später über Kräuter und Gemüse decken. Nicht gestillte Kinder sollten bis zu dreimal pro Woche 20 g Fleisch im Gemüsebrei erhalten. Bei Kindern über einem Jahr können Sie auch hin und wieder Hülsenfrüchte füttern, die sowohl die Eisen- als auch die Eiweißversorgung aufwerten. Frühgeborene haben meist erheblich geringere Eisenreserven und brauchen deshalb oft zusätzlich Eisen-Dragées oder -kapseln.

Welche Fleischsorten kommen in Frage?

Wenn Sie Ihrem Kind Fleisch geben wollen, sollten Sie es sorgfältig auswählen. Es kommen magere Fleischsorten wie Rind-, Kalbfleisch oder Lamm in Frage, auch Putenfleisch essen die Kleinen ganz gern.

Entscheidend ist aber die Herkunft. Können Sie bei einem Bio-Metzger einkaufen, erhalten Sie sicher eine gute, rückstandsfreie Fleischqualität. Ebenso zu empfehlen sind Schlachter, die ihre Tiere bei Bauern mit kleinem Viehbestand beziehen. Es lohnt sich, genau zu fragen! Für die Zubereitung wird das kleingeschnittene Fleisch ungewürzt in wenig Wasser weich gedünstet und anschließend mit der Flüssigkeit in einem Blitzhacker oder Mixer zusammen mit dem Gemüse zerkleinert. Wenn Sie Ihr Kind vollwertig ernähren, braucht es kein Fleisch. Auch Wurst sollten Sie selten aufs Brot legen. Sie ist meistens stark gewürzt und enthält vor allem zuviel Salz.
Als Eiweißlieferant ist Fleisch nicht nötig. Über die Milch, wie auch über Getreide, Kartoffeln und später Nüsse und Hülsenfrüchte nimmt das Kind genügend wertvolles Eiweiß auf. Neuere Untersuchungen weisen darauf hin, daß Kleinkinder eher zuviel Eiweiß bekommen, was ihre Nieren belastet. Deshalb sollten Sie auch mit Quark und Joghurt zurückhaltend sein.

Der Übergang zur Kleinkindkost

Im zweiten Lebensjahr wird das Kind von sich aus immer stärker danach verlangen, das gleiche zu essen wie die anderen Familienmitglieder. Es verträgt jetzt auch schon die meisten Speisen und kann gröbere Kost kauen, weil schon einige Zähnchen durchgebrochen sind. Seien Sie jedoch zurückhaltend mit dem Würzen, besonders mit dem Salzen. Auch scharf angebratene Pfannengerichte sind für Kleinkinder wenig bekömmlich. Seien Sie Vorbild beim Essen! Bringen Sie nichts auf den Tisch, was nicht auch Ihr Kind essen dürfte.

Eine vielseitige Kost, die sich an den Regeln der Vollwerternährung orientiert, ist für das Kind das Richtige – und sicher auch für Eltern und Geschwister. Am einfachsten kann das Kind sich dem »Familienstil« anpassen, wenn Sie es schon früh beim Einkaufen und bei der Zubereitung der Lebensmittel miteinbeziehen. Hier lernt es, daß man sorgsam mit den Speisen umgeht. Und auch Sie als Eltern können sicher sein, wichtige Grundsteine gelegt zu haben. Dann stehen Sie einer Phase, in der das Kind am Familientisch streikt und sich lieber von Gummibärchen und Pommes ernähren würde, gelassener gegenüber.

Heimo Runge / Gabriele Schwab

Haltung bewahren!

Eine Rückenschule für Mütter und Väter

Früher war das Tragen von Säuglingen und Kleinkindern verpönt, heute ist es etwas völlig Normales. Auch Sie werden Ihren Sprößling viel schleppen, oft einfach deshalb, weil Treppen und öffentliche Verkehrsmittel mit einem Kinderwagen nur mit viel Mühe, Kraft und der tätigen Mithilfe von Passanten zu meistern sind. Ob Sie sich für Tragesack, Tuch oder einfach Ihren Arm als Stütze entscheiden – Ihr Rücken wird dabei erheblich strapaziert. Viele Mütter und Väter klagen über verspannte Schultern und Kreuzschmerzen, nicht wenige bekommen sogar einen krummen Rücken von der vielen Schlepperei.

Wir haben hier einige Regeln und Hinweise zusammengestellt, die es Ihnen erleichtern sollen, die Tragephase unbeschadet zu überstehen.

Was Sie beim Tragen beachten müssen

- Wenn Sie Ihr Kind über längere Zeit tragen wollen, beispielsweise auf einer Wanderung oder einem langen Spaziergang, sollten Sie dies möglichst huckepack auf dem Rücken tun. Das geht auch im Tragetuch, das sich wie ein Rucksack falten läßt. Kleine Säuglinge sollten Sie jedoch so lange nur vor dem Bauch tragen, bis sie selbständig sitzen können.
- In den ersten Monaten sollten Sie Ihr Kind möglichst liegend tragen. So hat es immer Blickkontakt mit Ihnen, und es liegt geborgener und behüteter an Ihrem Körper, als wenn es in der Senkrechten über Ihre Schulter guckt.
- Stützen Sie Rücken und Kopf des Kindes immer gut ab. Legen Sie den Arm unter das Tragetuch, damit geben Sie der kleinen Wirbelsäule noch mehr Halt.

- Wenn Ihr Kind auf Ihrer Hüfte sitzen kann, sollten Sie die Seiten öfter mal wechseln, damit sich keine Vorlieben für rechts oder links entwickeln (weder bei Ihnen noch beim Kind).
- Denken Sie ein paarmal täglich an eine bewußt gerade Haltung, denn wenn Sie das Kind lange tragen, neigen Sie dazu, im Rücken rund zu werden.

Einige Übungen, mit denen Sie Schultern und Rücken nach dem Tragen lockern können

- Stellen Sie sich aufrecht hin, oder setzen Sie sich auf einen Stuhl (Rücken gerade halten und nicht anlehnen). Ziehen Sie jetzt beide Schulterblätter in Richtung Rückenmitte und nach unten.
- Richten Sie sich auf, und greifen Sie mit der linken Hand hinter dem Kopf vorbei zum rechten Schulterblatt (Hand flach auflegen). Fassen Sie mit der rechten Hand über dem Kopf den linken Ellenbogen und ziehen Sie ihn nach rechts, so weit Sie können. Danach die Seiten wechseln. In jeder Position acht bis zehn Sekunden halten.
- Setzen Sie sich auf einen stabilen Stuhl mit möglichst niedriger fester Lehne, und zwar so, daß Ihr Rücken an der Lehne anliegt. Verschränken Sie die Hände hinter dem Kopf und lehnen Sie sich zurück, so weit es geht. Rutschen Sie danach etwas nach vorne und wiederholen Sie die Rückbeuge, da dadurch verschiedene Abschnitte der Wirbelsäule aktiviert werden, vornehmlich an der Brustwirbelsäule.
- Setzen Sie sich auf die Unterschenkel und grätschen Sie die Beine auseinander, so weit es geht, ohne wehzutun. Dann legen Sie Oberkörper und die nach vorne gestreckten Arme auf den Boden und schieben die Hände von sich weg, so daß der Po sich von den Unterschenkeln löst. Das ist der »Froschsitz«.
- Stellen Sie sich locker hin, so daß die Füße im Abstand von etwa 30 bis 50 Zentimetern nebeneinander stehen. Legen Sie sich nun ein festes, dünnes Buch auf den Scheitel des Kopfes und balancieren Sie damit. Wenn Sie genügend Standsicherheit haben, gehen Sie im Zimmer hin und her – den Blick dabei in die »unendliche Ferne« gerichtet.
- Sobald der Wochenfluß versiegt ist, dürfen Mütter wieder schwimmen. Vor allem in Rückenlage lösen sich Verspannungen.

Sechs Monate nach der Geburt sind die meisten Frauen dann wieder voll körperlich belastbar, so daß sie wieder Sport treiben können. Damit sind sie auch Streßsituationen besser gewachsen.

So schonen Sie den Rücken bei der Hausarbeit

- Achten Sie darauf, daß Ihre Arbeitsflächen nicht zu niedrig sind, sonst müssen Sie ständig gebeugt stehen, und das ist Gift für Ihren Rücken. Die Höhe des Wickeltisches sollte sich nach der Körpergröße der Mutter richten und eher höher als niedrig sein, ca. 80 bis 90 Zentimeter über dem Boden. Wichtig: Sie sollten beim Wickeln direkten Blickkontakt mit dem Kind halten können und das Baby nicht ständig mit krummem Rücken pflegen müssen. Legen Sie sich alle nötigen Utensilien in Reichweite. Ein offener Tisch ist besser als eine Kommode, weil unter dem Tisch Beinfreiheit ist.
- Stellen Sie einen niedrigen Schemel unter den Wickeltisch, oder öffnen Sie die Türen der Wickelkommode und stellen Sie einen Fuß in den Schrank hinein bzw. auf den Schemel. In dieser Position halten Sie den Rücken gerader, als wenn Sie sich mit parallel stehenden Füßen zum Wickeln nach vorne beugen, da Sie so Ihr Gewicht verlagern können und die Wirbelsäule dabei entlasten.

- Arbeiten Sie, so oft es nur geht, in Schrittstellung. Das heißt: Füße leicht auswärts drehen und mit dem anderen Fuß ungefähr 30 Zentimeter nach vorne treten. Die Knie dabei nicht durchdrücken, sondern leicht beugen. Nehmen Sie diese Haltung so oft es nur geht ein, auch beim Zähneputzen, Kochen, Fensterputzen, Nähen oder am Waschbecken.

- Nehmen Sie Wäschekorb oder Getränkekisten rückenfreundlich hoch: immer mit beiden Händen, Knie leicht gebeugt, Füße hüftbreit gegrätscht, Po nach hinten rausschieben, Rücken möglichst flach und gerade. Wenn Sie schon kleine Kinder haben, können Sie sich an ihnen ein Beispiel nehmen. Sie bücken sich immer auf diese Weise, um etwas aufzuheben.

- Wenn Sie Wäsche aufhängen: Stellen Sie den Wäschekorb immer auf einen Hocker, damit Sie sich nicht ständig mit krummem Rücken tief bücken müssen.

- Bügeln Sie möglichst oft im Sitzen. Beine leicht gegrätscht, auf der Stuhlkante sitzen, Rücken möglichst gerade, Brustbein anheben, Hüfte etwas höher als die Knie (Keil auf den Stuhlsitz legen).

- Verwenden Sie beim Staubsauger immer den langen Griff und halten Sie sich bewußt aufrecht. Arbeiten Sie in Schrittstellung. Sie schaffen sich dabei auch einen größeren Bewegungsradius.

- Putzen Sie die Badewanne in Kniestellung: linkes Bein kniet, rechtes stützt sich auf den Fuß (oder umgekehrt). Wenn Sie auf beiden Beinen knien, machen Sie automatisch den Rücken krumm. Die Kniestellung ist grundsätzlich günstiger für Tätigkeiten am Boden: Gartenarbeit, Wischen usw.

- Stützen Sie beim Schuheanziehen einen Fuß auf einem Hocker ab, dann halten Sie den Rücken gerader.

- Legen Sie sich immer einen flachen Schaumgummi-Keil (gibt es in Sanitätsgeschäften oder Adressen der Hersteller bei Krankengymnastinnen erfragen) auf die Sitzfläche Ihres Stuhls. Die Knie sollten tiefer als das Hüftgelenk liegen. Das entlastet den Rücken. Die rückwärtige Keilhöhe soll sieben Zentimeter betragen, auslaufend nach vorne.

- Machen Sie es sich beim Stillen bequem. Stützen Sie den Arm, der das Baby hält, mit Kissen gut ab, und polstern Sie auch den Rücken so aus, daß Sie unverspannt sitzen oder liegen. Stützen Sie die Füße gegebenenfalls auf einem Schemel ab.

Entspannen nicht vergessen!

- Setzen Sie sich auf die Knie, und legen Sie die Stirn auf den Boden, direkt vor den Knien. Werden Sie dabei im Rücken ganz rund. Die Arme können Sie seitlich ablegen, so daß es Ihnen bequem ist. Tief durchatmen.
- Verkrampfte Rückenmuskeln entspannen sich mit Wärme am besten. Geeignet sind Fangopackungen (gibt es auch für die Behandlung zu Hause), ein heißes Bad oder warme Umschläge.
- Legen Sie sich ein Säckchen mit Kirschkernen oder Hirseschalen (gibt es in Naturkostläden oder im Reformhaus) unter die Lendenwirbelsäule oder in die Hinterhauptsbeuge. Achtung: Das Kinn darf nicht höher liegen als die Stirn!
- Eine Knierolle entlastet die Lendenwirbelsäule im Liegen. Rollen Sie dafür einfach eine Decke zusammen und schieben Sie sie unter die Kniekehlen.
- Kleine Nackenkissen (40 x 40 cm) oder eine Nackenrolle stützen die Halswirbelsäule oft besser ab als die großen »Paradekissen«.

Peter Walker

Beziehung durch Berührung

Die Technik der Babymassage

Massieren ist eine natürliche Tätigkeit, die wir alle irgendwann ausführen, wahrscheinlich täglich, ohne daß wir weiter darüber nachdenken. Wir massieren uns selbst, wenn wir spontan unsere Muskeln, Knochen und Gelenke reiben und kneten, um Schmerzen und Spannungen loszuwerden. Massieren ist die natürliche Art und Weise, das wohlige Empfinden, das den menschlichen Körper durchströmt, wiederherzustellen oder zu steigern.

Wer sein Baby massieren lernt, gibt seiner Liebe und Fürsorge einen handfesten Ausdruck. Babymassage ist eine sehr nützliche Kunst, einfach und stark intuitiv, und ebenso vergnüglich wie nutzbringend. In der Zeit, die Sie damit verbringen, Ihr Baby zu massieren, lernen Sie es auch kennen; Sie werden lernen, wie Ihr Kind berührt werden möchte und wo. Manche Babys lieben es, wenn man ihren Bauch rubbelt, andere möchten am Rücken gestreichelt werden, am Kopf gekitzelt und so weiter.

Vorbereitung

Bevor Sie anfangen, Ihr Baby zu massieren, sollten Sie darauf achten, daß Ihre Hände sauber sind, daß die Fingernägel nicht über die Fingerkuppen hinausstehen und daß Sie selbst entspannt sind. Es lohnt sich, wenn Sie sich ein paar Minuten lang vorbereiten und größere Spannungen in Ihren Schultern, Armen und Händen abbauen, damit Sie sie nicht auf Ihr Kind übertragen.

Um sich besser zu entspannen, setzen Sie sich ein paar Augenblicke aufrecht hin und achten darauf, daß Ihr Bauch entspannt ist. Dann beobachten Sie ihren Brustkorb und den Bauch, ob sie harmonisch arbeiten, sich mit jedem Einatmen dehnen und mit jedem Ausatmen zusammenziehen. Ziehen Sie dann Ihre Schultern nach unten und nach hinten, so daß Ihre Schulterblätter aufeinander zustreben.

Wiederholen Sie das vier- bis fünfmal. Massieren Sie jetzt etwas Öl in Ihre Hände ein und wärmen Sie sie auf, indem Sie sie kräftig gegeneinanderreiben. Verschränken Sie die Finger und strecken Sie sie. Nun setzen Sie sich wieder aufrecht hin, ziehen die Schulterblätter zusammen und entspannen die Hände von den Handgelenken aus: Schütteln Sie sie ein paarmal.

Wann?

Wann Sie Ihr Kind massieren, hängt ganz von Ihrer eigenen Stimmung und der momentanen Empfänglichkeit Ihres Babys ab. Massieren Sie vor oder nach dem Wickeln, Füttern oder Baden, vor dem Schlafengehen, oder wenn Sie gerade mit Ihrem Baby dasitzen und nichts weiter im Sinn haben, als sich aneinander zu freuen.

Wo?

Wo Sie Ihr Kind massieren, hängt davon ab, wie das Baby darauf anspricht und in welcher Verfassung es ist. Den Kopf und den Rücken zu massieren wirkt im allgemeinen beruhigend. Arme und Hände, Beine und Füße zu massieren wärmt meist und entspannt; oder, falls Sie eine besondere Absicht damit verbinden wollen, können Sie durch Bauchmassage die Verdauung fördern und durch die Massage des Brustkorbs den Atem anregen. Massieren Sie irgendeinen beliebigen Körperteil oder den ganzen Körper und tun Sie es, wann immer Sie beide Lust dazu haben.

Wie?

Damit Sie herausfinden, was Ihrem Baby am angenehmsten ist, können Sie folgende Massageformen in der genannten Reihenfolge ausprobieren: Erstens das Streichen, wobei Sie die Finger oder die ganze Hand leicht über die Haut Ihres Babys führen. Zweitens das Reiben, eine tiefer gehende Berührung, wobei Sie mit dem ganzen Gewicht der entspannten Hand den Formen der kindlichen Muskeln nachspüren. Drittens das Kneten: Mit der ganzen Hand werden die Muskeln sanft gedrückt und gerieben, damit sie sich entspannen.

Entspannt bleiben

Versuchen Sie, eine Stellung zu finden, in der Sie einige Zeit entspannt bleiben können. Bequem ist es, sich mit ausgestreckten Beinen hinzusetzen und sich dabei mit dem Kopf, dem oberen Teil des Rückens und den Schultern anzulehnen. Stützen Sie den unteren Teil Ihres Rückens mit einem Kissen und ziehen Sie die Knie leicht an.

In dieser Stellung können Sie Ihr Kind bequem auf Ihre Oberschenkel legen; es hat körperlichen Kontakt zu Ihnen und Ihre Hände bleiben dabei frei. Falls es für Sie angenehmer ist, können Sie ein zweites Polster unter Ihre Knie schieben.

Die Massage

Bei der Geburt ist das Neugeborene einem enormen Abfallen seiner Umgebungstemperatur ausgesetzt. Der Temperatursturz beträgt mindestens 12° C, denn im Mutterleib herrscht eine Temperatur um 37° C, und die Temperatur eines warmen Raumes liegt bei 25° C. Außerdem ist der kindliche Kreislauf noch nicht voll funktionsfähig, so daß das Neugeborene seine Körperwärme viermal so schnell verliert wie ein Erwachsener.

Meist sind Neugeborene durch eine Vernixschicht bis zu einem gewissen Grad geschützt – diese ölige »zweite Haut« isoliert und schützt das Kind vor der Flüssigkeit, von der es im Mutterleib so lange umgeben ist. Die Vernix bildet eine natürliche Isolierung und ist sehr nährstoffreich; das meiste dieser »Käseschmiere« wird von der Haut des Babys innerhalb weniger Stunden nach der Geburt absorbiert.

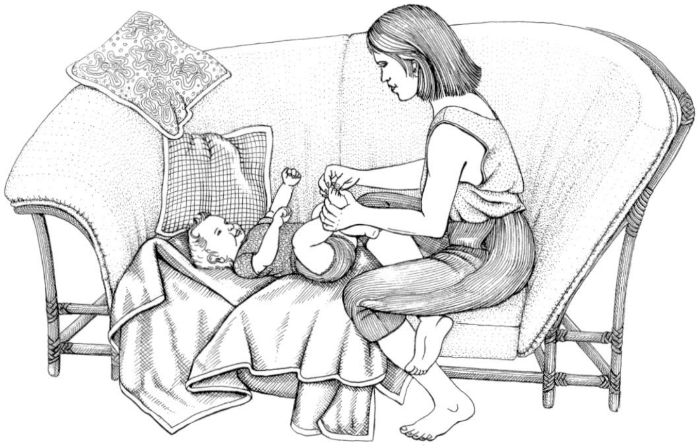

In den Tagen, an denen Sie und Ihr Baby sich zusammen ausruhen und sich von der Arbeit und dem Erlebnis der Geburt erholen, können Sie langsam mit der Massage beginnen. Wenn Sie Ihr Baby streicheln oder sanft kneten, nehmen Sie ein rein pflanzliches Öl zu Hilfe. Dieses Öl wird die isolierende Vernixschicht ersetzen und dazu beitragen, die Körperwärme zu erhalten. Es wird den Kreislauf Ihres Kindes anregen, die innere Wärme- und Nahrungsquelle, und durch Kontakt und Reibung für Entspannung und Wärme sorgen.
Ab diesem Zeitpunkt können die folgenden Massagetechniken Ihrer Intuition als Orientierungshilfe dienen. Legen Sie Ihr Baby auf Ihre Oberschenkel, reden Sie mit ihm und singen Sie ihm etwas vor, schaukeln Sie sacht mit den Beinen von einer Seite zur anderen, um Ihr Kind zu beruhigen und zu entspannen.

Arme und Beine

Legen Sie Ihre Hände auf die Schultern Ihres Babys.

Jetzt streichen Sie sanft und langsam über die Schultern; Ihre Hände sind entspannt und liegen mit ihrem ganzen Gewicht auf.

Dann streichen Sie die Arme entlang.

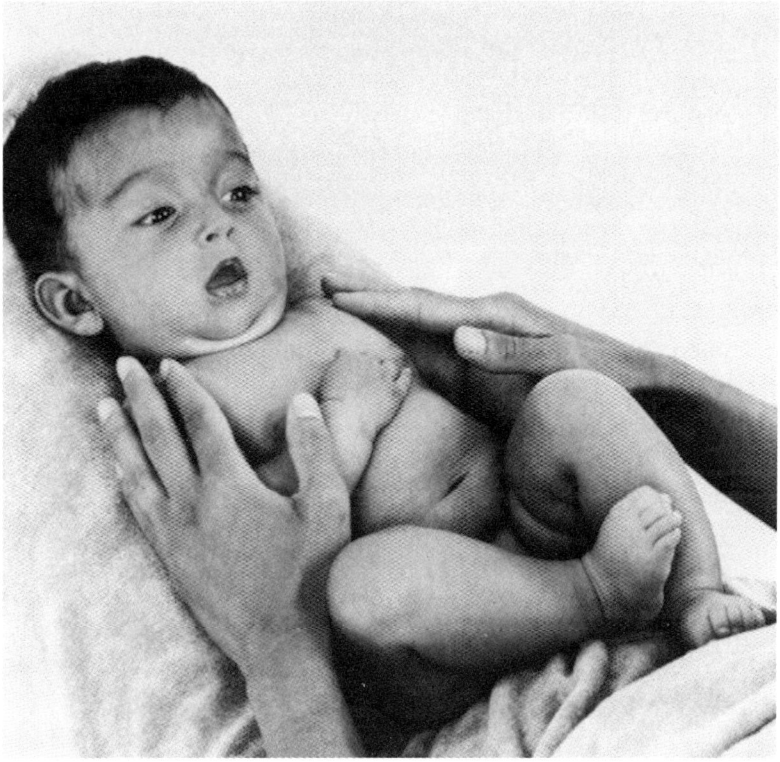

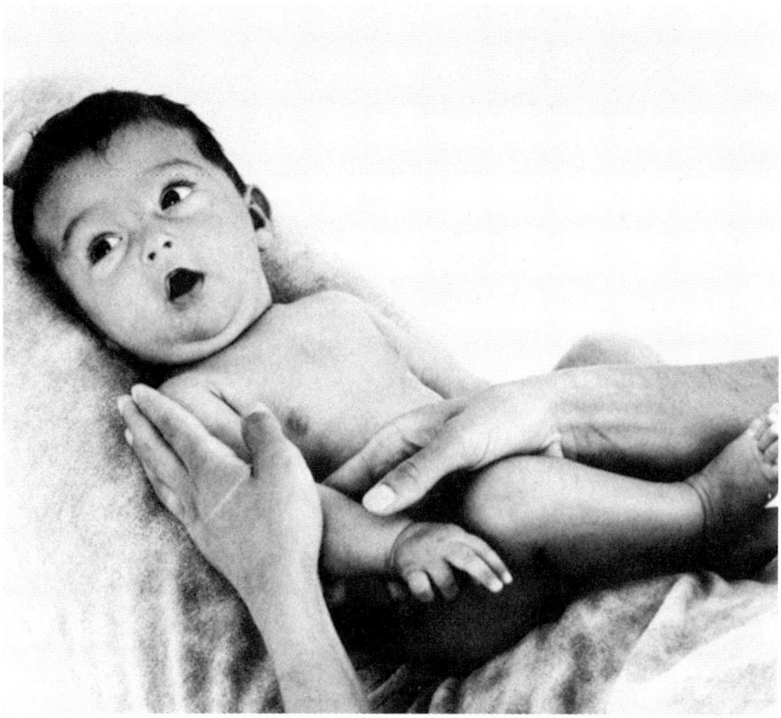

Wiederholen Sie das, bis Ihr Baby seine Arme entspannt und ausstreckt. Halten Sie jetzt den Unterarm mit einer Hand und streichen Sie mit der anderen sanft den Arm entlang.

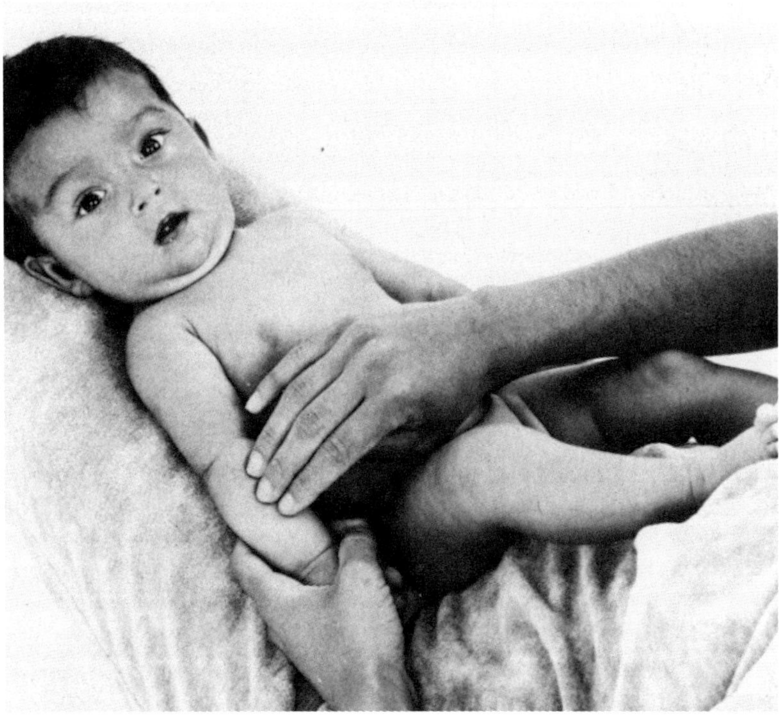

Massieren Sie dann mit den Fingerspitzen unter leichtem Druck am Unterarm die Linie vom Handgelenk zum Ellbogen.

Kneten Sie Innen- und Außenseite des Unterarms sanft mit beiden Daumen.

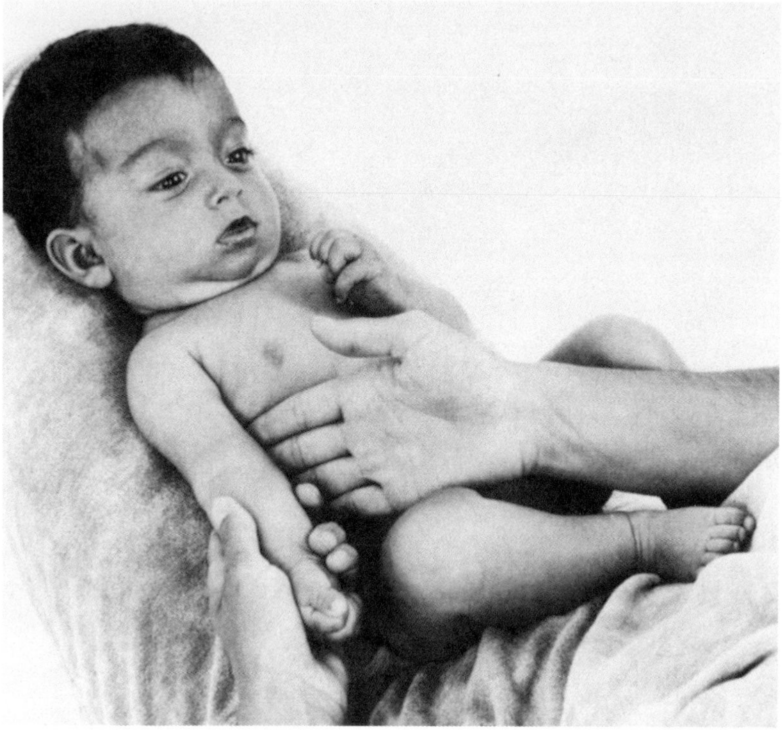

Kneten Sie sanft den Oberarm mit der ganzen Hand.

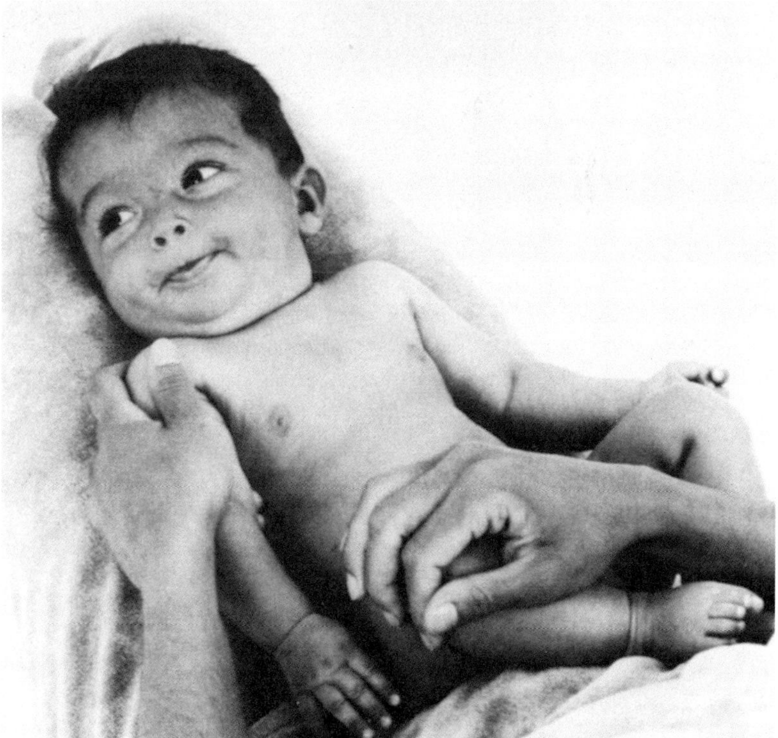

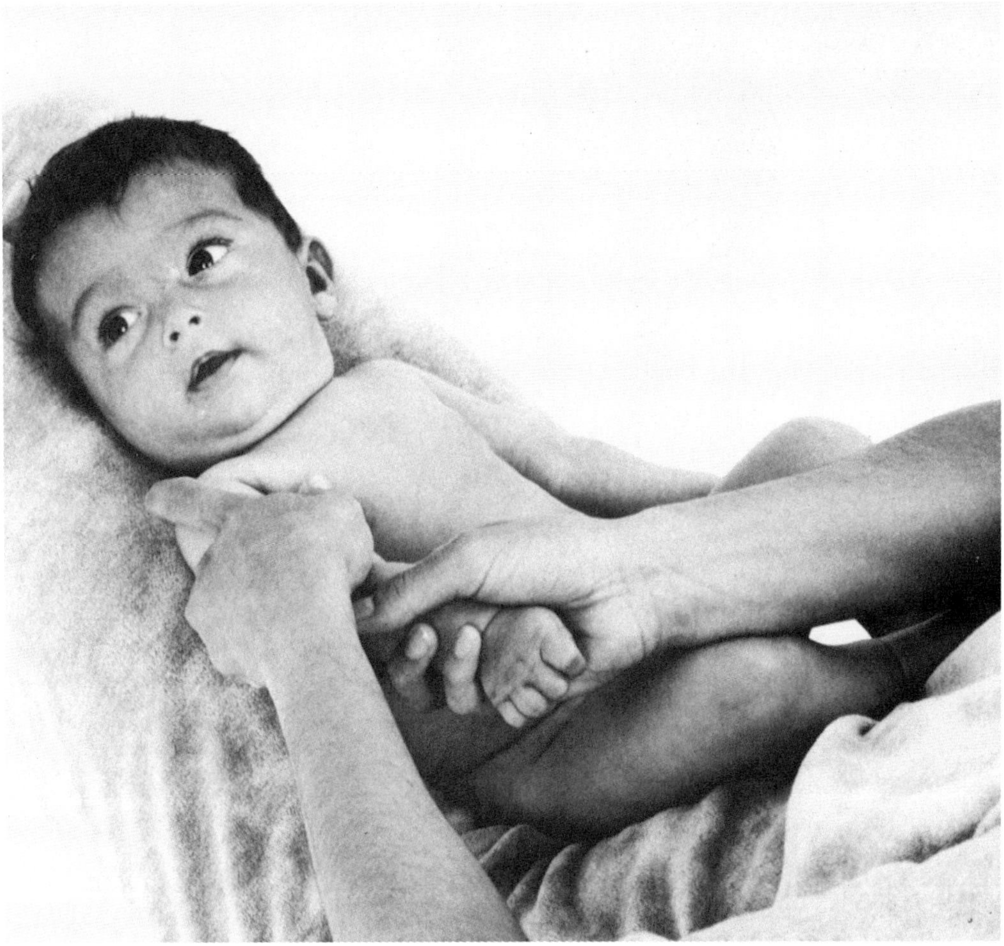

Zum Schluß fassen Sie den Arm sanft mit beiden Händen und ziehen den ganzen Arm und die Hand leicht durch ihre Handflächen.

Wiederholen Sie beim anderen Arm diese Massagebewegungen oder auch nur einen Teil davon, so oft es Ihnen beiden Spaß macht.

Massieren Sie mit den Fingerspitzen unter leichtem Druck das Schienbein vom Knie bis zum Knöchel.

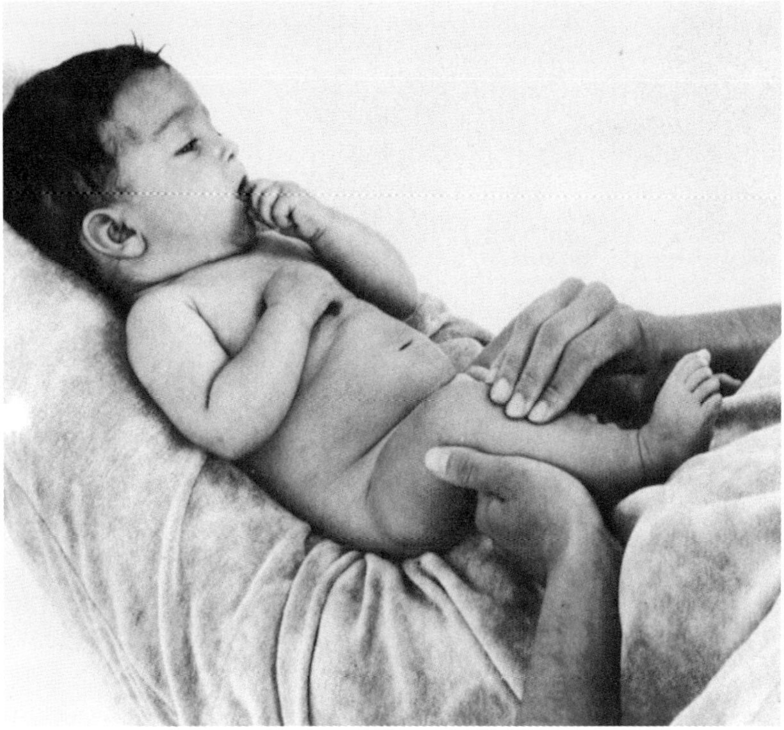

Nun massieren Sie den vorderen Unterschenkelmuskel, den Sie sanft mit dem Daumen kneten.

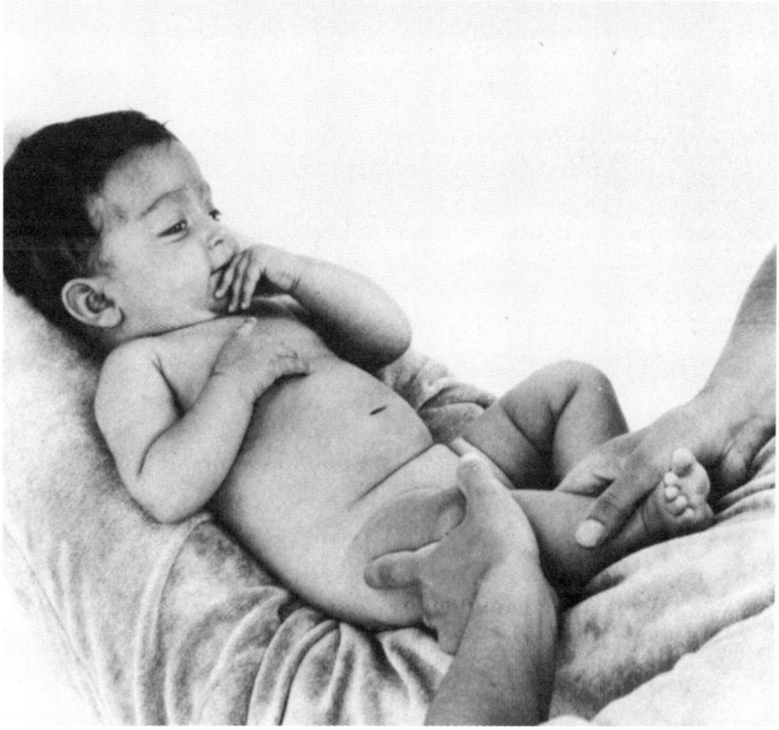

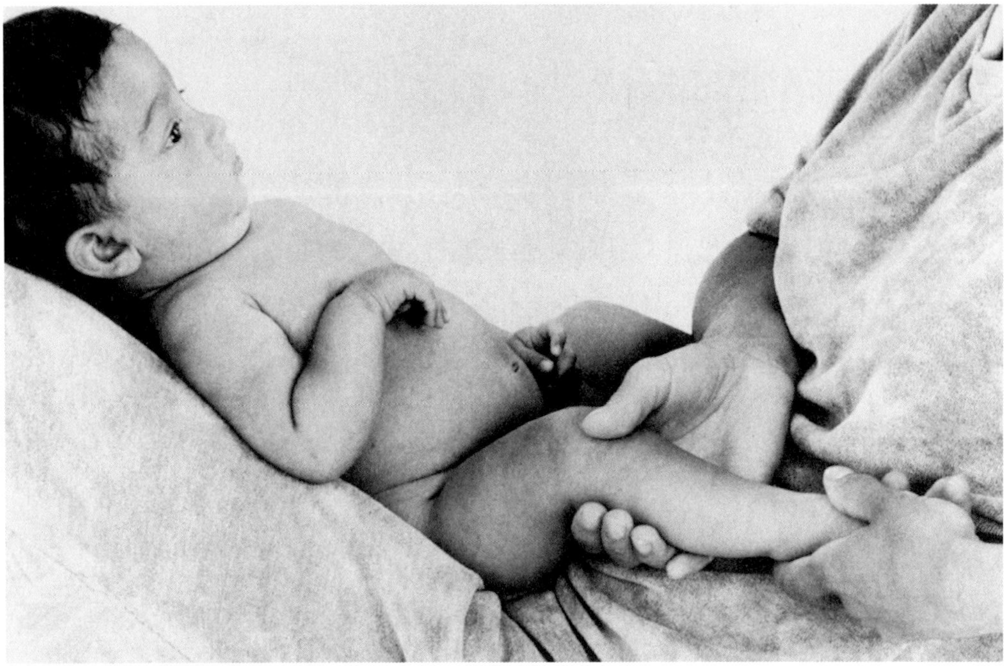

Massieren Sie die Wade; drücken Sie den Muskel sanft mit der ganzen Hand.

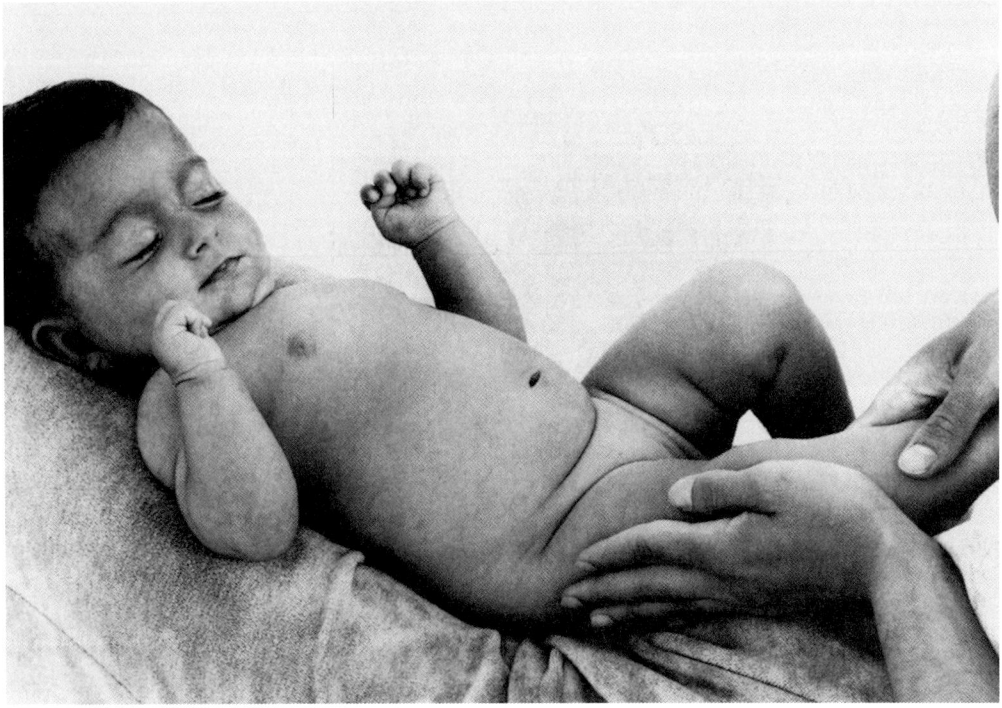

Dann massieren Sie den Oberschenkel mit den Fingerspitzen.

Massieren Sie die Vorderseite des Oberschenkels; kneten Sie ihn sanft mit der ganzen Hand.

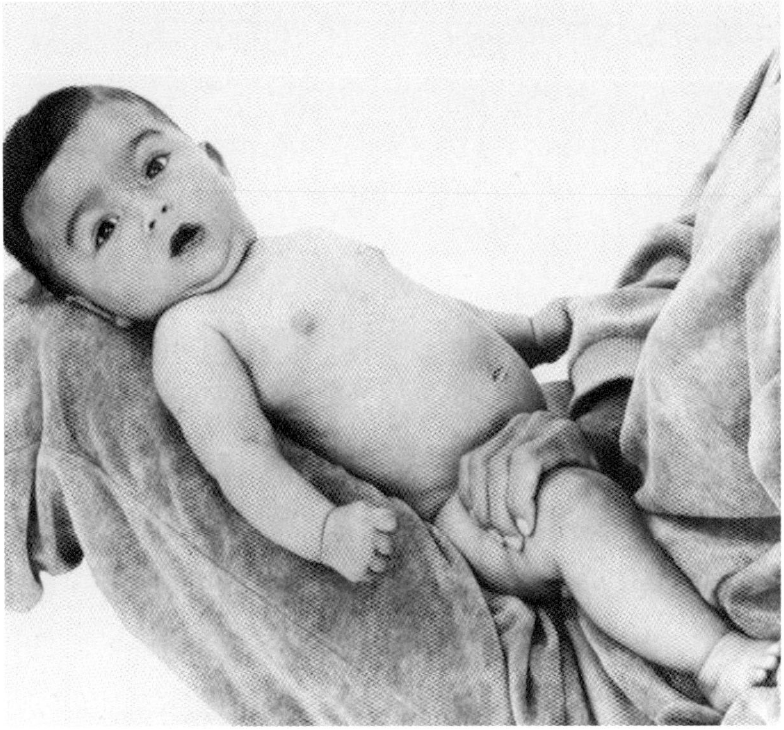

Dann die Rückseite, die Sie ebenfalls mit der ganzen Hand sanft drücken und kneten.

Zum Schluß ziehen Sie Bein und Fuß durch Ihre Handflächen. Massieren Sie so beide Beine, und wiederholen Sie alles, solange es Ihnen Spaß macht.

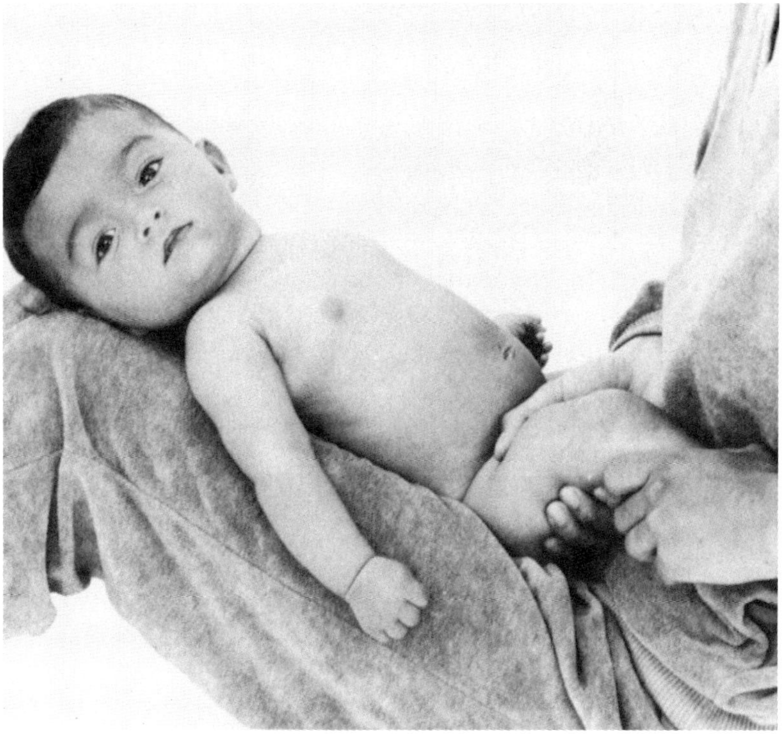

Hände und Füße

Weil der Kreislauf eines Babys noch nicht voll ausgereift ist, sind die Extremitäten – Hände und Füße – meist einige Grad kühler als der restliche Körper. Die meisten Babys sind in den ersten Wochen und Monaten dort stark angespannt, krallen die Zehen ein und halten die Fäustchen fest zusammengeballt. Werden Hände und Füße massiert, strömen Wärme und Gelöstheit durch den ganzen Körper, und der Kreislauf wird angeregt. Diese unaufdringliche Form der Massage entspannt und erfrischt und ist besonders in Phasen erhöhter Empfindlichkeit nützlich, wie beim Durchbruch der ersten Zähne.
Eine alte Massageform, die Reflexzonenmassage, lehrt, daß bestimmte Zonen der Hände und Füße durch das Nervensystem mit den verschiedenen inneren Organen verbunden sind. Es heißt, daß die Stimulation dieser Zonen durch Massage der Funktion dieser Organe äußerst förderlich ist.

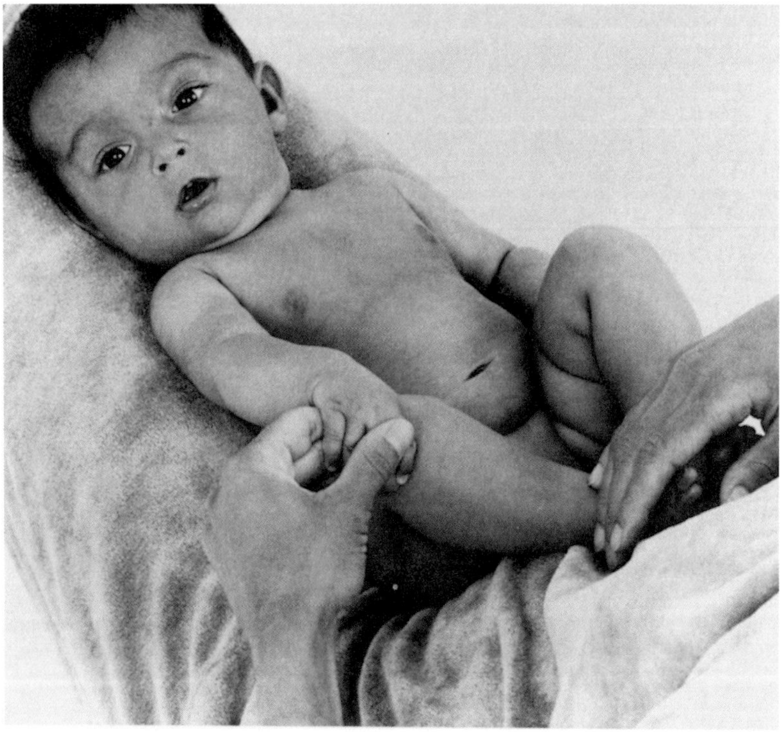

Öffnen Sie die Hand Ihres Babys und ziehen Sie seine Hand und die einzelnen Finger sanft durch Ihren Daumen und die restlichen Finger.

Spüren Sie der Struktur des Händchens zart nach; drücken und rollen Sie jedes Fingerchen zwischen Ihrem Daumen und Zeigefinger.

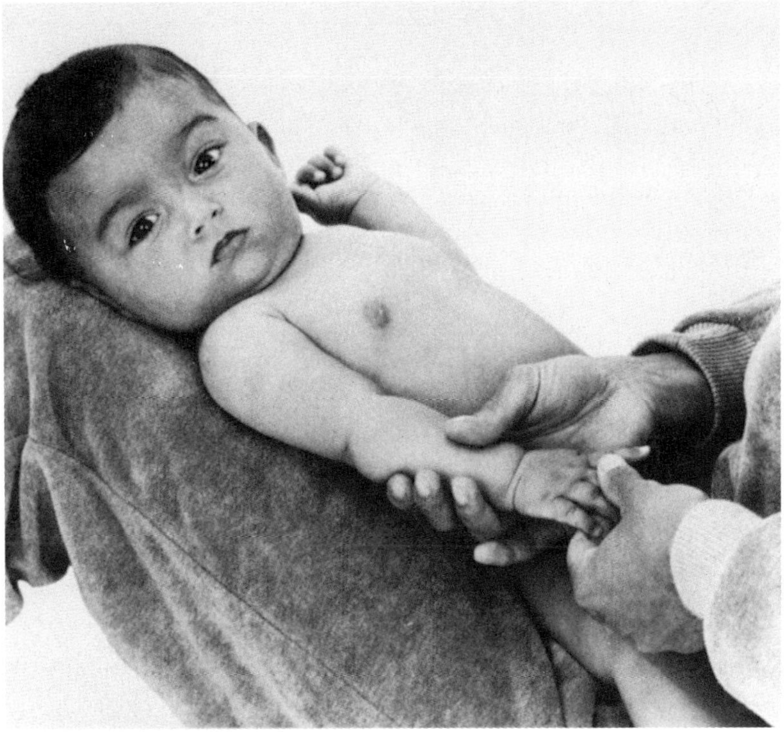

Öffnen Sie die Finger wie einen Fächer.

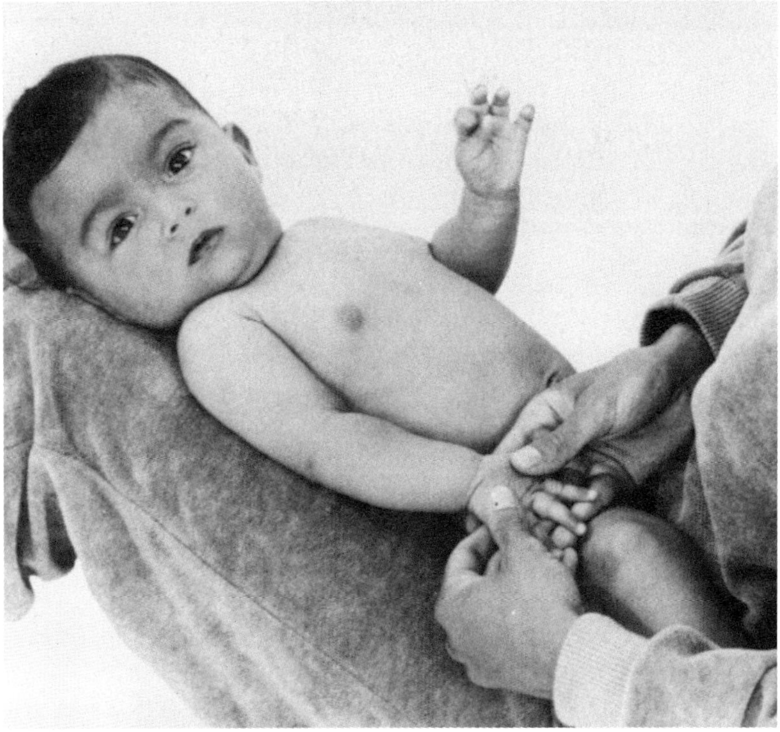

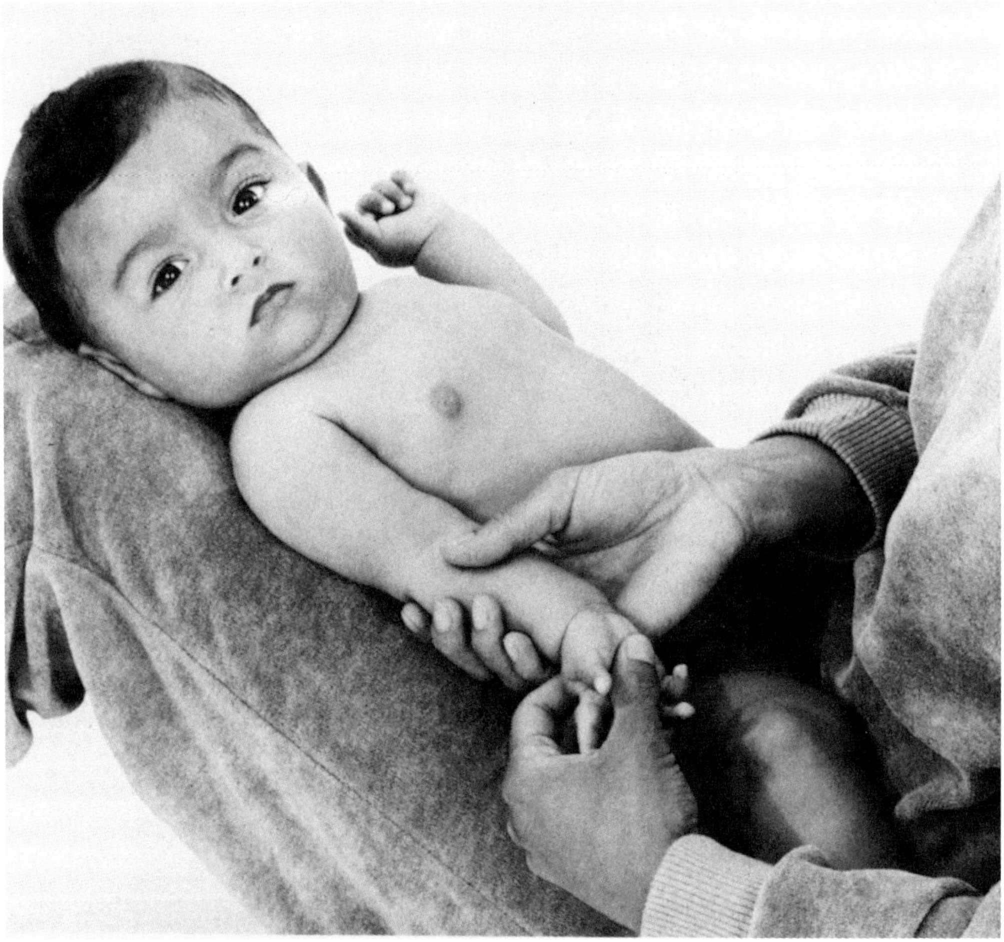

Drücken Sie nun den Knöchel am Ansatz jedes Fingers; drücken und rollen Sie dann sanft die Handfläche zwischen Ihrem Daumen und Zeigefinger, vom Rand bis zur Mitte.

Machen Sie das auch bei der anderen Hand.

Öffnen Sie den Fuß Ihres Babys, indem Sie ihn sanft durch Ihren Daumen und die restlichen Finger ziehen.

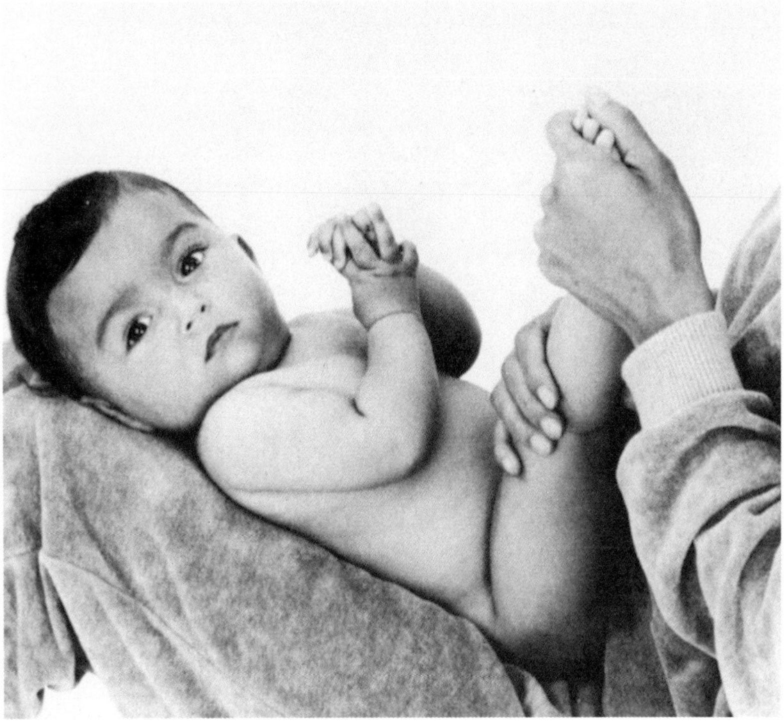

Tasten Sie zart der Struktur des Füßchens nach; drücken und rollen Sie jeden Zeh zwischen Daumen und Zeigefinger.

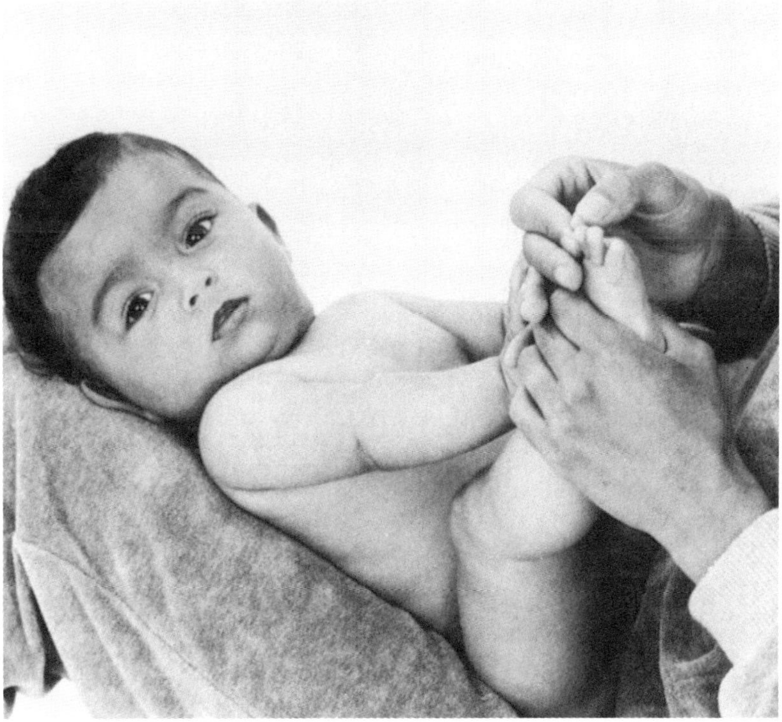

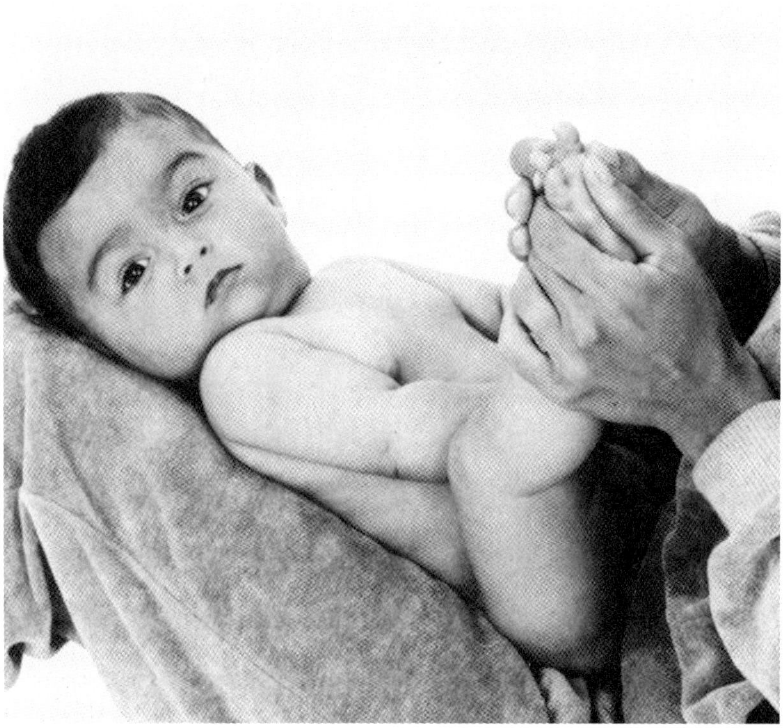

Öffnen Sie die Zehen wie einen Fächer.

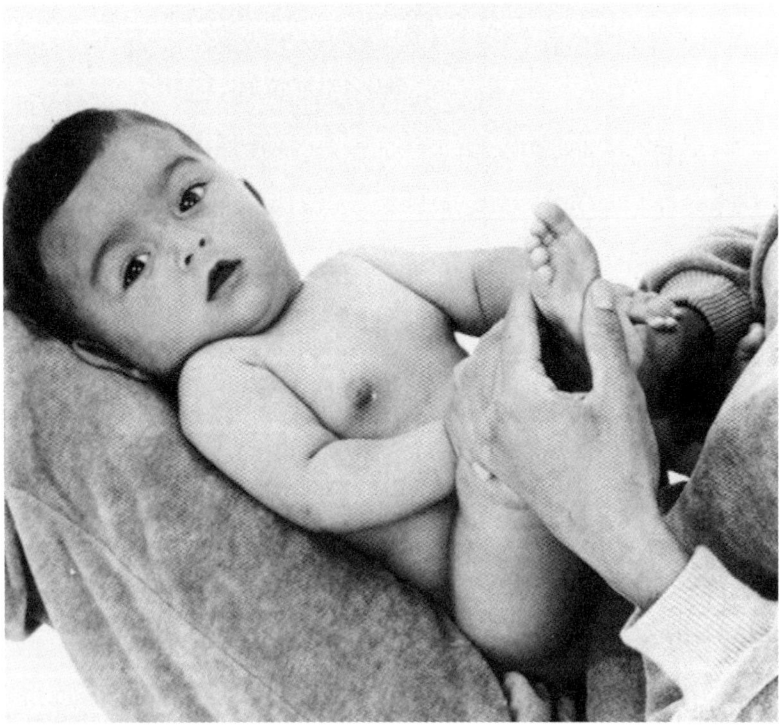

Massieren Sie nun die Fußsohle; beginnen Sie beim Ansatz jeder Zehe und drücken und rollen Sie den Fuß sanft zwischen Daumen und Zeigefinger.

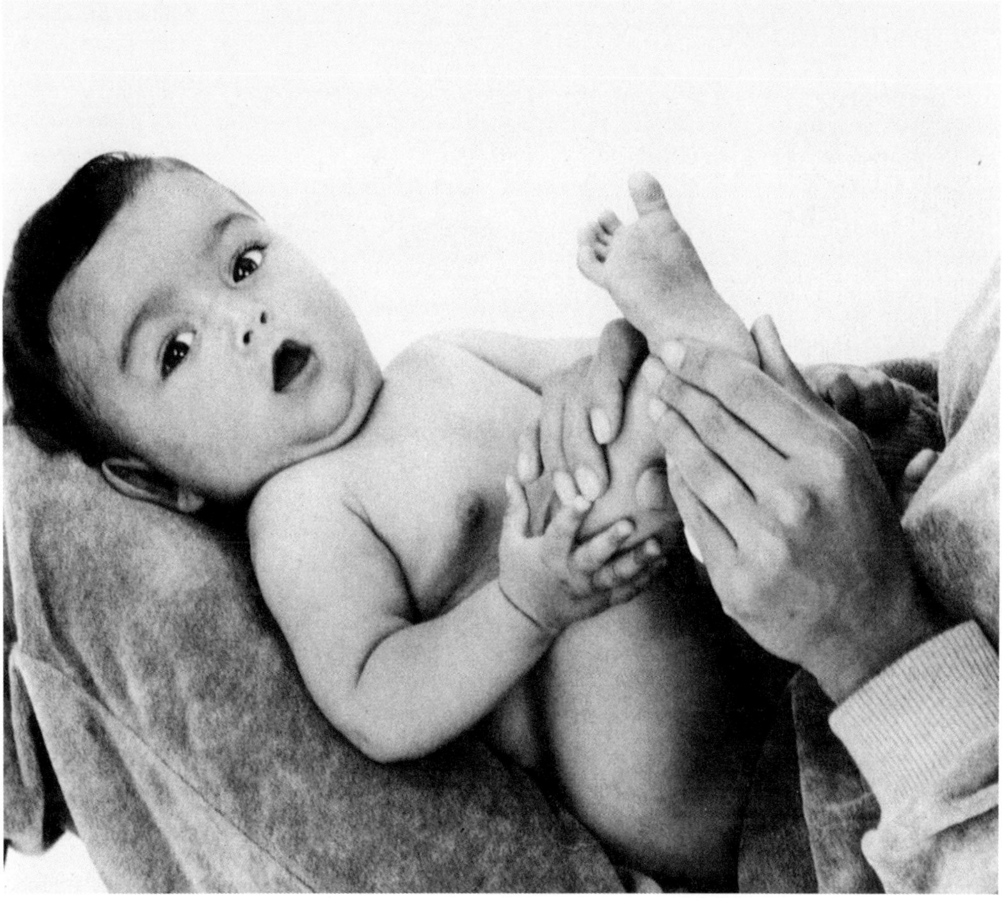

Nun massieren Sie sanft um die Ferse herum und rollen sie zwischen Daumen und Zeigefinger.

Schultern, Brust und Bauch

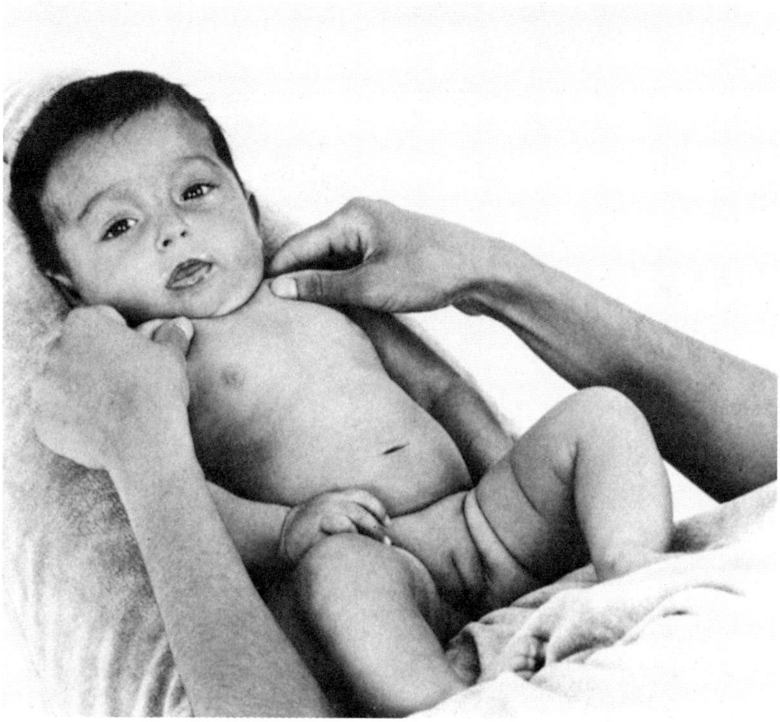

Massieren Sie oben an den Schultern entlang und seitlich herunter; kneten und drücken Sie sie dabei sanft mit den Fingern.

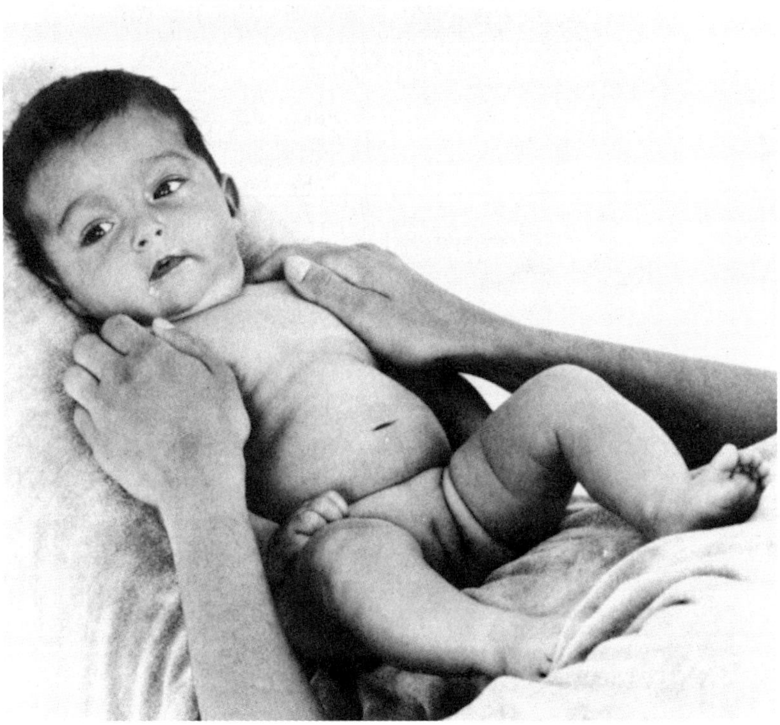

Legen Sie jetzt die Hände so auf die Brust, daß Ihre Finger die Schultern umfassen, und kneten und drücken Sie die Schultern sanft mit der ganzen Hand.

Nun legen Sie die Finger auf die obere Partie des Brustbeins.

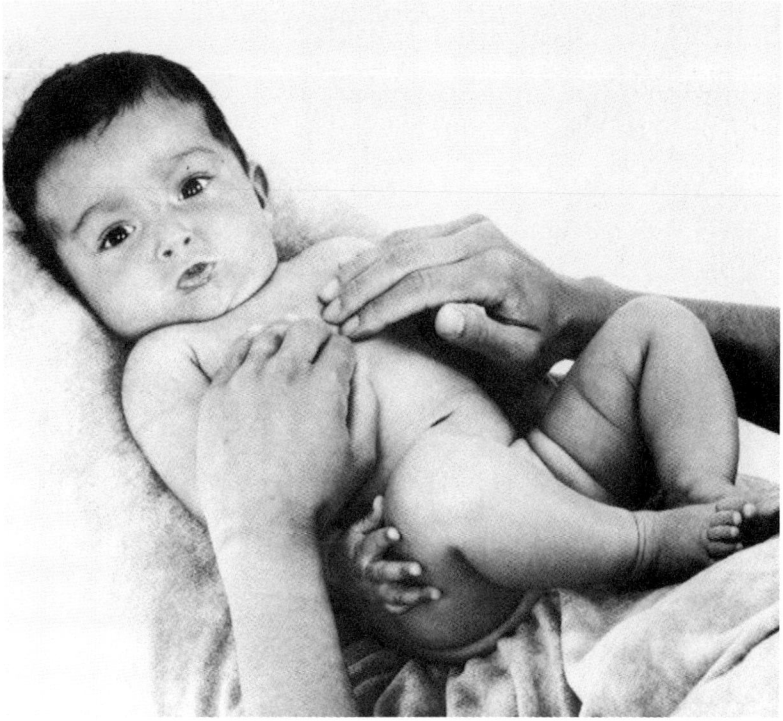

Massieren Sie sanft nach oben und nach außen, über die Schultern weg.

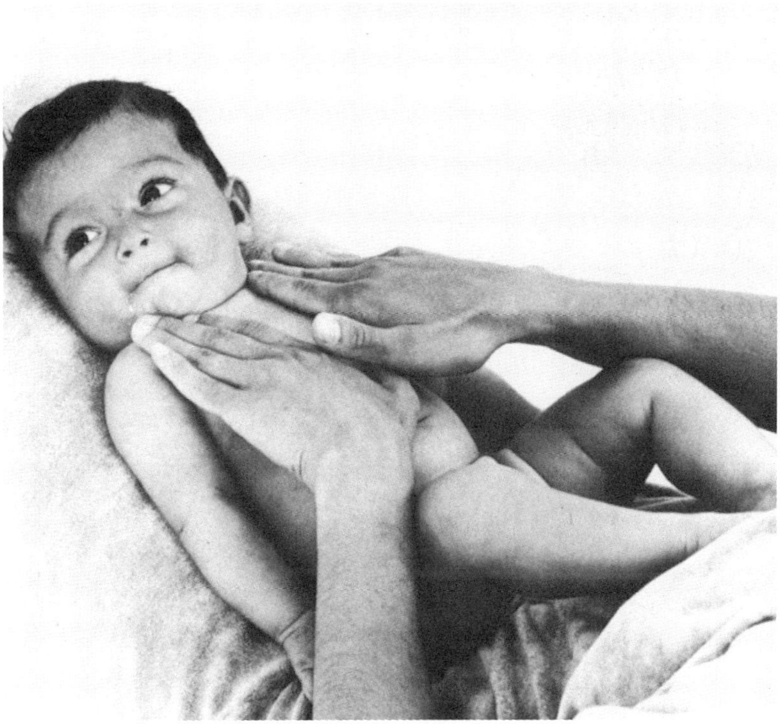

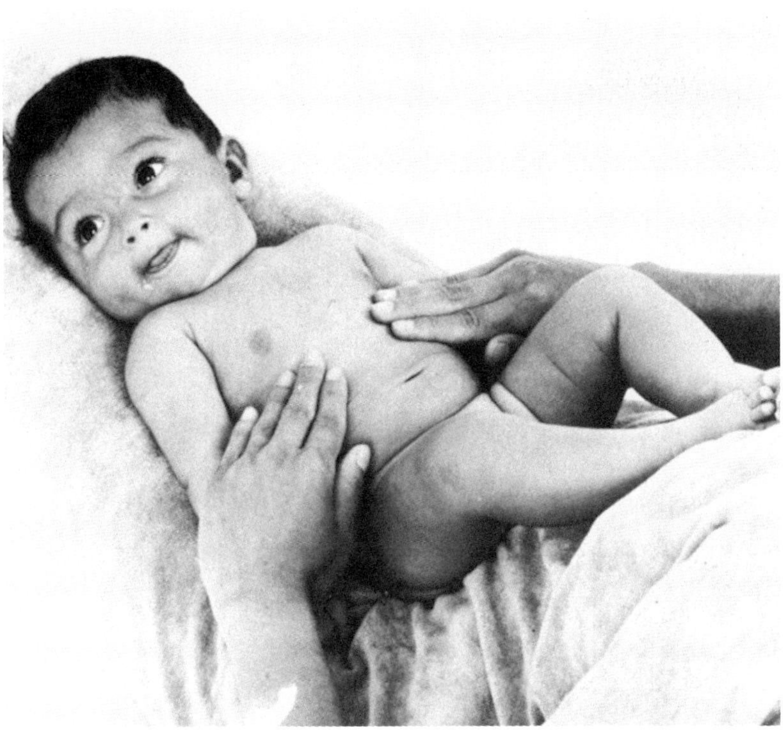

Legen Sie jetzt die Finger auf die untere Partie des Brustbeins.

Massieren Sie sanft nach unten und nach außen; spüren Sie den Rippen nach.

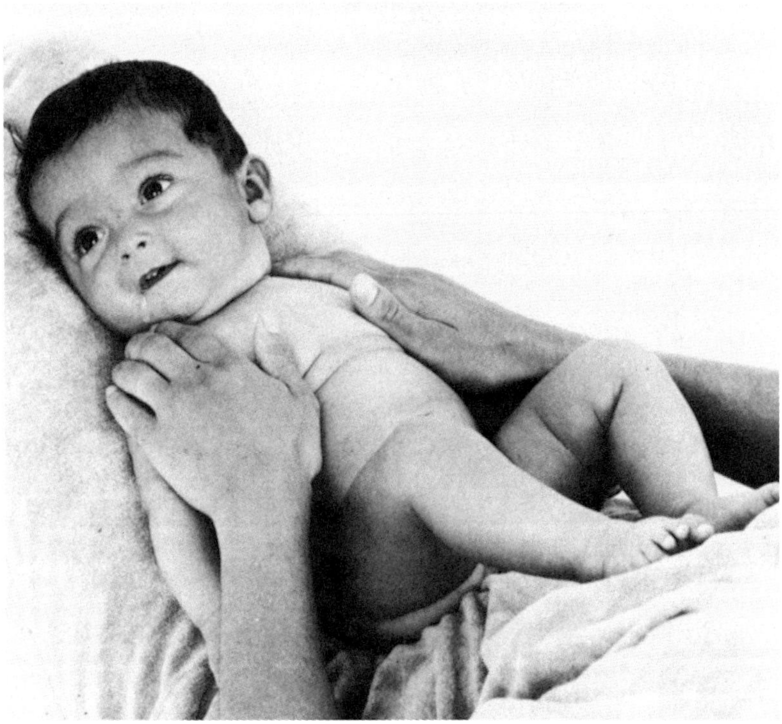

Jetzt legen Sie beide Hände sanft auf die Brust ihres Babys und streichen nach außen, über die Arme.

Legen Sie sanft Ihre Hand auf den Bauch Ihres Babys. Drücken Sie ihn ganz leicht; bewegen Sie Ihre Hand von einer Seite zur anderen.

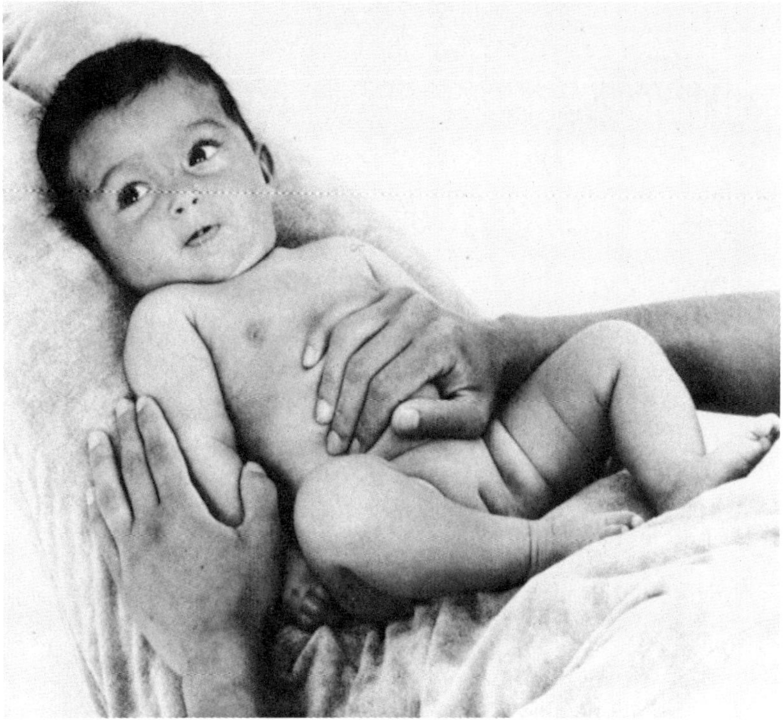

Legen Sie Ihre entspannten Hände auf den Bauch Ihres Babys, und zwar eine oberhalb der anderen. Streichen Sie nun im Uhrzeigersinn um den Nabel herum und achten Sie darauf, immer eine Hand auf dem Bauch liegen zu lassen und die andere hochzuheben, wenn Sie einen Kreis vollendet haben.

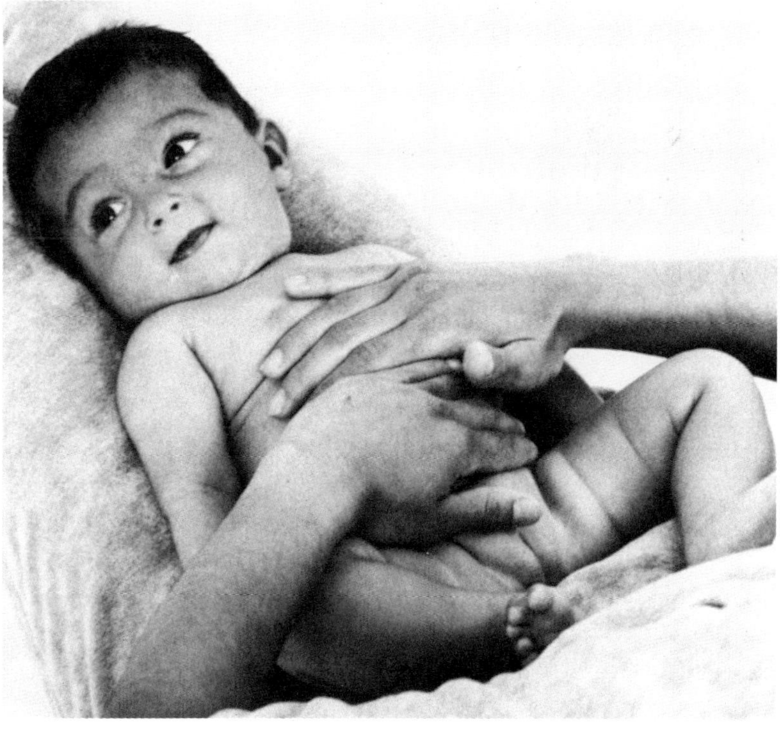

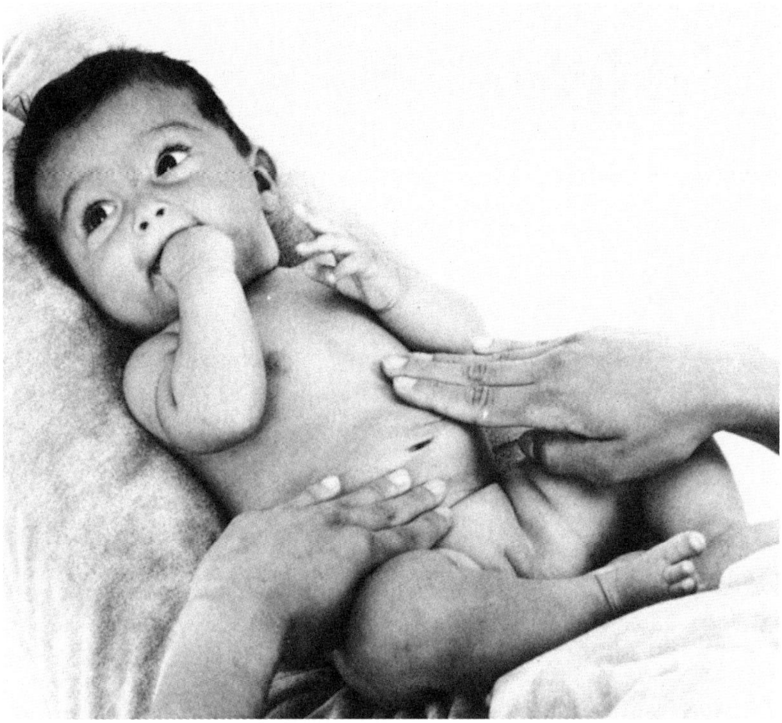

Wiederholen Sie dieses Umkreisen des Nabels mit leichtem Druck der Fingerspitzen beider Hände, wieder im Uhrzeigersinn.

Wiederholen Sie dasselbe mit leichtem Druck der Fingerspitzen von nur einer Hand und ziehen Sie immer größere Kreise um den Nabel herum.

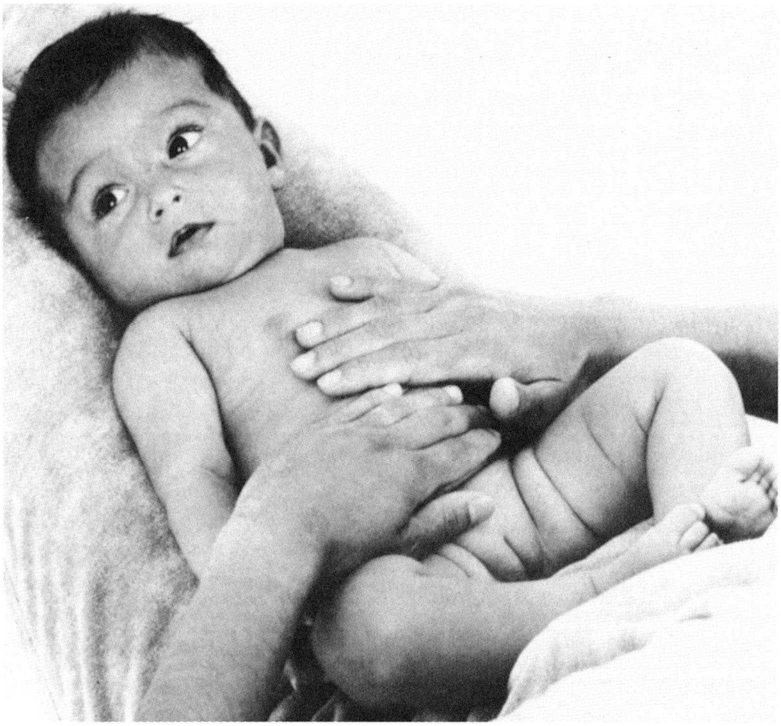

Zum Schluß umkreisen Sie den Nabel wieder mit beiden entspannten Händen, die mit ihrem vollen Gewicht auf dem Bauch ruhen.

Rücken und Kopf

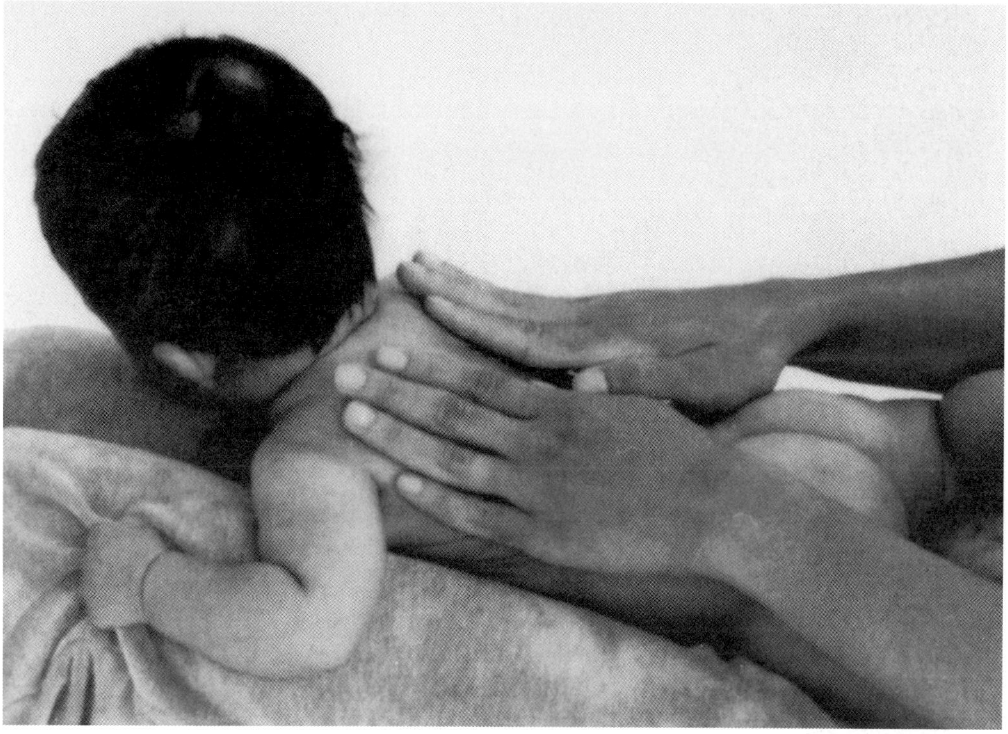

Legen Sie Ihr Baby mit dem Bauch auf Ihre Beine. Reden Sie mit ihm und singen Sie ihm etwas vor, streicheln und beruhigen Sie es, und wiegen Sie es sacht von einer Seite zur anderen. Umfassen Sie mit entspannten Händen die Schultern Ihres Babys von hinten.

Nun streichen Sie die Wirbelsäule entlang zum Po; die entspannten Hände liegen dabei mit ihrem ganzen Gewicht auf.

Machen Sie das, so oft Sie Lust haben.

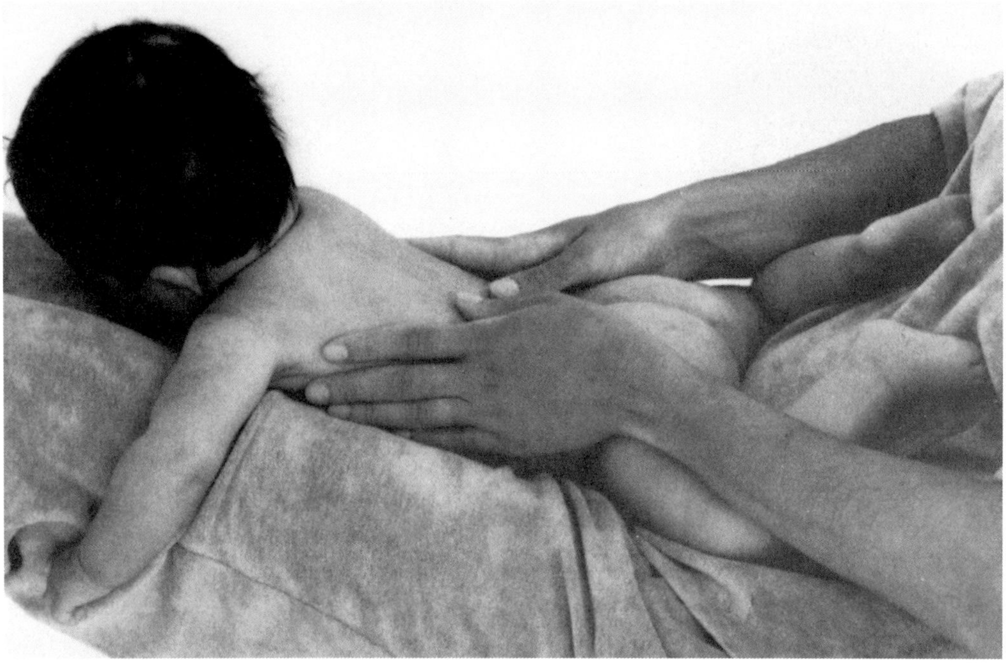

Umfassen Sie mit entspannten Händen den Brustkorb Ihres Babys an den Seiten.

Ziehen Sie Ihre Hände seitlich an Brustkorb, Bauch und Po sanft bis zu den Oberschenkeln hinunter.

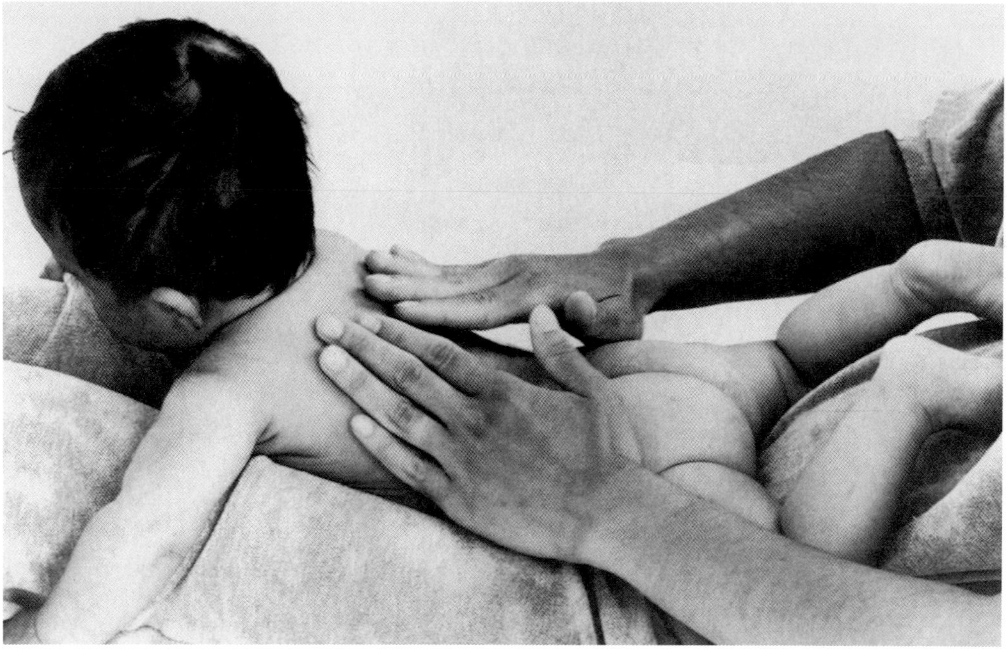

Streichen Sie mit leichtem Druck von Zeige- und Mittelfinger beidseitig der Wirbelsäule nach unten.

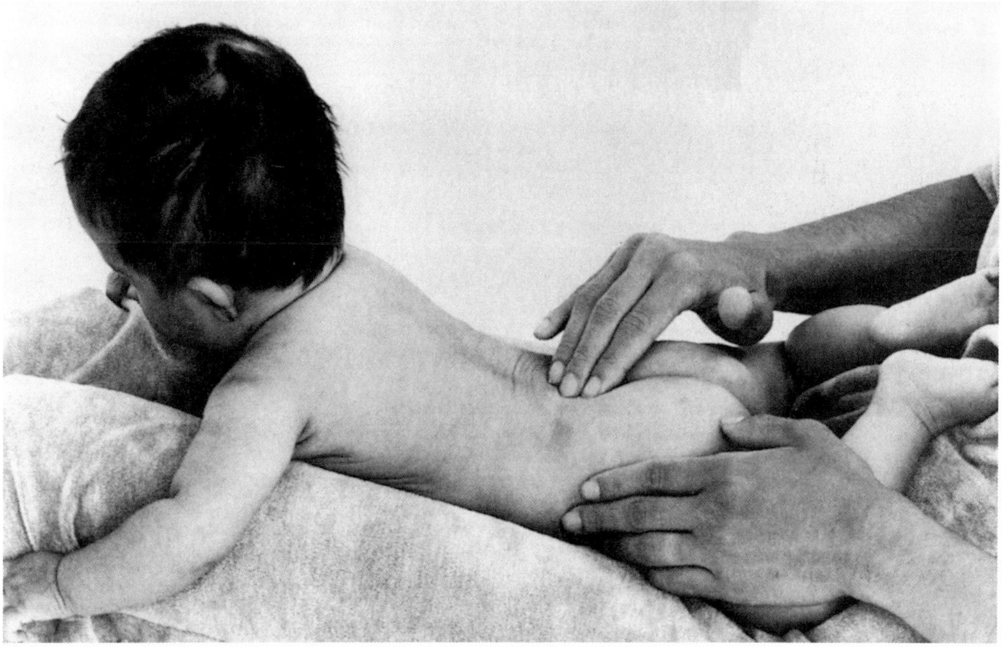

Massieren Sie mit drei Fingern einer Hand sanft das Kreuzbein, den unteren Teil der Wirbelsäule, mit kreisenden Bewegungen.

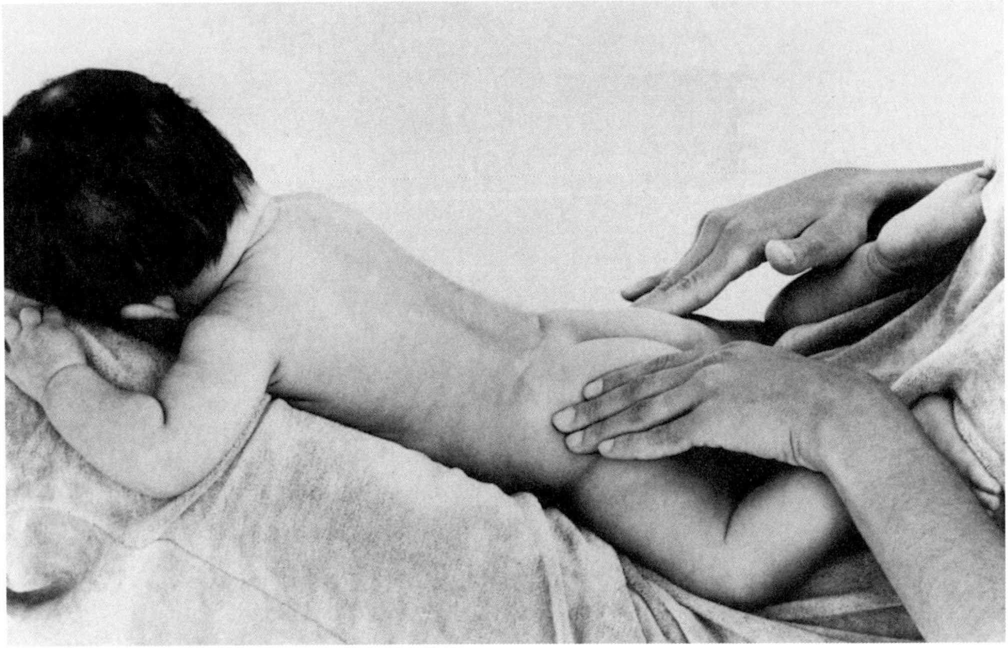

Mit denselben Fingern beider Hände massieren Sie nun die Pobacken in kreisenden Bewegungen, mit leichtem Druck.

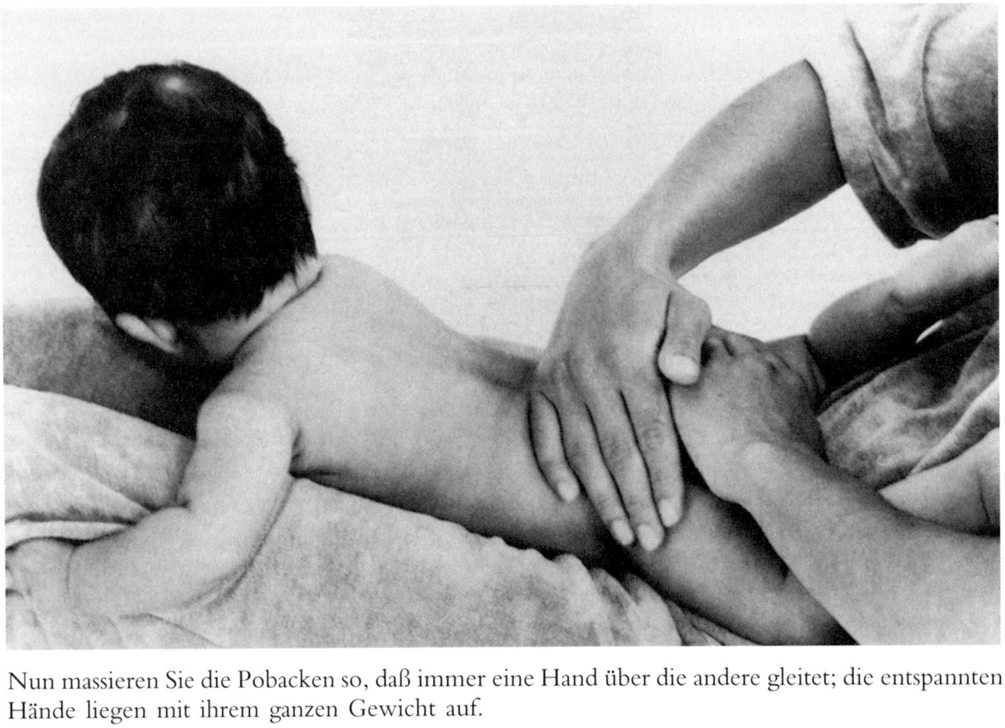

Nun massieren Sie die Pobacken so, daß immer eine Hand über die andere gleitet; die entspannten Hände liegen mit ihrem ganzen Gewicht auf.

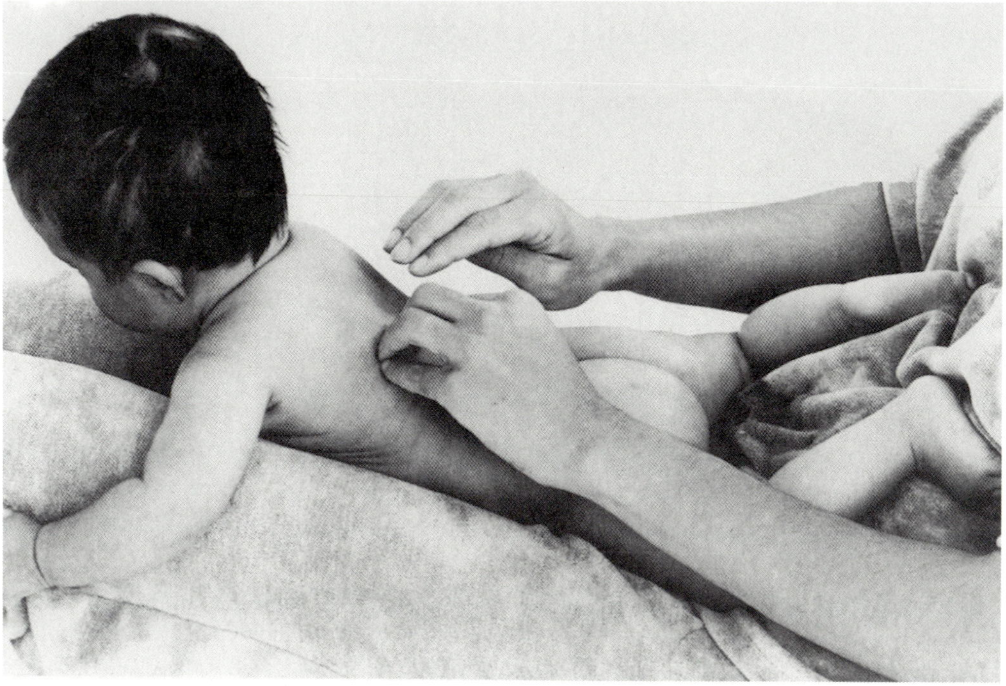

Nun klopfen Sie den Rücken ziemlich rasch beidseitig der Wirbelsäule ab, und zwar mit den entspannten mittleren drei Fingern.

Zum Schluß legen Sie Ihr Baby mit dem Rücken auf Ihre Beine und umfassen sanft seinen Kopf.

Mit ganz leichtem Druck der Fingerspitzen massieren Sie den Kopf oben und an den Seiten.

Wenn Sie Ihr Baby massieren, lassen Sie sich Zeit: Es gibt keinen Grund zur Eile, Sie können so wenig oder so viel tun, wie Sie wollen. Finden Sie heraus, wo Ihr Baby gern gestreichelt wird; beginnen Sie dort und fügen Sie dann Schritt für Schritt etwas Neues hinzu. So wachsen bald Ihre Geschicklichkeit und Ihr Vertrauen beim Massieren Ihres Babys.

Auszüge aus: *Peter Walker, Das entspannte Baby*

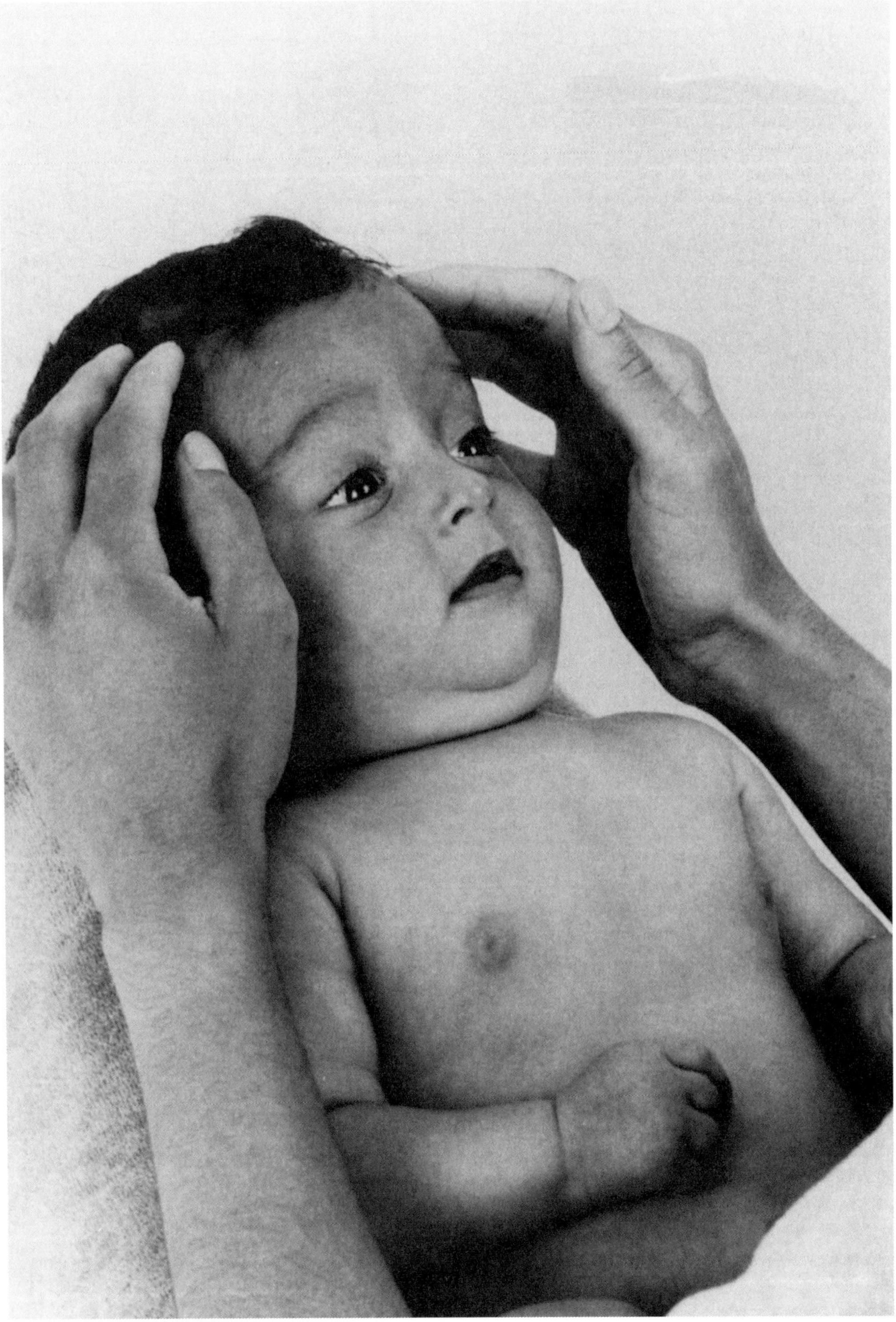

Marianne Austermann / Gesa Wohlleben

Die allerersten Spiele

Ideen und Anregungen

Für viele Eltern, die frisch aus der Berufswelt kommen, liegt die eigene Kindheit weit zurück. Oft fehlt es ihnen daher an Anregungen und Phantasie, wie sie mit ihrem Baby spielen können.
Denkt man an die Gesundheit des Babys, so denkt man in erster Linie an pflegerische Tätigkeiten. Geht es um Spielmöglichkeiten, so fühlen sich Eltern oft unsicher, hilflos und allein gelassen. Diesen Eltern möchten wir mit unseren einfach umzusetzenden Spielideen helfen.
Wir meinen, daß ein Baby genauso wie es essen, schlafen und atmen, auch spielen muß. Häufig machen sich Eltern große Sorgen, wenn ihr Kind nicht essen will. Wenn es aber nicht spielen will, so wird dies entweder gar nicht bemerkt, oder aber zu wenig ernst genommen. Oft ist das »Nichtspielenwollen« ein sehr viel ernsteres Zeichen und wir müssen lernen, daß zur Gesundheit auch die geistig-seelische Gesundheit gehört.
Im Spiel werden Kreativität, Phantasie, Selbstvertrauen und Selbständigkeit gefördert. Hautkontakt, Kuschel- und Bewegungsspiele begleiten die Tätigkeiten des Alltags ebenso wie Worte und Wortspiele.
Das erste Spielzeug ist der eigene Körper. Das Baby erkundet Geschmack und Form mit dem Mund und setzt die Erforschung der Welt bald zusätzlich mit Händen und Fingern fort. Erst wenn das Baby kriecht, krabbelt, steht und spricht, wird der eigene Körper immer weniger interessant. Mit zunehmendem Alter können wir das Spiel mit gutem Spielzeug unterstützen.

Gibt es Spiele, die sich schon für die ersten Wochen eignen?

Spiele, die das Baby zum Kopfdrehen, Nachschauen und Strampeln anregen, aber auch die Bauchlage fördern, eignen sich in den ersten Wochen besonders gut. Babys können sich erstaunlich gut konzentrieren und mit den Augen einen Gegenstand verfolgen, auch wenn sie ihn noch nicht greifen können.
Ein Mobile schafft wahre Begeisterung. Ein Luftballon mit Zucker oder Erbsen gefüllt und nur wenig aufgeblasen, eine einfache Ring-

rassel, Knister-, Seiden- oder Zellophanpapier, Plastiktüten mit buntem Wasser, Knöpfen oder farbigem Zucker gefüllt, erhöhen die Aufmerksamkeit.

Mobile

So läßt sich ein ganz individuelles Mobile herstellen: Binden Sie verschiedene Bänder, Glöckchen, Papierknäuel, Plastikfingerhüte, Topfkratzer oder auch Federn und Pfeifenputzer an einem Kleiderbügel, einem Holz-, Plastik- oder Strohkranz fest. Auch ein Zweig aus dem Garten wirkt sehr dekorativ.
Hängen Sie die verschiedenen Mobiles so auf, daß das Kind vom Wickelplatz, vom Bettchen oder vom Spielplatz auf dem Boden, die Bewegungen des Mobiles gut mit den Augen verfolgen kann.

Schoßspiele

Mit den Schoßspielen wird der Blickkontakt zu Ihrem Baby gefördert; sanft geschaukelt, muß es seinen Kopf ausbalancieren und fühlt sich trotz der indirekten Anstrengung nah und geborgen.
Das Kind liegt so, daß der Po auf Ihren Schoß drückt, die Beine angewinkelt an Ihrem Brustkorb liegen und Oberkörper und Kopf auf Ihren Oberschenkeln ruhen.
Bewegen Sie Ihre Beine nun sanft auf und ab, so daß es zu leichten Schaukelbewegungen kommt. Beugen Sie sich später auch mal ganz sanft zur rechten oder linken Seite. Hierbei wird Ihr Kind aktiv zum Ausbalancieren seines Kopfes angeregt.
Zum Schaukeln eignet sich folgender Vers gut:

Ein Schiffchen fährt auf dem Meer,
es schaukelt hin, es schaukelt her,
kommt ein Sturm (pusten), *fällt das Schiffchen um!*

Legen Sie Ihr Kind nun wieder auf den Schoß, und achten Sie darauf, daß der Kopf Halt hat (denken Sie eventuell an ein Kissen).
Abwechselnd beugen Sie einmal Ihr rechtes, dann Ihr linkes Bein. Dadurch entstehen seitliche Schaukelbewegungen. Führen Sie diese Bewegungen anfangs ganz langsam durch. Mit der Zeit können Sie das Tempo steigern und auch mal Ihren Oberkörper nach hinten kippen.

Ich strecke meine Arme
wohl zu den Fischen hin,
ich winke mit den Händen,
weil ich so fröhlich bin.

Mein Boot erreicht den Hafen,
ich hol die Segel ein,
der Wind fängt an zu blasen (pusten),
und ich lauf blitzschnell heim.

Zu diesem Lied können Sie Ihr Kind wie auf einem Boot schaukeln. Sie sitzen auf dem Boden und Ihr Kind liegt auf Ihren Oberschenkeln, so daß Sie sich anschauen können. Halten Sie es an den Armen fest. Schwingen Sie mal nach hinten, dann nach vorne. Anschließend können Sie seitliche Schaukelbewegungen ausführen. Natürlich alles ganz sacht, damit Ihr Baby nicht »seekrank« wird. Gleichzeitig ist dieses Spiel ein gutes Training für die Bauchmuskeln des Erwachsenen.

Luftballonspiele

Schon wenige Wochen alte Babys reagieren vergnügt, wenn ein bunter Luftballon, der mit einem Band an Bettchen, Wiege oder Kinderwagen befestigt ist, vor den Augen auf- und abschwebt. Die Neugierde wächst noch, wenn Sie die Luftballons vor dem Aufblasen mit etwas Zucker, Grieß, einigen Erbsen oder Nudeln füllen. 2 bis 3 unterschiedlich gefärbte und gefüllte Ballons an einem Bügel befestigt, ergeben ein lustiges Mobile. Blasen Sie die Ballons nicht vollständig auf, damit verringert sich das Risiko, daß sie zerplatzen. Ein weicher Ballon läßt sich auch besser packen und genüßlich knautschen.

Ballons, die zwischen zwei Stühlen an einer Schnur aufgehängt werden, geben Ihrem Kind viele Bewegungsanreize. Wenn es auf einer Decke unter der Schnur liegt, kann es beim Strampeln mit den Armen, Händen, Beinen und Füßen gegen die Ballons kicken.

Wahre Lallmonologe entlocken Sie Ihrem Kind, wenn Sie dem Ballon mit einem ungiftigen Folienstift ein Gesicht aufmalen, und mit einigen Wollfäden, die Sie um die Spitze des Ballons binden, eine Frisur verpassen.

Eine reizvolle Alternative zum rollenden Ball ist das Luftballonmännchen für das Krabbelkind. Dazu kleben Sie dem aufgeblasenen Ballon Pappfüße auf oder befestigen zwei Wäscheklammern am Mundstück.

Sogar beim abendlichen Bad bringt der Luftballon Spaß: einem aufgeblasenen Luftballon, der nicht verschlossen wurde, entweicht unter Blubbern Luft – zum größten Vergnügen der Kleinsten.

Hopse- und andere Tobespiele

Hopsen und Hüpfen aktivieren Bein- und Bauchmuskeln und geben immer wieder Anlaß zu Spiel und Spaß. Wie bei vielen anderen Spielen wird der Gleichgewichtssinn stimuliert. Das Kind sollte seinen Kopf schon gut halten können. Lassen Sie es federnd hüpfen und tanzen.

Jakob ist ein Zottelbär

(volkstümlich)
weitere Verse: Autorinnen

Jakob fängt zu springen an, Jakob ist ein wilder Mann …
Jakob fängt zu hüpfen an, Jakob ist ein flotter Mann …
Jakob fängt zu fliegen an, Jakob ist ein leichter Mann …
Jakob fängt zu schaukeln an, Jakob ist ein froher Mann …

Brüderchen, komm tanz mit mir

(volkstümlich)

Knien Sie sich auf den Boden und halten Sie Ihr Kind unter den Achselhöhlen, so daß sein Gewicht in Ihren Händen ruht. Ein anderes Mal setzen Sie sich so, daß Ihr Kind über Ihre ausgestreckten Beine federn kann.

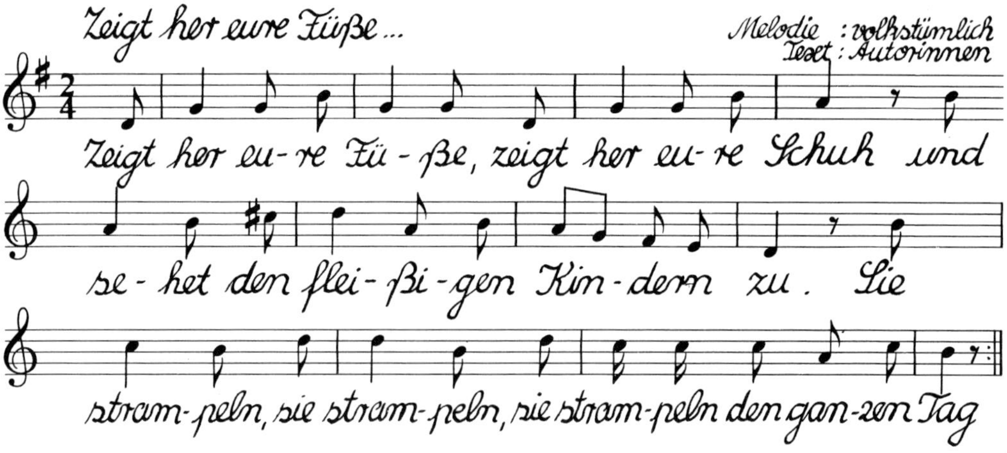

Sie tanzen, springen, hüpfen, winken, nicken, klatschen, kuscheln, fliegen, wiegen …

Nehmen Sie Ihr Kind auf den Schoß und führen Sie die entsprechenden Bewegungen nacheinander am Boden aus.

Halten Sie Ihr Baby mit beiden Händen fest unter den Achseln und lassen Sie es leicht federnd an Ihren Beinen über den Körper aufwärts bis zu den Schultern klettern. Dann stellen Sie es abwechselnd auf beide Schultern und halten es hoch über Ihren Kopf. Schließlich rutscht es mit einem »Plumps« in Ihre Arme.

Geschicklichkeitsspiele

Wenn ein Kind gut greifen kann, interessiert es sich immer mehr für kleine und kleinste Dinge des Lebens. Es hebt jeden Krümel oder Schnipsel mit gestrecktem Daumen und Zeigefinger (Pinzettengriff) auf. Geben Sie ihm jetzt genügend Möglichkeiten, Konzentration und Fingerfertigkeit zu entfalten.

Beginnt das Kind, sich für hohle Gegenstände zu interessieren, steckt es oft die ganze Hand in eine Dose, einen Karton oder eine Schublade. Es räumt sie gern ein und aus und lernt dabei nicht nur Länge und Breite zu unterscheiden, sondern fängt auch an, die Tiefe zu erforschen.

Die Geschicklichkeit der Hände nimmt zu, wenn Sie beobachten, daß Ihr Kind Daumen und Zeigefinger krümmt (Zangengriff).

Haushaltsgegenstände werden oft zum schönsten Spielzeug (Dosen, Schüsseln, Kochtöpfe, Schachteln, Kartons, Becher). So eignen sich Kaffee- oder Teedosen als erste einfache Steckspiele. Achten Sie dabei auf die Sicherheit der Haushaltsgegenstände (Dosen haben oft einen scharfen Rand).

Schneiden Sie in die Plastikdeckel unterschiedlich große Kreise, Quadrate oder Schlitze. Besonders schön wird die Dose, wenn sie mit bunter Folie beklebt wird.

Auch Deckel von Kartons eignen sich für das Steckspiel. Tennisbälle lassen sich in entsprechend große Öffnungen leicht bugsieren. Dieses Erfolgserlebnis stärkt das Selbstvertrauen. Schneiden Sie anfangs aber nur eine Form aus, damit Ihr Kind nicht überfordert wird.

Erst wenn Sie merken, daß es sich langweilt, steigern Sie das Spielangebot. Bieten Sie nun auch einmal unterschiedliche Nudeln (Makkaroni, Spiralnudeln, Zöpfchennudeln), Rosinen oder Haferflocken zum Einfüllen in eine Babyflasche oder kleinere Dosen und Flaschen an.

Spielen sollte jedoch kein verstecktes Intelligenztraining bedeuten. Liebevolle Zuwendung und gemeinsamer Spaß sind wichtiger als teures Spielzeug. Lassen Sie sich von Ihrem Kind in seinen Bann ziehen, und Sie werden staunen, daß auch Sie von Ihrem Kind lernen können.

Auszüge aus: *M. Austermann / G. Wohlleben, Zehn kleine Krabbelfinger*

Anhang

Die Autor(inn)en

Marianne Austermann, ausgebildete Kinderkrankenschwester, Lehrtätigkeit in Familienplanung, Schwangerschaftsvorbereitung und Säuglingspflege, leitet seit vielen Jahren in Berlin »Spiel- und Bewegungskurse für Babys und Kleinkinder« nach dem »Prager Eltern-Kind-Programm«.

Maike Bastian, Dr. med., Ärztin und Musiktherapeutin, verheiratet (mit Till Bastian), zwei Söhne, ist auf analytisch orientierte Psychotherapie spezialisiert und in einer psychosomatischen Fachklinik beschäftigt.

Till Bastian, Dr. med., praktischer Arzt, Vorstandsmitglied der bundesdeutschen Sektion der »Internationalen Ärzte für die Verhinderung des Atomkriegs«, arbeitet als freier Schriftsteller.

Angelika Blume, Journalistin und Sachbuchautorin mit dem Schwerpunkt Frauen und Gesundheit, Redakteurin bei Brigitte.

Annette Bopp, Diplom-Biologin, Medizin-Journalistin, zweijährige Tochter.

Hermann Bullinger, Diplompädagoge, ein Sohn, ist u.a. tätig als Autor, Erwachsenenbildner und Lehrbeauftragter.

Anton Drähne, Dr. med., Frauenarzt und Homöopath, arbeitet nach Tätigkeiten als Entwicklungshelfer und Leiter einer geburtshilflich-gynäkologischen Abteilung als niedergelassener Arzt.

Susanne Kitchenham-Pec, Krankenschwester und Hebamme, arbeitet als selbständige Hebamme und leitet Seminare und Kurse für Patientinnen, Hebammen und Krankengymnastinnen.

Hannah Lothrop, Psychologin, erfahrene Geburtsvorbereiterin und Stillberaterin, Therapeutin und Leiterin von Fortbildungskursen und Elterngruppen.

Susanne Mersmann, Journalistin, tätig für verschiedene Zeitschriften in den Themengebieten Gesundheit, Medizin, Politik und Arbeitsfelder.

Kornelia Nacke, Kinderkrankenschwester, eine Tochter, ein Sohn, ist zur Zeit Hausfrau.

Michael Osang, Dr. med., Facharzt für Kinderheilkunde, verheiratet, drei Kinder, arbeitet als niedergelassener Arzt in München und unterstützt in seiner Praxis die Hausgeburtsbewegung.

Jirina Prekop ist Diplompsychologin in der Abteilung für Entwicklungsstörungen im Olgahospital in Stuttgart.

Heimo Runge, Dr. med., Facharzt für Allgemeinmedizin, zwei Töchter, ist nach weiteren Ausbildungen in Manueller Medizin und Chirotherapie sowie mehrjähriger Lektorentätigkeit jetzt in Hamburg als niedergelassener Arzt tätig.

Renate Rustemeyer, Dr. oec. troph., Ernährungswissenschaftlerin, verheiratet, zwei Söhne, arbeitet nach Lehr- und Forschungstätigkeit jetzt vor allem in der Erwachsenenbildung.

Gabriele Schwab, Gymnastiklehrerin und Krankengymnastin, arbeitet in einer eigenen Praxis in Frankfurt nach der Brügger-Methode.

Peter Walker, studierte Anatomie, Massage und Yoga und arbeitet als Yogalehrer und Geburtshelfer.

Gesa Wohlleben, ausgebildete Kinderkrankenschwester, Lehrtätigkeit in Familienplanung, Schwangerschaftsvorbereitung und Säuglingspflege, leitet seit vielen Jahren in Berlin »Spiel- und Bewegungskurse für Babys und Kleinkinder« nach dem »Prager Eltern-Kind-Programm«, verheiratet, zwei Kinder.

Veronika Windsor-Oettel, Dr. phil., Diplompsychologin, verheiratet, drei Töchter, arbeitet freiberuflich in Hamburg.

Literatur

Familienplanung

Blume, Angelika, *Empfängnisverhütung. Was noch vor der Liebe kommt*, Mosaik 1987

Blume, Angelika, *Sterilisation. Entscheidungshilfen für Männer und Frauen*, Rowohlt Tb 1991

Blume, Angelika, *Verhüten oder Schwangerwerden. Natürliche und gefahrlose Wege zur selbstbestimmten Fruchtbarkeit*, Rowohlt Tb 1987

Sottong, Ursula, u.a. (Hrsg.), *Der natürliche Weg. Liebe zwischen den Zeiten – Frauen und Männer im Spannungsfeld von Sexualität und Fruchtbarkeit*, Ehrenwirth 1991

Ein Kind entsteht

Chamberlain, David, *Woran Babys sich erinnern. Die Anfänge unseres Bewußtseins im Mutterleib*, Kösel, 1991[2]

Nilsson, Lennart, *Ein Kind entsteht. Bilddokumentation über die Entwicklung des Kindes im Mutterleib*, Mosaik 1990

Zimmer, Katharina, *Das Leben vor dem Leben. Die seelische und körperliche Entwicklung im Mutterleib*, Kösel 1992[4]

Körpersprache

Bodenburg, Inga/Grimm, Gunhild, *Was will das Kind denn bloß? Kleine Kinder verstehen und ihnen mehr Erfahrungen ermöglichen*, Rowohlt Tb 1982

Molcho, Samy, *Körpersprache der Kinder*, Mosaik 1992

Sanger, Sirgay, *Schau, ich will dir was sagen! Die wortlose Sprache der Babys*, Kösel 1992

Stillen

Dörpinghaus, Eva, *Stillen. Jede kann es, keine muß es*, Kunstmann 1990

Lothrop, Hannah, *Das Stillbuch*, Kösel 1993[18]

Babyernährung

Danner, Helma, *Die Bio-Kost für mein Kind. Die biologische Ernährung von Säugling und Kleinkind*, Econ 1983

Hunter, Carol, *Naturkost fürs Baby*, Ravensburger 1991[5]

Karmel, Anabel, *Kochen für Babys und Kleinkinder*, Mosaik 1992

Kühne, Petra, *Säuglingsernährung*, Arbeitskreis für Ernährungsforschung 1991[4]

Babymassage

Gauch, Claire, *Die Macht der Zärtlichkeit. Wege zur intuitiven Kindermassage*, AT Verlag Aarau 1990

Leboyer, Frédérick, *Sanfte Hände. Die traditionelle Kunst der indischen Babymassage*, Kösel 1991[12]

Walker, Peter, *Das entspannte Kind. Mehr Wohlbefinden für Ihr Kind durch Massage und Gymnastik*, Kösel 1993[2]

Entwicklung des Babys

Pikler, Emmi, *Friedliche Babys – zufriedene Mütter. Pädagogische Ratschläge einer Kinderärztin*, Herder 1992

Zimmer, Katharina, *Das wichtigste Jahr. Die körperliche und seelische Entwicklung im ersten Lebensjahr*, Kösel 1991[3]

Zukunft-Huber, Barbara, *Die ungestörte Entwicklung des Säuglings. Das erste und entscheidende Lebensjahr*, Trias 1990

Gymnastik für die Mutter

Carrera, José M., *Schwangerschaft, Geburt, Wochenbett. Aktive und verantwortungsbewußte Vorbereitung mit Schwangerschaftsgymnastik, Entspannungsübungen und kontrollierter Atemtechnik*, Trias 1989

Dale, Barbara/Roeber, Johanna, *Gymnastik für Schwangerschaft und Geburt*, Ravensburger 1992[5]

Mütter

Cadalbert-Schmid, Yolanda, *Sind Mütter denn an allem schuld?*, Kösel 1993[4]

Dix, Carol, *Depressionen nach der Geburt. Hilfe für Mütter (und Väter)*, Rowohlt Tb 1991

Dix, Carol, *Eigentlich sollte ich glücklich sein. Hilfe und Selbsthilfe für überforderte Mütter*, Kreuz 1987

Dörpinghaus, Eva, *Hausfrau: (K)ein Beruf fürs Leben? Wie frau das Beste daraus macht und auch wieder aussteigen kann*, Kreuz 1991

Grönert, Jochem, *Erziehungsgeld, Mutterschutz, Erziehungsurlaub. Das neue Recht für Eltern mit allen Gesetzestexten*, Falken 1993

Kartte-Pfähler, Sabine, u.a. (Hrsg.), *Die alleinerziehende Mutter und ihre Probleme im Alltag. Orientierungshilfen*, Mosaik 1991

Kohlhagen, Norgard, *Schnuller, Chaos und enorm viel Power. Die neuen Mütter*, Quell 1993

Preuschoff, Gisela, *Ich weiß nicht, wo mir der Kopf steht. Hilfe für gestreßte Mütter*, Kösel 1993

Scarr, Sandra, *Wenn Mütter arbeiten. Wie Kinder und Beruf sich verbinden lassen*, Beck 1990[3]

Schneider, Regine, *Oh, Baby... Das hatte ich mir ganz anders vorgestellt. Erfahrungen von Frauen beim ersten Kind*, Mosaik 1991

Väter

Colman, Arthur/Colman, Libby, *Der Vater. Veränderungen einer männlichen Rolle*, Kösel 1991

Gustafsson, Lars H., *Wir Väter. Was Männer an ihren Kindern haben und Kinder von ihren Vätern brauchen*, Kreuz 1993

Gesundheit

Fenwick, Elizabeth, *Alles über Kinderkrankheiten*, Ravensburger 1993[4]

Goebel, Wolfgang/Glöckner, Michaela, *Kindersprechstunde. Ein medizinisch-pädagogischer Ratgeber*, Urachhaus 1992[10]

Lange, Petra, *Hausmittel für Kinder. Naturgemäß vorbeugen und heilen*, Rowohlt Tb 1987

Scott, Julian/Scott, Susan, *Naturmedizin für Frauen. Helfen, Heilen, Vorbeugen durch Heilkräuter, Homöopathie, Heilgymnsatik, Entspannung, Meditiation*, Mosaik 1992

Steinebach, Paul, *Mein Zuhause – giftfrei und gesund*, Gräfe und Unzer 1992

Leben mit einem Baby

Cramer, Bertrand, *Frühe Erwartungen. Unsichtbare Bindungen zwischen Mutter und Kind*, Kösel 1991

Dörpinghaus, Eva, *Das Einzelkind und die Besonderheiten seiner Erziehung*, Mosaik 1992

Dolto, Françoise, *Alltagsprobleme mit Kindern und Jugendlichen. Die ersten fünf Jahre*, Quadriga 1992

Grimm, Gunhild/Bodenburg, Inga, *So werden Kinder sauber. Schwierigkeiten und Erfolge*, Rowohlt Tb 1985

Hacke, Axel, *Der kleine Erziehungsberater*, Antje Kunstmann 1992
Jackson, Deborah, *Drei in einem Bett. Schlafen mit Kind*, Rohwolt Tb 1991
Kammerer, Dorothea/König, Uta, *Geschwister. Welche Konflikte zwischen ihnen bestehen und wie Eltern damit umgehen können*, Mosaik 1991
Kitzinger, Sheila, *Wenn mein Baby weint. Praktische Hilfen und Informationen für Eltern*, Kösel 1991[2]
Nitsch, Cornelia, *Das andere Erziehungbuch. Vom Alltag mit Kindern*, Mosaik 1989
Nitsch, Cornelia, *Sexualität im Familienalltag. Von der Lust während der Schwangerschaft bis zum Partner des ersten Kindes*, Mosaik 1992
Plattner, Elisabeth, *Die ersten Lebensjahre. Eine Hilfe im Umgang mit kleinen Kindern*, Urachhaus 1993[4]
Prekop, Jirina, *Der kleine Tyrann. Welchen Halt brauchen Kinder?*, Kösel 1991[14]
Prekop, Jirina/Schweizer, Christel, *Kinder sind Gäste, die nach dem Weg fragen. Ein Elternbuch*, Kösel 1992[6]
Preuschoff, Gisela, *Von 0 bis 3. Alltag mit Kleinkindern*, Papyrossa 1993[8]
Sichtermann, Barbara, *Leben mit einem Neugeborenen. Ein Buch über das erste halbe Jahr*, Fischer Tb 1992[14]
Sichtermann, Barbara, *Vorsicht Kind. Eine Arbeitsplatzbeschreibung für Mütter, Väter und andere*, Wagenbach 1992
Solter, Aletha J., *Warum Babys weinen. Die Gefühle von Kleinkindern*, Kösel 1992[4]

Kinderspiele
Austermann, Marianne/Wohlleben, Gesa, *Zehn kleine Krabbelfinger. Spiel und Spaß mit unseren Kleinsten*, Kösel 1993[7]
Austermann, Marianne/Wohlleben, Gesa, *Zehn kleine Krabbelfinger. Kassette mit den Liedern des Buches*, Kösel 1993
Bartl, Almuth/Bartl, Manfred, *Kuschelspiele. Ein Spielbuch für kleine Mäuse*, Pro Juventute 1989
Hoerner-Nitsch, Cornelia von, *Das Schmusebuch. Zärtliche Spiele für Babys, Kinder und Eltern*, Rowohlt Tb 1989

Quellennachweis

Fotos
© Gertie Burbeck, Düsseldorf: Seiten 17, 35, 185, 231
© Dorothée von Greiff: Seiten 300 – 323
© Ursula Markus, Zürich: Seiten 14, 19, 28, 31, 47, 50, 53, 59, 63, 71, 85, 89, 92, 107, 119, 133, 151, 158, 169, 196, 199, 203, 213, 218, 227, 229, 241, 252, 260, 275, 267, 285, 288, 295, 329
© Karin Vogel-Berensmann, Hamburg: Seite 149

Lieder
© Marianne Austermann/Gesa Wohlleben: Seiten 327, 330, 331

Zeichnungen
© Armin Metzger, Hamburg: Seite 139
© Renate Sander, Berlin: Seiten 13, 25, 41, 57, 83, 97, 127, 137, 147, 167, 189, 209, 223, 239, 251, 283, 293, 299, 327